ŒUVRES

DE

J. F. COOPER

IMPRIMERIE DE H. FOURNIER ET Cᵉ, 14 RUE DE SEINE.

J. F. COOPER

TRADUCTION

par Defauconpret

L'HEIDENMAUER.

Paris.
FURNE & Cie CH. GOSSELIN,
Éditeurs.
1839

OEUVRES

DE

J. F. COOPER

TRADUITES

PAR

A. J. B. DEFAUCONPRET

TOME DOUZIÈME

L'HEIDENMAUER

PARIS
FURNE ET Ce, CHARLES GOSSELIN
ÉDITEURS

M DCCC XXXIX

INTRODUCTION

A

L'HEIDENMAUER.

> Je vais vous demander d'abord un peu de patience, et puis je pourrai revenir tout à l'heure pour votre propre avantage.
>
> SHAKSPEARE. *Mesure pour mesure.*

MALGRÉ un usage depuis longtemps établi, nous avions passé un été enfermés dans les murs d'une grande ville ; mais le moment de la liberté arriva, et les oiseaux n'ont pas plus de plaisir à quitter leur cage que nous en eûmes à commander des chevaux de poste. Nous étions quatre dans une légère calèche de voyage, que de vigoureux chevaux normands transportaient gaiement vers leur province natale. Nous quittions Paris pour quelque temps, la reine des cités modernes, avec son tumulte et son ordre, ses palais et ses rues étroites, son élégance et sa saleté, ses habitants toujours en mouvement et ses politiques stationnaires, ses théories en contradiction avec sa pratique, sa richesse et sa pauvreté, sa gaieté et sa tristesse, ses rentiers et ses patriotes, ses jeunes libéraux et ses vieux ultras, ses trois états et son égalité, sa délicatesse de langage et son énergie de conduite, son gouvernement du peuple et son peuple ingouvernable, ses baïonnettes et sa force morale, sa science et son ignorance, ses plaisirs et ses révolutions, sa résistance qui recule et son mouvement qui s'arrête, ses marchandes de modes, ses philosophes, ses danseurs d'Opéra, ses poëtes, ses joueurs de violon, ses banquiers et ses cuisiniers. Bien que confinés depuis longtemps en-deçà des barrières, il ne nous était pas facile de quitter Paris tout à fait sans regrets : Paris, que tout étranger critique, et que tout étranger recherche, que les moralistes abhorrent et qu'ils imitent, qui fait secouer la tête des vieillards et battre le cœur des jeunes gens ; Paris, le centre d'excellentes choses et de choses qu'on ne peut nommer !

Cette nuit-là nous reposâmes notre tête sur de rustiques oreillers, loin de la capitale de la France. Le jour suivant nous respirâmes la brise de mer. Traversant l'Artois et la Flandre française, dans la matinée du quatrième jour nous entrâmes dans le nouveau royaume de Belgique par les villes historiques et vénérables de Douai, Tournai et Ath. A chaque pas nous rencontrions le drapeau qui flotte sur le pavillon des Tuileries, et nous reconnaissions l'air confiant et la démarche aisée des soldats français. Ils avaient été envoyés pour soutenir le trône chancelant de la maison de Saxe, et ils nous semblaient aussi à leur aise que lorsqu'ils se promenaient oisivement sur le quai d'Orsay.

On voyait encore à Bruxelles des preuves évidentes de la violence de la lutte qui avait chassé les Hollandais. Quarante-six boulets étaient encore incrustés dans les murs d'une maison qui n'était pas très-grande, tandis que quatre-vingt-treize balles étaient entrées dans une de ses colonnes ! Dans nos appartements, il y avait aussi de terribles traces de guerre. Les glaces étaient brisées, les murs sillonnés par la mitraille, le bois des lits percé de balles, et les meubles endommagés. Les arbres du parc étaient mutilés en mille endroits, et le petit Cupidon que nous avions laissé riant au-dessus de la principale grille trois ans auparavant, était estropié et mélancolique, tandis que son compagnon avait pris son vol sur les ailes d'un boulet de canon. Au milieu de ces vestiges effrayants, nous évitâmes heureusement la vue du sang humain, et nous apprîmes du suisse obligeant qui présidait dans l'hôtel que ses caves, qui ont en tout temps une grande réputation, furent plus fréquentées encore pendant le siège. Nous conclûmes de toutes ces preuves que les Belges avaient livré de violents combats pour leur émancipation, ce qui prouve, du moins, qu'ils méritent d'être libres.

Notre route nous conduisit à travers Louvain, Thirlemont, Liége, Aix-la-Chapelle et Juliers, jusqu'au Rhin. La première de ces villes avait été témoin d'un combat, la semaine précédente, entre les armées ennemies. Comme les Hollandais avaient été accusés d'excès monstrueux, nous recherchâmes les preuves de leur cruauté. Combien de ces preuves avaient déjà disparu, c'est ce que nous ne pûmes découvrir; mais celles qui restaient encore nous firent penser avec raison que les agresseurs ne méritaient pas tout l'opprobre dont on les avait accablés. Chaque jour, chaque heure de la vie me démontrent combien est capricieuse et vulgaire l'immortalité accordée par un journal!

Ce serait une injustice envers l'ancien évêché de Liége que de ne point parler de ses beaux paysages; ce pays possède presque tout ce qui est nécessaire pour composer les points de vue les plus agréables et les plus agrestes. Des fermes isolées et innombrables, des troupeaux dans les prairies, des haies vives, des champs ondoyants, et une verdure qui ressemble à l'émeraude. Par un heureux accident de terrain, la route parcourt pendant plusieurs milles une surface élevée qui permet au voyageur de jouir de ces beautés tout à son aise.

Nous prîmes des bains à Aix-la-Chapelle. Nous visitâmes les reliques, nous examinâmes les lieux où furent couronnés tant d'empereurs plus ou moins célèbres, nous nous assîmes sur le trône de Charlemagne; nous continuâmes ensuite notre route.

Le Rhin était une vieille connaissance. Peu d'années auparavant j'avais foulé ses sables, à Katwyck, et examiné son flux périodique dans la mer du Nord par le moyen d'écluses faites sous le règne trop court du bon roi Louis; le même été, je l'avais franchi, ruisseau bruyant, sur la côte glacée du Saint-Gothard. Nous venions examiner ses beautés dans les parties les plus magnifiques, afin de les comparer, autant que la partialité nationale pouvait le permettre, aux beautés reconnues de l'Hudson.

En quittant Cologne, sa cathédrale exquise mais incomplètte, avec la grue placée sur ses tours inachevées depuis cinq cents ans, ses souvenirs de Rubens et de sa patrone royale, nous voyageâmes sur le fleuve avec assez de loisir pour contempler tout ce qui se présentait à nos yeux, et cependant assez vite pour éviter les ennuis de la satiété. Là, nous rencontrâmes des soldats prussiens, préparés par des combats simulés aux devoirs plus sérieux de leur profession. Des lanciers galopaient en corps dans les plaines, des vedettes étaient placées, le pistolet armé en main, à toutes les meules de foin, tandis que des courriers pressaient de l'éperon leurs montures, et couraient d'un point à un autre, comme si la grande lutte qui se prépare d'une manière si menaçante, et qui tôt ou tard doit avoir lieu, était déjà commencée. Comme l'Europe est maintenant un camp, ces scènes guerrières attirent à peine un regard : nous cherchions d'autres points de vue, ceux que la nature déploie dans les plus heureux instants.

Nous apercevions des châteaux ruinés par vingtaines, des forteresses grisâtres; des abbayes, quelques-unes désertes, d'autres encore occupées; des villages, des villes; les sept montagnes; des rochers et des vignes. A chaque pas, nous sentions combien la poésie de la nature et celle de l'art sont intimement liées, entre la hauteur avec sa tourelle en ruine, et le sentiment moral qui leur prête de l'intérêt. Là, on voyait une île qui n'avait rien d'extraordinaire, mais les murs d'un couvent du moyen-âge couvraient sa surface de leurs ruines. On apercevait un roc nu, destitué de grandeur, et manquant de ces teintes que donnent des climats plus doux; mais une baronnie féodale chancelait sur son sommet. Ici César conduisit ses légions sur le fleuve, et là Napoléon jeta son corps d'armée sur le rivage ennemi; ce monument fut érigé à la mémoire de Hoche, et de cette terrasse le grand Gustave-Adolphe dirigea ses bataillons. Notre pays[1] est trop jeune pour présenter un grand nombre de cités historiques, et celles que nous possédons manquent encore de cette teinte indéfinissable que donne une époque reculée.

Remplis des sentiments que peut créer la vue d'un fleuve aussi rempli de souvenirs, nous continuâmes notre chemin sur le bord méridional de cette grande artère de l'Europe centrale. Nous nous étonnâmes de la solitude du Rheinfels, nous admirâmes la rare magnificence des ruines de l'église de Baccara, et nous nous étonnâmes du précipice étourdissant sur lequel un prince de Prusse demeure encore maintenant avec la sécurité et la hardiesse d'un

---

1. L'Amérique. Dans le cours de cet ouvrage, l'auteur établit différentes comparaisons entre le pays qu'il décrit et le sien.

aigle. En apercevant Mayence le soir du second jour, nous discutâmes et nous comparâmes avec impartialité, du moins à notre avis, ce que nous venions de voir avec les scènes que nous nous rappelons si bien et avec tant d'attendrissement.

Je connaissais l'Hudson depuis mon enfance : c'est le grand passage de tous ceux qui voyagent de l'intérieur des États vers la mer ; et la nécessité m'avait fait voir de bonne heure ses détours, ses promontoires, ses îles, ses villes et ses villages. J'avais examiné attentivement jusqu'à ses ramifications les plus cachées, et il fut un temps où il n'y avait pas un point de vue sur ses rives ou un hameau qui n'eussent été visités par moi. Il y avait donc le vif souvenir d'une ancienne impression à opposer à l'influence d'objets encore visibles.

Suivant mon opinion, le Rhin, qui possède plus fréquemment que l'Hudson toute sorte de points de vue pendant un nombre de milles donnés, n'a rien de sa magnificence ; il manque de la variété, de la noble beauté et de la largeur du fleuve américain. Ce dernier, pendant la distance universellement reconnue pour réunir les plus belles vues du Rhin, est à la fois un fleuve large et étroit ; il a ses baies, ses passages rétrécis au milieu des prairies, ses gorges écumantes, et ses endroits les plus larges ressemblent aux lacs d'Italie ; ce que l'on peut dire de plus à l'avantage de son rival d'Europe, c'est que toutes ces beautés merveilleuses y sont faiblement rappelées. Dix degrés d'une latitude plus basse donnent des teintes plus riches, des transitions de lumière et d'ombre plus brillantes, des changements d'atmosphère plus avantageux, et servent à imprimer plus d'éclat aux beautés de notre climat occidental. Relativement aux îles, l'avantage est encore à l'Hudson ; celles du Rhin sont plus nombreuses, celles de notre fleuve ont plus d'étendue, sont mieux placées, et en général plus imposantes.

Lorsque la comparaison entre ces deux fleuves célèbres est poussée jusqu'aux accessoires qu'ils doivent à l'art, les résultats sont plus douteux. Les bâtiments des anciennes villes et des villages de l'Europe semblent groupés pour produire de l'effet, lorsqu'on les voit à une certaine distance, bien que leur sécurité soit le but principal de la manière dont ils sont construits, au lieu qu'il faut entrer dans les villages propres, spacieux et gais de l'Amérique pour pouvoir les apprécier. Dans l'ancien hémisphère, les masses de toits, les tours des églises, les façades irrégulières des murailles, et souvent le château qui s'élève sur le pinacle, par derrière, donnent à une ville l'apparence d'un vaste monument antique consacré à un seul objet. Peut-être les bourgs du Rhin ont-ils quelque chose de moins pittoresque que les villages de France et d'Italie, car les Allemands ménagent plus le terrain que ne le font leurs voisins ; cependant ils ont encore quelque chose de plus saillant que les riants et heureux petits villages qui encombrent les bords de l'Hudson. On doit ajouter à cet avantage celui qui naît des ruines innombrables, et d'une foule de souvenirs. Ici, la supériorité des auxiliaires du Rhin cesse, et ceux de son rival commencent à l'emporter. En fait de demeures modernes, de villes et même de maisons de plaisance, celles des princes seules exceptées, les bords de l'Hudson n'ont peut-être pas leurs égaux dans aucun pays. Il y a de plus beaux et de plus nobles édifices sur la Brenta et dans d'autres lieux favorisés, cela est certain; mais je ne connais aucun fleuve qui ait autant de ces attraits qui charment et captivent les regards. Pour le mouvement, objet important de la comparaison, l'Hudson n'a peut-être aucun rival parmi les fleuves qui prétendent à un caractère pittoresque. Relativement au nombre des vaisseaux, à la variété de leurs agrès, à la beauté de leurs formes, à la promptitude, à l'habileté de la manœuvre, ce canal commercial prend son rang parmi les premiers fleuves du monde. Les vergues de vaisseaux aux mâts élevés se balancent parmi les rocs et les forêts des coteaux, tandis que les chaloupes, les goélettes, les élégants bateaux à vapeur, les yachts, les pirogues et les canots, effleurent les ondes par milliers. Il existe encore une preuve éloquente qui ne doit pas être négligée. Des peintures et des gravures des bords du Rhin prêtent leurs avantages ordinaires à des objets qui, vus tels qu'ils existent, n'ont rien de bien frappant; elles les adoucissent, et souvent leur donnent une grande beauté, au lieu que toutes les tentatives de ce genre pour représenter des points de vue de l'Hudson sont toujours restées bien au-dessous de l'original.

La nature est prodigue de beaux points de vue dans tous les pays, et c'est une duperie de ne point jouir de ses dons, en avançant dans la vie, parce qu'il existe une supériorité prétendue dans telle ou telle partie du monde. Nous quittâmes donc le Rhin avec regret; car, à mesure qu'on avance sur ses bords, on est obligé de convenir qu'il est difficile de trouver des rivages plus charmants que les siens.

A Mayence, nous passâmes sur la droite du fleuve, et, traversant les duchés de Nassau et de Darmstadt, nous entrâmes dans celui de Bade à Heidelberg. Là, nous nous assîmes sur le tonneau, nous examinâmes le château, et nous nous promenâmes dans des allées de jardins fort remarquables. De ce lieu nous nous dirigeâmes sur Manheim, tournant les yeux plus d'une fois vers la capitale de la France. L'indisposition d'une personne de notre société nous força de nous arrêter quelques heures à Manheim. Cette ville présente peu de matière à réflexions; cependant on y peut faire celle-ci, que la symétrie et la régularité qui donnent de la magnificence aux grandes villes rendent les petites mesquines.

Par un brillant jour d'automne, nous retournâmes, en suivant la rive gauche du Rhin, sur la route de Paris. Les désirs du malade lui donnaient l'apparence de la force, et nous espérions pénétrer dans les montagnes qui bordent le Palatinat du côté sud-ouest, et atteindre Kaiserslautern, sur la route du grand Napoléon, avant la nuit. Notre principal but était accompli, et, comme tous ceux qui ont effectué leurs projets, notre plus grand désir était de nous retrouver chez nous. Quelques postes nous convainquirent que le repos était encore nécessaire à notre invalide. Cette conviction, malheureusement comme je le croyais alors, vint trop tard; car nous avions déjà traversé la plaine du Palatinat, et nous approchions de la chaîne de montagnes dont je viens de parler, qui sont une branche des Vosges, et qu'on connaît dans le pays sous le nom de *Haart*. Nous n'avions pas fait entrer un tel événement dans nos calculs, et une ancienne expérience nous avait appris à nous défier des auberges de cette partie isolée du royaume de Bavière. Je regrettais amèrement notre précipitation, lorsque la tour de l'église de Duerckheim perça au-dessus des vignes; car, en approchant davantage de la base de la montagne, le terrain est légèrement ondulé et la vigne plus abondante. En avançant, le village ou le bourg nous promit peu de chose; mais le postillon nous assura que l'auberge de la Poste était digne d'un roi, et, quant au vin, le même postillon ne crut pouvoir en faire un juste éloge que par un bruyant claquement de fouet, expression de plaisir la plus éloquente pour un Allemand de sa classe. Nous débattîmes la question d'avancer ou de nous arrêter, éprouvant une grande indécision, jusqu'au moment où nous fûmes arrivés devant l'enseigne du *Bœuf*. Un corpulent bourgeois vint nous recevoir ; on voyait une assurance de bonne chère dans l'ample développement de sa personne, qui n'était pas mal représentée par l'enseigne, et le caractère cordial de son hospitalité éloignait tout souvenir du quart-d'heure de Rabelais.

Si celui qui voyage acquiert une grande connaissance du cœur humain, il perd beaucoup de cette sympathie pour l'espèce humaine qui embellit la vie. De constants rapports avec des hommes qui sont dans l'habitude de voir journellement des visages étrangers, ne disposant de leurs services qu'envers des personnes qu'ils ne doivent plus rencontrer, et qui nécessairement sont absous de toutes les responsabilités et affinités d'un commerce plus durable, montrent l'égoïsme de notre nature dans tout ce qu'il y a de moins attrayant. L'adresse peut suggérer un air affable qui cache les desseins de l'aubergiste sur la bourse d'un étranger, mais il est dans la nature des choses que ce dessein existe. La passion du gain, comme toutes les autres, augmente avec les occasions ; ainsi, nous devons trouver les aubergistes qui vivent sur des routes fréquentées plus rapaces que ceux dont les désirs sont moins excités faute d'occasions.

Notre hôte de Duerckheim offrait la preuve, par son honnête physionomie, son air indépendant et ses manières franches, qu'il était supérieur aux calculs mercenaires et habituels de la plupart des hommes de sa profession, qui, habitant dans des lieux peu fréquentés, prennent leur revanche sur la fortune, en protestant qu'ils regardent toutes les voitures de poste comme une proie que Dieu leur abandonne. Il avait un jardin dans lequel il nous invita d'entrer tandis qu'on changeait de chevaux, et de manière à prouver qu'il n'avait que l'intention d'être honnête, et qu'il s'embarrassait peu si nous resterions une heure ou une semaine. Enfin ses manières étaient polies, naturelles et engageantes ; elles nous rappelèrent vivement notre pays, et elles firent naitre tout à coup cette confiance qui est d'un effet moral incalculable. Bien qu'ayant trop d'expérience pour nous fier aveuglément au caractère national, son apparence de bonne foi allemande nous plut aussi, et par-dessus tout nous fûmes ravis de la propreté et du *comfort* qu'on apercevait partout, sans être accompagné de cette ostentation prétentieuse qui neutralise ces avantages chez des gens plus artificieux. La maison n'était point un caravansérail où l'on boit de la bière et l'on fume, comme dans la plupart des hôtelleries de cette partie de l'Europe ; mais il y avait des pavillons détachés dans les jardins, sous lesquels les voyageurs fatigués pouvaient littéralement se livrer au repos. Toutes ces considérations différentes nous déterminèrent à nous arrêter, et nous ne tardâmes pas à instruire l'honnête bourgeois de notre résolution. Cette nouvelle fut reçue avec une grande politesse, et, comme l'immortel Falstaff, je commençais à entrevoir l'espoir — de prendre mes aises dans une auberge — sans y être friponné.

On remisa promptement la voiture, et on porta nos bagages dans nos appartements. Quoique les gens de la maison parlassent avec confiance, et pourtant avec modestie, de l'état du garde-manger, il s'en fallait encore de quelques heures que le moment de notre dîner fût arrivé. Nous avons souvent trouvé l'occasion de remarquer qu'en Allemagne un repas n'est jamais hors de saison. Des questions, qui semblaient plutôt dictées par la bienveillance que par l'amour du gain, nous furent adressées sur l'heure à laquelle nous nous mettions à table; puis, comme pour changer la conversation, je demandai :

— N'ai-je pas vu quelques ruines sur la montagne, en entrant dans le village?

— Nous appelons Duerckheim une ville, mein Herr, répondit notre hôte; bien qu'elle ne soit pas des plus grandes, on a vu le temps où elle était une capitale!

En prononçant ces mots, le digne bourgeois quitta sa pipe et se mit à rire; car c'était un homme qui avait entendu parler de Londres, de Paris, de Pékin, de Naples, de Saint-Pétersbourg, et peut-être, par hasard, de la ville fédérale elle-même.

— Une capitale! C'était probablement la demeure d'un petit prince d'Allemagne? De quelle famille était votre souverain, je vous prie?

— Vous avez raison, mein Herr. Duerckheim, avant la révolution française, était une résidence (car c'est ainsi qu'on appelle en Allemagne les capitales politiques), et cette ville appartenait au prince de Leiningen, qui avait un palais de l'autre côté de la ville (ce lieu peut être environ moitié aussi grand que Hudson ou Schenectady), lequel palais fut brûlé pendant les troubles. Après ces dernières guerres, le souverain fut *médiatisé*, et reçut en indemnité des domaines de l'autre côté du Rhin.

Comme ce terme de *médiatisé* n'est pas souvent employé, il a peut-être besoin d'une explication. L'empire germanique, ainsi que presque tout le reste de l'Europe, était autrefois divisé en une multitude innombrable de petites souverainetés, constituées sur les bases du pouvoir féodal. En même temps que le hasard, le talent, les alliances ou la trahison avancèrent la fortune des plus puissants de ces princes, leurs voisins les plus faibles commencèrent à disparaître, ou à prendre une position subordonnée sur l'échelle sociale. C'est de cette manière que s'est graduellement composé le royaume, d'abord insignifiant, de France, privé qu'il était alors de la Bretagne, la Bourgogne, la Navarre, le Dauphiné, la Provence et la Normandie, et de plusieurs autres provinces. C'est de cette manière aussi que l'Angleterre fut formée de l'heptarchie. Le système confédératif de l'Allemagne a continué plus ou moins cette organisation féodale jusqu'à nos jours. La formation de l'empire d'Autriche et de la Prusse a détruit un grand nombre de ces principautés, et les changements produits par la politique de Napoléon ont donné le coup de grâce, sans distinction, à tous les petits souverains qui avoisinaient le Rhin. Parmi ces derniers étaient les princes de Leiningen, dont les possessions furent primitivement incluses dans les limites de la république française, puis dans celles de l'empire, et ont passé depuis sous la loi du roi de Bavière, qui, comme héritier légitime du duché voisin de Deux-Ponts, avait en sa possession une portion assez vaste de l'Allemagne pour engager le congrès de Vienne à ajouter à ses domaines, son but étant de former une barrière à l'agrandissement futur de la France. Comme les familles souveraines dépossédées ont la permission de garder leur titre de convention, et fournissent au besoin des femmes et des maris aux branches régnantes des diverses familles princières, le terme *médiatisé* a été assez heureusement appliqué à leur situation.

— Le jeune prince était ici la semaine dernière, continua notre hôte; il logeait dans ce pavillon, et y a passé plusieurs jours. Vous savez qu'il est le fils de la duchesse de Kent, et frère utérin de la jeune princesse, qui sera probablement un jour reine d'Angleterre.

— A-t-il des domaines ici, ou est-il encore, soit d'une manière ou d'une autre, attaché à votre gouvernement?

— Tout ce qu'on lui a donné est en argent ou de l'autre côté du Rhin. Il alla visiter les ruines du vieux château, car il éprouvait une curiosité bien naturelle de voir les restes d'un édifice que ses ancêtres avaient construit.

— Alors c'étaient les ruines du château de Leiningen que j'ai vues sur la montagne en entrant dans la ville?

— Non, mein Herr; vous avez vu celles de l'abbaye de Limbourg; celles de Hartenbourg, car c'est ainsi qu'on appelait le château, sont plus loin, au milieu des montagnes.

— Quoi! une abbaye en ruines, ainsi qu'un château! Voilà une occupation suffisante pour le reste de la journée. Une abbaye et un château!

— Et l'*Heidenmauer* et le *Teufelstein!*

— Comment! un *Camp des Païens* et une *Pierre du Diable!* Vous êtes riches en curiosités!

Notre hôte continua de fumer philosophiquement.

— Avez-vous un guide pour me conduire dans ces endroits par le plus court chemin?

— Le premier enfant peut le faire.

— Mais je désirerais quelqu'un qui parlât français; car mon allemand est loin d'être classique.

Le digne aubergiste secoua la tête.

— Il y a ici un nommé Christian Kinzel, reprit-il après un moment de réflexion, un tailleur qui n'a pas beaucoup de pratiques, et qui a vécu quelque temps en France; il peut vous être utile dans votre excursion.

Je répondis qu'un tailleur pourrait trouver qu'il serait bon pour sa santé de se détirer un peu les jambes.

L'aubergiste s'amusa de mon idée, et quitta sa pipe pour rire à son aise; sa gaieté était franche comme celle d'un homme sans remords.

L'affaire fut promptement arrangée. On envoya un messager à Christian Kinzel, et prenant mon petit compagnon de voyage par la main, je marchai en avant, attendant l'arrivée du guide. Mais comme j'ai l'intention d'occuper beaucoup le lecteur du lieu que je vais décrire, il est nécessaire qu'il possède une juste connaissance de ses localités.

Duerckheim est située dans cette partie de la Bavière qu'on appelle communément le Cercle du Rhin. Le roi de ce pays n'a peut-être pas un million de sujets dans cette partie détachée de ses domaines, qui s'étend, d'un côté, depuis le fleuve jusqu'à la Prusse rhénane, et de l'autre, depuis Darmstadt jusqu'en France. Il suffit d'une bonne journée de poste pour traverser cette province dans toutes les directions; il paraîtrait, d'après cela, que sa surface est à peu près égale aux deux tiers de celle du Connecticut. Une ligne de montagnes, ressemblant aux moins élevées des Alleghanies, connue sous différents noms, mais qui est une des branches de Vosges, passe presque à travers le centre du district au nord et au midi. Ces montagnes cessent brusquement du côté oriental, laissant entre elles et le fleuve une vaste surface unie, dans le genre de celles qu'on appelle en Amérique terrain plat, ou terres de fond. Cette plaine, qui faisait partie de l'ancien Palatinat, s'étend également de l'autre côté du Rhin, se terminant aussi brusquement à l'est qu'à l'ouest. A vol d'oiseau, entre Heidelberg et Duerckheim, villes qui sont opposées l'une à l'autre sur les deux extrémités latérales de la plaine, on peut compter un peu plus de vingt milles; le Rhin est à une distance égale de toutes les deux.

Il existe une tradition plausible, qui assure que la plaine du Palatinat était autrefois un lac recevant les eaux du Rhin, et par conséquent les déchargeant par quelque passage inférieur, jusqu'à ce que le temps, ou une convulsion de la nature, brisa la barrière qu'offraient les montagnes à Bingen, entraînant les eaux, et laissant un bas-fond fertile. En approchant de Duerckheim, on aperçoit des montagnes de sable irrégulières, ce qui peut confirmer cette supposition, que la constance des vents du nord a jeté un plus grand nombre de ces particules légères au sud-ouest que sur la côte opposée. En ajoutant que le côté oriental des montagnes, ou celui qui suit la plaine, est assez brisé et inégal pour être pittoresque, nous en aurons dit assez sur les localités nécessaires pour l'intelligence du lecteur.

Il paraîtrait qu'un des passages qui communiquaient, de temps immémorial, entre le Rhin et le pays à l'ouest des Vosges, avait une issue sur la plaine, à travers la gorge de la montagne, près Duerckheim. En suivant les détours des vallées, la route de poste pénètre, par une montée facile, jusqu'au plus haut sommet, et,

INTRODUCTION.

suivant le cours de l'eau qui se jette dans la Moselle, descend presque aussi graduellement dans le duché de Deux-Ponts, de l'autre côté de la chaine. La possession de ce passage, dans les siècles de violence où l'on ne connaissait point la loi, était donc un titre de distinction et de pouvoir, puisque tous ceux qui le traversaient étaient pour ainsi dire à la merci de celui qui en avait la propriété.

En quittant la ville, mon petit compagnon et moi nous entrâmes aussitôt dans la gorge. Le passage était étroit; mais on apercevait bientôt une vallée de la largeur d'un mille, dans laquelle deux ou trois défilés avaient une issue, sans compter celui par lequel nous étions entrés; mais un seul conservait son caractère pendant une certaine distance. L'étendue de cette vallée ou bassin, puisque ce devait en être un lorsque le Palatinat était un lac, est beaucoup rétrécie par une montagne, dont la base, couvrant un quart de l'espace, s'élève absolument au centre, et qui, sans aucun doute, se trouvait une île lorsque la vallée était une baie. Le sommet de cette montagne est plat et d'une forme ovale irrégulière; il peut contenir six ou huit acres de terre. C'est là que sont situées les ruines de Limbourg, but principal de notre excursion.

La montée, de plusieurs centaines de pieds, était excessivement raide. Des pierres de taille d'une couleur rougeâtre se montraient sous une terre rare. Le soleil dardait des rayons de feu sur les rocs, et je commençais à peser les avantages et les désavantages de cette course, lorsque le tailleur arriva avec le zèle d'un homme qui n'est point encore fatigué.

— Voici Christian Kinzel! s'écria ***** pour qui la nouveauté avait toujours un attrait, et qui dans sa jeune existence avait déjà gravi avec courage les Alpes, les Apennins, le Jura et les montagnes de Calabre, des tours, des monuments, des dômes, et tout ce qui avait pu servir à l'élever dans les airs. — Allons, grimpons!

Nous escaladâmes la montagne, et, tournant parmi des terrasses sur lesquelles croissaient la vigne et des végétaux, nous atteignîmes promptement la plate-forme naturelle. On découvrait du sommet une vue magnifique. Mais ce serait trop se presser que de la décrire ici. Toute la surface de la montagne prouvait l'ancienne étendue de l'abbaye qui avait été entièrement entourée par un mur. Mais les principaux édifices avaient été construits, et se voyaient encore, près le centre longitudinal, sur le bord du précipice qui se trouvait à l'est. Il restait assez du bâtiment pour se former une idée de son ancienne magnificence. Contrairement à presque toutes les ruines qui bordent le Rhin, la maçonnerie était de la même main-d'œuvre; les murs étaient non seulement massifs, mais composés de pierres à sablon régulièrement taillées; des couches immenses de ces matériaux existent dans toute cette partie de l'Allemagne. Je reconnus la chapelle, encore assez bien conservée, le réfectoire, cette consolation de la vie ascétique, plusieurs édifices qui servaient probablement de dortoirs, et quelques vestiges des cloîtres. Il existe aussi une tour élevée dont la forme monastique suffit pour donner un caractère religieux à ces ruines. Elle était fermée, pour empêcher les curieux de se hasarder sur ses marches chancelantes; mais on peut facilement reconnaître qu'elle a servi à renfermer les cloches consacrées. Il y a aussi près d'elle les nobles restes d'une arche dont les pierres mal jointes menacent la tête de celui qui veut les examiner de trop près.

M'éloignant de la ruine, je jetai un regard sur une vallée des environs. Rien de plus doux et de plus charmant que cette vue. Plus un don est limité, plus l'homme s'y affectionne; ce sentiment, qui est une espèce de nécessité, avait engagé les habitants de ce lieu à tirer tout le parti possible de ce bas-fond : les Alpes ne sont pas mieux tondues que les prairies qui étaient à mes pieds, et l'on avait également utilisé deux ou trois ruisseaux qui serpentaient au milieu d'elles. L'écluse d'un moulin rustique rejetait les eaux dans un lac en miniature, et quelque zélé admirateur de Neptune avait établi un cabaret sur ses bords, qui portait une ancre pour enseigne! Mais l'effet principal du point de vue provenait des ruines d'un château qui occupaient une terrasse naturelle, ou plutôt la projection d'un roc, appuyé contre une des montagnes. La route passait immédiatement sous les murs, à une portée de flèche des créneaux, la position ayant été incontestablement choisie comme dominant la route des voyageurs. Je n'eus pas besoin des explications du guide pour savoir que ces ruines étaient le château d'Hartenbourg; il était encore plus massif que les restes de l'abbaye, bâtie des mêmes matériaux, et, suivant toute apparence, dans différents siècles; car, tandis qu'une partie était irrégulière et grossière comme presque toutes les constructions du moyen âge, il y avait des tours saillantes dans les embrasures pour l'usage de l'artillerie. Un de leurs canons, élevé à une hauteur convenable, aurait pu envoyer son boulet sur la plate-forme de l'abbaye, mais sans danger même pour les murailles en ruines.

Après avoir étudié pendant une heure les différents objets de cette scène charmante, je demandai au guide quelques détails sur le Camp des Païens et la Pierre du Diable. Tous les deux étaient sur une hauteur qui s'élevait de l'autre côté de l'ambitieux petit lac, à une bonne portée de mousquet de l'abbaye. Il était même possible d'apercevoir une portion du premier, et les détails confus du tailleur excitaient le désir d'en voir davantage. Nous n'avions pas entrepris notre voyage sans une ample provision de livres et de cartes géographiques. Un des premiers était heureusement dans ma poche; bien que n'ayant espéré aucune chose extraordinaire sur cette route peu fréquentée, il n'avait point encore été ouvert. En consultant ses pages, je fus agréablement surpris de trouver que Duerckheim et ses antiquités n'avaient pas été jugées indignes de l'attention spéciale du voyageur. On y disait que le Camp des Païens indiquait le lieu où Attila passa l'hiver avant de traverser le Rhin, dans sa célèbre invasion contre la capitale du monde civilisé, quoique son origine fût attribuée à ses ennemis eux-mêmes; bref, on croyait que c'étaient les restes d'un camp romain, un de ces ouvrages avancés de l'empire par lesquels les Barbares étaient tenus en échec, et dont les Huns s'étaient prudemment servis en avançant vers le sud. On décrivait la Pierre du Diable comme un roc naturel dans le voisinage du camp, sur laquelle les païens avaient offert des sacrifices. Les jambes de notre guide, libérées de la prison de son établi, furent mises en réquisition pour nous conduire dans un lieu contenant des curiosités si dignes de notre attention.

Tandis que nous descendions la montagne de Limbourg, Christian Kinzel nous fit un peu oublier la fatigue du chemin en nous racontant la tradition du pays sur les lieux que nous venions de quitter; il paraîtrait, d'après cette légende, que lorsque les pieux moines projetaient d'établir leur monastère, ils firent un pacte avec le diable, afin qu'il se chargeât de tirer des carrières les pierres nécessaires pour un ouvrage aussi étendu, et de les transporter au haut de la montagne. Cette proposition convint fort à l'humeur du diable; car, pour lui faire entreprendre un ouvrage de cette nature, on lui avait persuadé qu'il s'agissait de bâtir une taverne, dans laquelle on boirait nécessairement une bonne quantité de vin du Rhin, breuvage qui trouble la raison et laisse l'âme sans soutien, exposée à toutes les tentations. Il semblerait par les légendes du Rhin que les moines surpassèrent en finesse l'ennemi du genre humain; mais leur plus éclatant succès fut dans l'affaire en question. Complètement trompé par les artifices des hommes de Dieu, le père du mal se prêta au projet avec tant de zèle que l'abbaye et ses dépendances furent construites avec une incroyable promptitude, circonstance qu'ils prirent soin d'exploiter à leur avantage en l'attribuant à un miracle d'une émanation plus pure. Suivant tous les rapports, l'artifice fut si bien conduit, que, malgré sa réputation de finesse, le diable ne connut la véritable destination de l'édifice que lorsque la cloche de l'abbaye sonna les prières. Alors son indignation fut sans bornes, et il se rendit sur le roc qui porte son nom, dans l'intention de l'enlever dans les airs au-dessus de la chapelle, et d'immoler par sa chute les moines et leur autel à sa vengeance. Mais la pierre était trop bien enracinée pour être déplacée même par le diable, et il fut enfin forcé par les prières des dévots qui étaient alors sur leur champ de bataille, d'après leur manière de combattre, d'abandonner ce pays, honteux, confus et furieux. On montre aux curieux certaines marques empreintes sur le roc, qui prouvent les violents efforts de Satan, et entre autres celle de sa personne, lorsqu'il s'assit sur la pierre, fatigué de ses efforts inutiles; la plus drôle est une espèce de rainure qui montre évidemment la position qu'avait sa queue tandis qu'il ruminait son chagrin sur ce siége un peu dur.

Nous étions au pied de la seconde montagne lorsque Christian Kinzel termina son explication.

— Telles sont donc les traditions de Duerckheim concernant la Pierre du Diable, dis-je en mesurant de l'œil le chemin escarpé.

— Voilà ce qu'on dit dans le pays, mein Herr, répondit le tailleur; mais il y a des gens qui ne le croient pas.

Mon petit compagnon se mit à rire, et ses yeux brillaient de plaisir.

— Allons, grimpons! s'écria-t-il encore; allons voir le Teufelstein!

Nous arrivâmes bientôt dans le Camp; il était placé sur une partie avancée de la montagne, sorte de bastion naturel, et il était protégé de tous côtés, excepté par celui où il était joint à la masse du rocher, par des descentes trop rapides pour être tentées avec prudence. On y voyait les ruines d'une muraille circulaire d'une demi-lieue d'étendue, dont les pierres étaient répandues confusément en piles autour de l'extérieur, et dans l'intérieur plusieurs vestiges de fondations et de murs. Toute la surface était couverte de jeunes cèdres au feuillage mélancolique. Sur le côté qui fait face aux montagnes voisines, le Camp avait été évidemment protégé par un fossé.

Le Teufelstein était à mille pieds du Camp : c'est un roc nu, usé par le temps, et qui montre sa tête chauve, sur un point élevé, parmi les montagnes les plus avancées. Je m'assis sur le sommet le plus élevé, et pendant un moment j'oubliai ma fatigue.

On découvrait les plaines du Palatinat aussi loin que la vue pouvait s'étendre. Çà et là brillaient les eaux du Rhin et du Necker, comme des feuilles d'argent parmi la verdure des champs, puis les clochers des villes de Manheim, Spire et Worms, et d'innombrables villages; les maisons de campagne étaient aussi nombreuses dans cette perspective que les tombes sur la voie Appienne. Quelques ruines grisâtres semblaient collées sur les montagnes de Baden et de Darmstadt; on apercevait aussi le château d'Heidelberg, dans son romantique vallon ; il était en même temps sombre et magnifique. Ce paysage était allemand, et dans tout ce qu'il devait à l'art il était légèrement gothique. Il lui manquait la teinte ardente, le dessin capricieux et séduisant des belles vues de l'Italie, la grandeur des vallées et des glaciers de la Suisse; mais c'était un admirable tableau de la fertilité et de l'industrie embellie par une foule d'objets utiles.

Il était tout simple qu'une personne ainsi placée se crût environnée de tous les éloquents souvenirs des progrès de la civilisation, des infirmités, de l'accroissement et de l'ambition de l'espèce humaine. Le roc me rappelait des siècles de fanatiques superstitions et de honteuse ignorance; le temps où tout le pays était une vaste forêt que parcourait le chasseur, disputant aux animaux carnassiers la propriété de ses sauvages domaines. Cependant la noble créature portait l'image de Dieu, et quelquefois un esprit supérieur perçait les ténèbres de son siècle, saisissant quelques rayons de cette éternelle vérité qui dérive de la nature. Je me représentais aussi les Romains, avec leurs dieux, passions et vertus divinisées; leur philosophie ingénieuse, leurs arts nombreux et empruntés à la Grèce, leur force calculée et accablante, leur amour de la magnificence si grand dans ses effets, mais si sordide et si injuste dans ses moyens, et par dessus tout cette ambition insatiable qui vit s'abîmer ses espérances sur la mer de sa propre grandeur, et prouva par sa chute la fausseté de son système. Les souvenirs qui m'entouraient me montraient les moyens par lesquels Rome conquit et perdit son pouvoir. Le barbare avait appris à l'école sévère de l'expérience à reconquérir ses droits; et, dans l'exaltation que me causaient ces souvenirs, il ne m'était pas difficile de me représenter les Huns se précipitant dans le camp, et calculant leur chance de succès par les vestiges qu'avaient laissés le génie et les ressources de leurs ennemis.

La confusion des images obscures qui succédèrent était un véritable emblème du siècle suivant; sortant de cette obscurité, après le long et glorieux règne de Charlemagne, le château baronial s'éleva avec sa violence féodale et ses injustices. Puis vint l'abbaye entée sur cette religion douce et souffrante, qui parut sur la terre comme un rayon du soleil éclipsant la clarté factice d'une scène dont la lumière naturelle avait été exclue. Là éclata cette lutte égoïste et longue entre des principes antagonistes, et qui n'a point encore cessé: le combat entre le pouvoir de la science et le pouvoir de la force physique. Le premier, qui n'était ni pur ni parfait, descendait au subterfuge et à la fraude, tandis que le second hésitait entre la crainte des causes inconnues et l'amour de la domination. Le moine et le baron devinrent ennemis; celui-ci se méfiant secrètement de la foi qu'il professait, celui-là tremblant des conséquences du coup que sa propre épée avait porté, effet de trop de science dans l'un et de trop d'ignorance dans l'autre, tandis que tous les deux étaient la proie de cette ennemie insatiable du genre humain, l'ambition.

Un éclat de rire de l'enfant attira mon attention au bas du rocher. Il venait avec Christian Kinzel, et à leur mutuelle satisfaction, de trouver la place précise qu'avait occupée la queue du diable. Cet enfant était le meilleur emblème de l'Amérique qu'on eût pu trouver sur l'immense surface de son pays. Après le sang anglais ou saxon, le sang français, suédois et hollandais coulait en proportions presque égales dans ses veines. Il n'avait pas besoin de chercher bien loin pour trouver parmi ses ancêtres le paisible compagnon de Penn, le huguenot, le cavalier, le presbytérien, le sectateur de Luther ou de Calvin. Le hasard avait encore augmenté la ressemblance; car, voyageant depuis son enfance, il mêlait toutes les langues en commentant gaiement sa récente découverte. La suite de pensées que cette distraction m'occasionna était naturelle. Elle embrassait le long mystère dans lequel le continent si vaste de l'Amérique avait été enveloppé aux yeux de l'homme civilisé; sa découverte, l'établissement qu'on y fit, la manière par laquelle la violence, la persécution, les guerres civiles, l'oppression, l'injustice, avaient jeté des hommes de toutes les nations sur ses rivages; les effets de ce choc de coutumes et d'opinions dépouillées par l'habitude et les lois de leur origine égoïste; la liberté civile et religieuse qui s'ensuit; le principe nouveau, mais irrécusable, sur lequel son gouvernement fut basé; les progrès silencieux de son exemple dans les deux hémisphères, l'un ayant déjà imité les instructions dont l'autre essayait d'approcher, et les immenses résultats qui dérivaient de ce grand et incalculable décret de la Providence. Je ne sais en vérité si mes pensées n'auraient pas approché du sublime, si Christian Kinzel ne les eût interrompues en montrant l'endroit où le diable, dans sa colère, avait donné un coup de pied.

Descendant du sommet, nous prîmes le chemin de Duerckheim.

Tout en marchant, Kinzel fit plus d'une remarque philosophique, qui était principalement inspirée par la misérable condition d'un homme travaillant beaucoup et mangeant peu. Sous le point de vue de sa position particulière, le travail était à trop bon marché, et le vin ainsi que les pommes de terre trop chers. Jusqu'à quelle profondeur eût-il poussé des réflexions si naturelles, je l'ignore, si l'enfant n'eût pas élevé quelques doutes sur la longueur reconnue de la queue du diable. Il avait visité le Jardin des Plantes à Paris, vu le kangourou dans le jardin zoologique à Londres, et connaissait par leurs noms les habitants de diverses ménageries ambulantes qu'il avait vues à Rome, Naples, Dresde, et autres capitales; il était presque ami avec les ours de Berne, qu'il avait souvent visités. Ayant ainsi une idée vague de l'analogie des choses, il ne pouvait se rappeler aucun animal assez amplement pourvu d'un prolongement de la colonne vertébrale, capable de remplir l'espèce de gouttière formée dans le Teufelstein. Pendant que dura la discussion sur ce point important, nous arrivâmes jusqu'à l'auberge.

L'aubergiste de Duerckheim ne nous avait trompés en rien. Son dîner fut excellent, et abondant jusqu'à la prodigalité. La bouteille de vieux vin de Duerckheim aurait pu passer pour du johannisbergh, ou pour cette liqueur plus délicieuse encore, le steinberg, à Londres ou à New-York. La politesse simple et sincère avec laquelle nous fûmes servis en augmenta l'agrément.

C'eût été un grand égoïsme de ranimer la nature épuisée sans penser au tailleur, après un violent exercice de plusieurs heures à l'air subtil des montagnes; il eut aussi sa part du dîner; et lorsque nous eûmes l'un et l'autre repris des forces, nous tînmes une conférence à laquelle le digne aubergiste fut admis.

Les pages suivantes sont le résultat de notre conversation dans l'auberge de Duerckheim. Si quelque savant antiquaire allemand découvre quelque grossier anachronisme, un nom mal placé dans l'ordre des événements, ou un moine rappelé prématurément du purgatoire, il est invité à rejeter son indignation sur Christian Kinzel, et puisse saint Benoit de Limbourg le protéger contre tous les critiques!

L'HEIDENMAUER,

OU

LE CAMP DES PAIENS.

> Depuis les plus grands outrages jusqu'aux plus petites perfidies, n'ai-je pas vu de quoi l'espèce humaine est capable ?
> **LORD BYRON.**

CHAPITRE PREMIER.

> Avancez tous les deux maintenant, que vos mentons se touchent, et jurez par votre barbe que je suis un coquin.
> **SHAKSPEARE.** *Comme vous voudrez.*

Le lecteur doit se représenter une vallée étroite et retirée. Le jour commençait à perdre de son éclat, jetant sur les objets les plus saillants une lueur qui ressemblait aux couleurs qu'on voit au travers d'un verre légèrement terni ; cette particularité de l'atmosphère, qui se rencontre presque tous les jours dans l'été et dans l'automne, n'en est pas moins une source de plaisir pour le véritable admirateur de la nature. Ce n'est point un coloris d'un jaune fade, mais une teinte douce et mélancolique, prêtant à la colline et au taillis, à l'arbre et à la tour, au torrent et à la plaine, cette douceur et cette mélancolie qui sont les plus grands charmes d'une belle soirée. Le soleil couchant frappait de ses rayons obliques sur un pré fauché dans un vallon si profond, qu'il ne devait ce sourire de la nature qu'à la forme particulière des éminences voisines. Il éclairait aussi le sommet éloigné d'une montagne, qu'un troupeau avait moissonné après l'avoir fertilisé ; un courant d'eau limpide qui coulait au bas, un étroit sentier, plutôt frayé par le sabot que par les roues; et un vaste rideau de forêt, qui avançait et reculait à la vue, couvrant des lieues de pays que la tradition elle-même n'avait jamais peuplées. Ce site, bien qu'au seizième siècle, et placé au centre de l'Europe, était en apparence aussi retiré que s'il eût été dans les solitudes de l'Amérique. Mais, bien qu'il indiquât l'absence totale des habitations et de tous les autres signes qui annoncent la présence de l'homme, l'œil d'un Américain eût promptement distingué ses traits caractéristiques de ceux des déserts de sa patrie. Les arbres, quoique dans un état prospère, manquaient de cette mousse centenaire, et le sommet des rocs de cette variété et de cette solitude sauvage dont sont empreintes les forêts de l'Amérique. Aucun tronc réduit en poussière n'était couché dans le lieu où il était tombé ; point de branche arrachée par la tempête et oubliée sur le sol; point de racines découvertes trahissant l'indifférence de l'homme pour le dépérissement de la végétation. Çà et là, une espèce de touffe de genêt, comme on en voit de temps en temps sur le haut des mâts des vaisseaux, était élevée à la cime d'un arbre dans les bois placés sur des hauteurs, marques qui divisaient les propriétés de ceux qui avaient le privilége de couper et de tailler, et preuve certaine que l'homme avait depuis longtemps étendu son pouvoir sur ces sombres montagnes ; aussi, quelque solitaires qu'elles semblassent, elles étaient soumises à toutes les lois vexatoires qui dans tous les lieux peuplés accompagnent les droits de la propriété.

Pendant l'heure qui précède le commencement de notre histoire, aucun bruit, excepté le murmure d'un ruisseau, ne troublait la tranquillité de la petite vallée, si une gorge aussi étroite et aussi sauvage pouvait mériter ce nom; et il n'y avait pas même un oiseau gazouillant parmi les arbres, ni un hibou criant sur les hauteurs. Une fois, et pendant une minute seulement, un chevreuil s'aventura hors de la feuillée, et descendit pour se désaltérer au ruisseau. Cet animal n'avait pas les mouvements élastiques, la marche timide et irrésolue du daim d'Amérique; mais c'était néanmoins un véritable habitant des forêts, car s'il se confiait en quelque sorte à la protection de l'homme, il fuyait son pouvoir. Aussitôt que sa soif fut apaisée, il écouta avec cette finesse d'instinct qu'aucune circonstance accidentelle ne peut détruire, et remonta sur la hauteur, s'enfonçant sous la forêt d'un pas troublé. Au même instant un chien de chasse s'élança du milieu des arbres, de l'autre côté de la gorge, dans le sentier, et bondit en avant et en arrière, à la manière bien connue des chiens de cette espèce avant qu'ils soient animés par l'ardeur de la chasse. Un coup de sifflet rappela l'animal près de son maître, et ce dernier parut dans le sentier.

Une toque de velours vert sur laquelle était brodé un cor de chasse, une blouse de la même couleur, d'une étoffe commune, mais propre, sur laquelle on voyait le même ornement, enfin l'instrument lui-même suspendu sur une épaule, et les armes habituelles à un homme de cette classe, annonçaient un forestier, individu chargé du soin des chasses et d'une juridiction dans la forêt; fonctions qui ont été bien dégradées par l'usage de la dénomination habituelle de garde-chasse.

Le forestier était jeune, actif, et, malgré ses habits communs, son extérieur était engageant. Appuyant son fusil contre la racine d'un arbre, il siffla de nouveau pour appeler le chien, et renouvela l'appel, en se servant d'un instrument aigu qu'il portait dans cette intention ; il parvint promptement à faire revenir son compagnon à ses côtés. Accouplant les lévriers avec une laisse qu'il attacha autour de lui, il détacha son cor, et fit entendre des sons qui résonnèrent harmonieusement dans la vallée. Lorsque l'instrument quitta ses lèvres, le jeune homme écouta, jusqu'à ce que le dernier écho lointain eût répété ses sons, comme s'il espérait une réponse. Il ne fut pas trompé dans son attente. Bientôt de nouveaux sons parvinrent jusqu'au sentier au milieu des bois, et y firent battre d'effroi les cœurs de leurs habitants. Les sons de l'instrument invisible étaient bien plus perçants et sauvages que ceux du cor de chasse, mais ils ne manquaient ni de mélancolie ni de douceur. Ils parurent familiers au jeune forestier, qui ne les eut pas plus tôt entendus, qu'il remit son instrument à sa place ordinaire, reprit son fusil, et se posa dans l'attitude d'un homme qui attend.

Il ne se passa pas plus d'une minute avant qu'un autre jeune homme parût dans le sentier, un peu plus haut dans le défilé, et s'avançât lentement vers le forestier. Son costume était rustique, c'était celui d'un paysan. Il portait à la main un tube long et étroit de bois de merisier, enveloppé d'écorce, ayant une ouverture et une petite sonnette au côté opposé, ressemblant à celle d'une trompette. En avançant, son visage portait une expression de mauvaise humeur, rendue plus comique que grave par un large chapeau rabattu, dont le devant lui tombait sur les yeux, et qui était retroussé prétentieusement par derrière. Ses jambes, comme celles du forestier, étaient emprisonnées dans des espèces de guêtres en peau, qui les laissaient nues et libres au dessous du genou, tandis que le vêtement supérieur était lâche de manière à ne gêner aucun de ses mouvements.

— Tu viens bien tard, Gottlob, dit le jeune forestier au paysan, et le vieil ermite ne nous en recevra pas mieux pour l'avoir dérangé de ses prières. Qu'est devenu ton troupeau ?

— Que le saint homme du Camp des Païens le lui dise lui-même, car je ne pourrais répondre à cette question, quand elle me serait faite par le seigneur Emich lui-même, et du ton dont il a l'habitude de parler à l'abbé de Limbourg : Qu'est devenu ton troupeau, Gottlob ?

— Ce n'est point une plaisanterie si tu as réellement laissé échapper les animaux ! Où les as-tu vus en dernier lieu ?

— Ici, dans la forêt d'Hartenbourg, maître Berchthold, sur l'honneur d'un humble serviteur du comte.

— Tu perdras ta place par ta négligence, Gottlob !

— Ce serait bien dommage si tu disais vrai, car, dans ce cas, lord Emich perdrait le plus honnête gardeur de vaches de toute l'Allemagne, et je serais désolé d'entrer chez les frères de Limbourg ! Mais les vaches ne peuvent être éloignées, et je vais essayer encore une fois la vertu de mon cor avant de retourner au logis recevoir des coups et me faire renvoyer. Savez-vous, maître Berchthold, que le malheur dont vous parlez n'est arrivé à aucun membre de ma famille; et nous sommes gardeurs de bestiaux depuis plus longtemps que les Frédérics ne sont électeurs !

Le forestier fit un geste d'impatience, caressa ses chiens, et attendit l'effet de la nouvelle fanfare pour laquelle son compagnon se préparait. Gottlob semblait avoir une entière confiance dans ses talents pour appeler son troupeau, car, malgré ses paroles, ses manières n'avaient exprimé aucune crainte sur le sort des animaux qui lui étaient confiés. La vallée résonna bientôt des sons plaintifs et sauvages produits par l'instrument de merisier. Le rustre prenait soin de donner à ses sons les intonations qui, par une convention tacite, avaient, de temps immémorial, servi de signal pour rassembler un troupeau égaré. Son talent et sa confiance furent promptement récompensés, et les vaches, les unes après les autres, sortirent de la forêt et entrèrent dans le sentier, les plus jeunes bondissant lourdement le long du chemin, tandis que les plus paisibles habitants de la laiterie avançaient d'un air affairé, mais d'un pas grave, comme il convenait à leurs années et à leur réputation au hameau. En quelques minutes elles furent toutes rassemblées autour de leur gardien, qui, les ayant comptées, remit son cor sur son épaule et se disposa à se rendre à l'autre extrémité du ravin.

— Tu es heureux d'avoir rassemblé tes vaches si promptement et avec si peu de peine, Gottlob, dit le forestier en suivant le troupeau avec son compagnon.

— Dites habile, maître Berchthold, et ne craignez pas de me donner trop d'amour-propre. Il n'y a aucun danger de me faire tort en reconnaissant mon mérite. Il ne faut jamais décourager la modestie par une discrétion trop scrupuleuse. Ce serait un miracle dans le village si un troupeau nourri dans les voies de l'Église oubliait son devoir !

Le forestier sourit ; mais il tourna le visage comme un homme qui est aveugle pour ce qu'il ne désire pas voir.

— Voilà de tes tours, ami Gottlob ; tu as laissé tes vaches rôder sur les terres des frères !

— J'ai payé le denier de saint Pierre ; j'ai été à la chapelle de saint Benoît faire une prière ; je me suis confessé au père Arnolph lui-même, et tout cela pendant le mois. Qu'est-ce qu'un homme peut faire de plus pour entrer en faveur auprès des bons frères ?

— Je voudrais savoir si tu as jamais entretenu le père Arnolph de tes visites sur les pâturages du couvent, accompagné du troupeau du seigneur Emich, honnête Gottlob ?

— Pouvez-vous penser, maître Berchthold, que dans un moment où il est de toute nécessité d'avoir un esprit calme et contemplatif, j'aurais pu mettre le pieux moine en colère en détaillant toutes les folies d'une vache mal élevée, ou d'une génisse qu'on ne doit pas plus abandonner à elle-même qu'on ne peut laisser aller une jeune fille seule à la foire sans sa mère, ou tout au moins sans une vieille tante ?

— Prends garde à toi, Gottlob, car lord Emich, quoiqu'il aime fort peu les frères, te fera enfermer dans un cachot du donjon, au pain et à l'eau pendant une semaine, ou fera faire connaissance à ton dos avec les étrivières, s'il vient à apprendre qu'un de ses gens a pris des libertés avec les droits de ses voisins.

— Alors, que le seigneur Emich expulse les frères des riches pâturages près de Jaegerthal. On ne peut voir de sang-froid des animaux de noble race chercher dans la terre, avec leurs dents, quelques herbes amères, tandis que les carcasses d'un couvent roulent sur leurs langues l'herbe la plus fine et la plus douce. Ne savez-vous pas, maître Berchthold, que ces frères de Limbourg mangent la plus grasse venaison, boivent les vins les plus généreux, et disent plus courtes prières qu'aucun moine de la chrétienté ! *Potz-Tausend*[1] ! il y en a qui disent qu'ils confessent les plus jolies filles ! Quant au pain et à l'eau dans un donjon, je sais par expérience qu'aucun de ces remèdes ne convient à une constitution mélancolique ; et je défie l'empereur, ou le saint-père lui-même, de produire un miracle assez grand pour que mon dos fasse connaissance avec les étrivières.

— Tout simplement parce que cette connaissance est faite depuis longtemps.

— Si c'est là l'interprétation que tu donnes à mes paroles, maître Berchthold, je te félicite d'avoir un esprit prompt ; mais nous dépassons les limites de la forêt, et nous renverrons cette question à un autre entretien. Les vaches sont bien repues ; elles ne tromperont point l'attente des filles de basse-cour, et peu importe d'où arrive la nourriture, des pâturages du seigneur Emich ou d'un miracle de l'Eglise. Tu n'as pas beaucoup fatigué les chiens aujourd'hui, Berchthold ?

---

[1]. Corbleu.

— Je les ai conduits sur la montagne pour leur faire prendre l'air et leur donner de l'exercice. Ils ont poursuivi pendant quelques instants un chevreuil ; mais comme tout le gibier ici appartient à notre maître, je n'ai pas jugé convenable de les faire aller plus vite qu'il ne faut.

— Je suis bien aise de t'entendre parler ainsi, car je compte sur ta compagnie en grimpant la montagne, lorsque notre ouvrage sera fini. Tes jambes n'en vaudront que mieux après ce travail.

— Tu as ma parole, et je ne manquerai pas au rendez-vous. Pour ne point perdre de temps, nous allons nous séparer ici afin de nous rencontrer de nouveau dans le hameau.

Le forestier et le pâtre se dirent adieu et se séparèrent. Le premier quitta le sentier, tournant subitement à droite par un petit chemin particulier qui le conduisit à travers des prairies étroites où brillait la petite rivière dont nous avons déjà parlé, au pied de la montagne opposée. Gottlob se dirigea vers le hameau qu'on pouvait alors apercevoir, et qui couvrait entièrement un espace de peu de largeur dans la vallée, à un point où cette dernière faisait un coude presque à angle droit avec sa direction générale.

Le vacher se rendit à une habitation bien différente de la grossière étable où se dirigeaient ses vaches. Un château massif occupait un des points les plus élevés de la montagne, suspendu sur l'amas de maisons dans le ravin, et menaçant tous ceux qui tentaient de franchir le défilé. Ce bâtiment était vaste et irrégulier. Les parties les plus modernes étaient des tours saillantes circulaires, bâties sur le bord du rocher, des créneaux desquels il n'eût pas été difficile de jeter une pierre sur la route ; dans leur construction on avait calculé tout ce qui pouvait ajouter à leur force, tandis que la beauté des formes et du travail, suivant le goût de l'époque à laquelle nous écrivons, n'avait pas été entièrement négligée. Ces tours n'étaient que des accessoires au principal bâtiment, qui, vu de la position où nous avons placé le lecteur, n'offrait qu'une masse confuse de murailles, de cheminées, de toits. Dans quelques endroits, les premiers s'élevaient d'une pelouse de verdure qui couvrait le penchant de la montagne ; tandis que dans d'autres on avait profité du roc ; et il était si fréquemment mêlé au bâtiment qu'il supportait, l'un et l'autre étant de la même pierre rougeâtre, qu'il n'était pas facile à la première vue de distinguer l'ouvrage de la nature de celui de l'art.

Le sentier que suivait le forestier, conduisait de la vallée à la montagne, par une montée facile, à une grande porte qui s'ouvrait sur une roche élevée communiquant avec l'intérieur par une cour. De ce côté du château, il n'y avait ni fossé ni pont, ni aucune autre des défenses ordinaires, à l'exception d'une herse; car la position de la forteresse rendait en quelque sorte ces précautions inutiles. Cependant on avait pris grand soin de prévenir une surprise, et il aurait fallu avoir un pied bien sûr, une tête bien calme, et des membres bien vigoureux, pour essayer d'entrer dans cet édifice par un autre passage que par la grille.

Lorsque Berchthold eut atteint la petite terrasse qui était dans le portail, il prit son cor, et, debout sur le bord du précipice, il commença un air de chasse, suivant toute apparence, dans un accès de gaieté. Les sons furent répétés par les échos des montagnes, et plus d'une matrone du village suspendit son travail pour écouter avec admiration cette sauvage harmonie. Replaçant son instrument, le jeune homme caressa ses chiens, et passa sous la herse qui était levée à ce moment.

CHAPITRE II.

> Que dis-tu d'un lièvre ou d'une bécasse mélancolique?
> SHAKSPEARE. *Henry IV.*

La lumière avait presque entièrement disparu du ravin où est situé Hartenbourg, lorsque Berchthold descendit du château par un sentier différent de celui par lequel il y était arrivé une heure auparavant; et, traversant la rivière sur un pont de pierre, il gagna le rivage opposé jusque dans la rue, ou plutôt sur la route. Le jeune forestier ayant enfermé les chiens, avait mis de côté sa laisse et son fusil, mais son cor était toujours attaché à son épaule. Il portait aussi à son côté un couteau de chasse, arme défensive fort utile dans ce siècle et dans ce pays, et qu'il avait le droit de porter en vertu de sa charge chez le comte de Leiningen-Hartenbourg, maître de la forteresse qu'il venait de quitter, seigneur féodal de la plupart des montagnes voisines, aussi bien que de nombreux villages dans la plaine du Palatinat. Il semblait que le gardeur de vaches attendît l'arrivée de son compagnon ; nous pourrions peut-être même dire son ami, par la manière familière avec laquelle ils s'abordèrent. Gottlob se tenait près de la chaumière de sa mère, et lorsque les deux jeunes gens se rencontrèrent, ils se firent signe mutuellement, et avancèrent à pas rapides, laissant le village derrière eux.

Lorsqu'on quittait le hameau, la vallée s'agrandissait, et prenait cet aspect de fertilité et de culture que nous avons décrit au lecteur dans l'Introduction ; car ceux qui ont parcouru cette préface, nécessaire à notre ouvrage, reconnaîtront que les deux jeunes gens avec lesquels nous venons de leur faire faire connaissance étaient dans le bassin de la montagne qui contenait l'abbaye de Limbourg. Mais si trois siècles ont peu altéré le caractère de ces lieux, ils ont produit un changement bien grand dans les objets plus périssables.

Tandis que les jeunes gens marchaient rapidement, les premiers rayons de la lune touchaient le sommet des montagnes, et avant qu'ils eussent fait un mille, en suivant toujours la direction du sentier qui communiquait avec la vallée du Rhin, les toits et les tours de l'abbaye elle-même en furent éclairés. Les bâtiments du couvent étaient semblables, par leur nombre et leur confusion, au groupe de maisons que forme un village, tandis qu'un mur massif entourait tout le sommet de la montagne isolée. Cette demeure ressemblait à celle de ces princes ecclésiastiques du moyen-âge, qui portaient l'armure sous l'étole ; car en même temps que les tours et les vitraux coloriés, les croix et les ex-voto, annonçaient le caractère de cet établissement, des précautions attestaient que les saints pères plaçaient autant de confiance dans les moyens humains que dans les secours célestes pour la protection de ceux qui composaient la congrégation.

— Il y a une lune pour un moine comme pour un gardeur de vaches, il me semble, observa Gottlob en parlant à voix basse ; voilà la lumière qui éclaire la tour la plus élevée de l'abbaye, et elle brillera bientôt sur la tête pelée de chaque paresseux du couvent, qui est dehors, goûtant le vin nouveau en se mêlant des affaires de quelques bourgeois de Duerckheim !

— Tu n'as pas beaucoup de respect pour les saints pères,

honnête Gottlob; car il est rare que tu perdes l'occasion de leur jouer un mauvais tour soit avec ta langue, soit par l'intermédiaire d'une bête affamée.

— Écoute, Berchthold, nous autres vassaux, nous ressemblons à une eau limpide, dans le cristal de laquelle notre maître doit voir son visage et même jusqu'à son humeur. Lorsque le seigneur Emich professe une haine sincère pour un homme, ou pour un cheval, un chien ou un chat, une ville ou un village, un moine ou un comte, je ne sais pas pourquoi il en est ainsi, mais je sens que ma propre colère se soulève, et je suis tout prêt à frapper quand il frappe, à maudire quand il maudit, et même à tuer s'il tue.

— C'est un caractère heureux pour un serviteur. Mais il faut espérer, pour l'honneur de la chrétienté, que la sympathie ne finit pas là, et que les affections sont aussi prononcées que les antipathies.

— Plus encore, sur ma foi! le comte Emich est un grand amateur de pâté de venaison le matin, et moi je l'aime pendant toute la journée. Le comte Emich vide une bouteille de vin en une heure, tandis que deux ne suffisent pas pour prouver mon zèle à imiter ses goûts; et quant aux autres mortifications de cette nature, je ne suis point homme à abandonner la cause de mon maître faute de zèle.

— Je te crois, Gottlob, dit Berchthold en riant, et j'en crois plus encore que tu n'en peux dire sur de semblables sujets. Mais, après tout, les Bénédictins sont des hommes d'église, et attachés à leur foi et à leur devoir aussi bien qu'aucun évêque d'Allemagne, et je ne vois pas la cause de toute cette antipathie, soit de la part du seigneur, soit de celle du vassal.

— Oh! oh! tu es en faveur auprès de quelque bon frère, et il est rare qu'une semaine se passe sans que tu t'agenouilles devant un de leurs autels; quant à moi, le cas est différent, car depuis la pénitence ordonnée pour cette affaire dans laquelle j'ai agi trop librement avec un de leurs troupeaux, je n'ai pas grand'peine à digérer leur nourriture spirituelle.

— Et cependant tu as payé le denier de saint Pierre, dit tes prières et confessé tes péchés au père Arnolph, et tout cela dans le mois!

— Que voulais-tu que fît un pécheur? je donnai l'argent sur la promesse que je reçus qu'il me serait rendu avec usure; je prie

Dieu pour cette maudite dent qui me tourmente parfois plus qu'une âme en enfer; et quant à la confession, depuis que mon extrême candeur, relativement à ce troupeau, m'a fait avoir une si bonne pénitence, je garde sur mes péchés une convenable discrétion. Pour te dire la vérité, maître Berchthold, l'Eglise ressemble à une jeune femme, assez aimable lorsqu'on fait toutes ses volontés, mais véritable mégère dès qu'on la contrarie.

Le jeune forestier était pensif et silencieux, et comme ils arrivaient alors dans le voisinage du hameau qui appartenait aux frères de Limbourg, son facétieux compagnon trouva prudent d'imiter sa réserve. Le petit lac artificiel dont nous avons parlé dans l'Introduction existait alors; mais l'auberge, avec son ambitieuse enseigne, est le fruit d'une civilisation plus moderne. Lorsque les jeunes gens atteignirent un ravin qui avait une entrée dans la montagne, ils quittèrent la grande route, ayant bien soin auparavant de se convaincre qu'aucun œil curieux ne surveillait leurs mouvements.

Il y avait dans cet endroit une montée longue et rapide, par un petit chemin rocailleux, et que la lune éclairait en partie. Les jambes vigoureuses du forestier et du gardeur de vaches les eurent bientôt transportés au sommet d'une des montagnes voisines, et ils se trouvèrent au milieu d'une plaine de bruyère. Bien qu'ils n'eussent pas cessé de causer le long de la route, c'était d'une voix plus basse encore que lorsqu'ils se trouvaient sous les murs de Limbourg. Plus Gottlob montait, plus il semblait perdre de son audace.

— Voilà un horrible lieu, qui tue le courage, Berchthold, murmura le vacher au moment où son pied toucha le plateau de la montagne, et il est encore plus désagréable d'y entrer à la clarté de la lune que dans les ténèbres. As-tu jamais été plus près que cela du Teufelstein à cette heure?

— J'y vins un jour à minuit, car ce fut là que je fis la connaissance de celui que nous venons voir; t'ai-je jamais raconté de quelle manière nous nous rencontrâmes?

— Quelle habitude tu as d'en appeler toujours à la mémoire! Peut-être, si tu me le répétais, je pourrais me rappeler les faits à mesure; et, pour dire la vérité, j'aime assez à entendre le son de ta voix dans ce pays des fantômes.

Le jeune forestier sourit, mais sans dérision, car il vit que son compagnon, en dépit de son indifférence pour tous les sujets graves, était, comme c'est l'ordinaire, le plus affecté des deux lorsqu'il était mis à l'épreuve, et il se rappelait peut-être aussi la différence que l'éducation avait mise dans leur manière de penser.

Il ne traitait pas cependant avec légèreté la visite qu'ils étaient sur le point de faire; on pouvait s'en apercevoir à la manière prudente et posée dont il fit le récit suivant :

— J'étais sur les chasses de lord Emich depuis le lever du soleil, dit Berchthold, car on avait besoin de plus de vigilance qu'à l'ordinaire pour surveiller les paysans du voisinage. Les recherches m'avaient conduit loin dans les montagnes, et la nuit vint, non pas comme aujourd'hui, mais si noire, que, tout accoutumé que je fusse depuis mon enfance à la forêt, il ne m'était pas possible de trouver la direction d'une étoile, moins encore celle du château. J'errai pendant des heures entières, espérant à chaque moment atteindre l'entrée du vallon, lorsque je me trouvai subitement dans un champ qui me paraissait sans fin et inhabité.

— Oh ! oh ! c'était cette salle de bal du diable, et tu veux dire qu'elle était inhabitée par les hommes.

— As-tu jamais connu le désespoir d'être égaré dans la forêt, Gottlob ?

— Jamais dans ma propre personne, maître Berchthold, mais dans celle de mon troupeau : c'est un malheur qui m'arrive souvent, pêcheur que je suis !

— Je ne sais pas si la sympathie que tu as pour tes vaches peut t'inspirer cette humiliation, ce chagrin, qui accablent l'esprit, lorsqu'on se trouve séparé de toute communication avec ses semblables dans un désert quoique entouré d'êtres vivants, privé des sens de la vue et de l'ouïe, avec toutes les preuves de la bonté de Dieu sous les yeux, et cependant n'ayant aucun des moyens ordinaires de jouir de ses bienfaits, ayant perdu la clef de ses intentions.

— De cette manière les dents se trouvent dans la nécessité de rester oisives et le gosier sec, maître forestier, lorsqu'on ne peut retrouver son chemin.

— Dans un semblable moment l'appétit est bien calme, tant est grand le désir de nous retrouver avec nos semblables; c'est comme si l'on était rendu à l'impuissance de l'enfance, avec tous les besoins, toutes les habitudes de l'homme.

— Si tu appelles cela être rendu, ami Berchthold, je prierai saint Benoît de me garder où je suis jusqu'à la fin de mes jours.

— Je ne pèse pas le sens de toutes les paroles que je prononce, tant le souvenir de ce moment pénible m'est présent. Mais ce fut au moment de mon plus grand désespoir que je sortis de la forêt et que j'arrivai sur cette montagne. Alors il parut devant mes yeux quelque chose qui me sembla être une maison, et, grâce à une lumière brillante que je m'imaginai voir au travers d'une fenêtre, je me crus de nouveau rendu au commerce de mes semblables.

— Tu te sers de ce terme avec plus de discernement maintenant, dit le gardeur de bestiaux, poussant un profond soupir, comme quelqu'un qui est satisfait de voir une difficulté terminée. J'espère que c'était la demeure de quelque vassal du seigneur Emich, en chair et en os, et qui avait les moyens de consoler une âme en peine.

— Gottlob, l'habitation n'était autre que le Teufelstein, et la lumière était celle d'une étoile brillante qui jetait ses rayons sur le roc.

— Je parie à coup sûr, maître Berchthold, que vous n'avez pas frappé deux fois à cette porte.

— Je n'attache pas trop d'importance à de vulgaires légendes, ni aux superstitions des femmes de nos montagnes; cependant...

— Doucement, doucement, ami forestier; ce que tu appelles par des noms si irrévérencieux sont les opinions de tous ceux qui demeurent à Duerckheim ou dans les environs : chevalier ou moine, bourgeois ou comte, ont un égal respect pour nos vénérables traditions. *Tausend sechs und zwanziger!* que deviendrions-nous si nous n'avions pas quelque glorieuse histoire ou quelque spectacle alarmant de cette sorte à opposer aux pénitences, aux prières et aux messes des frères de Limbourg! Ayez autant de sagesse et de philosophie que vous voudrez, mon frère de lait, mais laissez-nous notre diable, quand ce ne serait que pour se battre contre l'abbé.

— Malgré tous tes grands mots, je sais que personne, parmi nous, n'a au fond du cœur une plus grande crainte de cette montagne que toi, Gottlob! J'ai vu ton front couvert d'une sueur froide lorsque tu traversais cette lande après la nuit tombée.

— Es-tu bien sûr que ce n'étaient pas des gouttes de rosée? Il en tombe beaucoup dans ces montagnes lorsque la terre est sèche.

— Ce sera donc la rosée, si tu le désires.

— Pour t'obliger, Berchthold, j'irais jusqu'à jurer que c'était une trombe. Mais que devinrent le roc et l'étoile?

— Je ne pouvais changer la nature de l'un ni de l'autre; je ne prétends point à ton indifférence sur le pouvoir mystérieux qui gouverne la terre, mais tu sais que jamais la crainte ne m'a tenu éloigné de cette montagne. Lorsqu'en approchant je reconnus mon erreur, j'allais m'en retourner, non sans faire le signe de la croix et répéter un *Ave*, je suis tout prêt à le reconnaître; mais un regard me convainquit que la pierre était occupée.

— Occupée! J'ai toujours su que la pierre était possédée, mais je n'avais jamais pensé qu'elle fût occupée.

— Il y avait quelqu'un assis sur la partie la plus saillante, et aussi facile à distinguer que le roc lui-même!

— Et sans doute tu fis preuve de cette célérité qui t'a valu la faveur du comte et ta place de forestier?

— J'espère que mon zèle à remplir les devoirs de ma place est de quelque poids auprès de lord Emich, répondit Berchthold avec un peu de vivacité. Je ne courus pas, Gottlob, mais je parlai à l'être qui avait choisi un siége si étrange à une heure aussi indue.

En dépit de son insouciance affectée, le pâtre s'approcha davantage de son compagnon, jetant en même temps un regard oblique dans la direction du roc.

— Tu as l'air troublé, Gottlob?

— Cois-tu que je sois sans entrailles? Quoi! un de mes amis s'est trouvé dans cette terrible position, et je ne serais pas troublé! Que Dieu te bénisse, Berchthold! je viendrais de voir périr la meilleure vache de mon troupeau, que je n'éprouverais pas un plus grand chagrin. Te fit-on une réponse?

— Oui; et les résultats m'ont prouvé, reprit le forestier en réfléchissant tandis qu'il parlait comme un homme qui aperçoit les lueurs d'une vérité longtemps cachée, que nos craintes nous empêchent souvent de voir les choses comme elles sont, et ne servent qu'à nourrir nos erreurs. J'eus une réponse, et, en dépit de ce que tous les habitants de Duerckheim peuvent croire, elle me fut donnée par une voix humaine.

— C'était encourageant, quoiqu'elle fût sans doute plus bruyante que le mugissement d'un taureau!

— On me parla d'une voix douce, et tu me croiras facilement,

Gottlob, lorsque tu sauras que la personne assise n'était autre que l'anachorète des Cèdres. Notre connaissance commença alors dans ce lieu, et tu sais que depuis ce jour-là cette liaison n'a pas été détruite faute de visites de ma part à sa demeure.

Le gardeur de bestiaux fit quelques pas en silence ; puis, s'arrêtant tout à coup, il dit brusquement à son compagnon :

— C'était là ton secret, Berchthold, sur la manière dont s'est formée cette nouvelle amitié ?

— Il n'y en a pas d'autre. Je savais que tu étais esclave des préjugés du pays, et j'avais peur de perdre ta compagnie dans ces visites, si je t'avais, sans précaution, raconté toutes les circonstances de notre entrevue ; mais maintenant que tu connais l'anachorète, je ne crains pas ta désertion.

— Ne compte jamais sur de trop grands sacrifices de la part de tes amis, maître Berchthold ! L'esprit de l'homme est sujet à tant de caprices, il est si souvent guidé par la folie et tourmenté par tant de doutes lorsqu'il est question de la sûreté du corps, pour ne rien dire de celle de l'âme, qu'il n'est rien de plus téméraire que de compter avec trop de sécurité sur les sacrifices d'un ami.

— Tu connais le sentier, et tu peux retourner seul au hameau, si tu veux, dit le forestier sèchement et non sans sévérité.

— Il y a des situations où il est aussi difficile de reculer que d'avancer, fit observer Gottlob ; sans cela, Berchthold, je pourrais te prendre au mot, retourner auprès de ma vigilante mère, retrouver un bon souper et un lit qui est placé sous une image de la Vierge, une de saint Benoît, et une autre représentant monseigneur notre comte. Mais, par intérêt pour toi, je ne voudrais pas faire un pas en arrière.

— Comme tu voudras, dit le forestier, qui savait à quoi s'en tenir sur la crainte qu'éprouvait le vacher de rester seul dans ce lieu solitaire et redouté, et qui profitait de son avantage en doublant le pas avec une telle vitesse que Gottlob fût bientôt resté en arrière s'il n'eût imité la célérité de son compagnon.

— Tu pourras dire aux gens de lord Emich que tu m'as abandonné sur la montagne.

— Non, reprit Gottlob, faisant de nécessité vertu ; si j'agis ainsi, ou si je dis une pareille chose, qu'on fasse de moi un bénédictin, ou un abbé de Limbourg par-dessus le marché.

Tandis que le vacher, qui ressentait toutes les antipathies de son maître contre les religieux ses voisins, exprimait cette détermination d'une voix aussi ferme que son courage, la confiance renaquit entre les deux amis, qui continuèrent leur route d'un pas rapide. Ce lieu était à la vérité bien propre à réveiller tous les germes de superstition que l'éducation, la tradition ou les opinions du pays peuvent semer dans le cœur humain.

Pendant ce temps, nos aventuriers s'étaient approchés d'un bois de petits cèdres, entouré d'un mur circulaire composé de piles de pierres tombées, et qui croissait sur un des points les plus saillants de la montagne. Derrière le bois, on voyait la plaine de bruyère, tandis que le roc nu, que les rayons de la lune venaient d'éclairer, élevant sa tête chauve, ressemblait à quelque monument funèbre placé au centre de ce désert, pour désigner et rendre sensible par la comparaison la solitude aride des champs. Sur le dernier plan, on voyait la pente sombre et le sommet de la forêt des montagnes du Haart. A leur droite était le vallon que les deux amis venaient de quitter, et en face, en tirant du bosquet une ligne un peu oblique, la plaine du Palatinat, couverte d'une profonde obscurité, et dont, malgré les ténèbres, on distinguait la culture, à cent pieds au-dessous d'eux.

Il était rare qu'aucun des serviteurs du comte Emich, et plus particulièrement ceux qui logeaient dans son château ou dans les environs, et qui pouvaient être appelés pour leur service à tout moment, se hasardassent aussi loin de la forteresse, et dans la direction de l'hostile abbaye, sans se pourvoir de moyens d'attaque et de défense. Berchthold portait, comme à l'ordinaire, son couteau de chasse, ou cette épée courte qui, de nos jours, est encore portée par cette espèce de domestiques appelés chasseurs, dégradés jusqu'à l'office de laquais, et qu'on voit derrière les voitures des ambassadeurs de princes, pour rappeler au passant observateur la décadence régulière et certaine des usages des temps féodaux. Gottlob n'avait pas négligé non plus sa sûreté personnelle relativement aux ennemis humains. Lorsqu'il s'agissait de résister à de semblables attaques, son courage était sans reproche; il l'avait prouvé dans plus d'une des sanglantes querelles qui, dans ce siècle, avaient lieu fréquemment entre les vassaux et les petits princes d'Allemagne. Le gardeur de bestiaux s'était muni d'une arme pesante que son père avait souvent portée dans les combats, et qui exigeait toute la vigueur du bras musculeux du fils, pour être brandie dans toutes les positions et attitudes observées alors. Les armes à feu étaient de trop de valeur et d'un usage trop imparfait pour qu'on s'en servît dans les occasions peu importantes comme celle qui attirait les deux frères de lait (car c'était là, ainsi qu'une longue habitude, le secret de l'intimité qui existait entre le forestier et le vacher) du hameau à la montagne de Duerckheim.

Berchthold détacha son couteau de chasse lorsqu'il tourna par une ancienne porte dont la position n'était connue que par l'interruption du fossé ayant protégé autrefois ce côté de la muraille, et une ouverture du mur lui-même, pour entrer dans l'enclos que le lecteur reconnaîtra pour le Camp des Païens de l'Introduction. Dans le même moment, Gottlob dérangea l'arme pesante qui était appuyée sur son épaule, et en saisit la poignée avec une nouvelle énergie. Il n'y avait, à la vérité, aucun ennemi visible pour justifier ces précautions ; mais cette solitude toujours croissante, et cette impression qui s'empare de nos facultés lorsque nous nous trouvons dans un lieu qui semble favorable à des actes de violence, occasionna sans doute ce redoublement de prudence. La lueur de la lune, qui n'était pas encore dans son plein, n'avait pas assez de force pour pénétrer les branches touffues des cèdres ; et lorsque les jeunes gens furent entrés sous le feuillage, l'obscurité n'était pas complète comme par une nuit chargée de nuages ; mais les objets étaient revêtus de cette lueur douteuse qui les rend incertains, bien que visibles, et qui ôte tout courage à un esprit troublé. Il y avait peu de vent ; cependant, tandis que les deux jeunes gens avançaient au milieu des ruines, l'air de la nuit, ressemblant à des soupirs plaintifs, agitait tristement le feuillage.

On a déjà dit que le Heidenmauer était dans l'origine un camp des Romains. Le peuple guerrier qui avait élevé ces constructions sur la frontière la plus éloignée de son vaste empire, n'avait négligé aucun des moyens qui étaient nécessaires dans les circonstances où il se trouvait, soit pour sa sûreté, soit pour sa commodité : sa sécurité était suffisamment garantie par la position presque isolée de la montagne, protégée comme elle l'était par des murailles aussi hautes et aussi massives que doivent avoir été celles qui ont exigé une aussi grande quantité de matériaux que ceux qui sont encore visibles dans ce large circuit ; tandis que l'intérieur fournissait des preuves abondantes que la commodité n'avait pas non plus été négligée. Plus d'une fois Gottlob en acquit la preuve en trébuchant. Çà et là une habitation en ruines, plus ou moins dégradée, était encore debout, fournissant, comme les mémorables restes de Pompéi et d'Herculanum, un témoignage aussi intéressant qu'infaillible des usages de ceux qui sont depuis longtemps livrés à un repos éternel. Il semblerait par les réparations grossières qui gâtent plutôt qu'elles n'embellissent ce monument simple, mais expressif, qui montre ce qu'était l'intérieur du camp dans des jours de pouvoir et de gloire, que des aventuriers modernes ont essayé d'en convertir les huttes dégradées en des habitations appropriées à leurs besoins temporaires. Elles paraissent néanmoins être depuis longtemps abandonnées, car ces murailles sans toit et les pierres amoncelées annoncent que les réparations n'étaient plus possibles. Enfin, les jeunes gens s'arrêtèrent et dirigèrent leurs regards dans la même direction, comme s'ils eussent atteint le but de leur expédition.

Dans la partie du bocage où le feuillage des cèdres croissait avec plus d'abondance que sur le sol rocailleux des ruines, il existait un petit bâtiment qui seul paraissait être encore habitable. Comme les autres, il semblait avoir été primitivement construit par les maîtres du monde, ou restauré sur les fondations de quelques constructions romaines par les guerriers d'Attila, qui, on doit se le rappeler, avaient passé un hiver dans ce camp, qui plus tard avait servi d'abri à de pauvres paysans industrieux. Il y avait une seule fenêtre, une porte, et une cheminée grossière, que le climat et la situation élevée de ce lieu rendait presque indispensable. La lueur d'une torche se voyait au travers de la croisée, seul signe qui apprît que la hutte était habitée; car, à l'extérieur, à l'exception des grossières réparations dont nous venons de parler, cette scène était empreinte de la tranquillité éloquente des ruines. Cette description ne rappellera pas au lecteur la grandeur imposante qui s'attache à la plupart des objets liés avec le nom romain; car, quoiqu'il soit dans la nature des choses que les plus importants travaux de ce peuple soient ceux qui doivent être parvenus jusqu'à nos jours, le voyageur rencontre souvent des souvenirs de leur puissance, qui sont si fragiles et si périssables dans leur construction, qu'ils ne doivent leur conservation, en grande partie, qu'à des combinaisons de circonstances accidentelles. Cependant les Romains se montraient ordinairement aussi grands dans les petites choses qui se liaient à un objet d'intérêt public que dans celles qui avaient un but plus important, et dans lesquelles ils ont surpassé tous les peuples venus après eux. Le Ringmauer ou Heidenmauer est une preuve de ce que nous avançons. Il n'y a pas une arcade, pas une tombe, pas une porte, pas une route pavée dans les environs de Duerckheim, qui prouve que ce poste ait été autre chose qu'une position militaire momentanée, et cependant la présence des Romains est établie par plus de preuves qu'on n'en trouverait probablement au bout de cent ans, si la moitié des villes de la chrétienté étaient subitement abandonnées. Mais ces monuments sont grossiers, et en harmonie avec le but qui les a fait construire.

Le forestier et le vacher restèrent quelque temps à regarder la hutte, comme des hommes qui hésitent à avancer.

— J'aimais mieux la société de l'honnête anachorète, maître Berchthold, dit Gottlob, avant que vous ne m'eussiez instruit du plaisir qu'il goûtait à prendre l'air sur le Teufelstein.

— Tu ne peux avoir peur, Gottlob, toi qui es renommé pour ton courage parmi nos jeunes gens!

— Je serai le dernier à m'accuser de poltronnerie, ou de quelque autre défaut, ami forestier. Mais la prudence est une vertu dans la jeunesse, comme le dirait l'abbé de Limbourg lui-même s'il était ici.

— Il n'y est pas présent en personne, dit une voix si près de l'oreille de Gottlob, que le jeune pâtre sauta lestement de côté; mais un religieux qui peut représenter en quelque sorte Sa Révérence est là pour affirmer la vérité de ce que tu viens de dire, mon fils.

Les deux jeunes gens, effrayés, reconnurent qu'un des moines de la montagne opposée venait inopinément de paraître devant eux. Ils étaient sur les terres de l'abbaye, ou plutôt sur un terrain que se disputaient les bourgeois de Duerckheim et le couvent, qui en était alors en possession, et ils sentaient la difficulté de leur position, comme vassaux du comte d'Hartenbourg. Ils ne répondirent ni l'un ni l'autre, car ils cherchaient tous les deux un prétexte plausible pour leur présence dans un lieu si peu fréquenté et qui avait généralement une si mauvaise réputation parmi les paysans.

— Vous êtes des jeunes gens de Duerckheim? demanda le

moine, essayant d'observer les traits des deux amis à la lueur imparfaite qui pénétrait sous l'ombrage touffu des cèdres. Gottlob, dont le plus grand défaut était de donner trop de liberté à sa langue, prit sur lui de répondre à cette demande.

— Nous sommes des jeunes gens, révérend père, comme ta sagacité et ta bonne vue l'ont découvert. Je ne cacherai pas mon âge, et si je le voulais, le diable, qui assiége tous les jeunes gens de quinze à vingt-cinq ans sous la forme de quelque passion, prendrait soin de trahir l'imposture.

— De Duerckheim, mon fils?

— Comme il y a contestation entre l'abbaye et cette ville, relativement à ces montagnes, nous ne serions pas en plus grande faveur auprès de toi, révérend bénédictin, si nous disions oui.

— Ces soupçons font injure à l'abbaye, mon fils. Nous pouvons défendre les droits de l'Eglise, confiés qu'ils sont dans leur temporel à une confrérie pécheresse, indigne, sans éprouver aucun sentiment peu charitable envers ceux qui pensent que leurs droits sont meilleurs que les nôtres. L'amour de Mammon est faible dans le cœur de ceux qui se sont voués au repentir et à la pénitence. Dites donc hardiment si vous êtes de Duerckheim, et ne craignez pas de me déplaire.

— Puisque c'est votre bon plaisir, bienveillant moine, je dirai hardiment que nous sommes de Duerckheim.

— Et vous venez consulter le saint anachorète des Cèdres?

— Il n'est pas nécessaire de dire à un homme qui a une aussi grande connaissance du cœur humain, révérend bénédictin, que le penchant de tous les habitants des petites villes est de chercher à pénétrer les affaires de leurs voisins. *Himmel*[1]! si nos dignes bourgmestres voulaient se mêler un peu moins des affaires des autres et un peu plus de leurs propres affaires, nous y gagnerions tous, eux dans leurs biens, nous dans notre tranquillité!

Le bénédictin se mit à rire, et il fit signe aux jeunes gens de continuer leur chemin, se dirigeant lui-même vers la hutte.

— Puisque vous vous êtes donné la peine de gravir la montagne, il n'y a pas de doute que ce soit dans une digne et pieuse intention, mes fils, dit-il : que le respect que vous inspire ma présence ne change point votre détermination. Nous nous ren-

---

1. Ciel!

drons en compagnie dans la cellule du vénérable ermite ; et si l'on peut trouver quelque avantage à sa bénédiction ou à ses discours, croyez-moi, je ne serai pas jaloux de la part que vous y aurez.

— La générosité avec laquelle les frères de Limbourg se refusent tout avantage pour en gratifier les autres, est un sujet de louanges au près et au loin ; et cette abnégation de ta part, révérend moine, est tout à fait en rapport avec la réputation bien acquise de la confrérie.

Comme Gottlob parlait d'un air grave et s'inclinait avec une apparence de respect, le bénédictin fut en quelque sorte sa dupe, quoiqu'en passant sous la porte basse de la hutte il ne pût s'empêcher de soupçonner la vérité.

CHAPITRE III.

*Il revient enfin, inattendu et seul. D'où? on l'ignore.
Pourquoi? on s'inquiète peu de le deviner.*
BYRON. *Lara.*

DANS les siècles où c'était la superstition qui se chargeait de réparer toutes les infirmités morales, où les esclaves des passions les plus grossières pensaient gagner le ciel en se livrant à la pénitence et à la solitude, on voyait souvent des pécheurs quitter les dangers du monde, et se retirer dans des cavernes ou des huttes. Il est prouvé que cette prétention à la sainteté n'était souvent qu'un masque qui cachait l'ambition et l'hypocrisie ; mais en général il serait injuste de ne pas croire qu'on trouvât souvent dans les solitaires un zèle véritable pour la religion, quoique ce zèle fût mal dirigé. On voit encore fréquemment des ermitages dans les parties méridionales de l'Europe, quoiqu'ils soient fort rares en Allemagne. Mais avant le changement de religion qui eut lieu dans le seizième siècle, et par conséquent à peu près à l'époque de notre histoire, on en voyait peut-être plus encore parmi les descendants de la race du Nord, que chez les imaginations vives qui peuplent les pays du Sud. C'est une loi de la nature, que les substances qui reçoivent le plus facilement les impressions sont celles qui les retiennent le moins, et la persévérance ainsi que la sévérité de caractère, nécessaires aux mortifications et aux privations d'un anachorète, sont moins faciles à trouver parmi les légers et heureux enfants du soleil que parmi les habitants du pays des frimas et des tempêtes.

Quoi qu'on puisse dire de celui qui abandonnait ainsi les plaisirs du monde pour la vie contemplative, il est certain qu'il y avait dans cette manière de vivre de douces récompenses qui n'étaient pas sans attrait pour les esprits mélancoliques, particulièrement pour ceux au fond desquels les germes de l'ambition dormaient plutôt qu'ils n'étaient éteints. Il était rare, en effet, qu'un reclus établi dans un canton simple et religieux, et il en existait peu qui cherchassent une solitude absolue, ne recueillît pas une riche moisson de vénération et d'autorité sur les cœurs naïfs de ses admirateurs. La vanité nous poursuit de sa perfidie jusque dans nos résolutions de vertu; et celui qui a abandonné le monde dans l'espoir de laisser derrière lui toute impulsion mondaine, retrouve l'ennemi sous une forme nouvelle, jusqu'au milieu de la citadelle qu'il a construite pour sa défense. Il y a peu de mérite et ordinairement aussi peu de sûreté à reculer devant le danger; et il a beaucoup moins de droit aux honneurs d'un héros, celui qui gagne la victoire par des moyens aussi douteux, que celui qui la remporte parce qu'il a porté un coup mortel à son adversaire. La tâche assignée à l'homme est de faire le bien dans la société de ses semblables, remplissant sa place sur l'échelle de la création, ne renonçant à aucun des devoirs que Dieu lui a imposés; et il doit être reconnaissant, lorsqu'au milieu du combat perpétuel qu'il soutient, il est aidé par cette puissante intelligence qui préside à l'harmonie de l'univers.

L'anachorète des Cèdres, c'est ainsi que les paysans et les bourgeois de Duerckheim appelaient le solitaire auquel le moine et les deux jeunes gens allaient rendre visite, avait paru dans le Ringmauer environ six mois avant l'époque où commence cette histoire. D'où il venait, combien de temps il avait l'intention de rester, et quelle avait été sa manière de vivre jusqu'alors, étaient des faits également inconnus à tous ceux parmi lesquels il choisit si subitement sa demeure. Personne ne l'avait vu arriver, et personne ne pouvait dire non plus d'où provenaient le peu de meubles qui étaient placés dans sa hutte. Ceux qui avaient quitté le Camp inhabité une semaine auparavant, en revenant la semaine suivante l'avaient trouvé occupé par un homme qui avait arrangé un des bâtiments abandonnés de manière à s'y faire un abri contre les tempêtes, et qui, en plaçant un crucifix à sa porte, annonçait suffisamment le motif de sa solitude. Il était ordinaire que l'établissement d'un ermite dans un canton fût regardé comme un événement propice, et bien des espérances étaient excitées, bien des plans ayant un but temporel formés pour obtenir leur réussite par l'intervention des prières de l'ermite, avant que sa présence eût été connue depuis plus de quinze jours. Tout ce qui demeurait dans les environs du Camp, excepté Emich de Leiningen-Hartenbourg, les bourgmestres de Duerckheim et les moines de Limbourg, apprit l'arrivée de l'ermite avec satisfaction. Le baron hautain et guerrier avait un préjugé contre tous les dévots, provenant de la haine héréditaire qu'il portait au couvent voisin, qui contestait depuis des siècles à sa famille la souveraineté de la vallée ; et les magistrats avaient une jalousie secrète contre toute influence que l'habitude ou les lois n'avaient pas rendue familière. Quant aux moines, le motif de leur défiance pouvait être trouvé dans cette faiblesse de la nature humaine, qui nous fait paraître pénible d'être surpassé dans un genre de mérite dont nous faisons une profession spéciale, bien qu'une sainteté supérieure en soit le but. Jusqu'à ce moment, l'abbé de Limbourg avait été le juge en dernier ressort de toutes les contestations entre le ciel et la terre ; et comme sa suprématie avait la sanction du temps, il en avait joui maintes années avec cette insouciante sécurité qui trompe tant d'hommes puissants jusqu'au moment de leur chute.

 Cette antipathie de la part d'hommes revêtus de pouvoir aurait pu rendre la vie de l'anachorète fort désagréable, sinon exposée à quelque danger, sans l'effet neutralisant d'une force antagoniste mise en mouvement. Les préjugés, renforcés par la superstition, présentaient leur bouclier devant la modeste cabane, et des mois s'écoulèrent après l'arrivée de l'étranger, pendant lesquels il ne reçut d'autres témoignages des sentiments excités par sa présence, que ceux qui avaient rapport au respect de la masse du peuple. Une entrevue accidentelle avec Berchthold avait produit une intimité entre l'ermite et le jeune forestier, et, comme on le verra dans le cours de cette histoire, ses conseils, ses aventures et ses prières ne lui étaient pas indifférents.

Cette dernière assertion fut prouvée à ceux qui, grâces à leur mutuelle défiance, se présentaient avec moins de cérémonie que de coutume à la porte de la hutte. La lumière intérieure venait d'un fagot qui brûlait sur le foyer, mais elle était assez vive pour convaincre le moine et ses compagnons que l'anachorète n'était pas seul. Leurs pas avaient évidemment été entendus, et une femme eut le temps de se lever (car il y en avait une à genoux), et d'arranger son mantelet de manière à déguiser sa taille et son visage. Ce mouvement précipité venait à peine d'être terminé lorsque l'ample robe du bénédictin projeta son ombre devant la porte, tandis que Berchthold et son ami regardaient par-dessus ses épaules avec une curiosité mêlée de surprise.

Le costume et les manières de l'anachorète appartenaient à l'âge moyen. Ses yeux n'avaient rien perdu de leur vivacité ni de leur intelligence, quoique ses mouvements eussent le calme et la prudence qu'une longue expérience imprime insensiblement aux habitudes de ceux qui n'ont pas vécu en vain. Il n'exprima ni embarras ni surprise à cette visite inattendue; mais regardant ses hôtes avec attention, comme s'il eût voulu s'assurer de leur identité, il leur fit signe doucement d'entrer. Le moine obéit, en jetant autour de lui un regard soupçonneux et jaloux; car jusqu'alors il n'avait eu aucune raison de croire que le solitaire eût usurpé une influence aussi grande et aussi intime sur l'esprit de la jeunesse, que la présence de la jeune femme pouvait donner lieu de le présumer.

— Je savais que tu menais une sainte vie, occupé continuellement de prières, vénérable ermite, dit-il d'une voix qui interrogeait plus encore que ses paroles; mais je n'avais pas pensé que tu fusses investi par l'Eglise du droit d'entendre la confession des fidèles, et de remettre les péchés!

— Cette dernière prérogative n'appartient qu'à Dieu, mon frère; le chef de l'Eglise lui-même n'est qu'un instrument de la foi, en remplissant cette mission solennelle.

Les manières du moine ne devinrent pas plus amicales après cette réponse; il ne manqua pas non plus de jeter un regard scrutateur sur la femme enveloppée d'un mantelet, essayant en vain de la reconnaître.

— Tu n'as pas même la tonsure, dit-il, tandis que ses regards incertains s'arrêtaient alternativement sur le solitaire et sur l'étrangère, qui s'était éloignée autant que l'étroite cellule pouvait le lui permettre.

— Tu le vois, mon père, j'ai tous les cheveux que le temps et les infirmités m'ont laissés. Mais croit-on, dans ta riche et belliqueuse abbaye, que les avis d'un homme qui a assez vécu pour reconnaître ses erreurs et s'en repentir peuvent faire tort à la jeunesse sans expérience? Si malheureusement je me suis trompé, vous arrivez à temps, révérend moine, pour réparer mes torts.

— Que la jeune fille vienne au confessionnal de l'église de l'abbaye, si les chagrins ou les remords pèsent sur son âme; elle y trouvera, sans aucun doute, du soulagement à ses peines.

— Je puis en répondre par expérience, interrompit brusquement le gardeur de bestiaux, qui s'était avancé entre les deux hommes de Dieu, de manière à attirer sur lui toute leur attention. — Va sur la montagne rendre le repos à ton âme, Gottlob, a l'habitude de dire ma bonne et vénérable mère lorsque l'opinion que j'ai de moi-même devient trop humble, et confie-toi à quelques-uns des bons pères de l'abbaye, dont la sagesse et l'onction déchargeront ton cœur du poids le plus lourd. Il y a le père Ulrich, c'est un modèle de vertu et d'abnégation; et le père Cuno, qui est encore plus édifiant, s'il est possible : mais le père Siegfried est le plus parfait de tous; il surpasse même en sainteté le révérend abbé, le pieux père Boniface lui-même! Enfin, mon fils, quelque chagrin que tu ressentes, va sur la montagne, entre hardiment dans l'église comme un pécheur que tu es, et recherche particulièrement les conseils et les prières du vertueux père Siegfried.

— Et toi, qui es-tu? demanda le moine incertain, qui parles ainsi de moi en termes que je mérite si peu?

— Je voudrais être le comte Emich d'Hartenbourg ou l'Electeur palatin lui-même, afin de rendre justice à ceux que je révère. Dans ce cas, certains religieux du Limbourg recevraient des faveurs spéciales, et promptes; après mes parents toutefois! Qui je suis, mon père? Je m'étonne qu'un homme qu'on voit si souvent au confessionnal soit oublié. Ce qu'on peut louer en moi, père Siegfried, est dû à tes avis. Mais il n'est pas surprenant que je sois sorti de tout souvenir, puisque les humbles d'esprit doivent oublier leurs bonnes œuvres!

— Tu t'appelles Gottlob, mais ce nom appartient à bien des chrétiens.

— Il y en a plus qui le portent, révérend père, qu'il n'y en a qui lui font honneur. Il y a Gottlob Frincke, le plus grand coquin de Duerckheim; Gottlob Popp n'a pas grand respect pour les vœux qu'on fit pour lui au baptême; quant à Gottlob de Manheim...

— Nous passerons sous silence les méfaits de tous ceux qui restent, en faveur du bien que tu as fait à ce nom, interrompit le bénédictin, qui, ayant cédé insensiblement, dès le commencement de l'entrevue, au plaisir de la flatterie, devenait honteux de sa faiblesse à mesure que le prolixe gardeur de bestiaux bavardait de manière à exciter le soupçon sur la qualité des louanges qu'il prodiguait. Venez à moi lorsque vous le jugerez à propos, mon fils; et tous les conseils qu'un pauvre esprit, mais un cœur sincère, peuvent donner, vous les recevrez de moi.

— Comme ces paroles soulageraient le cœur de ma pauvre mère si elle pouvait les entendre! — Gottlob, disait-elle...

— Que sont devenus tes compagnons et la jeune fille? demanda vivement le bénédictin.

Comme le vacher venait de terminer son rôle avec succès, il se retira à l'écart avec un air de simplicité et d'étonnement, laissant la conversation se continuer entre le moine et le solitaire.

— Tes hôtes nous ont subitement quittés, continua le premier après s'être convaincu que personne ne restait dans la hutte que lui, le solitaire et le beau parleur Gottlob.

— Ils sont partis comme ils étaient venus, volontairement et sans être questionnés.

— Tu les connais, mon père, ils te font de fréquentes visites?

— Frère, je te répète que je ne questionne personne. Si l'Electeur Frédéric venait dans ma demeure, il serait le bienvenu; le gardeur de bestiaux ne l'est pas moins. A tous les deux, en partant, je dirais seulement: Dieu vous accompagne!

— Tu gardes les bestiaux des bourgeois, Gottlob?

— Révérend père, je garde le troupeau qu'il convient à mes maîtres de confier à mes soins.

— Nous avons de graves sujets de plainte contre un de tes compagnons, qui sert le comte d'Hartenbourg, et qui a l'habitude de conduire ses vaches sur les pâturages de l'Eglise. Connais-tu cet homme?

— *Potz-Tausend!* si tous les coquins qui commettent cette faute lorsqu'ils sont hors de la vue de leurs maîtres étaient rangés devant le révérend abbé de Limbourg, il ne saurait s'il doit commencer par des coups ou des prières, et l'on dit cependant qu'il s'entend fort bien à l'une et à l'autre chose! Je tremble quelquefois sur ma propre conduite, quoique personne ne puisse avoir une meilleure opinion de soi-même que moi, quelque pauvre et abject que je paraisse en votre présence, car ma mauvaise destinée et quelque dérangement dans la fortune de mon père m'ont forcé de vivre parmi de tels compagnons. Si je n'étais pas d'une honnêteté reconnue, il y aurait peut-être plus de vachers sur les terres de l'abbaye, et ceux qui jeûnent maintenant par humilité pourraient jeûner alors par nécessité.

Le bénédictin examina la contenance humble de Gottlob avec une singulière expression de défiance; il invita l'ermite à donner au paysan sa bénédiction, puis, faisant signe à celui-ci de se retirer, il s'occupa du véritable sujet de sa visite à l'ermitage.

Nous dirons simplement maintenant que le moment était extrêmement critique pour tous ceux qui habitaient le Palatinat du Rhin. L'Electeur, peut-être imprudemment pour un prince dont les ressources étaient aussi limitées, avait pris une part active à la guerre qui ravageait alors cette partie de l'Europe, et de grands revers menaçaient de mettre en danger non-seulement sa tranquillité, mais son trône. Par une conséquence du système féodal qui dominait alors généralement en Europe, des désordres intérieurs succédaient ordinairement à toutes les secousses qu'éprouvait le pouvoir du potentat qui avait droit de souveraineté sur cette multitude de petits princes qui, à cette époque, pesaient particulièrement sur l'Allemagne. Il était pour eux la loi, car ils n'étaient pas habitués à reconnaître une suprématie qui n'était pas soutenue par la force. L'échelle ascendante de souverains, comprenant barons, comtes, landgraves, margraves, ducs, électeurs et rois, jusqu'au chef nominal, l'empereur lui-même, avec tant d'intérêts variés et compliqués, embrassant tous les degrés de l'allégeance féodale, aurait conduit naturellement aux dissensions, si la couronne impériale avait eu une influence moins reconnue et moins positive. Mais incertaine dans l'application de ses moyens, il était rare que tout attentat à la tranquillité fût réprimé sans avoir recours à des forces imposantes. Aussitôt que l'empereur était engagé dans une lutte sérieuse, les princes les plus puissants essayaient de recouvrer cet équilibre qui avait été perdu par le long ascendant d'une famille ; tandis que les petits princes, profitant de la discorde dont ils étaient entourés, fomentaient des troubles intérieurs qui augmentaient le mal. Comme les vassaux réfléchissaient ordinairement les inimitiés et les préjugés de leurs maîtres, le lecteur aura reconnu au langage du gardeur de bestiaux que les relations entre l'abbé de Limbourg et le comte d'Hartenbourg n'étaient pas sur le pied le plus amical. La proximité de leur voisinage était en elle-même une cause de rivalité ; on peut ajouter à ce motif naturel de querelles, le combat continuel entre l'influence de la superstition et la crainte de l'épée.

La visite du moine avait rapport à certains intérêts liés avec l'état des choses telles qu'elles existaient entre l'abbaye et le château. Il serait prématuré de parler ici du but que le religieux se proposait par sa visite ; il suffira de dire que la conférence entre le prêtre et l'ermite dura une demi-heure, et lorsque le premier prit congé, il implora la bénédiction d'un hôte dont la vie était si humble et si pure.

A la porte de la hutte le moine rencontra Gottlob, dont il s'était débarrassé comme on se le rappelle, mais qui, pour des raisons qui lui étaient particulières, avait trouvé convenable d'attendre la fin de la conférence.

— Tu es ici, mon fils ? s'écria le bénédictin. Je te croyais en paix dans ton lit, accompagné de la bénédiction du saint ermite.

— Le bonheur éloigne toujours le sommeil de mes yeux, mon père, répondit Gottlob en se plaçant à côté du moine, qui se dirigeait à travers les cèdres vers l'ancienne porte du Camp ; je n'appartiens point à cette race d'animaux qui, à peine gorgés de bonnes choses, se couchent pour dormir ; mais plus je suis heureux, plus je désire être éveillé pour jouir de mon bonheur.

— Ce vœu est naturel ; et quoiqu'on doive résister à bien des désirs, je ne vois pas le danger de se complaire dans son bonheur.

— Je ne dirai rien du danger, mon père ; mais pour la satisfaction, il n'y a pas un jeune homme à Duerckheim qui puisse parler avec plus de certitude que moi.

— Gottlob, dit le bénédictin se rapprochant insensiblement

peu à peu de son compagnon comme un homme qui veut parler confidentiellement, puisque tu nommes Duerckheim, pourrais-tu me dire quelle est l'opinion des habitants de cette ville sur les contestations qui existent entre notre saint abbé et lord Emich d'Hartenbourg?

— S'il fallait vous dire, mon père, ce que je pense au fond du cœur, je vous avouerais que les bourgeois désirent voir cette affaire terminée, de manière à ne laisser aucun doute dans la suite sur le parti auquel ils doivent obéissance et amour; car ils trouvent qu'il est un peu dur, malgré leur zèle, de rendre des services à tous les deux.

— On ne peut servir Dieu et Mammon, mon fils; c'est ainsi que l'a dit celui qui ne peut tromper.

— Et il a raison, révérend moine. Mais, pour parler du fond de mon âme, je crois qu'il n'y a pas un homme dans Duerckheim qui se croie assez instruit pour décider qui est Dieu et qui est Mammon!

— Quoi! mettent-ils en doute notre mission sacrée, notre mission divine? Ne sait-on pas qui nous sommes?

— Personne n'est assez hardi pour dire que les moines de Limbourg sont ce qu'ils sont : ce serait une irrévérence envers l'Eglise, et ce serait inconvenant à l'égard du père Siegfried. Tout ce que nous osons nous permettre de dire, c'est qu'ils semblent être ce qu'ils sont; et cela n'est pas peu de chose, en considérant la manière dont vont les affaires en ce monde. Fais semblant, Gottlob, me disait mon pauvre père, et tu échapperas à l'envie de tes ennemis; car, dans ce semblant, il n'y a rien qui alarme les autres; c'est seulement lorsqu'un homme est la chose elle-même, qu'on commence à le trouver en faute. Si tu désires vivre paisiblement avec tes voisins, ne va jamais au delà du semblant, car c'est tout ce que les autres peuvent supporter, puisque tout le monde peut faire semblant; tandis qu'être une chose met quelquefois tout un village en révolution. C'est étonnant la vertu qu'il y a à faire semblant, et toutes les jalousies, le scandale et les querelles qui résultent lorsque l'on est véritablement ce que les autres semblent être. Non, tout ce que nous osons dire à Duerckheim, c'est que les moines de Limbourg semblent être des hommes de Dieu.

— Et le comte Emich?

— Le comte Emich, mon père ? nous pensons qu'il est sage de reconnaître que c'est un grand seigneur. L'électeur n'a pas un plus hardi chevalier, ni l'empereur un plus hardi vassal. Nous disons qu'il semble être brave et loyal.

— Tu attaches une grande importance à ces brillantes qualités.

— Connaissant la fragilité de l'homme, mon père, et la propension que nous avons à l'erreur lorsque nous voulons juger d'actes et de raisons qui sont plus profonds que notre science, nous croyons que c'est le plus prudent. Ainsi ne parlons plus de Duerckheim, par prudence.

— Pour un gardeur de bestiaux tu ne manques pas d'esprit... Sais-tu lire ?

— Grâces à Dieu. La Providence a mis cette bonne fortune en mon chemin lorsque j'étais enfant, révérend moine, et je l'ai ramassée comme j'aurais avalé un bon morceau.

— C'est un don qui peut faire plus de tort que de bien à un homme de ta profession, et qui portera peu de profit à ton troupeau.

— Je ne peux pas assurer que mes vaches en soient plus heureuses, quoique, pour vous dire toute la vérité, mon père, il y en ait parmi elles qui semblent l'être.

— Voudrais-tu prouver un fait non-seulement improbable, mais impossible ? Tu as été la dupe de quelque fripon. Il y a eu un grand nombre de ces œuvres du démon répandues depuis la découverte de cet imprudent frère de Mayence. J'aimerais à savoir de quelle manière un animal peut profiter de l'art de l'imprimerie.

— Patience, père Siegfried, et vous le saurez. Je suppose un paysan qui sache lire et un autre qui ne le sache pas. Je supposerai encore qu'ils sont l'un et l'autre serviteurs d'Emich d'Hartenbourg. Les voilà partis un matin avec leurs bestiaux. Celui-là prend le chemin des montagnes du comte, et celui-ci, ayant lu la description des limites des terres de son seigneur et de celles du saint abbé de Limbourg, prend un autre sentier parce que le savoir ne peut suivre l'ignorance. Enfin le lecteur atteint un pâturage plus proche et meilleur que ne le fait celui qui s'est rendu sur des terres qui n'avaient été déjà foulées que trop souvent par le sabot des vaches et les pieds des hommes.

— Ton savoir n'a pas beaucoup éclairci tes idées, Gottlob, quoi qu'il ait fait pour le bien-être de ton troupeau ?

— Votre Révérence ne croit peut-être pas que je sache ce que je dis, mais il y en a des preuves évidentes. Je ne connais rien qui donne à un homme des idées confuses comme la science. Celui qui n'a qu'un cor peut le prendre et aller son chemin, mais celui qui en a plusieurs peut perdre son troupeau tandis qu'il choisit entre ses instruments celui qui vaut le mieux. Celui qui n'a qu'une épée la tirera et tuera son ennemi ; mais celui qui a une armure complète peut perdre la vie tandis qu'il met son bouclier ou son casque.

— Je ne t'aurais pas cru si adroit dans tes réponses. Et tu penses que les braves habitants de Duerckheim resteront neutres entre l'abbé et le comte ?

— Mon père, si vous pouviez me montrer de quel côté l'on vaincra, je crois que je pourrais dire avec certitude pour quel côté ils seront disposés à tirer l'épée. Nos bourgeois sont des hommes prudents, comme je vous l'ai dit, et on ne les a pas vus souvent combattre contre leurs intérêts.

— Tu devrais savoir, mon fils, que celui qui est le plus favorisé dans cette vie voit souvent les balances de la justice peser contre lui dans l'autre ; tandis que celui qui souffre selon la chair trouvera ses avantages dans l'esprit.

— *Himmel!* dans ce cas, révérend bénédictin, le saint abbé de Limbourg, lui-même, pourra être plus mal loti dans l'autre monde qu'un paysan qui vit dans celui-ci comme un chien ! s'écria Gottlob avec un air d'admiration et de simplicité qui trompa complètement son auditeur. On dit que l'un se réconforte de toutes les manières, et connaît la différence entre une coupe du pur vin du Rhin et les liqueurs frelatées qui viennent de l'autre côté de nos montagnes ; tandis que le paysan, soit par nécessité, soit par goût, je ne puis décider lequel, ne boit que de l'eau de source. C'est bien dommage qu'on ne sache jamais que choisir, ou du bonheur présent suivi de souffrances dans l'autre monde, ou d'une vie passée dans le jeûne, à laquelle succède une récompense éternelle ! Croyez-moi, père Siegfried, si Votre Révérence pensait davantage à ces épreuves auxquelles nous sommes soumis, nous autres ignorants jeunes gens, vous ne nous donneriez pas de pénitences aussi sévères que votre vertu vous excite souvent à le faire.

— C'est agir pour ton bien présent et futur. En châtiant l'esprit, on se prépare à sa purification finale, et tu ne perds pas aux yeux du monde en menant une vie chaste. Tu obtiendras justice lorsqu'on règlera le compte général.

— Je ne suis point un débiteur assez récalcitrant pour refuser à la Providence ce que je lui dois. Je sais très-bien que ce qui doit arriver ne peut pas être évité; ainsi donc je crois que la patience est une vertu. Mais j'espère que ce compte dont vous nous parlez si souvent est tenu avec des égards suffisants pour un pauvre homme; car, pour vous dire la vérité, mon père, nous ne terminons pas fort avantageusement ceux de ce monde.

— Ta bonne réputation doit te donner du crédit parmi tes compatriotes, Gottlob.

— Je voudrais que cela fût vrai! Il me semble que le monde est fort prompt à accuser, tandis qu'il est avare comme un juif quand il s'agit de donner une bonne réputation. Je n'ai jamais fait une mauvaise action; mais comme nous sommes tous mortels et fragiles, révérend moine, cet accident peut arriver même à un saint ou à un bénédictin. Je prie Dieu que mes fautes ne s'élèvent pas contre moi en lettres qu'un aveugle pourrait lire, tandis que la plupart de mes qualités (et pour un gardeur de bestiaux elles sont assez brillantes) semblent être oubliées. Maintenant, votre abbé, Son Altesse l'électeur, ou même le comte Emich...

— Le landgrave! interrompit le moine en riant.

— Comme vous voudrez[1], père Siegfried, il est comte d'Hartenbourg, et un noble de Leiningen; et même il ne fait pas un acte de charité ou de simple justice que tout le monde ne saisisse l'occasion de le proclamer aussi haut qu'on me blâme pour la perte momentanée d'une vache, ou quelques autres petites fautes échappées à un homme qui, se croyant fort de vos saintes instructions, tombe quelquefois dans le péché.

— Tu es un casuiste, et une autre fois j'examinerai avec plus d'attention la trempe de ton esprit. Maintenant il faut obtenir les bonnes grâces de l'Eglise, en s'occupant un peu plus de ses intérêts. Je me rappelle ton adresse et ton esprit, Gottlob, car l'un et l'autre ont été remarqués dans tes visites au couvent; mais, jusqu'à ce moment, il n'y a pas eu de raisons suffisantes pour faire usage du dernier, comme nous pourrions le réclamer, con-

---

1. *Eté ou hiver, comme vous voudrez.* Il y a dans le texte un calembour intraduisible.

sidérant nos fréquentes prières et les autres consolations que nous t'avons accordées.

— Ne soyez pas trop difficile, frère Siegfried, car vos paroles me révèlent de sévères pénitences.

— Qui pourront être mitigées à l'avenir, sinon entièrement éloignées, par un service que je vais te demander, honnête Gottlob, et que tu ne me refuseras pas, si j'en juge par le respect que tu portes aux choses saintes (tes attentions envers le pieux ermite le révèlent) et par ton attachement pour l'abbaye de Limbourg.

— Eh bien?

— J'ai été jusqu'à m'engager envers le père Boniface de lui procurer soit toi, Gottlob, ou un autre aussi fin et aussi rusé que toi, pour rendre un éminent service à la confrérie.

— Il ne serait peut-être pas facile d'en trouver un semblable à moi parmi les gardeurs de bestiaux.

— Quant à cela, j'en suis sûr. Ton habileté dans ton état peut t'obtenir l'avantage de garder les nombreux troupeaux de l'abbaye. On te trouve déjà digne de cette place.

— Sans me vanter, révérend père, j'ai déjà quelque connaissance des pâturages.

— Et des animaux aussi, Gottlob. Nous prenons note de la réputation de tous ceux qui viennent à notre confessionnal; il y en a de pires que toi parmi eux, je t'assure.

— Et cependant je ne vous ai encore jamais dit tout ce que j'aurais pu vous dire de moi, mon père.

— Cela n'est pas important maintenant. Tu connais le sujet des querelles entre le comte Emich et notre abbaye. Voici le service que je te demande, mon fils, et, en le rendant avec ta promptitude et ton adresse ordinaire, tu obtiendras les faveurs de saint Benoît et de ses enfants. Nous avons des raisons de prévoir qu'il y a dans le château une forte garnison bien armée, toute prête à assaillir notre abbaye, guidée par la vaine croyance qu'elle contient des richesses et des provisions qui paieront ce sacrilége. Mais nous désirons connaître d'une manière précise le nombre et les intentions de ces troupes. Si nous confions ce message à une personne connue, le comte trouverait les moyens de l'éloigner, mais un paysan doué de ton intelligence pourrait gagner les faveurs de l'Eglise sans exciter de soupçon.

— Si le comte Emich avait vent de cette affaire, il ne me laisserait pas une oreille pour écouter vos saints conseils.

— Agis avec ta prudence habituelle, et on ne soupçonnera pas une personne de ta sorte. N'as-tu aucune facilité d'entrer dans le château?

— Il serait facile de trouver un millier de prétextes : je puis dire que je désire consulter le gardeur de bestiaux de lord Emich sur son habileté à guérir les maladies des animaux, ou je puis prétendre désirer de changer de service; enfin, il ne manque pas de gaies demoiselles dans la forteresse.

— Assez. Tu es celui, Gottlob, auquel j'ai pensé continuellement depuis quinze jours. Rentre chez toi, sers notre cause, et viens me trouver à l'abbaye demain après la messe.

— Cela peut être suffisant pour ce qui regarde le ciel, mais les gens prudents ne doivent pas oublier leurs affaires temporelles : dois-je risquer mes oreilles, compromettre ma réputation et négliger mon troupeau sans motif?

—Tu serviras l'Eglise, mon fils; tu obtiendras les bonnes grâces de notre révérend abbé, et ton courage et ton habileté ne seront pas oubliés aux prochaines indulgences.

— Je sais bien que je servirai l'Eglise, et c'est un privilége dont un vacher doit être fier. Mais en servant l'Eglise je me ferai des ennemis sur la terre, par deux bonnes raisons. Premièrement, parce que l'Eglise n'est pas en très-grande vénération dans la vallée; secondement, parce que les hommes n'aiment jamais ceux qui valent mieux qu'eux. — Gottlob, avait l'habitude de me dire mon excellent père, parais avec tout le monde certain de ton indignité; après quoi tu pourras être véritablement ce que tu sembles être. C'est à cette condition que la vertu vit en paix parmi les hommes. Mais si tu veux avoir le respect de tes semblables, ajoutait-il, mets un haut prix à tout ce que tu fais; car le monde ne te saura aucun gré de ton désintéressement, et si tu travailles pour rien, il croira que tu ne mérites rien. Non, ajoutait-il encore en secouant la tête, ce qu'on obtient aisément est évalué fort peu, tandis que les hommes attachent du prix à ce qui leur coûte beaucoup.

— Ton père te ressemblait, il pensait à sa fortune; mais tu sais que nous autres habitants des cellules, nous ne portons point d'argent avec nous.

— Eh bien ! digne bénédictin, si vous voulez ce sera de l'or ; je ne romprai point le marché pour une semblable bagatelle.

— Tu auras de l'or, sur l'honneur de ma sainte profession : je te donnerai l'image de l'empereur en or, si tu parviens à nous donner les renseignements que nous exigeons.

Gottlob s'arrêta tout court, et, se mettant à genoux, il demanda pieusement la bénédiction du moine. Ce dernier s'empressa de la lui donner, doutant un peu de la prudence qu'il y avait à employer un tel émissaire, dont la simplicité et la finesse l'embarrassaient. Cependant, comme il ne courait aucun danger, excepté dans la nature des renseignements qu'il devait recevoir, il ne vit aucune raison suffisante de contremander la commission qu'il venait de donner. Il donna donc sa bénédiction, et nos deux conspirateurs descendirent la montagne en compagnie, causant chemin faisant sur l'affaire qui venait d'être confiée au gardeur de vaches. Lorsqu'ils furent assez près de la route pour ne pas craindre l'observation, ils se séparèrent, prenant chacun la direction nécessaire au but qu'ils se proposaient.

CHAPITRE IV.

> Il n'y avait pas une matrone assise à son rouet qui ne pût raconter son histoire.
>
> Rogers.

La femme enveloppée d'un mantelet avait si bien profité de la diversion opportune que produisirent les flatteries de Gottlob Frinck, qu'elle quitta l'ermitage sans attirer les regards du bénédictin. Mais la vigilance du jeune Berchthold n'avait pas été aussi facilement éludée ; il se mit de côté lorsqu'elle se glissait par la porte ; puis, s'arrêtant assez de temps pour saisir un regard de Gottlob auquel il communiqua ses intentions par un signe, il suivit la femme voilée. Si le forestier avait ressenti quelques doutes sur l'identité de celle qu'il poursuivait, la démarche légère et active de cette femme l'eût au moins convaincu que l'âge n'était point le motif qui lui faisait voiler ses traits. Le chevreuil des forêts bondissait à peine avec plus de légèreté que la fugitive lorsqu'elle quitta l'asile du solitaire. La rapidité de sa course ne se ralentit pas, jusqu'à ce qu'elle eût traversé la plus grande partie du Camp, et atteint un endroit où une clairière lui montra le ciel bleu et brillant d'étoiles, à la lueur desquelles elle s'aperçut qu'elle était proche du bois et du sommet de la montagne. Là elle s'arrêta et s'appuya contre un cèdre, comme quelqu'un dont les forces sont épuisées.

Berchthold l'avait suivie avec rapidité, mais sans perdre cette apparence de calme qui donne de la dignité aux pas de l'homme, comparés aux mouvements timides et gracieux du sexe le plus faible. Il semblait convaincu de sa supériorité, et ne voulait pas augmenter la rapidité d'une course qu'il savait être due à une alarme vague et instinctive, plutôt qu'à une cause réelle de crainte. Lorsque la jeune femme s'arrêta, il fit de même et il s'approcha du lieu où elle était palpitante ; et, reprenant haleine, comme un jeune garçon qui modère le bruit de ses pas pour ne pas causer une nouvelle alarme à l'oiseau qu'il vient de faire quitter son nid :

— Qu'y a-t-il de si effrayant dans mon visage, Méta, que vous fuyiez ma présence, comme si j'étais l'esprit d'un de ces païens qui occupèrent jadis ce camp ? Ce n'est pas votre habitude d'avoir ainsi peur d'un jeune homme que vous connaissez depuis votre enfance, et je dirai en ma faveur que vous le connaissez honnête et sincère.

— Cela n'est pas bien pour une jeune fille de mon âge... c'est une folie, sinon une désobéissance, d'être ici à cette heure, répondit la jeune fille tremblante. Je voudrais n'avoir point écouté le désir que j'éprouvai de venir consulter encore la sagesse de l'ermite !

— Vous n'êtes pas seule, Méta !

— Cela ne serait pas convenable pour la fille de mon père, répondit la jeune demoiselle avec une expression de fierté, tandis qu'elle jetait un regard vers le mur en ruines, au milieu des pierres duquel Berchthold reconnut la taille d'une des servantes de la famille de sa compagne. Si j'avais été imprudente à ce point, maître Berchthold, vous auriez eu raison de me prendre pour la fille d'un paysan qui traversait par hasard le sentier.

— Il y a peu de danger que je commette une semblable erreur, répondit Berchthold vivement. Je vous connais bien : vous êtes

Méta, la fille unique d'Henrich Frey, le bourgmestre de Duerckheim. Personne ne connaît votre condition et vos espérances mieux que moi, car personne n'en a entendu parler plus souvent.

La damoiselle baissa la tête d'un air de regret et de repentir, et lorsque ses yeux bleus, adoucis par les rayons de la lune, rencontrèrent les regards du forestier, il vit que de meilleurs sentiments l'avaient emporté.

— Je n'ai point envie de rappeler la condition de mon père, ni aucun des avantages d'une situation que je dois au hasard, surtout en m'adressant à vous, répondit la jeune fille avec émotion ; mais j'étais chagrine en pensant que vous imaginiez peut-être que j'avais oublié la modestie d'une jeune fille de mon rang... Je craignais encore que vous pussiez croire... Vos manières sont bien changées depuis quelque temps, Berchthold !

— Alors c'est sans que je le sache ou sans intention. Mais nous oublierons le passé, et vous me direz par quel miracle je vous trouve dans ce lieu redouté à une heure si indue ?

Méta sourit, et l'expression de sa physionomie prouva que si elle avait des moments de faiblesse peu charitable, c'était plutôt un vrai sacrifice qu'elle faisait aux opinions du monde qu'une habitude de son caractère franc et généreux.

— Je pourrais vous faire la même question, Berchthold, et demander au nom de ma curiosité de femme de recevoir une prompte réponse. Pourquoi êtes-vous ici, Berchthold, à une heure où la plupart des jeunes chasseurs dorment ?

— Je suis le forestier du comte Emich ; mais vous, comme vous venez de me le dire, vous êtes la fille du bourgmestre de Duerckheim.

— Je reconnais toute la différence. Si ma mère savait qu'on me demande compte de ma conduite, elle me dirait : — Méta, garde tes explications pour ceux qui ont droit de les demander.

— Et Henrich Frey ?

— Il n'approuverait pas plus la visite que cette explication.

— Ton père ne m'aime pas, Méta.

— Ce n'est pas vous qu'il n'aime pas, maître Berchthold, c'est le forestier du comte Emich ; si vous étiez ce qu'était votre père, un bourgeois de la ville, il vous estimerait davantage. Mais vous êtes en grande faveur auprès de ma mère.

— Que le ciel la bénisse ! puisque dans sa prospérité elle n'a point oublié ceux qui sont tombés. Je crois que, de cœur comme de visage, Méta, tu ressembles plus à ta mère qu'à ton père.

— Je pense bien qu'il en est ainsi. Lorsque je te disais que j'étais la fille d'Henrich Frey, c'était sans penser à la différence qui existe maintenant entre nous, je te l'assure, Berchthold, mais pour montrer que si je me rappelais mon rang, je ne lui faisais pas injure. Je ne pense pas que la place soit déshonorante; ceux qui la remplissent chez l'électeur sont nobles.

— Et ceux qui servent simplement des nobles? Je ne suis qu'un valet, Méta, quoique mon genre de service ne puisse en rien humilier ma fierté.

— Et le comte Emich lui-même n'est-il pas un vassal de l'électeur, qui, à son tour, est un sujet de l'empereur? Cette place ne peut vous faire aucun tort, Berchthold, et personne ne peut vous la reprocher.

— Je vous remercie, Méta. Vous êtes bien l'enfant de la plus ancienne, de la plus chère amie de ma mère; et, malgré tout ce que le monde peut dire de la distance qui existe maintenant entre nous, votre excellent cœur prend ma défense : vous n'êtes pas seulement la plus belle, mais la meilleure et la plus douce damoiselle de la ville !

La fille unique, et par conséquent l'héritière du riche bourgmestre de Duerckheim, n'entendit pas l'éloge du beau forestier sans une grande mais secrète satisfaction.

— Maintenant vous saurez la raison de cette visite extraordinaire, dit Méta lorsqu'elle eut savouré quelque temps en silence le plaisir que venaient de lui causer les paroles de Berchthold, car je vous l'ai en quelque sorte promis, et je justifierais mal votre bonne opinion en oubliant une promesse. Vous connaissez le saint ermite, et la manière subite dont il parut dans l'Heidenmauer ?

— Personne ne l'ignore, et vous venez de voir que je lui rends moi-même visite.

— Je ne puis en deviner la raison; mais il est certain qu'il n'avait pas été plus d'une semaine dans la ruine, lorsqu'il saisit l'occasion de me montrer plus d'estime qu'à aucune autre jeune fille de Duerckheim, et plus que mon mérite ne pouvait en réclamer.

— Comment! ce coquin n'est-il qu'un hypocrite, après tout?

—Vous ne pouvez être jaloux d'un homme qui, si l'on en juge par son air abattu et ses yeux creux, compte tant d'années de mortifications et de souffrances ! Il a certainement une tournure qui doit donner à un homme de ton âge, aussi agile, aussi bien fait que toi, beaucoup de tourment ! Mais je vois la rougeur vous monter au front, Berchthold, et je ne veux pas vous offenser par des comparaisons qui sont si peu à votre avantage. Quels que soient les motifs du saint ermite, dans les deux occasions où il visita notre ville, et dans les visites que nous autres filles de Duerckheim nous rendons souvent à sa cellule, il a montré un vif intérêt pour mon bonheur, soit dans ce qui regarde cette vie, soit en ce qui a rapport à celle vers laquelle tous nos pas nous dirigent par un invisible sentier.

— Je ne suis pas surpris que tous ceux qui vous voient et vous connaissent agissent ainsi, Méta ; cependant cela me semble étrange !

— Oh ! dit la jeune fille en riant, vous allez justifier les paroles de la vieille Ilse, qui m'a souvent dit : Prenez garde, Méta, et ne vous fiez pas trop facilement au langage des jeunes gens de la ville ; examinez bien leurs véritables intentions, et vous verrez qu'ils se contredisent. La jeunesse est si pressée d'atteindre son but, qu'elle ne prend pas le temps de séparer le vrai du possible. Voilà exactement ses paroles, et tu viens de les vérifier. Je crois que la bonne vieille vient de s'endormir sur ces pierres.

— Ne troublez pas son sommeil ; une personne de son âge a besoin de repos ; il serait cruel de lui dérober ce petit moment de plaisir.

Méta avait fait un pas en avant dans l'intention d'éveiller la servante, lorsque les paroles précipitées du jeune homme l'arrêtèrent. Reprenant sa première attitude sous le cèdre, elle répondit :

— Il serait en effet cruel d'éveiller une pauvre femme qui a eu tant de peine à gravir la montagne.

— Et une femme si âgée, Méta.

— Et qui a pris tant de soin de mon enfance ! Je devrais retourner à la maison de mon père ; mais ma bonne mère m'excusera, car elle aime Ilse presque autant que si elle était de sa famille.

— Votre mère est donc instruite de cette visite à l'ermitage ?

— Pensez-vous, maître Berchthold, que la fille unique d'un bourgmestre de Duerckheim sortirait à cette heure sans en avoir la permission? Notre conversation serait alors inconvenante, et je montrerais une légèreté qui conviendrait mieux aux demoiselles du village du comte Emich. On dit dans notre ville que les damoiselles du château ne sont pas très-modestes dans leurs manières.

— On calomnie nos montagnes dans les villes de la plaine; je vous jure qu'il n'y a pas plus de modestie dans votre palais de Duerckheim que parmi nos femmes, soit du village, soit du château.

— Cela peut être vrai, et, pour l'honneur de mon sexe, je le désire. Mais je crois que vous n'aurez guère le courage, maître Berchthold, de défendre celle qu'on appelle Gisela, la fille du concierge; je crois qu'on ne peut trouver plus de vanité dans une femme!

— On la trouve belle à Hartenbourg.

— C'est cette opinion qui gâte cette femme. Vous êtes souvent dans sa société, maître Berchthold, et l'habitude vous fait sans doute découvrir des qualités qui restent cachées pour des étrangers. — Regardez cet oiseau coquet du défilé du Jaegerthal, dit la vieille Ilse, un matin qu'il y avait une fête dans notre vénérable église, à laquelle toute la contrée s'était rendue dans ses habits de fête; on s'imaginerait à son roucoulement et à l'agitation de ses ailes, qu'il croit que les yeux de tous les jeunes chasseurs sont fixés sur son plumage, et qu'il craint le trait de l'archer! Cependant, j'ai connu des animaux de cette espèce qui ne craindraient pas beaucoup la main de l'oiseleur, si l'on a dit la vérité.

— Vous jugez Gisela bien sévèrement; car, bien que ses paroles soient légères, et qu'elle ait de l'admiration pour sa propre beauté, on ne doit cependant pas dédaigner la société de cette fille, et sa conversation est surtout agréable.

— Je ne fais que répéter les paroles d'Ilse, maître Berchthold.

— Ilse est vieille et babillarde, et elle doit souvent dire des folies.

— Cela peut être; mais prenez-le comme il vous plaira, les folies de ma nourrice sont mes folies. Je crois qu'il est trop tard pour me corriger de tout ce que j'ai appris par ses discours; et, pour vous dire la vérité, elle n'a pas proféré une syllabe concernant la fille du concierge, que je ne fusse de son avis.

Berchthold connaissait peu les mystères du cœur humain. Libre dans l'expression de ses sentiments, comme l'air qu'il respirait dans ses montagnes natales ; entièrement exempt de fausseté en toutes choses, comme dans l'amour qui l'unissait à Méta, il n'était jamais descendu dans les profondeurs de cette passion, dont il était si complètement l'esclave; sans connaître toute l'étendue de sa captivité, il envisagea donc cette petite scène de jalousie comme les caractères généreux envisagent l'injustice, et il n'en prit que plus chaudement la défense de la personne attaquée. Un de ces hommes dont le cœur est percé comme un tamis par les traits nombreux que lui lance Cupidon, à droite et à gauche, dans une grande ville, aurait peut-être eu recours au même expédient, simplement pour observer jusqu'à quel point il peut jouer avec les sentiments de celle qu'il prétend aimer.

Les Européens, qui cherchent volontiers à découvrir un fétu dans les yeux de leurs frères du Nouveau-Monde, disent que la passion la plus impérieuse de la vie n'est qu'une tranquille émotion dans le cœur d'un Américain. Que ceux qui se dévouent aux affaires se contentent du cours naturel des affections, qui prend sa source dans les relations pures d'un cercle domestique, c'est une chose probable, comme il n'est pas moins vrai que ceux qui nourrissent leurs passions de vanité et de changement se trompent lorsqu'ils pensent que des émotions passagères et volages entrent pour quelque chose dans ces sentiments élevés qui, en douant l'objet préféré de tout ce qui est estimable, nous conduisent insensiblement à être dignes de l'hommage que nous payons à la vertu. Dans Berchthold et Méta, il ne faut point chercher cette ardeur de tempérament qui quelquefois prend la place de plus profonds sentiments, ou cette culture factice de la théorie de l'amour, qui si souvent trompe le néophyte, et lui fait prendre les rêves de son imagination pour l'attachement plus naturel de la sympathie et de la raison. Pour la première, ils vivaient trop au nord ; et pour le second, on pourrait peut-être dire que la fortune avait marqué leur place un peu trop au sud. Cette sympathie subtile et presque indéfinissable entre les deux sexes, et que nous appelons amour, à laquelle tous les hommes sont sujets, puisque son principe est dans la nature elle-même, existe peut-être dans les formes les plus pures et les moins factices au fond du cœur de ceux que la Providence a placés dans un état moyen entre l'extrême civilisation et l'ignorance ; entre la perversité que cause une trop grande indulgence, et l'égoïsme, qui est le fruit d'un travail trop constant. C'était la condition des deux jeunes gens qui s'entretiennent maintenant ensemble.

Nous en avons dit assez pour prouver que Berchthold, quoique exerçant un emploi subalterne, avait reçu une éducation supérieure à sa situation ; circonstance qui est suffisamment expliquée par l'allusion qu'on a déjà faite à la perte de la fortune de ses parents. Son langage, en défendant généreusement Gisela, la fille de celui qui était chargé de garder les approches du château du comte Emich, était peut-être supérieur à ce qu'on eût attendu d'un simple forestier.

— Je ne me chargerai point de détailler les défauts de la beauté du château, si tant est qu'elle ait des défauts, dit-il, mais je puis dire beaucoup pour sa défense, sans crainte de blesser la vérité. Elle a un père dont les cheveux ont blanchi au service du comte Emich ; et il n'y a pas dans le monde un enfant qui montre plus de respect et d'affection pour celui auquel il doit le jour, que cet oiseau, dont le brillant plumage et la coquetterie semblent attirer les traits du chasseur.

— On dit qu'une fille soumise fait une femme obéissante et affectionnée.

— Cela n'en sera que plus heureux pour celui qui épousera la fille du vieux Frédéric. Je l'ai vue garder les portes bien avant dans la nuit, afin que son père pût prendre du repos, lorsque les seigneurs avaient fréquenté la forêt plus tard que de coutume, et veiller longtemps lorsque bien des jeunes filles de son âge eussent trouvé des excuses pour se mettre au lit. J'ai vu souvent de pareils exemples, ma place me forçant d'accompagner le comte Emich dans presque toutes ses chasses. Gisela est belle, personne ne peut le nier, et peut-être qu'au milieu de ses autres qualités la jeune fille le sait.

— Elle ne paraît pas être la seule du château de Hartenbourg qui le sache, maître Berchthold !

— Veux-tu parler, Méta, de l'abbé débauché qui vient de Paris, ou de ce moine soldat de Rhodes, qui habitent maintenant le château ? demanda le jeune forestier avec une simplicité qui eût rassuré le cœur d'une coquette par son naturel et sa franchise. Maintenant, puisque tu soulèves cette question, je t'avouerai (quoiqu'un homme investi d'une place de confiance doive être prudent sur le compte de ceux que son maître aime), mais je connais ta discrétion, Méta; je te dirai que je soupçonne ces deux étrangers, serviteurs de l'Eglise, de s'occuper un peu plus de la pauvre fille que ce n'est convenable.

— Ta pauvre fille aurait sujet de se pendre! En vérité, si des hommes comme ceux dont tu parles se permettaient des libertés à mon égard, le bourgmestre de Duerckheim serait instruit de leur hardiesse.

— Méta, ils n'oseraient pas! La pauvre Gisela n'est pas la fille d'un riche citoyen, mais celle du concierge d'Hartenbourg, et il y a quelque différence entre vos caractères; oh! il y en a, car tu n'es point de ces jeunes filles qui cherchent l'admiration de tous les cavaliers qui passent, mais une fille qui sait ce qu'elle vaut et les égards qui lui sont dus. Tu as parlé un peu sévèrement de la jeune beauté de notre forteresse, je suis obligé de le dire; mais te comparer à elle, soit pour les avantages de ton esprit, soit pour ceux de ta personne, cela ne pourrait se faire avec justice. Si elle est belle, tu es plus belle encore; si elle est spirituelle, tu es sage!

— Ne te méprends pas sur mon compte, Berchthold, en pensant que j'ai de l'animosité contre la fille du concierge. Je connais l'esprit de cette fille, et je conviens qu'une personne placée malheureusement par la fortune dans une position comme la sienne, ne doit pas trouver qu'il est facile d'être toujours ce qu'une fille de son âge désirerait être. Je suis persuadée que si la destinée plaçait Gisela dans une meilleure position, son éducation et ses manières, qui sont un peu au-dessus de sa condition présente, lui feraient honneur.

— Et tu dis que ta mère connaît ta visite à l'ermitage?

— Oui: ma mère ne s'est jamais opposée au respect que sa fille montre à l'Eglise ou à ses serviteurs.

— En effet, tu es une de celles qui vont le plus souvent à l'abbaye remplir leurs devoirs de chrétienne, Méta!

— Ne suis-je pas chrétienne? voudrais-tu qu'une fille qui se respecte oubliât ses devoirs religieux?

— Je ne dis pas cela; mais on dit, parmi nous autres chasseurs, que dernièrement le prieur a chargé son neveu, le frère Hugo, du devoir de tranquilliser la conscience des pénitentes. Il conviendrait mieux qu'un des pères, dont la tonsure est entourée de cheveux gris, occupât le confessionnal dans une église si fréquentée par les jeunes et belles filles de Duerckheim.

— Tu ferais bien d'écrire à ce sujet à l'évêque de Worms, ou à notre saint abbé, de ta belle écriture. Tu as la science d'un clerc, maître Berchthold, et tu persuaderais !

— Je voudrais que toutes les écritures que j'ai faites eussent produit des résultats heureux. Vous avez eu de fréquentes preuves de la franchise de mon style, Méta, sinon de mon talent.

— Allons, allons, trêve de galanterie, cela nous fait oublier l'ermite. Ma mère,... je ne sais pas pourquoi, mais maintenant que tu m'y fais penser, je trouve que sa conduite s'éloigne des règles qu'elle suit ordinairement : il est certain qu'elle encourage ces visites à l'Heidenmauer. Nous sommes bien jeunes, Berchthold, et nous pouvons ne pas comprendre tout ce qui entre dans des têtes plus vieilles et plus sages.

— Il est singulier que le solitaire nous recherche tous les deux ; s'il vous donne des conseils de préférence aux autres demoiselles de la ville, il me protége aussi plus particulièrement que les autres jeunes gens du Jaegerthal !

Il y avait dans cette idée un charme qui procura à ces deux jeunes gens sans expérience une douce émotion. Ils causèrent de la sympathie inexplicable qui existait entre eux et l'ermite, longtemps et avec un grand intérêt, car il leur semblait que c'était un lien de plus entre eux. Malgré tout ce que peuvent dire la philosophie et l'expérience à ce sujet, il est certain que l'homme est disposé à être superstitieux, relativement aux influences secrètes qui guident sa fortune dans le sombre passage du monde. Soit que le mystère qui enveloppe son avenir, ou la conscience qu'il a que ses succès les plus désirés sont le résultat de circonstances qu'il ne peut diriger, ou bien encore, soit que Dieu ait placé ce sentiment dans le cœur humain, afin de nous enseigner l'obéissance envers un pouvoir supérieur, il est certain que peu d'hommes possèdent une force de raison assez grande pour ne pas attribuer une partie de ce qui doit arriver aux chances du hasard ou de la Providence ; c'est ainsi que nous appelons les pouvoirs dirigeants, soit qu'on admette ou qu'on rejette l'agence immédiate de la Divinité dans la conduite des intérêts ordinaires de la vie.

Dans le siècle où se passe cette histoire, la civilisation n'avait pas fait des progrès suffisants pour élever les esprits ordinaires au-dessus de la croyance à la nécromancie. Les hommes ne consultaient plus les entrailles des animaux, afin d'apprendre les arrêts du destin, mais ils se livraient souvent à des croyances aussi ridicules, et il y en avait peu qui fussent capables de séparer la piété de la superstition et les desseins de la Providence des intérêts insignifiants de l'égoïsme. Il n'est donc pas surprenant que Berchthold et Méta regardassent l'intérêt singulier que leur portait l'ermite comme un présage heureux pour leurs communes espérances ; communes, car quoique la jeune fille n'eût pas oublié la réserve qu'elle jugeait nécessaire à son sexe, jusqu'à avouer tout ce qu'elle éprouvait, cet instinct subtil qui unit les cœurs jeunes et innocents leur laissait peu de doute à tous deux sur leur inclination mutuelle.

La vieille Ilse eut donc tout le temps de se livrer au repos après la fatigue qu'elle avait éprouvée à gravir la montagne. Lorsque Méta la réveilla enfin, la bonne femme fit une exclamation de surprise, se récriant sur la brièveté de l'entrevue avec l'ermite, car la pesanteur de son sommeil la laissait dans une complète ignorance de l'arrivée et du départ de Berchthold.

— Il n'y a qu'un moment, chère Méta, que nous sommes arrivées sur la montagne, dit-elle, et je crains que tu n'aies pas donné assez de temps aux conseils du saint homme. Il ne faut pas rejeter une liqueur saine parce qu'elle est amère à la bouche, mais il faut avaler jusqu'à la dernière goutte, lorsque la santé se trouve au fond de la coupe. As-tu été franche avec l'ermite, et lui as-tu raconté toutes tes fautes ?

— Tu oublies, Ilse, que l'ermite n'a pas même la tonsure, et ne peut donner l'absolution.

— Eh ! eh ! je n'en sais rien ; un ermite est un homme de Dieu, et un homme de Dieu est saint ; tout chrétien peut et doit pardonner. Et quant à la confession, je préfère un reclus plein du renoncement de lui-même, qui passe son temps à prier et à mortifier son âme et son corps, à tous les moines de Limbourg ; il y a plus de vertu dans la bénédiction d'un tel homme que dans une douzaine, que dans une cinquantaine de bénédictions d'un abbé libertin.

— J'ai eu sa bénédiction, nourrice.

— Bien! cela est consolant, et nous n'avons pas fatigué nos jambes pour rien. Mais tu aurais dû lui dire que tu avais eu le désir de porter un corset garni de dentelle à la grand'messe afin d'exciter l'envie de tes égales. Il aurait été utile de reconnaître au moins cette faute.

— Mais il ne m'a point questionnée sur mes péchés. Tous ses discours avaient rapport à la maison de mon père, à ma bonne mère et à..... à d'autres affaires.

— Tu aurais dû parler du corset entre autres choses. Ne t'ai-je pas toujours avertie, Méta, du danger de l'orgueil, et de celui d'exciter l'envie dans le cœur d'une compagne? Il n'y a rien de plus terrible que l'envie, je le sais par expérience. Oh! je ne suis plus jeune, et si tu veux savoir ce que c'est que l'envie ou quelque autre vice dangereux, viens à moi, et je t'assure que je te l'expliquerai bien! Tu as eu tort de ne point parler du corset.

— Si j'avais été à confesse, j'aurais trouvé des péchés plus sérieux que ceux qui ont rapport à la toilette.

— Je n'en sais rien! La toilette est un des ennemis les plus dangereux de la jeunesse et de la beauté. — Si tu as une belle fille dans ta maison, brise les miroirs afin qu'elle ne se doute pas qu'elle est belle : c'est ce que j'ai entendu dire mille fois. Et comme tu es jeune et belle, je veux le répéter, quoique tout Duerckheim contredise mes paroles : tu es en danger si tu le sais. Si tu avais parlé à l'ermite de ce corset, cela aurait pu produire du bien. Qu'importe si ce saint homme a ou non la tonsure? Il prie, il jeûne, il veille la nuit; il mortifie son corps, et cela vaut bien tous les cheveux qui sont tombés de la tête de tous les moines du Palatinat.

— Puisque tu le désires, chère Ilse, à notre première entrevue j'en parlerai. Ainsi, que ton esprit soit en repos.

— Cela donnera un grand plaisir à ta mère; sans cela, comment consentirait-elle que son enfant visitât un Camp des Païens à une heure aussi indue? Je puis t'assurer qu'elle pensait à ce corset!

— Ne parle plus de toilette, nourrice; mes pensées sont dirigées vers un autre objet.

— Eh bien! puisque vous pensez à autre chose, il est inutile d'en parler à présent. Ton entrevue avec l'ermite s'est terminée bien promptement ce soir, Méta!

— Nous n'avons pas été longtemps sur la montagne, en effet, Ilse; mais il faut retourner à la maison, de crainte que ma mère ne soit inquiète.

— Et pourquoi le serait-elle? ne suis-je pas avec toi? L'âge n'est-il plus rien, et l'expérience, et une bonne tête, et une excellente mémoire, et des yeux comme aucune femme de mon âge n'en a à Duerckheim? Je dis de mon âge, car tu en as de meilleurs, et ceux de ta mère sont presque aussi bons que les tiens; mais il n'y en a pas qui vaillent les miens parmi les vieilles femmes. A ton âge, ma fille, je n'étais pas la vieille Ilse, mais la vive, l'agile, et, que Dieu me pardonne ces paroles orgueilleuses, mais il faut dire la vérité, la belle Ilse, et cela sans le secours d'un corset comme le tien.

— N'oublieras-tu jamais le corset? Là, appuie-toi sur moi, nourrice, ou le pied te manquerait dans cette descente rapide.

Elles commencèrent à descendre; et comme elles étaient à un point du sentier où beaucoup de prudence était nécessaire, la conversation cessa en grande partie.

Celui qui visite maintenant Duerckheim trouvera des preuves suffisantes qu'autrefois la ville s'étendait vers la base de la montagne, bien au delà des limites que sa situation présente ne semble l'indiquer. Il y a des ruines de murailles et de tours parmi les vignes qui ornent le pied de la montagne, et la tradition parle de fortifications qui ont depuis longtemps disparu, inutiles qu'elles étaient devenues par les améliorations dans l'art de la guerre, qui ont fait perdre à tant de places fortes leur importance. Alors, un groupe de maisons sur une éminence était plus ou moins fortifié; mais l'usage de la poudre et de l'artillerie rendit toutes ces forteresses inutiles, et celui qui cherche maintenant une citadelle est sûr de la trouver enterrée au milieu de quelque plaine ou marais. Le monde a atteint d'autres degrés de civilisation, car l'application de la vapeur détruira probablement tout le système d'attaque ou de défense tant sur terre que sur mer. Mais ne nous occupons pas de l'avenir. A l'époque de notre histoire, le talent de l'ingénieur n'était pas encore fort avancé, et Méta ainsi que sa nourrice entrèrent dans des murailles d'une ancienne et lourde construction, bâties de manière à satisfaire à l'état imparfait de l'art. Comme l'heure n'était pas encore avancée, il ne leur fut pas difficile d'atteindre la maison du bourgmestre sans attirer l'attention.

CHAPITRE V.

> Quelles nouvelles?
> — Aucune, Monseigneur, si ce n'est que le monde devient honnête.
> — Alors le jour du jugement approche.
> SHAKSPEARE. *Hamlet.*

Dans toute cette partie de l'Allemagne, il existe à peine un seul vestige de la manière dont vivaient ceux qui se sont les premiers établis dans les déserts. L'œil de l'antiquaire ne peut s'arrêter que rarement sur une ruine, si l'on en excepte les murs de quelques forteresses, ou les remparts d'un retranchement de la guerre de l'Indépendance. On y voit, il est vrai, quelques faibles débris de temps encore plus éloignés, et il existe même quelques circonvallations ou autres constructions guerrières, qu'on croit avoir été jadis occupées par l'Homme Rouge ; mais dans aucune partie du pays, on ne voit un édifice, soit public, soit particulier, qui ait de la ressemblance avec un château féodal. Afin que le lecteur ait une juste idée de la forteresse habitée par le puissant baron qui est destiné à jouer un rôle dans cette légende, il est nécessaire d'entrer dans quelques descriptions sur les localités environnantes et sur le bâtiment lui-même. Nous parlons du lecteur américain, car nous faisons profession de n'écrire que pour l'amusement (nous serions heureux si nous pouvions ajouter l'instruction) de nos compatriotes. Si d'autres lisent ces pages sans art, nous en serons flatté, et surtout reconnaissant ; mais, après cet aveu sur le but qui nous fait tenir la plume, nous espérons qu'ils parcourront cet ouvrage avec toute l'indulgence nécessaire.

Nous saisirons cette occasion de nous mettre un moment en rapport avec cette partie du public de toutes les nations, qui, relativement à l'écrivain, compose ce qu'on appelle le monde. Qu'on ne dise pas de nous, parce que nous faisons souvent allusion aux opinions et aux usages tels qu'ils existent dans notre pays, que nous ignorons complètement ceux des autres contrées; nous faisons ces allusions, qui paraissent un crime aux lecteurs hostiles, parce qu'elles répondent mieux à notre but en écrivant, parce qu'elles ont rapport à un état de société plus familier à notre esprit, et parce que d'autres ont parlé de l'Amérique de manière à perpétuer l'ignorance et les préjugés. Si, sans le vouloir, nous trahissions la vanité nationale, cette tache du caractère américain, nous sollicitons d'avance notre pardon, présentant pour notre justification l'aptitude d'un jeune pays à tomber insensiblement dans la manie de l'imitation, et priant l'observateur critique de ne point faire attention aux fautes qui pourraient nous échapper, si nous ne faisions pas preuve de ce talent d'exécution qui est le fruit d'une grande pratique. Jusqu'ici nous croyons qu'on ne peut pas justement accuser notre modestie. Ayant abandonné les vertus à tout le genre humain, n'ayant, à notre connaissance, jamais parlé du courage américain, de l'honnêteté américaine, de la beauté américaine, pas plus que de la fermeté d'âme des Américains, et même de la force de leurs bras, comme si ces qualités n'appartenaient qu'à eux et non pas à toutes les nations; mais nous étant contenté, dans le langage sans sophisme de nos climats de l'ouest, d'appeler la vertu vertu, et le vice vice. En cela, nous savons que nous sommes resté en arrière d'innombrables écrivains classiques de notre époque, quoique nous pensions que nous ne perdons pas beaucoup par cette réserve, ayant des preuves suffisantes que lorsque nous désirons rendre nos pages désagréables aux étrangers, nous pouvons effectuer ce projet par des allusions beaucoup moins importantes au mérite national. Nous avons de bonnes raisons de croire qu'il existe une certaine classe querelleuse de lecteurs qui regardent les louanges les plus délicates et les plus réservées sur le Nouveau-Monde, comme étant injustement dérobées à l'ancien. Sous ce rapport, dans notre belle patrie, celui qui vise au succès en flattant l'étranger, et celui qui espère briller dans sa petite sphère par une lumière empruntée, nous les abandonnons au reproche qui ne pourra manquer de les atteindre, reproche rendu plus amer par la conscience de l'avoir mérité, grâce à une servilité aussi dégradante qu'elle est contre nature; lorsqu'ils pénétreront plus avant dans la connaissance du cœur humain, ils apprendront qu'il existe un sentiment salutaire qui ne peut être repoussé avec impunité, et qu'il n'y a rien de plus respecté que ceux qui maintiennent leurs droits avec franchise et sans crainte, comme il n'y a rien de plus méprisable que ceux qui les abandonnent lâchement.

Pendant que Berchthold s'entretenait avec Méta sur la montagne de l'Heidenmauer, Emich de Leiningen se livrait au repos dans son château d'Hartenbourg. On a déjà dit que la forteresse était un bâtiment massif, les principaux matériaux étant d'une pierre rougeâtre, qu'on trouve abondamment dans tout l'ancien Palatinat. Le château s'était augmenté avec le temps; et ce qui avait été primitivement une tour était devenu une formidable forteresse. Dans les siècles qui succédèrent à l'empire de Charlemagne, celui qui pouvait élever une de ces tours et la défendre contre ses voisins, devenait noble, et en quelque sorte souverain. Sa volonté faisait la loi dans tout le territoire contigu; et ceux qui ne pouvaient jouir de leur propriété sans se soumettre à son bon plaisir, se trouvaient satisfaits d'obtenir sa protection en reconnaissant leur vasselage. Aussitôt qu'un de ces seigneurs était solidement établi dans sa forteresse, et qu'il recevait service et hommage des laboureurs, il commençait à chercher querelle aux seigneurs ses plus proches voisins. Le vainqueur devenait nécessairement plus puissant par ses conquêtes, si bien que, de maître d'un château et d'un village qu'il avait été, il se trouvait dans la suite maître de plusieurs domaines. C'est de cette manière que de petits barons grandirent en pouvoir; et on voit même de puissants potentats qui trouvent à leur arbre généalogique d'aussi sauvages racines. Il existe encore, sur un sommet escarpé et de peu d'étendue, dans la Confédération suisse, et dans le canton d'Argovie, une ruine vacillante qui, dans les siècles passés, était occupée par un chevalier qui, du haut de son aire, dominait les villages voisins, et commandait à une poignée de paysans. On appelle cette ruine le château d'Hapsbourg, et il est célèbre comme ayant été le berceau de cette puissante famille assise depuis longtemps sur le trône des Césars, et qui maintenant gouverne une si grande partie de l'Allemagne et de la Haute-Italie. Le roi de Prusse descend de la maison de Hohenzollern, enfant d'un autre château. On voit d'innombrables exemples montrant que ceux qui posaient la première pierre d'une forteresse posaient aussi les fondements d'une maison puissante, et quelquefois d'une maison souveraine.

Néanmoins, ni la position du château d'Hartenbourg, ni l'époque à laquelle il fut construit, ne pouvaient conduire à des résultats aussi majeurs que ceux dont nous venons de parler; comme nous l'avons dit, il commandait un défilé important, mais non pas assez cependant pour donner au maitre de la forteresse aucun droit matériel au-delà de son influence immédiate. Toutefois comme la famille de Leiningen était nombreuse, et avait d'autres branches et d'autres possessions dans des parties plus favorisées de la Germanie, le comte Emich était loin d'être seulement un chef montagnard. Le système féodal avait été réduit en méthode longtemps avant sa naissance, et les lois de l'empire lui assuraient plusieurs villes et villages dans la plaine, comme successeur de ceux qui les avaient obtenus dans des temps plus reculés. Il avait même récemment réclamé une plus haute dignité et de plus vastes territoires, comme l'héritier d'un parent qui venait de mourir; mais il avait été traversé par une décision de ses pairs dans cette tentative d'augmentation de pouvoir et d'élévation de rang. C'était à cette mésaventure qu'il devait le sobriquet de landgrave *d'été* (*summer*), car tel était le titre qu'il avait demandé, et la saison pendant laquelle il lui avait été permis de le porter.

Connaissant déjà le pouvoir de cette famille, le lecteur ne sera point surpris d'apprendre que le château des comtes d'Hartenbourg, ou, pour être plus correct, Hartenbourg-Leiningen, était proportionné à leur grandeur. Elevé sur le point le plus avancé de la montagne, dans l'endroit où la vallée se resserrait, et au point où la petite rivière faisait un coude, le sentier qui était au-dessous était tout à fait à la merci de l'archer qui se promenait sur ses murailles. Sur le premier plan, toute la partie de l'édifice qui était en vue avait l'air militaire, et elle était en quelque sorte convenable à l'imparfait usage qu'on faisait alors de l'artillerie. Sur le derrière on voyait la masse de cours, chapelles, tours, portes, herses, offices, appartements de famille, suivant les usages et le goût de l'époque. Le hameau, dans le vallon, sous les murailles des tours proéminentes ou bastions, car elles participaient de l'une et de l'autre, pouvait à peine être compté dans l'estimation de la fortune du comte. Ses principaux revenus venaient de Duerckheim et des fertiles plaines environnantes, quoique la forêt ne fût pas sans valeur dans un pays où l'usage de la hache n'était connu que depuis peu de temps.

Nous avons dit qu'Emich de Leiningen se livrait au repos dans sa forteresse d'Hartenbourg. Que le lecteur se représente un bâtiment massif au milieu d'une foule d'autres grossièrement construits pour l'économie domestique de ce siècle, et il aura une idée plus complète de l'intérieur. Les murailles étaient lambrissées et couvertes de grossières sculptures, les salles immenses et sombres chargées d'armures, et dans ce moment elles étaient remplies d'hommes armés. Les salons avaient cette étendue qui convenait au rang d'un baron; tous les objets en même temps commodes et luxueux qu'on rencontre dans les salons de nos jours étaient ignorés, mais ils présentaient un aspect de lourde magnificence. A quelques exceptions près, l'Allemagne, encore aujourd'hui, n'est pas remarquable par l'élégance de la vie domestique. Ses palais même sont décorés simplement, sans luxe; le goût qui y règne est rarement supérieur, et pour dire la vérité, il n'est pas toujours égal au nôtre. Il y a encore une nuance de gothique dans les habitudes et les opinions de ce peuple constant, qui paraît cultiver les raffinements subtils de l'esprit, de préférence aux jouissances qui ne s'attachent qu'aux sens.

Des ornements simples et bien travaillés, produits par l'industrie patriote d'un peuple renommé par son adresse; des épées, des dagues, des morions, des cuirasses, et toutes les armes défensives alors en usage, les ouvrages d'aiguille que la main d'une noble dame pouvait mettre au jour, des tableaux qui avaient tous les défauts et peu des beautés de l'école flamande, des meubles qui avaient autant de rapport avec ceux des palais d'électeurs ou de rois, que les décors d'un salon de village de notre temps on ont avec des salons de grandes villes; une grande profusion d'argenterie avec les armes en relief et gravées de différentes façons, les arbres généalogiques et des armoiries tracées en couleur, voilà ce qui composait l'ameublement du château d'Hartenbourg.

Nulle part, dans cet édifice, il n'y avait l'apparence de la présence des femmes, ou du moins des meubles qui sont à leur usage. On voyait en effet fort peu de personnes du sexe dans les corridors, les offices et les cours, tandis que les hommes s'y trouvaient en grand nombre. Ces derniers étaient particulièrement des guerriers à moustaches qui encombraient les salles ou les parties plus publiques du château, comme des oisifs qui attendent le moment du travail. Aucun d'eux n'était armé de toutes pièces, quoique celui-ci portât négligemment son morion, celui-là une armure, et que cet autre s'appuyât sur son arquebuse ou tînt sa pique à la main. Ici, un groupe s'exerçait gaiement avec ses armes défensives ; là, un bouffon amusait une foule de sérieux auditeurs de ses farces et de ses plaisanteries ; et le plus grand nombre buvait le vin du Rhin de leur seigneur. Quoique le Nouveau-Monde fût déjà découvert, la bonne portion de ce vin, qui est tombée depuis en notre partage, était encore entre les mains de ses véritables propriétaires, et la plante qui est depuis si longtemps connue sous le nom d'herbe de Virginie, et qui est devenue depuis une production de tant d'autres pays dans cet hémisphère, n'était pas d'un usage aussi général qu'aujourd'hui parmi les Allemands, sans cela nous aurions été obligé de donner le dernier trait à ce croquis en l'enveloppant de fumée. Malgré l'air d'indifférence et de négligence qui régnait dans les murs d'Hartenbourg, en dehors des portes, dans les tourelles et dans les tours avancées, on y remarquait une surveillance plus qu'habituelle. Si quelque observateur s'était trouvé là, il aurait vu, outre les sentinelles qui gardaient toujours les approches du château, plusieurs espions, au pied léger, dans les environs du château, dans le hameau, sur les rocs et dans le sentier ; et comme tous les yeux étaient tournés vers la vallée, dans la direction de Limbourg, il était évident que les nouvelles qu'on attendait devaient arriver de ce côté.

Le comte Emich avait fui les regards observateurs et s'était retiré dans un des salons où la grossière des meubles le disputait à la magnificence. L'appartement était éclairé par vingt torches, et d'autres signes annonçaient des visites prochaines. Il traversait la salle d'un pas lourd. Les soucis, ou du moins de sérieuses pensées, contractaient les muscles de son front sévère, qui portait les marques évidentes de l'usage du casque. Peut-être l'Allemagne est-elle la seule partie de la chrétienté, même aujourd'hui, où la profession d'homme de loi soit considérée comme plus honorable que celle des armes, la meilleure preuve d'une haute civilisation. Mais dans le siècle où se passe notre histoire, le gentilhomme qui n'appartenait pas à l'église, état qui comprenait presque tout le savoir de l'époque, était nécessairement soldat. Emich de Leiningen portait les armes, comme de raison, de même qu'un homme instruit de notre époque lit son Virgile et son Horace ; et comme la nature lui avait donné un corps vigoureux, une forte constitution et une âme dont l'indifférence aux souffrances personnelles allait quelquefois presque jusqu'à la cruauté, il avait plus de succès dans son état aventureux que plus d'un étudiant pâle et zélé dans la culture des lettres.

Le comte, préoccupé, levait à peine les yeux du plancher de chêne sur lequel il marchait, tandis que des valets faisaient le service, allant et venant d'un pas léger en la présence d'un maître si redouté, et cependant singulièrement aimé. Enfin une femme occupée des petits offices de son sexe, passa devant lui, et la jeunesse, la fraîcheur, l'air enjoué, la coiffe élégante, le corset serré de cette femme, les plis tombants de son ample jupon, attirèrent l'attention du comte.

— Est-ce toi, Gisela? dit-il en parlant d'une voix douce, comme lorsqu'on s'adresse à un domestique favori. Comment va l'honnête Karl?

— Je remercie monseigneur le comte ; son vieux serviteur blessé a moins de peine que ce n'est ordinairement son partage. La jambe qu'il a perdue au service de la maison de Leiningen...

— Et qu'importe sa jambe, jeune fille? tu parles trop souvent de ce malheur arrivé à ton père.

— Si monseigneur laissait une jambe sur le champ de bataille, il pourrait manquer à l'appel lorsqu'on aurait besoin de lui!

— Crois-tu que je ne m'adresserais jamais à l'empereur sans me plaindre de ce malheur? Gisela, tu es une fine matoise qui sais bien calculer, et tu négliges rarement de faire allusion à cette bonne fortune pour ta famille. Mes gens font-ils une active surveillance, qu'ils aient ou non leurs jambes?

— Ils sont où leur nature et leur humeur les portent. Que sainte Ursule soit bénie! où les officiers du pays ont-ils été choisir une troupe si mal tournée que celle qui habite maintenant Hartenbourg? L'un boit depuis que ses yeux sont ouverts jusqu'à ce qu'il les ferme; un autre jure plus que ces guerriers du Nord qui exercent tant de ravages dans le Palatinat; celui-ci est un franc libertin, celui-là un glouton qui n'ouvre les lèvres que pour avaler; et aucun, non, aucun de ces vauriens n'a une parole civile pour une jeune fille, quoiqu'elle puisse être estimée dans la maison du maître.

— Et tous mes vassaux, jeune fille? on ne trouve pas dans toute l'Allemagne des hommes plus vigoureux et plus utiles au besoin.

— Forts en paroles, et insolents dans leurs regards, Monseigneur ; mais de la plus odieuse compagnie pour tous ceux qui ont une conduite modeste et de bonnes intentions dans le château.

— Tu as été gâtée par une maîtresse trop indulgente, jeune fille, et tu oublies quelquefois toute discrétion. Va voir si mes hôtes sont informés que l'heure du banquet est arrivée, et que je les attends.

Gisela, dont la hardiesse naturelle avait été en quelque sorte augmentée par la trop grande bonté de sa maîtresse, et à qui la conscience d'une beauté plus frappante que celle qui tombe ordinairement en partage aux filles de sa condition, avait donné une liberté de langage qui allait quelquefois jusqu'à la témérité, montra son mécontentement d'une manière assez ordinaire à son sexe, lorsqu'il est indocile et n'a pas eu la discipline d'une bonne éducation ; elle haussa les épaules, ayant soin cependant de remarquer si les regards du comte étaient toujours tournés vers le plancher, secoua la tête, et quitta l'appartement. Le comte Emich retomba dans sa rêverie. Il se passa ainsi plusieurs minutes.

— Rêvant, comme à l'ordinaire, d'escalades et d'excommunication, noble Emich! s'écria d'une voix gaie un convive qui était entré dans le salon sans être aperçu ; de prêtres vindicatifs, de vasselage, d'abbés tondus, de confessionnaux et de pénitences, de torts redressés, du conclave mécontent, de la cave de l'abbaye, de ton morion, de vengeance, et pour tout résumer en un mot qui cause tout péché mortel, de cet ange déchu, le diable !

Emich répondit par un sourire forcé à ce salut sans cérémonie, acceptant néanmoins la main de celui qui venait d'arriver, avec la sincérité d'un bon compagnon.

— Tu es le bienvenu, Albrecht, répondit-il, car le moment est proche où mes saints hôtes vont arriver, et, pour te parler franchement, je ne me sens jamais capable de combattre à armes égales quand il s'agit de lutter d'esprit avec mes pieux coquins ; mais ton soutien me suffira, quand toute l'abbaye serait de la partie.

— Oh ! mais nous pensons marcher de pair, nous fils de saint Jean, avec les bâtards de saint Benoît : quoique plus guerriers que vos moines de la montagne, nous autres chevaliers de Saint-Jean, nous faisons serment de pratiquer un aussi bon nombre de vertus. Laissez-moi voir, ajouta-t-il en comptant sur ses doigts avec un air de hardiesse licencieuse : nous sommes voués d'abord au célibat ainsi que vos bénédictins, puis à la chasteté de même que vos moines de Limbourg ; nous respectons nos serments comme votre père Boniface ; l'un et l'autre nous sommes serviteurs de la sainte croix (par une influence singulière de ce mot, l'orateur et le comte firent le signe sacré sur leur poitrine) ; et, soyez-en sûr, j'égalerai les révérends frères. Ils disent que le péché peut s'allier au péché, et un saint doit être l'égal d'un saint. Mais, Emich, tu es plus sérieux que cela ne convient au moment d'une débauche comme celle que nous méditons.

— Tu es élégant comme si tu allais donner un galant festin aux dames de l'île de Rhodes.

Le chevalier de Saint-Jean regarda sa toilette avec complaisance, tout en marchant près de son hôte, qui avait repris sa promenade : il ressemblait au paon qui fait la roue. La remarque du comte était juste, car son parent avait passé plus de temps à sa toilette qu'il n'en mettait ordinairement en l'absence des femmes dans ce château fort : ressemblant peu au sévère Emich, qui quittait rarement son attirail guerrier, le défenseur de la croix portait un costume très-pacifique, si l'on excepte une longue rapière qui pendait à son côté, et qui, jusqu'à une époque plus reculée, formait une partie indispensable de la toilette d'un gentilhomme. Son pourpoint, décoré de broderies, de ganses, de franges et de boutons, était d'une étoffe orange pâle qui *bouffait* autour de sa personne avec toute l'ampleur des modes d'alors. Le vêtement inférieur, qu'on voyait à peine, quelque nécessaire qu'il fût, était du même tissu, taillé avec la même prodigalité d'étoffes ; les hauts-de-chausses roses, attachés bien au-dessus du genou, répandaient une nuance de feu sur le reste de la toilette ; il portait des souliers dont le dessus s'élevait jusque sur le devant de la jambe, des boucles qui couvraient le pied ; et son cou, ainsi que ses poignets, étaient entourés d'une profusion de dentelles. La croix, bien connue, de Malte, pendait à un ruban rouge passant par une boutonnière du pourpoint, non pas au-dessus du cœur, comme c'est aujourd'hui la coutume des chevaliers d'Europe, mais, par un goût particulier, elle descendait si bas, qu'elle pouvait prouver, si en effet on peut tirer quelque conclusion de la manière de porter ces hochets, que l'honorable emblème était placé de préférence sur cette partie matérielle du corps humain qu'on croit être le sanctuaire de la bonne chère; interprétation qui, chez Albrecht de Viederbach, le chevalier en question, était peut-être plus proche de la vérité qu'il n'aurait consenti à l'avouer. Après s'être posé, tantôt sur un pied, tantôt sur l'autre, arrangeant ses manchettes, rapprochant contre lui sa rapière, enfin, ajustant à son idée toute sa toilette, le soldat de Saint-Jean-de-Jérusalem poursuivit son discours.

— Ma toilette est décente, cousin, convenable pour la table hospitalière en l'absence de sa belle maîtresse, et indigne qu'on y fasse attention. Quant aux dames de notre malheureuse île de Rhodes, tu connais peu leur humeur, mon cher cousin, si tu crois que cette grossière toilette aurait aucun charme pour leur goût raffiné. Nos chevaliers avaient l'habitude d'apporter dans l'île les modes et les améliorations des autres pays; et quelque peu considérable que soit Rhodes, il n'y a pas de pays où les arts humains, car j'appelle ainsi la toilette, soient plus florissants que dans cette île vaillante et tant regrettée. Il en était ainsi du moins lorsqu'elle tomba sous le joug de l'Ottoman.

— Eh! bon Dieu! je croyais que tu avais fait vœu de modestie dans ta manière de vivre comme dans tes discours et autres abstinences!

— Et toi, n'as-tu pas juré aussi d'obéir à tes souverains seigneurs l'empereur et l'électeur? bien plus encore, pour jouir de tes terres et priviléges, ne dois-tu pas les services d'un chevalier et l'obéissance au saint abbé de Limbourg?

— Que Dieu le maudisse, et toute cette avide confrérie!

— Eh! mais c'est la conséquence naturelle de ton serment, comme mon pourpoint l'est du mien. Si le rigide accomplissement d'un vœu était aussi agréable au corps qu'on nous dit qu'il sera salutaire à l'âme, comte de Leiningen, quel mérite aurait-on à l'observer? Je ne porte jamais ces gracieux habits, qu'un heureux souvenir de nuits passées sur les remparts, de siéges pénibles, de tranchées, de croisades contre les Musulmans, ne se présente sous la forme de pénitences passées. De cette manière nous adoucissons nos péchés par nos peines corporelles, et par la mémoire de vertueux travaux.

— Par les trois saints rois de Cologne et les onze mille vierges de cette honorable ville, maître Albrecht! tu étais bien favorisé dans cette île étroite, s'il t'était permis de pêcher à ta manière avec la certitude d'éviter la punition par de si légers services! Ces moines rapaces de Limbourg vendent cher leurs faveurs, et celui qui veut conserver sa peau a soin de payer d'avance pour une indulgence. Je ne pourrais dire le nombre des tonneaux de pur vin du Rhin que de petites saillies de bonne humeur m'ont coûté; mais je suis certain que s'il était possible de réunir tous ces tributs, il ne resterait pas un grand espace vide au fond de la tonne tant vantée du prince Frédéric dans ses immenses caves d'Heidelberg!

— J'ai souvent entendu parler de ce royal réceptacle d'une liqueur généreuse, et j'ai médité un pèlerinage en honneur de sa capacité. L'électeur reçoit-il les nobles voyageurs avec une hospitalité convenable à leur rang et à leur fortune?

— Oui, et de bon cœur, quoique cette guerre ne l'enrichisse pas, et lui donne d'autres occupations. Tu n'auras pas un chemin bien fatigant à faire, car de ces montagnes on peut voir les tours d'Heidelberg, et un bon cheval pourrait partir de la cour de mon château, et arriver dans celle du duc Frédéric en une couple d'heures.

— Lorsque les mérites de ta cave seront épuisés, noble Emich, il sera temps de mettre la tonne à l'épreuve, répondit le chevalier de Saint-Jean, comme notre estimable ami, ici présent, en conviendra à la face de tous les réformés qui infestent notre Allemagne.

En introduisant de nouveaux personnages, nous réclamons la patience du lecteur pour une courte digression. Quoi qu'on puisse dire du mérite et de la légalité de la réforme, due principalement au courage de Luther (et nous ne sommes ni sectaire, ni incrédule, pour nier l'origine sacrée de l'Eglise dont elle est dissidente), on peut admettre généralement que le pouvoir non contesté de la religion dominante de cette époque avait conduit à des abus qui appelaient hautement des changements dans l'administration ecclésiastique. Des milliers d'hommes, parmi ceux qui avaient dévoué leur vie au culte de l'autel, étaient aussi dignes de cet office sacré qu'il est donné à l'homme de l'être; mais des milliers d'autres avaient pris la tonsure et le froc, ou tout autre symbole des devoirs ecclésiastiques, simplement pour jouir des immunités et des libertés que conférait ce caractère. Le long monopole des belles-lettres, que personne ne songeait à leur contester, une influence obtenue par une union peu naturelle entre le pouvoir séculier et religieux, et la condition dépendante de l'esprit du peuple, conséquence naturelle des deux premiers avantages, engageaient tous ceux qui aspiraient à une prééminence morale à choisir ce parti, parce qu'il était le plus battu des deux chemins qui conduisaient à ce pouvoir. Ce n'est pas dans le christianisme, tel qu'il existait du temps de Luther, que nous devons seulement chercher un exemple des conséquences fâcheuses de l'autorité temporelle et spirituelle mêlées aux institutions humaines; chrétiens ou mahométans, catholiques ou protestants, commettent le mal, parce qu'aucun d'eux ne résiste à la tentation qu'éprouve le fort d'opprimer le faible, et le puissant d'abuser de son pouvoir. Contre ce malheur, il ne semble y avoir d'autre sécurité qu'une responsabilité certaine et active. Aussi longtemps qu'une moralité sévère, exigée de ses ministres par la foi chrétienne, ne sera point corrompue par un mélange grossier d'autorité temporelle et d'avantages mondains, on pourra croire que l'autel, du moins, échappera aux souillures; mais aussitôt que ces ennemis perfides seront admis dans le sanctuaire, les passions, éveillées par la cupidité, fondront à l'envi dans le temple en se couvrant du masque de la foi, afin de participer à ses récompenses.

Quelque pur que puisse être un système social ou une religion, dans le commencement de son établissement, la possession d'un pouvoir incontesté mène toujours à des excès funestes à la justice et à la vérité. C'est une conséquence de l'exercice indépendant de la volonté humaine qui semble inséparable de l'humaine fragilité. Nous arriverons graduellement à substituer l'inclination et l'intérêt au droit, jusqu'à ce que les fondements moraux des institutions soient sapés par une coupable tolérance, et que ce qui fut regardé d'abord avec l'aversion que le mal excite dans un cœur innocent, devienne non seulement familier, mais soit justifié par la convenance et l'habitude. C'est le symptôme le plus certain de la décadence des principes nécessaires pour maintenir même notre système imparfait de vertu, que de voir plaider la nécessité d'une action pour s'écarter du chemin que cette vertu nous trace. C'est appeler l'adresse à l'aide des passions, alliance qui ne manque jamais de renverser les faibles barrières d'une morale chancelante.

Il n'est pas surprenant alors que le monde, à une époque où les abus religieux conduisaient même les hommes d'Eglise à chercher un refuge dans l'insubordination, donnât l'exemple des graves excès dont nous avons parlé. L'ambition militaire, la vénalité, la paresse, et même la dissipation, cherchaient également le manteau de la religion pour déguiser leur but; et si le chevalier débauché tenait à honneur d'aller plonger son épée dans le cœur de l'Infidèle afin de vivre dans l'estime des hommes comme un héros de la croix, le joueur, le libertin et même le bel esprit de la capitale consentaient à obtenir leurs priviléges au moyen du costume de l'église, qui pouvait se comparer à une empreinte donnant cours à toutes les monnaies, n'importe la pureté ou le degré d'alliage du métal.

— Les réformés! ou plutôt les blasphémateurs! car voilà la dénomination qui leur convient le mieux, répondit l'abbé, faisant allusion à la dernière phrase d'Albrecht de Viederbach, je les abandonne au diable sans remords. Quant à ce gage de notre brave chevalier de Saint-Jean, noble comte Emich, en ce qui me concerne il sera racheté, car je suis certain que les caves d'Heidelberg peuvent résister à une invasion plus dangereuse que celle dont elles sont menacées ; mais je suis sorti tard de mon appartement, et j'espérais trouver ici nos frères de Limbourg ! Je pense qu'aucun malentendu ne nous privera du plaisir de leur présence, seigneur comte?

— On ne doit en avoir aucune crainte lorsqu'il s'agit d'un festin. Si jamais le diable tenta les moines de cette montagne, ce fut sous la forme de la gourmandise. Si j'en jugeais par une expérience de quarante années passées dans leur voisinage, je penserais qu'ils considèrent l'abstinence comme un huitième péché mortel.

— Vos bénédictins ont le privilége de regarder l'hospitalité comme une vertu, et l'abbé a bien aussi la permission d'aimer un peu la bonne chère; nous ne les jugerons donc pas sévèrement, mais nous formerons notre opinion de leurs mérites par leurs œuvres. Vous avez bien des serviteurs au dehors, pour leur faire honneur ce soir, noble Emich?

Le comte de Leiningen fronça le sourcil, et, avant de répondre, il échangea avec son parent un regard que l'abbé aurait pu interpréter comme un projet caché, s'il avait attiré son attention.

— Mes gens se rassemblent loyalement autour de leur seigneur, car ils ont entendu parler du secours envoyé par l'électeur pour soutenir ces paresseux de bénédictins. Quatre cents mercenaires reposent cette nuit dans les murs de l'abbaye, maître Latouche, et on ne doit pas être surpris que les vassaux d'Emich d'Hartenbourg soient prêts à tirer le sabre pour sa défense. Par la miséricorde de Dieu, ces rusés moines peuvent feindre la crainte, mais si quelqu'un ici pouvait être effrayé, ce devrait être le seigneur offensé du Jaegerthal !

— Ta position, cousin d'Hartenbourg, répartit le chevalier de Saint-Jean, est une des merveilles de la diplomatie. Te voilà prêt à tirer l'épée contre l'abbé de Limbourg, et à échanger des coups mortels, pour mettre un terme à cette suprématie si longtemps disputée, puis tu donnes ordre à ton sommelier de préparer les vins les plus choisis de ta cave pour orner un repas offert à ton plus mortel ennemi ! Cela l'emporte, monsieur Latouche, sur la position d'un abbé de votre façon qui est à peine assez homme d'église pour faire son salut, et pas assez profondément pécheur pour être damné sans rémission avec la masse des réprouvés.

— Il faut espérer que nous partagerons le sort commun des mortels qui recevront plus de grâces qu'ils ne le méritent, répondit l'abbé, titre qui en effet annonçait à peine un homme voué à l'église. Mais j'espère que cette rencontre entre les parties hostiles sera amicale, car, pour dire la vérité, je ne ressemble pas à notre ami le chevalier, et je n'appartiens point à un ordre guerrier.

— Ecoutez, dit le comte en levant un doigt pour commander l'attention ; n'entendez-vous rien ?

— C'est la musique de vos grognards qui sont dans la cour, cousin, et quelques jurons en allemand qui n'ont pas besoin d'être traduits pour être compris ; mais ce bienheureux signal, la cloche du souper, est toujours muette.

— Ah ! c'est l'abbé de Limbourg et ses religieux, les pères Siegfried et Cuno. Allons au portail pour leur rendre les honneurs ordinaires.

Comme c'était une bonne nouvelle pour le chevalier et l'abbé, ils manifestèrent un grand désir d'être les premiers à payer cette attention à un personnage aussi important dans le pays que le riche et puissant abbé du couvent voisin.

CHAPITRE VI.

> Pourquoi pas? le plus grand pécheur fait le plus grand-saint.
>
> BYRON.

LE son plaintif et sauvage d'un cor avait résonné dans la vallée du côté de la montagne de Limbourg. Cette mélodieuse musique se faisait souvent entendre, car, de tous les habitants de l'Europe, ceux qui vivent sur les bords du Rhin, de l'Elbe, de l'Oder, du Danube, et de leurs tributaires, sont les plus adonnés à la culture de la musique. On parle beaucoup de la dureté des dialectes teutoniques et de la douceur de ceux qui tirent leur origine de la langue latine; mais, Venise et la région des Alpes exceptées, la nature a amplement compensé l'inégalité qui existe entre les langages par la différence des organes de la voix. Celui qui voyage dans ces lointains pays entendra gazouiller l'allemand et estropier l'italien; c'est la règle générale, quoiqu'il y ait des exceptions. Mais la musique est encore plus commune dans les vastes plaines de la Saxe que dans la *Campagna Felice*, et il est assez ordinaire dans le premier de ces pays qu'un postillon aux cheveux blonds, en montant lentement une côte, fasse entendre sur le cor des airs qui plairaient même dans l'orchestre d'une capitale. C'était un de ces airs mélancoliques qui se faisait entendre aux espions du comte Emich pour les avertir que les religieux quittaient le couvent.

— Ecoutez, mes frères! dit le père Boniface à ses compagnons presque au même instant que le comte de Leiningen faisait une semblable question dans son château; ce cor fait entendre un air expressif.

— Nous pouvons être trompés dans notre désir d'atteindre le château sans que notre arrivée soit connue, répondit le moine avec lequel le lecteur a déjà fait connaissance sous le nom de père Siegfried, mais si nous ne pouvons surprendre les secrets du comte Emich par nos propres yeux, j'ai engagé quelqu'un à remplir cet office pour nous, et de manière à nous mettre sur la trace de ses desseins. Courage, saint abbé! la cause de Dieu ne tombera pas faute de secours. Quand les justes ont-ils jamais déserté la bonne cause?

L'abbé de Limbourg secoua la tête, de manière à exprimer peu de foi dans une intervention miraculeuse. Il s'enveloppa plus étroitement du manteau qui servait en quelque sorte à le déguiser, et pressa de l'éperon sa monture, excité par le désir violent de devancer, s'il était possible, les sons qui, suivant sa conviction, devaient annoncer son arrivée. Le prélat ne s'était pas trompé, car aussitôt que cette sauvage harmonie eut pénétré jusqu'au château, ce signal fut communiqué aux personnes qui l'habitaient.

Il y eut alors un mouvement général parmi les oisifs des cours. Des officiers passèrent au milieu des soldats, renvoyant dans leurs gîtes secrets ceux que l'excès des liqueurs avait rendus ingouvernables, et commandant aux plus obéissants de les suivre. En quelques minutes, et longtemps avant que les moines, qui arrivaient cependant de toute la vitesse de leurs chevaux, eussent eu le temps d'atteindre le hameau, la forteresse était plongée dans une parfaite tranquillité; et ressemblait au château de tout autre puissant baron en temps de paix. Emich avait présidé lui-même à ces dispositions, prenant de grandes précautions pour qu'aucun traînard ne parût, pour trahir les préparatifs qui existaient dans l'intérieur des murailles. Lorsque tout fut terminé, il se dirigea avec ses deux compagnons près de la porte d'entrée, afin de recevoir les moines à leur arrivée.

La lune était montée assez haut à l'horizon pour éclairer le revers de la montagne et pour donner aux tours et aux remparts d'Hartenbourg des formes pittoresques, relevées encore par les ombres qui les entouraient. Les signaux semblaient avoir excité dans tous ceux qui habitaient le hameau, comme parmi les habitants du château, une muette attention. Pendant quelque temps la tranquillité fut si profonde et si générale, qu'on distinguait le murmure du ruisseau qui serpentait autour des prairies. Puis on entendit les pas rapides des chevaux.

— Nos religieux sont pressés de goûter ton vin du Rhin, noble Emich, dit Albrecht de Viederbach, qui réfléchissait rarement, ou bien ce sont leurs chevaux que j'entends dans la vallée.

— Si l'abbé se rendait à un couvent de son ordre, ou s'il allait rendre visite à son chef spirituel de Spire, il n'y a pas de doute que de semblables animaux portant des provisions ne fissent partie de sa suite; car, de tous les amateurs de la bonne chère, Wilhelm de Venloo, qui porte au couvent le nom de père Boniface, est celui qui vénère le plus les fruits de la terre. Je voudrais que lui et tous ses frères fussent spirituellement plantés dans le jardin d'Eden, ils seraient convenablement arrosés de mes larmes.

— Ton souhait a une odeur de sainteté; mais il ne peut être accompli sans des secours charnels, à moins que tu ne sois en faveur auprès du prince de Cologne, et qu'il ne te rende ce service sous la forme d'un miracle.

— Tu plaisantes, chevalier, dans une affaire très-grave, répondit Emich brusquement; car, malgré la haine héréditaire et mortelle qu'il portait à l'ordre de religieux qui contestait son pouvoir, le comte d'Hartenbourg avait, devant un savoir supérieur, toute l'humilité qui est la suite d'une éducation négligée. Le prince électeur, dit-il, a servi bien des nobles familles de la manière dont vous parlez, et il pourrait accorder cet honneur à des maisons qui le mériteraient moins que celle de Leiningen. Mais voilà l'abbé et ses dignes associés : que Dieu maudisse leur orgueil et leur avarice !

Le bruit du pas des chevaux avait augmenté graduellement, et on l'entendait alors sur le pavé de la première cour; car, pour faire plus d'honneur à ses convives, le comte avait particulièrement recommandé qu'ils n'éprouvassent aucun délai aux portes, aux herses et aux ponts-levis.

— La bienvenue et mes respects, révérend abbé! s'écria Emich, des lèvres duquel venait de sortir une malédiction, et en s'avançant officieusement pour aider le prélat à descendre de cheval. Vous êtes les bienvenus, mes frères, dignes compagnons d'un chef vénéré.

Les religieux mirent pied à terre, aidés par les valets d'Hartenbourg, et comblés de marques d'honneur de la part du comte lui-même et de ses amis. Lorsque les hommes de Dieu furent descendus de cheval, ils rendirent poliment toutes ces félicitations.

— Que la paix soit avec toi, mon fils, et avec ce chevalier et ce serviteur de l'Eglise! dit le père Boniface, faisant rapidement ce signe avec lequel un prêtre catholique répand ses bénédictions. Que saint Benoît et la Vierge vous prennent tous sous leur sainte protection. J'espère que nous ne nous sommes pas fait attendre?

— Vous venez toujours à propos, mon père, soit le matin, soit le soir. Hartenbourg reçoit une marque d'honneur lorsque votre tête vénérable passe sous son portail.

— Nous avions un grand désir de t'embrasser, mon fils, mais quelques devoirs religieux qui ne pouvaient être négligés nous privaient de ce plaisir. Entrons, car je crains que l'air de la nuit ne fasse mal à ceux qui sont découverts.

A cette prudente suggestion, Emich, avec de grandes démonstrations de respect, conduisit ses hôtes dans l'appartement qu'il venait de quitter. Là recommencèrent les hypocrites salutations, qui, dans ce siècle de perfidie, à demi barbare, précédaient souvent la violation des obligations les plus sacrées. De notre temps nous nous trompons avec plus de mesure peut-être, mais nous ne sommes ni moins fourbes, ni moins vicieux. Ils parlèrent beaucoup du plaisir que leur causait cette réunion, et les assurances d'amitié du puissant mais politique baron n'étaient pas plus fausses que la sainteté prétendue et la charité officielle du prêtre.

L'abbé de Limbourg et ses compagnons étaient venus à cette fête avec des vêtements qui cachaient en partie leur caractère religieux; mais lorsque leurs manteaux furent ôtés, ils parurent revêtus des habits de leur ordre. Le prélat se distinguait de ses inférieurs par ces insignes des dignitaires de l'Eglise qu'un abbé avait l'habitude de porter lorsqu'il n'était point occupé du service de l'autel.

Lorsque les convives furent à leur aise, la conversation prit une direction moins personnelle; car bien qu'il fût ignorant comme son cheval de bataille en tout ce qui avait rapport à la culture des belles-lettres, Emich d'Hartenbourg ne manquait point de cette politesse qui convenait à son rang, et qui, à cette époque, et dans cette partie de l'Allemagne, était jugée tout à fait digne d'un seigneur féodal.

— On dit, révérend abbé, continua le comte en dirigeant l'entretien sur un sujet favorable à ses vues secrètes, que notre commun maître le prince électeur est terriblement pressé par ses ennemis, et qu'on craint même qu'un étranger ne s'empare bientôt du noble château d'Heidelberg. Avez-vous entendu parler de ses dernières défaites, et de la fatalité qui pèse sur sa maison?

— On a dit des messes pour lui dans toutes nos chapelles, et on y prie journellement pour le succès de ses armes contre ses ennemis. En vertu d'une concession faite à l'abbaye, par notre chef commun à Rome, nous offrons une indulgence libérale à tous ceux qui prennent les armes en sa faveur.

— Vous êtes uni par les liens de l'affection au duc Frédéric, mon père, murmura le comte Emich.

— Nous lui devons tout le respect que chacun doit payer au bras temporel qui le protège; nous ne devons en réalité foi et hommage qu'au ciel. Mais comment se fait-il qu'un si puissant baron, qu'un guerrier si estimé, et si bien connu pour les entreprises hardies, reste dans son pourpoint lorsque le trône de son souverain chancelle? Nous avions entendu dire que vous rassembliez vos vassaux, seigneur comte, et nous croyions que c'était dans l'intérêt de l'électeur.

— Depuis quelque temps, Frédéric ne m'a pas donné de grands motifs de l'aimer. Si j'ai appelé mes vassaux près de moi, c'est parce que nous sommes à une époque où chaque noble doit songer à conserver ses droits. Je vis depuis si longtemps avec mon cousin de Viederbach, ce digne chevalier de Saint-Jean, que des pensées martiales se glissent jusque dans la tête de votre paisible voisin et pénitent.

L'abbé s'inclina, et sourit comme un homme qui croit parfaitement les paroles qu'il vient d'entendre; et la même comédie eut lieu entre le chevalier sans asile, l'abbé français et les frères de Limbourg. Il s'était passé de cette manière quelques minutes, lorsqu'une fanfare de trompettes annonça que le banquet était prêt. Des valets éclairèrent les convives jusqu'à la salle où la table était dressée; et on observa de grandes cérémonies en assignant à chaque individu la place qui convenait à son rang et à son caractère. Le comte Emich, qui était ordinairement trop brusque et trop sévère pour perdre son temps en politesses superflues, se montrait désireux de plaire, car il avait en vue un projet qu'il savait en danger d'être détruit par les artifices et les ruses des moines. Pendant les préparatifs préliminaires du festin où régnait toute la profusion qui distinguait les repas de cette époque, il ne négligea aucune des politesses d'usage. Il passait souvent un plat ou une coupe au sensuel abbé, tandis que les deux autres religieux recevaient en même temps les attentions d'Albrecht de Viederbach et de M. Latouche, qui, bien qu'il lui convînt de passer dans le monde pour un homme d'église, n'en tenait pas moins bien sa place à table ou dans une orgie. Lorsque les viandes et les liqueurs généreuses commencèrent à opérer sur les sens des religieux, ils laissèrent insensiblement tomber leur masque, et ils découvrirent les sentiments naturels qu'ils cachaient ordinairement à l'observation.

C'était une règle chez les bénédictins de pratiquer l'hospitalité. Jamais la porte du couvent n'était fermée au voyageur, et celui qui demandait un repas et un abri était certain d'obtenir l'un et l'autre d'une manière qui convenait à sa position dans le monde. La pratique d'une vertu si coûteuse était un prétexte suffisant d'accumuler des richesses, et celui qui voyage maintenant en Europe trouvera de fréquentes preuves qu'on pourvoit abondamment aux moyens d'obéir à cette règle de l'ordre. On voit encore souvent de semblables abbayes dans quelques cantons de la Suisse, en Allemagne, et dans beaucoup d'autres pays catholiques ; mais la privation du pouvoir politique, qui fut transféré graduellement des mains religieuses aux mains laïques, les a depuis longtemps privées de leur plus beau lustre. Beaucoup de ces abbés étaient autrefois princes de l'empire, et plusieurs de ces communautés exerçaient un pouvoir sur ces territoires qui sont devenus depuis des États indépendants.

Tandis que les soins spirituels et les mortifications qu'on croyait devoir caractériser une confrérie de bénédictins étaient spécialement abandonnés à un moine appelé prieur, l'abbé ou le chef de l'établissement présidait non seulement aux affaires temporelles, mais à la table. Cette communication fréquente entre les intérêts vulgaires de la vie, et l'habitude constante de ses plus grossiers plaisirs, convenaient mal à la pratique des vertus monastiques. Nous avons déjà remarqué que cette liaison intime entre les intérêts de ce monde et ceux de l'Église détruit le caractère apostolique. Ce mélange de Dieu et de Mammon, cette manière de convertir la parole révélée du maître de l'univers en un arc-boutant qui soutient le sceptre temporel, quoique l'habitude l'ait rendu depuis longtemps familier aux habitudes de l'ancien hémisphère, et même à un grand nombre de ceux qui vivent dans le nouveau, est, aux yeux d'un Américain, à peu de chose près, un sacrilége. Mais les triomphes de la presse et les changements produits par la civilisation ont fait depuis longtemps justice d'une multitude d'usages plus équivoques encore, et qui paraissaient aussi simples il y a trois cents ans que nos propres coutumes le sont aujourd'hui ; lorsqu'on voyait des prélats couverts d'une armure conduire leurs bataillons au combat, il n'est pas à supposer que les autres dignitaires de cette classe privilégiée eussent eu plus de scrupules que ne l'exigeaient les opinions du siècle.

Wilhelm de Venloo, connu, depuis sa nomination à l'abbaye, sous le nom de Boniface de Limbourg, ne possédait pas toute l'autorité temporelle qui était la source d'une multitude de fautes pour ses confrères. Néanmoins il était chef d'une communauté riche, puissante et respectée, qui avait plusieurs droits allodiaux en terres au-delà des murs de l'abbaye, et qui pouvait réclamer foi et hommage de nombreux habitants. Homme d'esprit et homme robuste, ce haut dignitaire de l'Eglise avait acquis une grande influence par cette espèce de caractère qu'on rencontre souvent dans le monde, cette puissante indépendance de pensée et d'action qui impose aux crédules et aux timides, et qui quelquefois fait hésiter les esprits hardis et intelligents. Son savoir passait pour être plus grand que sa piété, et son péché mignon, bien connu, était une disposition à exciter le choc entre l'intelligence et la matière ; ce qu'il effectuait par la débauche et la bonne chère ; sorte de dégradation à laquelle sont particulièrement sujets ceux qui placent une barrière contre nature devant les plus exigeants et les plus doux sentiments de l'humanité. L'abbé relâcha sa ceinture et rejeta son capuchon plus en arrière, tandis qu'Emich lui versait abondamment du vin du Rhin ; et lorsque les plats furent emportés, et que les organes de la digestion, ou pour mieux dire le réceptacle des aliments, refusèrent un plus lourd fardeau, ses joues pendantes se couvrirent d'un rouge vif, ses yeux gris, brillants quoique profondément enfoncés, étincelèrent d'une joie qui avait quelque chose de féroce ; et sa lèvre tremblait, signe évident de passions violentes chez l'homme. Néanmoins, quoique sa voix eût perdu ses accents sévères, elle était ferme, claire et impérieuse, et, suivant son habitude, ses discours étaient remplis de sarcasmes amers et dédaigneux. Les deux autres religieux perdirent aussi graduellement leur sang-froid, qui, en général, était moins imposant que celui qui rendait l'abbé si remarquable. Albrecht et M. Latouche trahirent de même, chacun à leur manière, l'influence du banquet : la conversation devint animée, bruyante et querelleuse.

Emich d'Hartenbourg ne ressemblait en rien à ses compagnons. Il avait mangé de manière à faire honneur à son estomac, et bu de même ; mais jusqu'à ce moment le plus pénétrant observateur eût en vain cherché en lui un signe d'ivresse. Le bleu de plomb de ses grands yeux devint plus brillant, il est vrai, mais Emich commandait encore à l'expression de ses regards, qui conservaient leur politesse affectueuse.

— Vous avez fait peu d'honneur à mon pauvre festin, révérend abbé, s'écria-t-il en observant que le prélat suivait de l'œil les débris d'un succulent sanglier sauvage qu'un valet emportait. Les coquins ont-ils enlevé le plat trop tôt, par saint Benoît ! mais les montagnes de mes domaines peuvent encore fournir des animaux de cette espèce. Holà, hé !

— Je te remercie, noble Emich ! l'épieu de ton forestier a fait un bon choix. Jamais gibier plus savoureux n'a orné une table.

— Il tomba sous les coups du jeune Berchthold, l'orphelin du bourgeois de Duerckheim. C'est un hardi chasseur de la forêt, et je ne doute pas qu'il ne soit un jour aussi brave dans le combat. Tu dois le connaître, mon père, car il visite souvent les confessionnaux de l'abbaye.

— Il est mieux connu du prieur que d'un homme aussi occupé d'affaires mondaines que je le suis. Le jeune homme est-il ici ? je le remercierais volontiers.

— Entendez-vous, varlet ? dites à mon premier forestier de se présenter ici ; le révérend et noble abbé de Limbourg lui accorde cette grâce.

— Ne dis-tu pas que le jeune homme est de Duerckheim ?

— De cette bonne ville, révérend abbé, et quoique des malheurs l'aient réduit au rang de forestier, c'est un garçon utile à la chasse, et dont la conversation n'est pas désagréable dans les moments de repos.

— Tu réclames de pénibles services de ces pauvres citoyens, cousin d'Hartenbourg. Si on les laissait librement choisir entre les anciens devoirs qu'ils rendaient à notre couvent, et cette vie fatigante que tu fais mener à des artisans, nous aurions plus de pénitents dans nos murs.

La ville de Duerckheim était depuis longtemps un sujet contesté entre le couvent de Limbourg et la maison de Leiningen; et l'allusion du moine ne fut pas perdue pour son hôte. Emich fronça le sourcil, et, pendant un moment, une tempête menaça l'horizon; mais reprenant son sang-froid, il répondit avec gaieté, quoique avec un calme à peine suffisant :

— Tes paroles me rappellent nos contestations présentes, révérend abbé, et je te remercie d'avoir mis un terme subit à une gaieté qui s'animait sans sujet.

Le comte se leva et remplit jusqu'aux bords une coupe de corne ornée d'or, attirant ainsi sur lui l'attention de tous les convives.

— Nobles et révérends serviteurs de Dieu, ajouta-t-il, je bois à la santé et au bonheur du très-honoré Wilhelm de Venloo, le saint abbé de Limbourg mon cher voisin. Puisse sa communauté ne jamais connaître un plus mauvais guide, et que l'existence et la joie de tous ceux qui sont sous ses ordres durent aussi longtemps que les murs de l'abbaye.

Emich vida l'immense coupe d'un seul trait, afin de faire honneur au moine mitré. On avait placé près de lui un vase d'agate richement orné de pierreries, c'était un des joyaux de la maison de Leiningen. Tandis que son hôte parlait, les yeux de Boniface surveillaient l'expression de sa physionomie à travers des sourcils épais et pendants, qui ombrageaient la partie supérieure de son visage, comme un rideau d'aubépine planté devant un clos pour en éloigner les regards curieux. Il attendit un instant lorsque la santé fut portée, puis, se levant à son tour, il répondit :

— Je bois cette liqueur pure et généreuse au noble Emich de Leiningen, à tous ceux de son ancienne et illustre maison, à leurs espérances en ce monde et à leur bonheur dans l'autre. Puisse cette solide forteresse et la félicité de son seigneur durer aussi longtemps que les murailles de Limbourg, dont le comte a parlé, et qui, si ses généreux souhaits étaient exaucés, subsisteraient sans doute toujours.

— Par la vie de l'empereur! savant Boniface, s'écria Emich en frappant avec force de son poing sur la table, ton esprit surpasse autant le mien que tu m'es supérieur en sainteté et autres excellences! mais je ne prétends pas imposer des limites à mes désirs en ta faveur, et je rejette le blâme de la manière imparfaite dont je les ai exprimés sur une jeunesse plus occupée de l'épée que du bréviaire. Maintenant passons aux affaires sérieuses. Vous ne savez peut-être pas, cousin de Viederbach, ni vous, monsieur Latouche, qu'il y a un sujet de querelle amicale entre la communauté de Limbourg et mon humble maison, relativement à certaines vignes qu'une partie croit lui être dues, et qui, suivant l'autre, ne sont qu'un don pieux accordé à l'Eglise.

— Oh! noble Emich! interrompit l'abbé, nous n'avons jamais cru qu'il pût y avoir matière à contestation. Les terres en question sont tenues par nous en roture, et en échange de services corporels que nous avons depuis longtemps commués en produits de vignes, faciles à vous désigner.

— Je vous demande bien pardon; si elles sont dues le moins du monde, c'est à charge de services de chevaliers; personne de mon nom ni de ma famille n'en a jamais payé d'autres à un mortel.

— Que cela soit ainsi, si vous le voulez, répondit Boniface avec plus de douceur; la question est sur le nombre des tonneaux, et non pas sur le rang de ceux dont ils viennent.

— Tu dis vrai, sage abbé, et je demande à nos convives de t'écouter. Raconte toi-même cette affaire, révérend Boniface, afin que nos amis puissent connaître le sujet qui nous divise.

Le comte d'Hartenbourg réussit à dévorer sa colère naissante, et, en terminant sa phrase, il fit à l'abbé un geste de courtoisie. Le père Boniface se leva de nouveau, et, malgré les ravages physiques que l'effet des liqueurs produisait intérieurement sur lui, il prit l'air calme et contrit qui convenait à son caractère religieux.

— Comme notre estimable ami vient de vous l'apprendre, dit-il, il y a, en effet, un point de contestation qui ne devrait point exister entre d'aussi bons voisins, et qui s'est élevé entre le noble Emich et nous autres serviteurs de Dieu. Les comtes de Leiningen ont longtemps trouvé du plaisir à favoriser l'Eglise, et c'est grâce à ces sentiments justes et respectables, que, depuis quelque cinquante ans, à la fin de chaque vendange, sans égard aux saisons, à la moisson, sans changer leurs habitudes suivant les vicissitudes des temps, ils ont payé à notre communauté...

— Offert, mon père.

— Offert si tu le veux, noble Emich, cinquante tonneaux de cette douce liqueur qui échauffe maintenant nos cœurs d'une affection fraternelle. Il est donc convenu entre nous que, pour éviter à l'avenir tout motif de querelle, et soit pour garnir plus avantageusement nos caves, soit pour débarrasser la maison de Hartenbourg de tout impôt futur, il est convenu qu'il sera décidé cette nuit si le tribut sera porté à cent tonneaux ou à rien.

— Par Notre-Dame! l'issue de ce procès est importante comme tout ce qui peut appauvrir ou enrichir! s'écria le chevalier de Rhodes.

— C'est comme cela que nous l'entendons, reprit le moine. C'est dans cette vue qu'un acte de dégrèvement, avec tous les sceaux nécessaires, a été préparé par un savant clerc d'Heidelberg. Ce contrat, dûment exécuté, ajouta le moine en tirant de son sein le parchemin en question, cède à Emich tous les droits de l'abbaye aux vignobles contestés, et il ne manque que le sceau de ses armes et son noble nom pour doubler leur valeur présente.

— Arrêtez! s'écria le chevalier de Saint-Jean, dont l'intelligence commençait à devenir confuse, bien que la débauche ne fît que commencer; voilà une affaire qui pourrait embarrasser le Grand-Turc, qui s'assied sur le trône même de Salomon. Si vous renoncez à vos droits et que mon cousin consente à payer un double tribut, les deux parties ne feront qu'y perdre, et personne ne possédera le vin.

— Dans un moment de gaieté, on a décidé qu'il y aurait entre nous une épreuve amicale, et non pas un combat. C'est une question de vin, et il est convenu (que saint Benoît me pardonne s'il y a un péché dans cette folie!) d'essayer sur quel tempérament la liqueur contestée peut produire le plus de bien ou le plus de mal. Que le comte d'Hartenbourg donne à son contrat la force que nous avons déjà donnée au nôtre, et nous les laisserons l'un et l'autre dans un lieu d'observation. Alors, que celui qui se trouvera seul capable de se lever et de se saisir des deux, entonne le cri de victoire. Si le comte n'en a pas la force, et qu'un serviteur de l'Eglise se trouve capable de s'approprier les contrats, Emich alors ne songera plus à des terres qu'il aura gaiement perdues.

— Par Saint-Jean-de-Jérusalem, c'est une lutte inégale! trois moines contre un pauvre baron dans une épreuve de tête!

— Nous avons trop de délicatesse pour faire une semblable

proposition. Le comte d'Hartenbourg est libre de choisir un secours égal, et je crois que vous, brave chevalier de Rhodes, et ce savant abbé, vous pouvez être ses champions.

— Que cela soit ainsi! s'écrièrent les deux personnes qui venaient d'être nommées; nous ne demandons pas mieux que de vider les caves du comte Emich à son honneur et à son profit!

Mais le seigneur du château comprenait cette affaire comme elle était comprise par les religieux : c'était une question d'où dépendait une partie considérable de ses revenus pour l'avenir. Ce pari avait été fait dans un de ces moments où les forces physiques luttent pour obtenir la suprématie; de telles orgies caractérisent des siècles et des pays où la civilisation est imparfaite, car après des hauts faits d'armes et d'autres exercices, comme ceux du cheval et de la chasse, on regardait comme honorable de les supporter impunément. On ne doit pas non plus éprouver de surprise de voir les hommes d'église partager ces orgies, car, à l'exception de leur présence dans les combats, nous vivons dans un siècle qui n'est pas entièrement purifié des abus de la robe; mais Boniface de Limbourg, quoique possédant un savoir étendu et de hautes facultés intellectuelles, était sur ce point d'une faiblesse pour laquelle nous devons chercher une explication dans sa conformation physique. Il avait une taille chargée d'embonpoint et un tempérament lourd, deux choses qui nécessitaient une grande excitation pour lui permettre de jouir des plaisirs de la vie; et ni les exemples dont il était entouré, ni ses opinions particulières, ne pouvaient l'emporter sur des jouissances qu'il trouvait si agréables à sa constitution. Les deux parties, considérant la lutte dont nous venons de parler comme sérieuse, lutte à laquelle elles n'auraient probablement pas consenti si l'une et l'autre n'avait eu une grande confiance en elle-même et dans des champions bien éprouvés, demandèrent que les contrats fussent lus publiquement. Ce soin fut assigné à M. Latouche, qui fit entendre une série de termes inintelligibles inventés, dans l'obscurité des temps féodaux, au profit du fort contre le faible, et dont on continue de faire usage dans notre siècle par vanité de science, de profession, et un peu aussi dans des vues d'intérêt. Les deux contrats gardaient le silence sur l'objet principal de la contestation, quoique rien ne manquât matériellement pour leur donner de la validité, surtout lorsqu'ils pouvaient être soutenus ou par une bonne épée, ou par le pouvoir de l'Eglise, auxquels les parties auraient eu recours en cas de nullité.

Le comte Emich écoutait attentivement, tandis que son ami lisait clause après clause. De temps en temps ses yeux erraient sur le visage calme de l'abbé, trahissant sa défiance habituelle de son puissant ennemi, mais il la reportait promptement sur le visage échauffé du lecteur.

— C'est bien, dit-il lorsque les deux papiers eurent été examinés. Ces vignes resteront à jamais dans ma famille, sans réclamation d'aucun avide religieux, aussi longtemps que l'herbe croîtra et que l'eau coulera; ou elles paieront un double tribut, taxe qui en laissera peu pour les caves de leur véritable propriétaire.

— Telles sont nos conventions, noble Emich; mais pour confirmer la dernière condition, ton sceau et ton nom sont nécessaires sur le contrat.

— Si mon nom pouvait être écrit avec la pointe de mon épée, révérend abbé, aucune main ne s'en acquitterait mieux que la mienne. Mais tu sais fort bien que ma jeunesse fut trop adonnée aux exercices guerriers pour qu'il me soit resté le temps d'acquérir la science des clercs. Par la sainte Vierge de Cologne! il serait honteux en vérité de convenir qu'un homme de mon rang, dans ces temps de guerre, ait eu du loisir pour s'occuper de ces jeux de femme. Apportez ici une plume d'aigle (une main comme la mienne n'a pas encore touché une plume provenant d'une aile moins noble), afin que je puisse rendre justice à ces moines.

Les objets nécessaires ayant été apportés, le comte d'Hartenbourg s'occupa de rendre le contrat valable. La cire fut promptement attachée et empreinte des armes de Leiningen, car le seigneur portait une bague à cachet, d'une énorme grosseur, et toujours prête à donner cette preuve de ses volontés. Mais lorsqu'il devint nécessaire de souscrire son nom, le comte fit signe à un valet d'aller chercher son secrétaire. Cet homme manifesta d'abord quelque répugnance à remplir les devoirs de sa charge, mais pendant un instant où les parties intéressées discutaient plus bruyamment, il examina la nature du document, et la clause qui devait décider de la propriété de la vigne. Souriant de plaisir à un pari dont il était impossible que le comte Emich ne se tirât pas honorablement, le serviteur prit la main de son maître, et, suivant son habitude, il la guida de manière à produire une signature lisible et valable. Lorsque cette tâche fut remplie, et que la signature eut été examinée, le comte d'Hartenbourg jeta un regard soupçonneux d'abord sur le papier qu'il tenait en main, puis sur le visage impassible de l'abbé, comme s'il se repentait à demi de ce qu'il venait de faire. — Regardez, Boniface, dit-il en levant sa main ; s'il y a quelque nullité, ou quelques doutes dans ce parchemin, mon épée va le couper en deux.

— Gagnez-le d'abord, comte de Leiningen. Ces contrats sont d'une égale valeur, et celui qui voudra se les approprier doit d'abord gagner le pari. Nous sommes de pauvres enfants de saint Benoît, et peu dignes d'être nommés avec de belliqueux barons et des chevaliers de Saint-Jean, mais nous avons une humble confiance dans notre patron.

— Par saint Benoît, si vous l'emportez, cela pourra passer pour un miracle. Qu'on enlève ces coupes d'agate et de corne, et qu'on en apporte de verre, afin que nous puissions agir avec loyauté à l'égard les uns des autres. Rassemblez vos esprits, moines. Sur la parole d'un chevalier ! votre latin vous rendra peu de service dans cette épreuve.

— Nous mettons notre confiance en notre patron, répondit le père Siegfried qui avait déjà fait assez d'honneur au banquet pour donner raison de croire qu'il ne pourrait prêter un bien ferme appui à son supérieur. Il n'a jamais abandonné ses enfants lorsqu'ils se sont engagés dans une bonne cause.

— Vous présentez d'adroites raisons, mes frères, dit le chevalier de Saint-Jean, et je suis persuadé que vous trouveriez de bonnes excuses si vous aviez rendu service au diable lui-même.

— Nous souffrons pour l'Eglise, répondit l'abbé après avoir avalé une rasade pour répondre à un signal de son hôte. Nous jugeons recommandable de combattre avec la chair, afin que nos autels fleurissent.

Les deux parchemins avaient été placés sur un vase d'argent, d'une forme élevée, et curieusement ciselé, contenant des cordiaux, et qui occupait le centre de la table. Des coupes plus commodes ayant été apportées, les combattants furent sommés d'avaler rasade après rasade, à des signaux du comte Emich, qui, comme un véritable chevalier, examinait si chacun remplissait loyalement son devoir. Mais comme la lutte avait lieu entre hommes d'une grande expérience dans ce genre de combat, qui dura des heures entières, nous jugerions indigne du sujet de borner sa description à un simple chapitre. Avant de terminer celui-ci, nous exprimerons cependant notre opinion concernant les facultés humaines mises en action dans cette lutte sublime.

L'Amérique a eu le sort singulier d'être la source de nombreuses théories ingénieuses qui ont pris naissance dans l'ancien hémisphère, et qu'on a lancées dans le monde pour répondre à un but qu'il serait trop long de vouloir pénétrer. Les prélats, hauts dignitaires salariés par l'Etat, prétendent qu'on ne sert pas Dieu dans notre pays, probablement parce qu'il n'y existe pas de prélats salariés hauts dignitaires; conclusion suffisamment logique pour tous ceux qui croient en l'efficacité de cette classe d'humbles chrétiens; tandis que les néophytes de quelque religion nouvellement inventée nous dénoncent tous, en corps, comme de misérables bigots voués au Christ! De cette manière une nation laborieuse et probe, de quatorze millions d'âmes, diffère d'opinions du reste des hommes, les uns la croyant au-delà, et les autres en-deçà de la vérité. Dans le terrible catalogue de nos péchés mortels est incluse une propension à des excès semblables à ceux que nous racontons. Comme nous sommes ouvertement démocrates, *boire la goutte* a été particulièrement appelé un vice démocratique.

Nous avons eu le rare bonheur de vivre dans la familiarité d'une plus grande variété d'hommes, soit relativement à leur caractère, soit à leur condition, qu'il n'est donné généralement. Nous avons visité bien des pays, non pas comme un courrier, mais avec calme, mais comme il convient à un homme adonné à des occupations graves, érigeant nos dieux domestiques dans un lieu, et y séjournant assez longtemps pour voir de nos yeux et entendre de nos oreilles; nous nous appuyons de ces faits pour oser exprimer une opinion différente, au milieu de la foule d'assertions qui ont été faites par ceux qui n'ont pas de meilleurs droits pour être entendus. Nous disons d'abord ici que, si devant une cour de justice un témoin droit, intelligent, impartial, est peut-être la chose la plus rare et la plus désirable pour éclairer sa marche, de même nous reconnaissons qu'un voyageur qui mérite une entière créance est le mortel le plus difficile à trouver.

L'art de voyager est plus pratiqué que compris. Pour nous il a été une tâche laborieuse, fatigante, embarrassante et quelquefois pénible. Se défaire des impressions de la jeunesse; se pénétrer des faits qui ne doivent leur mérite qu'à l'habitude qu'on a de les admirer; analyser et comparer l'influence des institutions, du climat, des causes naturelles et de la pratique; séparer ce qui est simplement une exception de ce qui forme règle; obtenir des notions exactes des choses physiques, et, par-dessus tout, posséder le don de faire accorder la concision avec l'exactitude; tout cela demande une combinaison de temps, d'occasions, de connaissances préparatoires et d'aptitude naturelle, qui est rarement accordée à une seule personne. On commence souvent cette tâche, préparée par des connaissances acquises qui ne sont rien moins que des préjugés résultant de vues politiques ou des difficultés dont nous venons de parler; puis on avance, anticipant en quelque sorte sur les preuves qu'on va chercher, et limitant ses plaisirs à cette sorte de jouissance que les esprits médiocres éprouvent à suivre la route qui leur est tracée par des esprits supérieurs. Comme les particularités caractéristiques de chaque peuple sont assez apparentes, le voyageur ordinaire convertit les faits évidents par eux-mêmes en faits découverts par l'observation, et devine ce qui est caché, par analogie avec ce qui est palpable. Pour un semblable voyageur, le temps use en vain les hommes et les choses; il accorde sa croyance à la dernière opinion de sa secte avec un dévouement qui pourrait mériter le salut dans une meilleure cause. Pour lui, le Vésuve est toujours de la même hauteur, et produit exactement le même effet qu'avant l'affaissement du cratère; il examine les ouvriers travaillant à exhumer les murs d'une maison enfouie, et se réjouit d'avoir assisté à la résurrection d'une habitation voisine ensevelie depuis dix-huit cents ans, simplement parce que le vulgaire raconte que Pompéia disparut à cette époque. Si par hasard il est savant, quelle est sa joie en suivant un cicérone (titre usurpé par quelque rusé *servitore di piazza*) au petit jardin qui domine le Forum romain, et en s'imaginant qu'il se trouve sur la roche Tarpéienne. Sa confiance dans les qualités morales et les vertus nationales, l'idée qu'il prend des mœurs d'un peuple, sont également subordonnées aux dernières rumeurs populaires. Un Français peut battre incessamment le pavé dans le *gras de Paris*, rempli d'un alcool inflammable comme la poudre à canon, et aux yeux de notre voyageur cela passera pour l'expression de la vivacité française; car il est contre la règle qu'un Français s'enivre, et il est connu du dernier novice que la France est une nation de danseurs; tandis qu'un brave général, le respectable alderman, l'honorable conseiller du roi, divagueront sur un sujet pendant une demi-heure dans la chapelle de Saint-Etienne de manière à confondre toute conclusion, et généraliseront de manière à faire perdre de vue tout détail, notre auditeur sortira convaincu de l'excellence de la grande école moderne, parce que l'orateur aura été porté aux pieds de Gamaliel. Lorsqu'un homme doué de ces facultés souples arrive sur une terre étrangère, comme son respect pour son propre pays diminue tandis qu'il avance! Combien peu d'hommes sont doués d'une pénétration suffisante pour percer le brouillard des opinions reçues! Il en existe encore moins dont l'esprit soit assez fort pour remonter le courant. Celui qui précède son siècle est moins à portée d'être compris que celui qui vient en arrière, et lorsque la masse atteint lentement l'éminence sur laquelle il est depuis longtemps l'objet des commentaires de chacun, on peut être certain que ceux qui étaient ses plus amers censeurs lorsque sa doctrine était nouvelle, seront les premiers à réclamer l'honneur d'avoir devancé les autres. Bref, pour instruire le monde, il est nécessaire de surveiller le courant, et d'agir sur l'esprit public comme le gouvernail invisible, par des variations légères et imperceptibles, évitant, comme le dirait un marin, les forts roulis, de crainte que le vaisseau ne refuse d'obéir au timon, et ne se laisse emporter avec le flot.

Nous avons été conduit à ces réflexions par les fréquentes occasions que nous avons eues d'être témoin de la facilité avec laquelle on adopte des opinions sur les Américains, parce qu'elles sont sorties de la plume d'auteurs qui depuis longtemps contribuent à nous amuser et à nous instruire, mais qui sont tout à fait sans valeur par l'ignorance inévitable de ceux qui les professent, et par les motifs hostiles qui leur donnent naissance. Nous n'avons rien à dire aux individus qui prétendent au bon ton en dépréciant leurs compatriotes, puisqu'ils sont tellement au-delà de toute amélioration, qu'ils ne peuvent comprendre toutes les hautes et glorieuses conséquences qui dépendent de ce grand principe dont notre république est la tutrice. Leur sort est depuis longtemps fixé par une sage et permanente provision de sensibilité humaine;

mais appuyant sur les occasions dont nous avons déjà parlé, et ayant eu une longue habitude d'observation dans les deux hémisphères, nous finirons cette digression en ajoutant simplement qu'un des malheurs de l'homme est d'abuser des dons de Dieu, dans quelque pays et sous quelque gouvernement que ce soit. Des excès comme ceux auxquels on se livrait au château de Leiningen appartiennent à tous les peuples en proportion de leurs moyens d'action. Il n'y a d'autre préservatif contre un vice aussi destructeur qu'une misère absolue, ou une haute culture des facultés intellectuelles.

Celui qui a calculé à quel point les habitants des États-Unis sont en arrière ou en avant des autres nations, en science ou en qualités morales, ne sera pas loin de la vérité, en les plaçant au même niveau sur l'échelle de la société. Il est vrai que plusieurs étrangers seront toujours prêts à nier la justesse de cette proposition; mais nous avons eu de nombreuses occasions d'observer que tous ceux qui visitent notre pays n'arrivent pas suffisamment préparés, par des observations faites chez eux, pour faire des comparaisons justes, et ce que nous disons n'a point été hasardé sans des années d'expérience. Nous saluerons joyeusement le jour où l'on pourra dire qu'il n'existe plus un Américain assez dégradé pour se jouer des plus nobles dons du Créateur, mais nous ne voyons pas l'utilité d'atteindre un but, même si honorable, en faisant une concession à des prémisses qui n'ont rien de vrai.

CHAPITRE VII.

> J'étais un triste imbécile de prendre cet ivrogne pour un Dieu.
> SHAKSPEARE. *La Tempête.*

Les qualités physiques sont toujours prisées en proportion de la valeur qu'on attache à celles qui sont purement intellectuelles. Aussi longtemps que le pouvoir et l'honneur dépendent de la possession de la force animale, la vigueur et l'agilité sont des dons de la plus grande importance, par la même raison qu'ils rendent le bateleur le personnage le plus ou le moins distingué de sa troupe ; et ceux qui ont eu occasion de vivre parmi les braves et, pourrions-nous ajouter, les nobles sauvages du continent américain, ont dû remarquer que les orateurs sont en général une classe qui a cultivé son art, faute des qualités nécessaires pour exceller dans celui qui est regardé comme plus honorable encore, la supériorité de la force musculaire.

Il existe un document curieux qui prouve que, même leurs successeurs, peuple qui, certainement, ne manque pas de finesse, ont été soumis à une semblable influence. Nous faisons allusion à un registre qui fut tenu sur les muscles et les nerfs parmi les chefs de l'armée de Washington, pendant le moment d'inaction qui précéda la reconnaissance de l'indépendance américaine. Il semblerait par ce document que les avantages de la vie animale entraient pour quelque chose dans les idées de nos pères lorsqu'ils firent le choix primitif de leurs chefs, circonstance que nous attribuons à la vénération que l'homme est secrètement disposé à montrer pour la perfection physique, jusqu'à ce que l'expérience lui prouve qu'il existe un pouvoir encore supérieur. Nos premières impressions sont presque toujours reçues par les sens, et l'alliance entre les prouesses guerrières et la force animale semble si naturelle, que nous ne devrions pas être surpris qu'un peuple si paisible et si inexpérimenté eût, dans sa simplicité, jugé un peu sur les apparences. Heureusement, s'ils placèrent quelquefois la matière dans une situation qui aurait dû être occupée par l'esprit, l'honnêteté et le zèle qui se trouvaient dans nos rangs firent triompher l'Amérique.

Par une conséquence assez naturelle de la haute faveur dont jouissaient les qualités physiques, dans le seizième siècle, on louait les excès mêmes. Celui qui pouvait résister le plus longtemps à l'influence des liqueurs spiritueuses était réputé un héros, comme celui qui soulevait la plus lourde masse, ou qui pointait le plus sûrement un canon dans une bataille. L'orgie dans laquelle l'abbé de Limbourg et son voisin Emich de Leiningen étaient alors engagés n'était point d'une nature extraordinaire ; car, dans un pays où l'on voit les prélats jouer tant d'autres rôles équivoques, on ne pouvait être surpris que des religieux s'engageassent dans une sorte de lutte qui n'avait que peu de danger, et qui était un plaisir en si grande faveur parmi les nobles et les grands.

Le lecteur s'apercevra que de grands progrès avaient été faits vers l'issue de ce célèbre combat, que notre devoir est de lui raconter, même avant que le but en eût été précisément atteint. Mais tandis que les moines arrivaient sur le champ de bataille, préparés sur tous points à soutenir la réputation de leur ancienne et hospitalière confrérie, le comte de Leiningen, confiant dans ses propres forces, sécurité qui était encore augmentée par son mépris pour les prêtres, avait négligé de prendre les mêmes précautions à l'égard de ses auxiliaires. Il est à peine nécessaire d'ajouter que l'abbé français et le chevalier de Saint-Jean avaient déjà à moitié perdu la raison avant d'avoir parfaitement compris le service qu'on attendait d'eux, c'est-à-dire de leur tête. Maintenant que cette explication est terminée, nous allons continuer notre narration, en en reprenant le fil deux heures après le moment où nous l'avons laissé échapper.

Dans cet instant, les pères Siegfried et Cuno commençaient à s'animer, et leur respect profond et habituel pour l'abbé diminuait graduellement à mesure que leur sang s'échauffait. Les yeux du premier brillaient d'une espèce de fureur polémique, car il discutait avec ardeur un point de controverse avec Albrecht de Viederbach, dont les libations commençaient à éteindre toutes les facultés. L'autre bénédictin et M. Latouche se mêlaient quelquefois à la dispute en qualité de seconds, tandis que les deux personnages véritablement intéressés dans cette lutte étaient de plus en plus attentifs, et se regardaient d'un air sombre, comme des hommes qui comprennent toute l'importance du combat.

— C'est assez de tes histoires de l'Ile-Adam et du pouvoir ottoman, continua le père Siegfried, reprenant son discours à un point au-delà duquel nous jugeons inutile de rappeler ce qui s'est passé. Cela serait bon à raconter aux dames de nos cours d'Allemagne ; car le voyage des plaines du Rhin jusqu'à l'île de Rhodes est long, et il y en a peu qui eussent l'intention de le faire, afin de prendre note des erreurs de tes chefs, ou de convaincre leurs soldats de forfaiture.

— Par les dignités des chevaliers de Rhodes ! révérend bénédictin, tes paroles deviennent inconvenantes ! N'est-ce pas assez que ce qu'il y a de mieux en Europe se dévoue, corps et âme, à un service qui conviendrait mieux à ton ordre de paresseux ; que tout ce qui est noble et brave abandonne les vertes prairies et les fraîches rivières du pays natal pour le soleil brûlant et les vents orageux d'Afrique, afin d'opposer un rempart aux infidèles ? il faut encore qu'ils soient raillés par des fainéants comme toi ! Va, compte les tombes, et récapitule le nombre des vivants, si tu veux savoir comment notre illustre grand-maître soutint sa cause contre Soliman, et comment se défendirent ses chevaliers.

—Tu ne trouverais pas fort convenable que je te priasse d'aller en purgatoire t'informer du succès de nos messes et de nos prières, et cependant l'un est aussi facile que l'autre. Tu sais fort bien que Rhodes n'est plus une île chrétienne, et qu'aucun de ceux qui portent la croix ne peut paraître sur ses rivages. Va, va, comte Albrecht, ton ordre est tombé en décadence, et tes chevaliers sont mieux où ils sont, cachés derrière les montagnes neigeuses du comté de Nice, qu'ils ne pourraient être dans les premiers rangs de la chrétienté. Il n'y a pas une vieille femme en Allemagne qui ne regrette l'apostasie d'un ordre si estimé autrefois, et pas une jeune fille qui ne se moque de ses hauts faits !

— Merci du ciel ! entendez-vous, monsieur Latouche ! et tout cela sort de la bouche d'un chantre de bénédictins, qui passe ses jours entre de bonnes murailles de pierre, au milieu du Palatinat, et ses nuits dans un lit bien chaud, à l'abri du vent ; à moins qu'il ne soit à remplir des devoirs religieux auprès des femmes de ses pénitents ?

— Jeune homme ! veux-tu scandaliser l'Eglise et braver sa colère ? demanda Boniface d'une voix de tonnerre.

— Révérend abbé, répondit Albrecht en se signant, car l'habitude et la politique le rendaient soumis à l'autorité prédominante du siècle ; ce que je dis est plutôt adressé à l'homme qu'à l'habit qu'il porte.

— Laissez-le donner carrière à ses fantaisies, interrompit le rusé Siegfried. Un chevalier de Rhodes n'est-il pas dans les ordres, et lui refuserons-nous le droit de prêcher ?

— On reconnaît à la cour du chevaleresque Valois, observa l'abbé Latouche, qui s'apercevait qu'il était nécessaire d'intervenir pour conserver la paix, que la défense de Rhodes fut éminemment valeureuse, et que la plupart des chevaliers qui y survécurent furent reçus avec de grands honneurs dans les villes chrétiennes.

Nous avons vu un nombre infini de braves chevaliers dans les maisons les plus distinguées de Paris, et au joyeux château de Fontainebleau ; croyez-moi, aucun n'était mieux fêté ni plus recherché. Les blessures reçues à Marignan ou à Pavie ont moins de prix que celles qui ont été infligées par les mains des infidèles.

— Tu as raison, mon savant confrère, répondit Siegfried avec un sourire moqueur, de nous rappeler la bataille de Pavie et la demeure présente de mon maître ! Avez-vous eu dernièrement des nouvelles de Castille, ou n'est-il plus permis à ton prince d'envoyer des courriers dans sa capitale ?

— Révérend moine, vous faites des allusions peu amicales, et vous oubliez que, comme vous, nous sommes serviteurs de l'Eglise.

— Nous ne vous comptons ni l'un ni l'autre parmi les nôtres. Saint Pierre le martyr, que deviendraient tes clefs si elles étaient confiées à de telles mains ! Allez, abaissez votre vanité, mettez de côté cet attirail de velours, si vous voulez être reconnu pour appartenir au troupeau.

— Maître Latouche, s'écria Emich, dont le sang bouillait d'indignation, mais qui conservait son sens, afin de faire circuler les coupes et de surveiller les prouesses de chaque homme dans ce singulier combat, parlez-lui de son frère de Vittenberg, et de ses derniers exploits dans la ruche. Enfoncez cette épine dans son pied, et vous le verrez reculer comme une vieille haridelle qui sent la pointe de l'éperon. — Qui es-tu et pourquoi viens-tu troubler mes plaisirs ?

Cette soudaine interrogation fut adressée par le baron à un jeune homme dont la toilette était propre, mais modeste, qui venait d'entrer dans la salle du banquet, et qui, passant au milieu des valets qui remplissaient les verres, alla se placer, avec un maintien ferme, mais respectueux, à côté de son maître.

— Je suis Berchthold, dit le jeune homme, le forestier de monseigneur ; on m'a dit de venir attendre vos ordres, noble comte.

— Tu es arrivé à temps pour maintenir la paix entre un chevalier de Saint-Jean et un bavard de bénédictin. Ce révérend abbé voulait t'accorder une faveur, jeune homme.

Berchthold salua respectueusement et se tourna vers le prélat.

— Tu es l'orphelin de notre ancien vassal, celui qui portait le même nom que toi, et qui était estimé de chacun dans la ville de Duerckheim?

— Je suis le fils de celui dont parle Votre Révérence, mais je nie qu'il ait jamais été le vassal d'aucun moine de Limbourg.

— Bravement répondu, mon garçon! s'écria Emich en frappant du poing sur la table avec tant de force que le coup fit vaciller tout ce qu'elle contenait; comme il convient au serviteur de ton maître! En as-tu assez, père Boniface, ou veux-tu interroger encore le jeune garçon sur le reste de son catéchisme?

— Le jeune homme sait qu'il doit respecter sa condition présente, répondit l'abbé, affectant une égale indifférence pour l'exaltation du comte et pour la franchise de son forestier. Lorsqu'il viendra à notre confessionnal, nous trouverons l'occasion de lui donner d'autres principes.

— Par la vérité de Dieu, ce moment n'arrivera peut-être jamais! Nous sommes à demi disposés à vivre dans nos péchés et à nous contenter de la fortune d'un soldat dans les temps de guerre: c'est la chance d'une mort subite sans avoir un passeport de l'Eglise. Nous sommes très-avancés dans cette route, n'est-ce pas, brave Berchthold?

Le jeune homme salua respectueusement, mais ne répondit pas, car il voyait, aux visages animés, aux regards enflammés de tous les convives, que, dans ce moment, toute explication serait inutile. S'il eût été possible de douter de la cause qui produisait la scène qu'il avait devant les yeux, la manière dont les convives avalaient verre sur verre, à la volonté de celui qui portait la coupe, lui en aurait expliqué la nature. Mais, bien que le père Boniface ne fût guère moins ivre que les autres, il conservait encore assez de bon sens pour s'apercevoir que les paroles d'Emich contenaient une allusion d'un caractère hérétique fort dangereux.

— Tu es donc résolu à mépriser nos conseils et nos prédictions? s'écria-t-il, regardant avec fierté le comte et son serviteur. Il vaudrait mieux dire tout d'un coup que tu voudrais voir les ruines de l'abbaye couvrir la montagne de Limbourg.

— Non, révérend et honnête religieux, tu donnes à mes paroles un autre sens que celui que j'y attache. Qu'importe à un comte de la noble maison de Leiningen que quelques moines trouvent un abri pour leur tête dans un asile consacré, à une portée de canon de ses tours? Si tes murailles ne tombent que lorsque mes mains concourront à les abattre, elles pourront rester debout jusqu'à ce que l'ange déchu qui les a élevées aide à leur destruction. En vérité, père Boniface, pour une sainte communauté, voilà une tradition qui ne vous donne pas une parenté bien estimable.

— Entendez-vous! murmura Albrecht de Viederbach; qui, bien que ses lèvres eussent donné une espèce d'accompagnement irrégulier au discours de son cousin, n'était plus capable d'articuler avec clarté; entendez-vous! suppôt de saint Dominique, c'est le diable qui a élevé votre couvent, c'est le diable qui le renversera! L'Ile-Adam est un saint en comparaison de ton plus pieux moine et... sa... bonne... épée...

En prononçant ces paroles, le chevalier de Rhodes succomba; perdant l'équilibre dans un effort qu'il fit en gesticulant, il tomba sous la table. A cette chute d'un de ses adversaires, un sourire sardonique erra sur les lèvres de l'abbé, tandis qu'Emich regarda d'un air dédaigneux le spectacle ignoble que donnait son parent, qui se trouvant dans l'impossibilité de se relever, se résigna à dormir là où il se trouvait.

— Avale ton vin du Rhin, moine, et ne compte pas pour un avantage d'avoir vaincu ce sot bavard! dit l'hôte dont les manières devenaient de moins en moins amicales à mesure que la lutte avançait. Passons à un sujet plus convenable. Berchthold est digne de son seigneur, et c'est un jeune homme qui voit les choses comme elles sont. Nous pouvons abandonner tes confessionnaux pour diverses raisons, comme tu peux le penser. Voilà le moine d'Erfurth! ah! ah! que penses-tu de ses prédications, et de la manière dont il conseille aux fidèles d'approcher de l'autel? Vous l'avez vu à Rome, à Worms, et dans bien des conciles, et cependant l'honnête homme tient bon dans ses opinions. Tu as entendu parler de Luther, n'est-ce pas, jeune Berchthold?

— Il est certain, Monseigneur, qu'il est peu de personnes dans le Jaegerthal qui n'aient entendu prononcer son nom.

— Alors elles sont en danger de la plus damnable hérésie! interrompit Boniface d'une voix de tonnerre. Comte Emich, pourquoi me parlez-vous de ce radoteur d'Erfurth? Si vous ne désirez pas secrètement que sa doctrine prospère aux dépens de l'Eglise, faites attention à vous, irrévérend seigneur, ou de dures pénitences vous corrigeront de cette démangeaison de nouvelle doctrine. En prononçant ces mots, l'abbé, enflammé par le vin et le ressentiment, s'arrêta; car le moine silencieux, le père Cuno, tomba de son siége comme un soldat frappé d'un coup mortel. Ce religieux subalterne était entré dans la lice plutôt poussé par l'amour du vin que par des pensées de victoire, et il avait fait tant d'honneur aux libations qu'il n'avait pas été difficile de le vaincre. L'abbé regarda avec indifférence son confrère renversé, prouvant par son regard dur et fier qu'il jugeait cette perte peu importante pour le résultat. — Qu'importe l'impuissance d'un sot! murmura-t-il, se tournant vers son dangereux et principal antagoniste, en lui rendant colère pour colère. Nous savons fort bien que le démon peut obtenir un triomphe momentané, baron d'Hartenbourg.

— Par les os de mon père, orgueilleux bénédictin, tu t'oublies étrangement! Ne suis-je pas prince de Leiningen, et un frocard a-t-il le droit de me donner un autre titre?

— J'aurais dû t'appeler landgrave d'été[1]! répondit Boniface en souriant avec ironie, car une haine longtemps cachée commençait à rompre les faibles digues que la raison à demi éteinte des deux antagonistes lui opposait encore. Je demande pardon à Votre Altesse, mais un règne si court laisse de faibles souvenirs. Tes sujets eux-mêmes, noble Emich, peuvent être excusables de ne point connaître le titre de leur souverain. Une couronne qu'on n'a portée que depuis juin jusqu'en septembre peut à peine avoir eu le temps de prendre la forme de la tête.

— Elle fut portée plus longtemps, abbé, que la tête qui est sur tes épaules ne portera la couronne d'un saint. Mais j'oublie la dignité qu'un ancien nom réclame, et l'hospitalité que je dois à un convive, dans ma juste colère contre un moine artificieux et malin!

Boniface s'inclina avec un calme apparent, et tandis que tous deux ils cherchaient à recouvrer de la modération, par un souvenir confus de l'affaire qu'ils traitaient, la conversation de l'abbé français et du père Siegfried, qui jusqu'alors avait été étouffée par les voix de stentor des principaux adversaires, se fit entendre dans ce silence momentané.

---

[1]. On a vu que le comte Emich n'avait été nommé landgrave que pour peu de temps, c'est pourquoi on l'avait surnommé, par dérision, le landgrave d'été.

—Tu dis vrai, révérend père, disait le premier. Mais si nos belles et spirituelles dames de France accomplissaient ces pèlerinages vers les reliques lointaines dont vous parlez, un traitement grossier pendant le voyage, une mauvaise compagnie, et peut-être des confesseurs trompeurs, pourraient ternir le lustre de leurs grâces, et les priver de cette beauté qui fait l'ornement de notre cour brillante et galante. Non, je n'approuve pas des opinions aussi dangereuses, mais j'essaie par de douces persuasions et des arguments courtois, de conduire leurs âmes précieuses plus près du ciel qu'elles méritent si bien, et où il est impie de dire qu'elles entrent rarement.

— Cela peut être convenable pour vos imaginations françaises, mais nos esprits allemands, plus lourds, doivent être conduits d'une manière différente. Par la sainte messe! j'estimerais peu un confesseur qui ne connaîtrait que les discours persuasifs. Ici, nous parlons plus clairement des peines de l'enfer.

— Je ne condamne aucun usage en thèse générale, bénédictin; mais nos pénitents plus civilisés trouveraient que ces condamnations directes manquent de décorum. Et cependant vous conviendrez que nous sommes moins infectés d'hérésie que dans vos cours du Nord.

Dans ce moment la voix sonore d'Emich, qui avait recouvré un peu d'empire sur lui-même, étouffa de nouveau celle de ses convives.

— Nous ne sommes pas des enfants, révérend bénédictin, reprit-il, pour nous quereller sur des titres. On m'a refusé les honneurs et les droits auxquels par ma naissance je pouvais prétendre, pour les accorder à une personne qui ne descendait point d'une lignée directe : c'est une chose connue, mais oublions-le. Tu es le bienvenu à ma table, et il n'y a aucun dignitaire de l'Église, ou de ta confrérie, que j'estime plus que toi et les tiens à dix lieues à la ronde. Soyons amis, saint abbé, et buvons à notre affection mutuelle.

— Comte Emich, je t'estime, et je prie pour toi autant que tu le mérites. S'il y a eu quelque malentendu entre notre couvent et ta maison, il faut l'attribuer à la malice du diable. Nous sommes une communauté paisible, plus adonnée aux prières et à une sainte hospitalité qu'au désir d'emplir nos coffres.

— Nous ne nous arrêterons pas sur ce point, mon père, car il n'est pas aisé pour un baron et un abbé, un laïque et un prêtre, de voir avec les mêmes yeux. Je voudrais que cette question sur la propriété de Duerckheim fût loyalement terminée, afin de vivre toujours en bons voisins dans la vallée. Nos montagnes ne sont point entourées de larges plaines comme on en voit de l'autre côté du fleuve, et nous ne devons pas changer en un champ de bataille le petit morceau de terrain uni que nous possédons. Par la messe! saint abbé, tu ferais bien de congédier les troupes de l'électeur, et de terminer cette affaire entre nous par les arguments de la raison et de l'amitié.

— Si cela devait être ma dernière prière avant que je ne passe à la jouissance d'une sainte vie, prince Emich, ton souhait n'aurait pas besoin d'appui. N'avons-nous pas longtemps consenti à déférer la question au Saint Père, ou à toute autre autorité religieuse capable de prendre connaissance d'une affaire aussi difficile, de crainte que cet arbitrage ne convînt pas à notre mission apostolique?

— En vérité, mein herr Wilhelm, vous êtes trop avide pour un homme dont le devoir est de mortifier la chair. Est-il convenable, je vous le demande, qu'un bon nombre de vaillants et laborieux bourgeois soient conduits par des têtes tondues dans ces temps de guerre, comme autant de vieilles femmes qui, ayant vécu dans le bavardage et la vanité, les caquets et les médisances, espèrent que leurs péchés féminins seront cachés derrière la robe d'un moine? Abandonnons donc cette question de Duerckheim, avec certains autres droits, et les saints du paradis ne vivront pas en meilleure harmonie que nous.

— En vérité, seigneur Emich, les moyens de nous conduire à l'état de béatitude dont tu parles n'ont pas été oubliés, puisque tu as fait un purgatoire de cette vallée depuis plusieurs années.

— Par la messe, abbé, tes remarques deviennent de nouveau inconvenantes! Qu'ai-je fait pour attirer ce scandale dans le voisinage, si ce n'est d'avoir eu un peu de prévoyance pour mes intérêts? N'as-tu pas ouvert les portes de ton abbaye pour y recevoir des hommes irréligieux et armés? Tes oreilles ne sont-elles pas à chaque instant blessées par des juremens profanes, et tes regards souillés par des objets qui devraient être inconnus dans un saint lieu? Ne suppose pas que j'ignore vos intentions secrètes. Les troupes alliées du duc Frédéric ne sont-elles pas, au moment où je te parle, cachées dans tes cloîtres?

— Nous avons une juste prudence pour nos droits et la dignité de l'Eglise, répondit Boniface qui cherchait à peine à cacher le sourire méprisant que cette question avait excité chez lui.

— Crois-moi, abbé de Limbourg, au lieu d'être l'ennemi de notre sainte religion, je suis un de ses plus zélés partisans; sans cela j'aurais rejoint depuis longtemps les prosélytes du moine Luther, et pris les armes ouvertement contre toi.

— Cela aurait mieux valu que de prier le jour devant nos autels et tramer notre perte pendant la nuit.

— Je jure, par la vie de l'empereur, que tu me pousses à bout, moine hautain.

Le bruit causé par l'abbé Latouche et le père Siegfried, attira un instant l'attention des principaux personnages sur les deux combattants secondaires. Après une dispute d'abord courtoise, la conversation était devenue si bruyante et si animée que chacun essayait vainement d'élever la voix de manière à couvrir celle de son adversaire. Bientôt M. Latouche, dont la tête s'égarait, et qui n'avait maintenu sa place dans la débauche que par artifice, se jeta sur un sofa, essaya de parler encore, puis s'étendit, et sa tête pesante refusa de se lever de nouveau. Le père Siegfried contempla la retraite de son pétulant ennemi avec un sourire de démon, puis jeta un cri féroce qui fit tressaillir le jeune Berchthold, car c'était cette même voix que, depuis si peu de temps, il avait entendue chanter les louanges de Dieu. Mais les yeux voilés du moine et la pâleur de son visage annonçaient assez qu'il ne pouvait en supporter davantage. Après avoir regardé autour de lui avec tout l'idiotisme d'un ivrogne, il s'assit sur sa chaise, ferma les yeux, et tomba dans le sommeil profond que la nature, dans sa trop grande bonté, accorde à ceux qui abusent de ses dons.

L'abbé et le comte contemplèrent un instant, dans un morne silence, leurs seconds hors de combat. La chaleur de leur discussion et la colère qu'avait excitée en eux le souvenir de leurs torts réciproques avaient éloigné leur attention des progrès de la lutte, mais l'un et l'autre eurent alors un léger souvenir de la nature de ses résultats. Ce moment rappela chacun à son caractère, car ils étaient l'un et l'autre trop habitués à de pareilles scènes pour ne pas comprendre l'importance qu'il y avait à conserver sa présence d'esprit.

— Notre frère Siegfried a cédé à la faiblesse de la nature, noble Emich, reprit le père Boniface, souriant aussi tranquillement que ses traits agités et son œil brûlant pouvaient le lui permettre. Un prêtre ne peut en supporter plus qu'un laïque, sans cela tes flacons y auraient passé jusqu'à la dernière goutte, car jamais meilleures intentions ne remplirent un cœur plus reconnaissant que le sien, lorsqu'il s'agit de faire honneur aux dons de la Providence.

— Oh! oh! vous autres moines, c'est avec ces subtilités que vous couvrez vos débauches, tandis que nous autres hommes de guerre, maître abbé, nous péchons le soir et nous demandons l'absolution le matin, sans trouver d'autre excuse que le besoin de satisfaire nos plaisirs. Mais le capuchon d'un moine est un masque, et celui qui le porte croit qu'il a droit aux priviléges. Je voudrais savoir le nombre des femmes de bourgeois que vous avez confessées depuis le *corpus Domini!*

— Ne plaisantez pas avec les secrets du confessionnal, comte Emich; le sujet est trop sacré pour des langues profanes: on a puni pour cette faute de plus grands personnages que vous.

— Ne vous méprenez point à mes discours, saint abbé, reprit le baron en faisant précipitamment le signe de la croix; mais les plus hardis nous disent qu'il y a du mécontentement à Duerckheim à ce sujet, et j'ai cru qu'il était généreux de communiquer les accusations de l'ennemi. Nous sommes dans un temps dangereux pour les moines d'Allemagne, car, en vérité, votre frère d'Erfurth montre du bon sens dans ses plaintes contre Rome.

Les yeux du père Boniface lancèrent des flammes, car il n'y a pas d'hommes qui ressentent plus promptement et avec plus de violence une injure sur ce qu'ils considèrent comme leurs droits, que ceux qui jouissent depuis longtemps de prérogatives, quelque fragiles ou injustes que soient leurs droits de possession.

— Au fond de ton cœur, Emich, dit-il, tu as de l'inclination pour l'hérésie. Prends garde à la manière dont tu feras pencher la balance, par le poids de ton exemple, contre les commandements de Dieu et l'autorité de l'Église! Quant à ce Luther, misérable calomniateur, qu'une ambition inquiète et son amour pour une religieuse égarée ont conduit à la rébellion, les démons se réjouissent de son iniquité, et les esprits des ténèbres se tiennent prêts à s'emparer de leur proie à sa chute finale.

—Par la messe, mon père, il semble à un simple soldat qu'il aurait mieux valu qu'il épousât honnêtement la nonne que de donner ce scandale à Duerckheim, et de détruire la paix des familles dans les belles plaines du Palatinat. Si le frère Luther n'a fait que ce que tu viens de dire, il s'est moqué fort joliment de Satan, comme le fit anciennement ta communauté, lorsque, ayant fait construire son église par le diable, et sans avoir égard aux obligations d'un débiteur, elle le renvoya sans le sou.

—Si l'on pouvait lire au fond de ton cœur, Emich, on y verrait peut-être que tu crois à cette sotte légende.

—Si tu n'as pas vaincu le démon, abbé, c'est que par prudence il n'a fait aucun marché avec ceux qui, à sa connaissance, le surpassent en finesse. Par la croix ! ce serait un grand téméraire que celui qui voudrait jouer au fin avec les moines de Limbourg.

Le dédain empêcha l'abbé de répondre, car il était trop supérieur aux traditions vulgaires pour ressentir aucune colère, même en répondant à une imputation de ce genre.

Son hôte s'apercevait qu'il perdait du terrain ; il sentait peu à peu ses forces l'abandonner, et commençait à craindre de se voir ravir l'important contrat. L'abbé avait la réputation bien méritée de posséder la meilleure tête de tous les ecclésiastiques du Palatinat ; et le comte Emich, qui ne manquait pas de mérite en ce genre, sentait approcher cette espèce de faiblesse qui est souvent l'avant-coureur de la défaite. Il avalait rasade sur rasade, éprouvant un désir impatient de vaincre son antagoniste, sans penser au tort qu'il se faisait à lui-même. Boniface, qui avait la conscience de sa supériorité, aidait volontiers son adversaire dans son désir fiévreux d'arriver à l'issue de cette lutte ; et ils vidèrent l'un et l'autre plusieurs coupes, semblant se défier d'un air sombre et n'échangeant pas une parole. A ce moment fatal, le comte tourna ses yeux égarés vers son forestier, avec une vague espérance que celui qui l'avait servi jusqu'alors si fidèlement pourrait l'aider dans un moment désespéré.

Le jeune Berchthold Hintermayer était debout près de son seigneur, attendant respectueusement ses ordres, car l'habitude l'empêchait de sortir sans qu'on le lui eût commandé. Il en avait entendu assez sur cette lutte singulière pour avoir deviné quels devaient en être les résultats. Il parut comprendre cet appel, et s'avança pour faire le service d'échanson, charge qui demandait en effet une tête plus calme, car celui qui en avait été investi jusqu'alors avait imité trop activement les convives pour être en état d'en exercer plus longtemps les fonctions.

—Si monseigneur l'abbé, dit Berchthold en versant du vin, voulait se reposer un peu, en discourant plus longuement sur cette hérésie, il pourrait être un instrument de salut pour une âme qui est dans le doute. Quant à moi, je déclare franchement que j'ai quelque raison de me défier de la foi de mes pères.

Cette attaque était dirigée contre le point le plus faible, pour ne pas dire le seul point vulnérable de l'abbé.

—Tu te repentiras de cette parole, audacieux enfant, s'écria l'abbé en frappant du poing sur la table. Comment! ton cœur recèle l'hérésie, toi ignorant et pitoyable appréciateur des missions apostoliques! C'est bien!... c'est bien!... Cet impudent aveu ne sera point oublié!

Emich fit un signe de reconnaissance, car dans sa rage l'abbé avala, sans y prendre garde, tout le contenu d'une large coupe.

—Le révérend abbé pardonnera une parole imprudente à un homme ignorant, en effet, sur ces matières. S'il s'agissait de frapper un sanglier, d'abattre un chevreuil, ou de combattre les ennemis de mon maître, ma main pourrait sans doute être bonne à quelque chose; mais peut-on être surpris que nous autres simples d'esprit nous soyons confondus lorsque les plus grands savants de l'Allemagne sont dans le doute sur ce qu'il faut croire! J'ai entendu dire que maître Luther fit de sages réponses dans les conciles et les assemblées où il s'est présenté dernièrement.

—Il parla avec une langue de démon! s'écria l'abbé qui ne pouvait plus maîtriser sa rage. D'où vient cette religion nouvellement découverte? dans quel berceau a-t-elle pris naissance? Pourquoi a-t-elle été si long-temps cachée, et quelle est sa tradition? Remonte-t-elle à Pierre et à Paul, ou est-elle une invention de l'orgueil moderne?

—Oh! mon père, on aurait pu en demander autant à Rome elle-même avant que Rome eût connu un apôtre. L'arbre n'en est pas moins un arbre lorsqu'il a été débarrassé de ses branches mortes, ce qui le fait paraître avec plus d'avantage.

Le père Boniface était en même temps habile et savant, et dans les circonstances ordinaires le moine de Wittenberg lui-même l'eût trouvé un casuiste aussi subtil qu'opiniâtre; mais dans sa position présente, le plus grand sophisme, s'il eût eu l'apparence de la raison, était capable de l'enflammer de colère; assailli de cette sorte, il offrait un hideux tableau de la férocité des passions humaines lorsqu'elles sont abruties par une longue indulgence. Ses yeux semblaient sortir de leur orbite, ses lèvres tremblaient, et sa langue refusait d'exprimer sa colère. Il éprouvait alors cette confusion d'idées que venait de ressentir le comte, et quoiqu'il en prévît les conséquences, il cherchait avec désespoir à ranimer ses forces dans la liqueur même qui les avait détruites. Le comte Emich avait perdu, comme son antagoniste, toute faculté de s'exprimer intelligiblement; mais comme il n'avait jamais brillé par son éloquence, il conservait encore assez de pouvoir sur ses forces physiques pour continuer à boire; il agitait sa main en signe de défi. C'est ainsi qu'un rejeton d'une maison illustre et princière et un prélat mitré passèrent la nuit, ne conservant des plus nobles qualités de notre être, que l'intelligence nécessaire pour leur rappeler le but de ce singulier combat.

— La malédiction de l'Église sur vous tous! s'écria Boniface en faisant un effort. Puis tombant en arrière sur son fauteuil bien rembourré, ses forces cédèrent à l'influence de la liqueur qu'il avait bue.

Lorsque le comte Emich contempla la chute de son antagoniste, un rayon d'intelligence brilla dans ses yeux recouverts d'épais sourcils. Par un effort désespéré, il se leva, et, avançant un bras, il prit possession du contrat par lequel la communauté de Limbourg abandonnait ses droits sur le produit des vignes disputées. Alors, marchant avec l'air d'un homme habitué à commander, même dans son ivresse, il fit signe à son forestier d'approcher, puis, aidé de son bras jeune et vigoureux, il quitta l'appartement d'un pas inégal, laissant la salle du banquet comme un camp abandonné, tableau révoltant de la faiblesse humaine dans sa plus honteuse dégradation.

Lorsque le comte tomba pesamment sur sa couche, revêtu des habits qu'il portait à table, il agita le parchemin dans ses doigts en le montrant à son jeune serviteur; puis, fermant les yeux, sa respiration pesante et agitée annonça bientôt que le vainqueur de cette débauche vivait sous le même toit que le vaincu, abruti et sans force.

C'est ainsi que se termina la célèbre orgie d'Hartenbourg, espèce de lutte qui donna autant de renommée au vigoureux baron que l'aurait pu faire une victoire remportée sur le champ de bataille, et qui, quelque étrange que cela nous paraisse, ôta fort peu de chose au mérite du vaincu.

CHAPITRE VIII.

> Et de la galerie grillée sortit un chant de psaumes qui ressemblait à la voix des anges : les versets succédaient aux versets avec la plus grande ferveur.
>
> ROGERS.

Le jour suivant était un dimanche. La matinée de cette fête hebdomadaire ne manquait jamais d'être annoncée aux fidèles par les cloches de l'abbaye avant que l'aurore eût pénétré au fond de la profonde vallée. Les dévots se courbèrent religieusement lorsque les premiers sons frappèrent leurs oreilles, adressant leurs louanges et leurs remerciements au ciel. Mais lorsque l'heure avança, il se prépara un service plus solennel; la grand'messe commença, cérémonie qui s'adresse autant aux cœurs qu'aux sens.

Le soleil dardait ses rayons sur la cime des montagnes, et jamais l'air n'avait été plus doux. Les animaux domestiques, délivrés de leurs travaux habituels, se reposaient sur le penchant de la montagne, ruminant à leur aise, remplis de ce contentement paisible propre à leur nature; les enfants gambadaient devant la porte des chaumières; le métayer se promenait, revêtu d'habits dont la mode s'était perpétuée dans le Harts pendant plusieurs générations, regardant les progrès de ses grains; et la ménagère allait de côté et d'autre, occupée des travaux domestiques. On était dans la saison la plus belle de l'année, et la campagne était riche d'espérances : l'herbe avait atteint sa hauteur, le grain se remplissait à vue d'œil, et la vigne commençait à se former en grappes.

La cloche de l'abbaye interrompit cette scène de tranquillité rurale, et appela le village à ses devoirs religieux. Une longue habitude avait appris à la confrérie de Limbourg à ne rien négliger de ce qui lui paraissait nécessaire dans l'administration de ses fonctions terrestres. Il y avait de l'habileté jusque dans les sons réguliers de la cloche ; les sons succédaient tristement aux sons, et il n'y avait pas un seul vallon silencieux à plusieurs milles à la ronde où cet appel religieux ne pénétrât. On entendait aussi les cloches de Duerckheim, et de l'immense plaine qui était au-delà ; mais aucune ne s'élevait dans l'air, et ne parvenait aux oreilles avec tant de douceur et de mélancolie que celle de l'abbaye de Limbourg.

Obéissant à ce signal, tous les habitants de la vallée se dirigèrent vers les portes du couvent. On voyait aussi une foule lointaine dans le défilé ; car, dans de semblables occasions, la dévotion, la superstition ou la curiosité ne manquaient jamais d'attirer la multitude dans l'église célèbre de Limbourg. Il y avait parmi cette foule des sceptiques et des croyants, des jeunes gens et des vieillards, de belles filles et des femmes qui jugeaient prudent de dérober sous le voile leur visage de matrone ; il y avait aussi des oisifs, des demi-convertis à la religion de Luther, et des amateurs de musique. Un des religieux avait l'habitude de prêcher lorsque la messe était terminée, et Limbourg avait beaucoup de moines habiles dans les subtilités du temps ; quelques uns d'entre eux étaient même renommés par leur éloquence.

Avec une habileté et une coquetterie qui entrent dans presque toutes les inventions humaines lorsqu'elles doivent agir sur nos sens, particulièrement sur des matières où l'on ne juge pas prudent de se confier à la seule raison, on agita longtemps les cloches dans l'intention de produire de l'effet. Les groupes arrivèrent les uns après les autres, et la cour de l'abbaye se remplit lentement, jusqu'à ce qu'il y parût enfin une congrégation assez nombreuse pour satisfaire l'amour-propre d'une paroisse de notre époque. Il s'échangea beaucoup de graves salutations entre les différentes dignités assemblées en ce lieu ; car de tous ceux qui ôtent leur bonnet par politesse, les Allemands sont peut-être les plus ponctuels et les plus respectueux. Comme la ville voisine était complétement représentée dans cette assemblée de dévots et de curieux, il y avait aussi un étalage convenable des égards qui sont dus au rang. Un héraut aurait pu prendre d'utiles leçons s'il avait été là pour noter tous les différents degrés d'hommages qui étaient rendus, depuis le bourgmestre jusqu'au bailli. Parmi les remarques diverses et mal dirigées qu'on fait sur les Américains et leurs institutions, il est une plaisanterie reçue, c'est de se moquer de leur amour des dignités officielles ; mais celui qui a non seulement vu, mais comparé son propre pays et l'étranger, a eu de nombreuses occasions de remarquer que cette accusation, comme la plupart de celles qui ont été faites, est plus légère que juste. Le fonctionnaire qui est littéralement un serviteur du peuple, quelles que soient ses dispositions, ne peut jamais l'emporter sur ses maîtres ; et quoique ce soit une ambition honorable que de souhaiter de se distinguer ainsi, nous n'avons qu'à examiner les institutions pour voir que, dans cette circonstance, comme dans beaucoup d'autres, il y a peu d'analogie entre l'Amérique et les autres nations. On a peut-être fait cette remarque parce qu'on a trouvé parmi nous du respect pour l'autorité officielle, au lieu de l'anarchie qu'on espérait, et qu'on désirait peut-être y trouver.

A la grand'messe de Limbourg, on observa plus de cérémonies en conduisant à leurs places dans l'église les dignitaires du village, qu'on n'en observe en conduisant le chef de cette grande république à la haute station qu'il occupe, et un habitant du couvent prenait soin qu'aucun bourgeois n'approchât de l'autel du maître de l'univers sans lui rendre les marques de respect dues à son rang temporel! Dans les pays où les fidèles paraissent dans les temples comme ils doivent paraître dans leurs tombes, égaux dans leur confiance en la miséricorde de Dieu comme ils sont égaux en faiblesse, il n'est pas facile de comprendre le sophisme qui enseigne l'humilité et la pénitence en paroles, et invite à l'orgueil et à la vanité en pratique, et qui, lorsqu'on lui demande compte de sa conduite, se défend de l'inconséquence dont on l'accuse, en mettant cette accusation sur le compte de la jalousie.

On avait donc reçu avec une cérémonie convenable différents fonctionnaires de Duerckheim ; mais les marques de respect les plus profondes étaient réservées pour un bourgeois qui ne passa pas la porte avant que le peuple fût assemblé en corps dans l'église. Ce personnage, dont les cheveux commençaient à grisonner, et dont l'embonpoint et les formes vigoureuses annonçaient une santé parfaite et une vie aisée, arrivait à cheval ; car, à l'époque dont nous parlons, un sentier conduisait jusqu'au portail de Limbourg. Il était accompagné d'une femme qui paraissait la sienne, et qui était montée sur un petit cheval, portant en croupe une vieille matrone qui s'attachait à la taille bien prise de sa maîtresse avec la familiarité des anciens domestiques et l'inquiétude d'une personne qui n'est point habituée à un pareil siége. Une jolie fille aux cheveux blonds était assise derrière son père, et un domestique vêtu d'une espèce de livrée complétait cette cavalcade.

Un grand nombre des citoyens les plus recommandables de Duerckheim se hâtèrent d'aller recevoir ces derniers arrivants, qui n'étaient autres qu'Heinrich Frey, avec Meta, puis la mère de cette dernière, et Ilse, qui venait par hasard à la messe de Limbourg. Le riche bourgeois fut conduit dans la partie de l'église où des siéges particuliers étaient réservés pour les fonctionnaires de la ville, lorsque le hasard les conduisait au couvent, ainsi que pour les gentilshommes que la dévotion ou des circonstances particulières amenaient aux autels de l'abbaye.

Heinrich Frey était un bourgeois robuste, bien portant et entêté, chez lequel la prospérité avait un peu refroidi le cœur : s'il eût pu se garantir de l'influence que les dignités et les succès exercent sur le caractère, il n'eût manqué dans le cours de sa vie ni d'humanité ni de modestie. C'était enfin, sur une petite échelle, un de ces nouveaux déserteurs des rangs de l'espèce humaine, que nous voyons passer au corps d'élite des heureux. Dans sa jeunesse, il avait témoigné une généreuse sympathie pour les maux et les embarras qui accablent le pauvre ; mais un mariage avec une héritière, et des succès, l'avaient graduellement amené à une manière d'envisager les choses plus en rapport avec ses intérêts qu'avec la philosophie ou la religion. Il était un des fermes appuis de cette doctrine qui prétend que les riches ont un intérêt assez puissant dans la société pour être chargés de sa direction, bien que son instinct lui dévoilât le sophisme, puisqu'il hésitait journellement entre des principes opposés, suivant qu'ils affectaient ses affaires personnelles. Heinrich Frey donnait largement aux mendiants et aux ouvriers ; mais lorsqu'il s'agissait de quelque amélioration sérieuse dans le sort des uns ou des autres, il secouait la tête de manière à laisser croire à de mystérieuses vues politiques, et proférait quelques remarques subtiles sur les bases de la société et sur la manière dont les choses étaient établies. Enfin il vivait dans un siècle où l'Allemagne, et même toute la chrétienté, étaient agitées par une question qui tendait non seulement à détruire la religion de l'époque, mais divers autres intérêts, et, dans son petit cercle, on aurait pu l'appeler le chef du parti conservateur. Ces qualités unies à sa fortune, une haute réputation de probité, fondée peut-être sur la croyance qu'il était fort capable de réparer toutes les erreurs pécuniaires qu'il pourrait commettre, une grande opiniâtreté dans ses opinions, qui passait aux yeux de la multitude pour la conviction d'un homme qui a raison, et une intrépidité parfaite à décider contre ceux qui n'avaient pas les moyens de contester ses jugements, lui avaient procuré l'honneur d'être le premier bourgmestre de Duerchkeim.

Si l'extérieur d'un homme pouvait être le miroir fidèle des qualités de l'esprit, un observateur aurait été bien embarrassé de deviner quels motifs avaient pu décider Ulrike Haitzinger, non seulement la plus belle, mais la plus riche fille de la ville, à s'unir à l'homme dont nous venons de tracer le portrait. Des yeux bleus, doux et mélancoliques, qui conservaient leur éclat en dépit de quarante années, un contour de visage plus pur qu'on n'en voit ordinairement en Allemagne, et, d'un autre côté, une symétrie dans le buste et dans les bras, qui est particulière aux femmes de ce pays, offraient encore des preuves évidentes de la beauté qui avait dû la distinguer dans sa jeunesse. La compagne d'Heinrich Frey joignait à ces attraits une expression de délicatesse féminine et d'intelligence, de vues élevées, et même d'inspirations mystérieuses, qui en faisait une femme qu'un observateur de la nature aurait aimé à étudier, et se serait étudié à aimer.

Relativement aux avantages physiques, Méta était le portrait de sa mère ; mais elle tenait de son père une santé plus forte et des habitudes moins concentrées. Son caractère sera suffisamment développé dans le cours de cette histoire. Nous abandonnons Ilse à l'imagination du lecteur, qui se représentera facilement cette sorte de vieille servante.

Le bourgmestre Heinrich ne prit point possession de son siége accoutumé devant le grand autel sans causer une certaine sensation parmi les simples paysans du Jaegerthal et les oisifs de Duerckheim. Mais l'importance même d'un bourgmestre ne pouvait prédominer à jamais dans la maison du Seigneur ; le bruit s'apaisa graduellement, et l'espérance de voir commencer le service divin l'emporta sur l'attention accordée à la prééminence du rang.

L'abbaye de Limbourg avait une haute réputation parmi les communautés religieuses des bords du Rhin, par ses décorations intérieures, ses richesses et son hospitalité. La chapelle était regardée, à juste titre, comme un rare modèle de goût monastique, et elle était abondamment pourvue de ces ornements qui rendent les monuments du premier ordre consacrés au culte catholique si imposants et d'un effet si solennel. Le bâtiment était vaste, son apparence avait quelque chose de sombre, comme tous ceux du même pays et du même siècle. On y voyait de nombreux autels, riches en marbres et en peintures, et tous célèbres dans le Palatinat par l'intercession favorable du saint auquel ils étaient dédiés; ils étaient tous chargés des offrandes ou du suppliant, ou de celui qui venait remercier le saint d'une faveur obtenue. Les murs de la nef étaient peints à fresque, non par le pinceau de Raphaël ou de Buonarotti, mais cependant de manière à ajouter à la beauté du lieu ; le chœur était sculpté en relief d'après une méthode estimée, et qu'on exécute admirablement dans les Etats du milieu de l'Europe, de même qu'en Italie ; des légions de chérubins voltigeaient autour de l'orgue, de l'autel et des tombes. Ces dernières étaient nombreuses et indiquaient par leur magnificence que les corps de ceux qui avaient joui de tous les avantages de ce monde dormaient dans ces limites sacrées.

Enfin une porte communiquant avec les cloîtres s'ouvrit, et les moines parurent, marchant en procession. A leur tête on voyait l'abbé portant sa mitre, et vêtu du costume somptueux de sa dignité. Deux prêtres, couverts d'habits sacerdotaux, venaient ensuite; et ils étaient suivis des religieux et des assistants. La procession traversa silencieusement les ailes, puis, après avoir fait le tour de la plus grande partie de l'église, adressant des prières devant les principaux autels, elle entra dans le chœur. Le père Boniface s'assit sur son trône épiscopal, et le reste de la confrérie occupa les stalles réservées pour de semblables occasions. Pendant la marche des moines, l'orgue fit entendre de doux accords, qui s'éteignirent au milieu des voûtes lorsque les religieux s'arrêtèrent. A cet instant on distingua au dehors un bruit de chevaux, et les prêtres, surpris, interrompirent un instant les prières qui commençaient le service. Le bruit de l'acier succéda bientôt, puis on entendit de lourdes bottes armées d'éperons résonner sur le pavé de l'église.

Emich d'Hartenbourg s'avança jusqu'à l'aile principale, avec la confiance d'un homme qui connaît son pouvoir et la déférence qu'on lui doit. Il était accompagné de ses hôtes, le chevalier de Rhodes et M. Latouche ; le jeune Berchthold marchait à côté de lui comme un domestique favori. Le comte était encore suivi de quelques serviteurs sans armes. Il y avait dans le chœur, près du maître-autel, un siége d'honneur destiné aux princes et aux seigneurs de haute naissance. Passant à travers la foule qui s'était rassemblée à l'entrée du chœur, le comte se dirigea vers une des ailes latérales, et fut bientôt en face de l'abbé. Ce dernier se leva, salua lentement son hôte ; toute la confrérie suivit son exemple, quoique avec de plus grandes marques de respect ; car, comme nous l'avons dit, il était d'usage de rendre cet hommage au rang, même dans le temple du Seigneur. Emich s'assit d'un air sombre, et ses deux compagnons trouvèrent des siéges d'honneur à ses côtés. Berchthold se tint derrière lui.

Un étranger, ignorant la scène qui s'était passée la veille, n'aurait pu découvrir dans l'extérieur de Wilhelm de Venloo aucun signe de sa récente défaite. Ses muscles avaient repris leur souplesse, et toute sa contenance son expression habituelle de sévère austérité, expression qu'on découvrait plus promptement sur son visage qu'aucune trace de mortification ou de méditation. Il regarda le vainqueur, puis fit un signe secret à un frère lai : à ce moment la messe commença.

De toutes les nations de la chrétienté, la nôtre est celle qui, en raison de sa population, a le moins de rapports avec l'église de Rome. L'origine religieuse particulière aux Américains, leur habitude de tout examiner, l'indépendance de leur esprit, et leurs préjugés (car les protestants ne sont pas plus exempts de cette faiblesse que les catholiques), les sépareront probablement long-temps de toute politique, soit de l'Eglise, soit de l'Etat, qui exige la foi sans examen, ou l'obéissance sans avoir le droit de faire des remontrances. On s'étudie à répandre dans l'ancien hémisphère l'opinion que des gens adroits travaillent à un grand changement sous ce rapport, et un puissant parti attend avec impatience les résultats politiques et religieux du retour de la nation américaine à la religion de ses ancêtres du moyen âge. S'il en était ainsi, nous en éprouverions peu de chagrin, car nous ne croyons pas que le salut soit particulier à telle ou telle secte ; mais si nous avions quelque crainte sur les conséquences d'une telle conversion, elle ne serait point excitée par l'augmentation accidentelle des émigrants dans les villes, ni par les affaires publiques dont ce pays s'occupe si activement. Nous croyons que pour un protestant qui se fait catholique en Amérique, on trouve dix émigrants catholiques qui se placent tranquillement dans le rang des sectaires, et cela sans agiter le pays, qui gagne ou qui perd à ce changement. Maintenant nous allons continuer à décrire la manière dont on célébra la messe, cérémonie dont probablement quatre-vingt-dix-neuf sur cent de nos lecteurs américains n'ont pas eu et n'auront probablement jamais l'occasion d'être témoins.

De toutes les cérémonies qui peuvent émouvoir le cœur de l'homme, il n'y en a point qui aient donné naissance à plus d'opinions contraires que celles qui appartiennent au culte romain. A une partie de la chrétienté ces cérémonies paraissent de vaines momeries, inventées pour tromper les hommes, et pratiquées dans des vues que l'on ne peut justifier, tandis que pour une autre elles rappellent tout ce qui est imposant et sublime dans le sentiment religieux. Comme il est ordinaire dans tout ce qui est exagéré, la vérité semble s'être placée entre ces deux opinions. Les plus zélés catholiques se trompent lorsqu'ils croient à l'infaillibilité des ministres de leurs autels, ou lorsqu'ils n'aperçoivent pas la négligence et la manière irrévérencieuse avec laquelle la plupart des offices divins sont pratiqués ; d'un autre côté, le protestant qui quitte une église catholique sans s'apercevoir combien il y a de dévotion profonde et sublime dans les rites de ce culte, a fermé son cœur à tout sentiment en faveur d'une secte qu'il désire proscrire. Nous n'appartenons à aucune de ces deux classes, et nous essaierons de représenter les choses comme elles ont eu lieu, n'affectant aucune émotion et n'en déguisant non plus aucune, quoique nos pères aient cherché un refuge dans le nouvel hémisphère pour y élever les autels d'une nouvelle croyance.

Nous avons déjà dit que l'intérieur de l'église de l'abbaye de Limbourg était célèbre dans toute l'Allemagne par sa magnificence. La voûte, soutenue par des colonnes massives, était ornée de peintures dont les sujets étaient tirés de l'histoire sainte et dus aux plus habiles peintres du pays. Le grand autel de marbre, richement incrusté d'agate, contenait, comme à l'ordinaire, une image de la Vierge Marie et de son divin Fils. Une grille dorée, d'un travail exquis, excluait les profanes de ce sanctuaire, qui, outre ses ornements habituels, resplendissait en ce moment de vases d'or et de pierres précieuses, étant préparé pour le sacrifice de la messe. L'officiant portait des vêtements surchargés de dorures et de broderies au point de leur donner une apparence de raideur. Les enfants de chœur étaient, selon l'usage, vêtus de blanc et avaient la taille entourée d'écharpes pourpres. Les sons de l'orgue et le chant des moines se joignant à cette scène de splendeur, pénétraient jusqu'au fond de l'âme, et portaient l'esprit à des contemplations célestes. Des études et une habitude de toute la vie avaient perfectionné l'art de la musique chez les moines, et toutes les notes qui résonnaient sous les voûtes du couvent produisaient l'effet désiré. Des trombones, des serpents et des violes aidaient à augmenter la mélodie solennelle de ces voix mâles, qui se mêlaient si bien aux instruments à vent, qu'on aurait cru n'entendre qu'un son grave dans ce concert de louanges adressées à l'Éternel. Le comte Emich se tourna sur son siége, portant la main sur la garde de son épée comme s'il eût entendu le son de la trompette; puis son regard inquiet rencontra le regard de l'abbé, et il appuya sa tête sur sa main. A mesure que le service avançait, le zèle des religieux semblait augmenter, et, comme on le remarqua dans la suite, jamais, pendant la messe de Limbourg, la musique n'avait été si remarquable, et le service divin ne s'était accompli avec tant de splendeur. Les voix s'élevaient au-dessus des voix d'une manière qu'il serait difficile de comprendre sans l'avoir entendu, et il y avait des moments où les sons des instruments réunis semblaient voilés par un mélange de soupirs humains. Au milieu de cette auguste mélodie, il s'éleva un son devant lequel toute autre musique cessa. Une seule voix humaine se fit entendre : elle participait des sons graves et des sons féminins, qui semblaient presque surnaturels; c'était un contraste dans toute sa plénitude et sa beauté. Le comte Emich tressaillit, car lorsque ces sons célestes parvinrent à ses oreilles, ils semblaient flotter dans la voûte au-dessus du chœur. Comme le chanteur était caché, il ne put, tant que dura le solo, chasser cette illusion. Il abandonna son épée, et regarda autour de lui, pour la première fois du jour, avec une expression bienveillante. Les lèvres du jeune Berchthold s'entr'ouvrirent d'admiration, et lorsque ses yeux rencontrèrent les yeux bleus de Meta, il y eut dans ce regard mystérieux un sentiment de douce mélancolie. En ce moment la voix céleste cessa de se faire entendre, les premiers chants continuèrent en chœur et terminèrent l'hymne.

Le comte de Leiningen poussa un soupir si profond que ce soupir fut entendu de Boniface. Le front de ce dernier s'éclaircit aussi ; et, comme chez les jeunes amants, l'esprit de concorde parut adoucir les deux terribles rivaux. Dans ce moment la tâche de l'officiant commençait ; sa prononciation rapide, ses gestes qui perdaient leur expression parce qu'ils étaient indistincts, des prières proférées dans une langue qui en détruisait le but, en embarrassant la pensée au lieu de la rendre avec clarté et noblesse, concoururent à affaiblir les effets produits par la musique. Le service perdit son caractère d'inspiration en prenant celui d'un travail sans attrait pour l'esprit, sans influence sur le cœur, et ne convainquant pas assez la raison. Abandonnant tous les moyens persuasifs, on laissa trop à faire à la conviction d'une croyance établie.

Emich reprit insensiblement son maintien sévère, et les effets de ce qu'il venait d'éprouver se perdirent dans une froide indifférence pour des mots qu'il ne comprenait pas. Le jeune Berchthold lui-même chercha les yeux de Meta avec moins de tendresse. Le chevalier de Rhodes et M. Latouche regardèrent négligemment la foule groupée devant la grille du chœur. La messe se termina ainsi. Il y eut une autre hymne pendant laquelle le pouvoir de la musique se fit encore sentir, quoique avec un effet moins marqué que celui qui avait été produit lorsqu'au plaisir qu'éprouvaient les auditeurs se mêlait celui de la surprise.

Il y avait au centre de l'église une chaire élevée contre une colonne. Un moine quitta sa stalle, lorsque le service fut terminé, et, passant à travers la foule, monta les degrés qui conduisaient à la chaire. C'était le père Johan, religieux célèbre pour la sincérité de sa foi et la sévérité de ses opinions. Son front bas et en arrière, son œil calme, mais vitré, et l'impassibilité des autres traits de son visage, auraient averti un physionomiste qu'il contemplait un profond enthousiaste. Le langage et les opinions du prédicateur ne trompèrent point les espérances excitées par son extérieur. Il peignit dans un fort et sinistre langage les dangers que courait le pécheur, rétrécit le chemin du salut dans des limites métaphysiques, et fit de fréquents appels à la crainte et aux passions les moins nobles de ses auditeurs. Tandis que le plus grand nombre se tenaient debout, écoutant avec indifférence ou regardant les tombeaux ou les autres ornements de l'église, un groupe de fidèles se pressait autour de la colonne qui soutenait la chaire du prédicateur, éprouvant une profonde sympathie pour les tableaux qu'il traçait des peines et de la désolation qui attendaient le pécheur.

Le sermon amer et terrible du frère Johan fut bientôt terminé ; et comme il rentrait dans le chœur, l'abbé se leva et se dirigea vers les cloîtres suivi d'une partie de la confrérie. Mais ni le comte d'Hartenbourg, ni aucune personne de sa suite, ne semblaient disposés à quitter si promptement l'église. Un air d'attente semblait retenir la plupart de ceux qui étaient dans le temple. Un moine vers lequel tous les yeux étaient tournés céda à cet appel général et silencieux ; et, quittant sa stalle, qui était un des siéges d'honneur, il vint occuper la place que le père Johan venait de laisser vacante.

Au même moment le nom du père Arnolph, le prieur, ou le gouverneur spirituel de la communauté, se répandit parmi le peuple. Emich se leva, et, accompagné de ses amis, il prit un siége près de la chaire, tandis que la masse des visages écoutant avec attention, proclamaient l'intérêt de sa congrégation. La contenance et les manières du père Arnolph justifiaient cet intérêt si simplement exprimé. Son œil était doux et bienveillant, son front large et paisible ; et l'expression dominante de son visage était celle d'une profonde philanthropie ; on voyait encore sur ses traits des marques évidentes de mortification, de méditation profonde et d'une douce espérance.

Les opinions spirituelles d'un tel homme n'étaient point en opposition avec son extérieur. Sa doctrine, comme celle du divin Maître qu'il servait, était charitable et remplie d'amour. Bien qu'il parlât des terreurs du jugement, c'était avec douleur plutôt qu'avec menace ; et c'était lorsqu'il prêchait la charité ou la foi qu'il trouvait une éloquence plus persuasive. Emich sentit de nouveau ses intentions secrètes ébranlées, et son front reprit une expression d'intérêt. Les regards du prédicateur rencontrèrent ceux du sombre baron, et, sans changer de langage ni de manières, il continua ainsi, comme se livrant au cours naturel de ses pensées : « Telle est l'Eglise dans sa pureté, mes chers frères ; les erreurs, les passions et les desseins de l'homme travaillent en vain à lui nuire. La foi que je prêche vient de Dieu, et elle participe aux perfections de sa divine essence ; celui qui imputerait les fautes qui se commettent contre elle à d'autres causes qu'à la faiblesse des créatures humaines, jetterait de l'odieux sur des institutions créées pour son bien ; et celui qui voudrait violer ses autels lèverait son bras impuissant contre l'ouvrage de Dieu lui-même. »

Après avoir écouté ces paroles qui résonnèrent longtemps dans ses oreilles, Emich d'Hartenbourg se leva, et traversa l'église d'un air pensif.

CHAPITRE IX.

Japhet, je ne puis pas te répondre.
BYRON. *Le Ciel et la Terre.*

L'ABBAYE de Limbourg devait son existence et sa richesse à la faveur d'un empereur d'Allemagne. On y avait érigé en l'honneur de ce puissant patron un autel particulier et une tombe magnifique. De semblables honneurs avaient aussi été rendus aux comtes de Leiningen et autres familles nobles du voisinage. Ces différents autels étaient en marbre noir relevé d'ornements blancs, et les tombes étaient distinguées par les emblèmes héraldiques de ces diverses familles. Ces autels, séparés de ceux que nous avons déjà décrits dans l'église principale, étaient placés dans une chapelle demi-souterraine sous le chœur. C'est là que le comte Emich dirigea ses pas lorsqu'il quitta la colonne contre laquelle il s'appuyait en écoutant le sermon du père Arnolph.

La lumière de la principale église avait cette teinte douce et mélancolique qui est particulière aux monuments gothiques et sert encore à les embellir. Elle entrait par de hautes fenêtres étroites, ornées de vitraux peints, colorant tous les objets d'une teinte en harmonie avec le caractère sacré du lieu. La profondeur et la position retirée de la chapelle rendaient cette lumière plus douce et plus touchante dans les tombeaux. Lorsque le comte atteignit ce lieu solitaire, car peu de personnes descendaient dans cette voûte solennelle sans éprouver cette crainte religieuse, il se signa; et en passant devant l'autel élevé par sa famille, il fléchit le genou devant la douce et belle image qui représentait la mère du Christ. Il se croyait seul, et prononça une prière; car, bien qu'Emich de Leiningen fût un homme qui communiquait rarement avec Dieu lorsqu'il s'abandonnait aux railleries humaines, il avait dans le cœur un profond respect pour son pouvoir. Comme il se levait, un mouvement près de lui attira son attention.

—Ah! c'est toi, père prieur, s'écria-t-il en retenant autant que possible sa surprise. Tu es prompt à te rendre de ta stalle à la chaire, et plus prompt encore de la chaire à la chapelle!

—Nous autres moines voués à une vie dévote, nous avons besoin d'y être souvent. Vous étiez agenouillé, comte Emich, devant l'autel de votre famille.

— Par saint Benoît ton patron, tu m'as en effet trouvé en prières, mon père; c'est une faiblesse qui m'a surpris en entrant dans ce sombre lieu, et je voulais payer un tribut de respect à l'ombre de ceux qui ont vécu avant moi.

— Appelez-vous le désir de prier une faiblesse! Devant quel autel pourriez-vous prier avec plus de ferveur que devant celui qui a été élevé par votre propre famille, ou enrichi par elle; et dans quel moment pouvez-vous rentrer avec plus de dévotion en vous-même, et demander les secours divins, que lorsque vous êtes devant le tombeau de vos ancêtres?

— Père prieur, vous oubliez le but de ma visite, qui était d'entendre la messe à l'abbaye, et non pas de me confesser et de recevoir des remontrances.

—Il y a longtemps que vous n'avez été purifié par le sacrement de la confession, comte Emich!

—Tu as eu du succès aujourd'hui, mon père, et je ne doute pas que les bourgeois de Duerckheim ne s'entretiennent de ton sermon toute la journée. Ta réputation comme prédicateur est grande, et ton discours de ce matin t'obtiendrait un évêché si les femmes de notre vallée avaient quelque pouvoir à Rome. Comment se porte le saint abbé ce matin, et les deux soutiens de cette communauté, les frères Siegfried et Cuno?

—Vous les avez vus ce matin dans leurs stalles pendant la sainte messe.

— De par Dieu! ce sont de dignes compagnons! Crois-moi, mon frère, il n'y en a pas de meilleurs dans notre gai Palatinat; il n'y a pas d'hommes non plus que j'estime davantage suivant leurs mérites! As-tu entendu parler, révérend prieur, de leur visite à Hartenbourg, et de leur œuvre suivant la chair?

— Les dispositions de votre esprit ont promptement changé, comte Emich, et c'est dommage qu'il en soit ainsi. Je ne suis point venu ici pour écouter le récit des excès commis dans votre château, ni des oublis de ceux qui, s'étant voués à de meilleures choses, trahissent qu'ils sont simplement des hommes.

— Et des hommes robustes, s'il y en a dans tout l'empire! Si je ne prisais ma réputation tout comme un autre, je te compterais le nombre des flacons qui, suivant mon sommelier, ne valent pas mieux que des gens d'armes tombés dans une déroute ou dans un assaut.

— Cet amour du vin est une malédiction pour notre siècle et notre pays; je souhaiterais qu'il n'entrât plus de cette perfide liqueur dans les murs de Limbourg!

— Par la justice de Dieu! révérend prieur, tu trouveras, en effet, à l'avenir que la quantité en sera diminuée, répondit Emich en riant; car les vignes disputées ont enfin trouvé un seul, et, comme tu pourras le dire toi-même, ayant souvent lu au fond de mon cœur par mes confessions, un plus digne maître. Je puis te jurer, sur l'honneur d'un gentilhomme, que pas un des tonneaux que tu condamnes ne fera à l'avenir violence à tes goûts.

Le comte jeta un regard triomphant sur le moine, espérant que, malgré ses principes de modération, quelques signes de regret se manifesteraient à la nouvelle de cette perte pour le couvent; mais le père Arnolph était en réalité ce que son extérieur annonçait, un homme dévoué à son saint ministère, et sur lequel les intérêts humains avaient peu d'influence.

— Je vous comprends, Emich, dit-il avec calme et douceur. On n'avait pas besoin de ce scandale dans un tel moment pour porter préjudice à la sainte Eglise, à laquelle de puissants ennemis ont déjà déclaré la guerre par des raisons qui restent cachées dans les mystères impénétrables de celui qui l'a fondée.

— Tu as raison, moine, car il faut avouer que ce Saxon et ses partisans, qui ne sont ni en petit nombre ni faibles, répandent dans ce pays le doute et la désobéissance. Tu dois porter au fond du cœur une grande haine à ce Luther, mon père!

Pour la première fois du jour le visage du prieur perdit son expression de bienveillance; mais ce changement fut si imperceptible qu'il échappa à l'œil curieux du comte; ce tribut à la faiblesse humaine fut promptement réprimé par un homme qui avait un si grand pouvoir sur ses passions.

— Le nom d'un schismatique m'a troublé! répondit le prieur en souriant tristement de sa propre faiblesse, j'espère que ce n'a pas été par un sentiment de haine personnelle. Il est sur le bord d'un affreux précipice, et je prie Dieu de toute mon âme que non-seulement lui, mais tous ceux qui s'égarent sur des traces dangereuses, puissent voir leur péril et se retirer avant de tomber!

— Mon père, tu parles comme un homme qui souhaite au Saxon plutôt du bien que du mal!

— Je crois pouvoir assurer que mes pensées ne démentent pas mes paroles.

— Peux-tu pardonner une hérésie si condamnable, et des motifs comme les siens? celui qui vend son corps et son âme par amour pour une nonne dévergondée n'a aucun droit à ta charité.

Il passa un nuage sur le front du père Arnolph.

— On lui a attribué cette funeste passion, répondit le religieux, et on a essayé de prouver que le vain désir de participer aux plaisirs du monde avait occasionné en partie sa rébellion; mais je ne le crois pas.

— Par la vérité de Dieu! tu es digne de ton ministère, père prieur, et j'honore ta modération. S'il y avait plus d'hommes comme toi parmi nous, nous aurions un meilleur voisinage, et l'on se mêlerait moins des affaires des autres. Entre nous, je ne vois non plus aucune nécessité d'épouser ouvertement cette nonne, car il est très facile de jouir des dons de la vie, même en portant un capuchon, s'il est dans notre destinée d'en porter un.

Le moine ne fit aucune réponse, car il s'aperçut qu'il avait affaire à un homme qui ne pouvait le comprendre.

— Nous n'en dirons pas davantage là-dessus, reprit-il après

une courte et pénible pause. Parlons plutôt de ce qui vous regarde, comte Emich. On dit que vous méditez la ruine de ce saint monastère; que l'ambition et la cupidité vous engagent à désirer la chute de notre abbaye, afin qu'il n'y ait plus d'intermédiaire entre votre pouvoir baronial et le trône de l'Electeur !

— Tu es plus prompt à te former des opinions injustes de ton plus proche voisin, que du plus grand ennemi de l'Église, à ce qu'il paraît, père prieur. Qu'as-tu vu en moi qui puisse porter un homme aussi charitable que toi à hasarder cette accusation ?

— Je ne hasarde que ce que tout notre couvent pense et craint. Avez-vous bien réfléchi, Emich, à cette sacrilége entreprise, et aux fruits qui peuvent en résulter? Vous rappelez-vous dans quel but ces saints autels furent élevés, et quelle fut la main qui posa la première pierre de l'édifice que vous voulez renverser ?

— Écoutez, père Arnolph, il y a deux manières d'envisager l'érection de votre couvent, et plus particulièrement de l'église où nous sommes. Une de nos traditions dit que l'ennemi du genre humain lui-même tint la truelle dans cette maçonnerie.

— Vous êtes d'un trop haut lignage, d'un sang trop noble, et d'un esprit trop éclairé pour donner crédit à une pareille fable.

— Ce sont des questions que je ne prétends pas approfondir. Je ne suis point un écolier de Prague ou de Wittenberg pour les résoudre savamment. Ta confrérie aurait dû se laver de cette imputation en temps et lieu, afin que cette question fût terminée pour ou contre, comme la justice le réclamait, lorsque ce qu'il y avait de grand et de savant parmi nos pères était assemblé à Constance, dans un concile général.

Le père Arnolph regarda son compagnon avec tristesse; il connaissait trop bien l'ignorance déplorable et la superstition qui en était le résultat, même parmi les grands de son siècle, pour manifester aucune surprise; mais aussi il connaissait assez le pouvoir de ces mêmes seigneurs, pour prévoir les tristes conséquences d'une union entre tant de force et d'ignorance. Cependant il n'entrait pas dans son but de combattre des opinions qui ne pouvaient être effacées que par le temps et l'étude, si elles peuvent jamais l'être lorsqu'elles sont enracinées dans le cœur humain. Il poursuivit son dessein, évitant une discussion dans un moment où elle aurait pu faire plus de mal que de bien.

— Il est vrai que le doigt du malin esprit se mêle plus ou moins aux choses humaines, continua-t-il, prenant soin que l'expression de son regard n'éveillât ni l'orgueil ni l'obstination du noble baron ; mais lorsque les autels ont été élevés, et lorsqu'on y a célébré le service du Tout-Puissant pendant des siècles, on peut espérer avec raison que l'Esprit-Saint préside avec majesté et amour au monument ! Il en est ainsi de l'abbaye de Limbourg, comte Emich, et n'en doutez pas ; nous qui sommes ici discutant sur un pareil sujet, nous sommes en la présence immédiate de cet Etre redouté qui créa le ciel et la terre, qui nous guide pendant la vie, et qui nous jugera après notre mort !

— Dieu vous bénisse, père prieur ! tu as déjà fait l'office de prédicateur ce matin, et je ne vois pas pourquoi tu doublerais une fonction dont tu t'es si bien acquitté la première fois. Je n'aime pas à être introduit si brusquement sans être annoncé devant l'Etre redouté dont tu viens de parler. Ne fût-ce que l'électeur Frédéric, Emich de Leiningen ne se permettrait point une telle familiarité sans se demander si elle est convenable ou non.

— Aux yeux de l'Etre dont nous parlons, les électeurs et les empereurs sont égaux. Il aime les humbles, ceux qui sont miséricordieux et justes, et il punit ceux qui défient son autorité. Mais vous avez nommé votre prince féodal, et je vais vous adresser une question plus en rapport avec vos habitudes : Vous êtes en effet, Emich de Leiningen, un noble en renom dans le Palatinat, et dont l'autorité est établie depuis longtemps dans le pays. Cependant vous n'êtes que le second, et même que le troisième dans le canton même. L'électeur et l'empereur vous tiennent en échec, et l'un et l'autre sont assez forts pour vous écraser à leur plaisir dans votre forteresse d'Hartenbourg.

— J'en accorde les moyens au dernier, digne prieur, interrompit le comte ; mais, quant au premier, il faut qu'il l'emporte sur ses propres ennemis avant que d'entreprendre cette conquête.

Le père Arnolph comprit ce qu'Emich voulait dire, car tout le monde savait que Frédéric était assis sur un trône chancelant. On savait aussi que cette circonstance avait encouragé les projets, qu'avait depuis longtemps formés le comte, de se débarrasser d'une communauté qui contrariait ses vues et diminuait son autorité.

— Laissant de côté l'électeur, nous ne parlerons que de Charles-Quint, répondit le religieux. Vous le croyez dans son palais, éloigné de votre pays, et certainement il n'a ici aucune force visible pour contenir votre main rebelle. Nous supposerons qu'une famille qu'il protége, ou, pour mieux dire, qu'il aime, gêne vos projets ambitieux, et que le tentateur vous a persuadé qu'il fallait l'éloigner ou la détruire par la force des armes. Seriez-vous assez faible, comte Emich, pour céder à de tels conseils, lorsque vous savez que le bras de Charles est assez long pour atteindre de Madrid aux parties les plus éloignées de l'Allemagne, et que sa vengeance serait aussi sûre qu'elle serait terrible?

—Ce serait une guerre hardie, père prieur, que celle d'Emich de Leiningen contre Charles-Quint! Si j'en avais la liberté, saint moine, je choisirais un autre ennemi.

—Et cependant vous voudriez combattre contre un maître plus grand encore; vous levez votre bras impuissant et votre volonté audacieuse contre votre Dieu! vous méprisez ses promesses, vous profanez ses autels, vous voulez enfin renverser le tabernacle qu'il a élevé. Croyez-vous qu'il sera le témoin impassible d'un pareil crime, et que son éternelle sagesse oubliera de punir?

—Par saint Paul! tu plaides cette affaire tout à fait dans tes intérêts, père Arnolph, car il n'y a point de preuve que l'abbaye de Limbourg ait une telle origine; et si elle l'a, n'est-elle pas tombée en disgrâce par les excès de ses habitants? Tu devrais envoyer chercher les pères Cuno et Siegfried pour témoigner en sa faveur. Par la sagesse de Dieu! je discute mieux avec ces dignes compagnons qu'avec toi!

Emich éclata de rire, et ce bruit, sous les voûtes de cette chapelle, résonna aux oreilles d'Arnolph comme le rire moqueur d'un démon. Cependant l'équité naturelle du père Arnolph lui dit tout bas que la gaieté du comte n'était que trop justifiée par la conduite de ceux qu'il accusait, car il déplorait amèrement depuis longtemps la dépravation de plusieurs membres de la confrérie.

—Je ne suis pas ici, dit-il, pour porter un jugement contre ceux qui sont dans l'erreur, mais pour défendre l'autel que je sers et tâcher de vous épargner un crime. Si votre main se lève contre ces murailles, elle se lèvera contre le monument que Dieu a béni, et que Dieu vengera. Mais vous avez des sentiments humains, comte Emich, et si vous doutez du caractère sacré du monastère que vous voulez détruire, vous ne pouvez vous méprendre sur ces tombes. Dans cette sainte chapelle, des prières se sont souvent adressées au ciel et des messes ont été célébrées pour l'âme de vos ancêtres.

Le comte de Leiningen regarda l'orateur d'un air attentif. Le père Arnolph s'était placé sans dessein près de l'ouverture qui communiquait de cette sombre chapelle dans l'église supérieure. Des rayons d'une lumière brillante, passant à travers une fenêtre, tombaient sur les dalles, à ses pieds, répandant autour de sa personne la lumière mystérieuse des vitraux coloriés. Le service divin avait aussi exhalé dans tout le monument cette douce atmosphère qui appartient au culte romain. L'encens avait pénétré dans cette chapelle souterraine, et, sans le savoir, le noble comte ressentait son influence; l'irritation de ses nerfs s'était apaisée, et ses passions s'étaient adoucies. Tous ceux qui sont entrés dans la principale basilique de la Rome moderne ont été soumis à une combinaison de causes morales et physiques qui produisent le résultat que nous venons d'indiquer, et qui, bien que plus frappant dans ce vaste et magnifique monument, qui ressemble à un monde avec des attributs et une atmosphère particuliers, se fait ressentir aussi dans toutes les églises catholiques un peu importantes, quoiqu'à un moindre degré.

— C'est là que reposent mes pères, répondit le comte, et c'est là aussi, comme vous le dites, qu'on a célébré des messes pour leurs âmes!

— Et vous condamnez leur tombe, vous voulez violer jusqu'à leurs os!

— Ce ne serait point l'action d'un chrétien!

— Regardez de ce côté, seigneur comte, voici le tombeau du bon Emich, votre ancêtre. Il adorait son Dieu, et ne se faisait pas scrupule de venir prier à nos autels.

— Tu sais, digne prieur, que, prosterné à tes genoux, je t'ai souvent ouvert mon cœur.

— Tu t'es confessé et tu as reçu l'absolution. Puisses-tu dans l'avenir ne pas mériter des réprimandes!..

— Dis plutôt la damnation, interrompit une voix qui, se faisant entendre subitement dans cette chapelle sépulcrale, semblait sortir d'une des tombes. Tu te joues, révérend prieur, de notre sainte mission en parlant avec cette douceur à un pécheur aussi invétéré.

Le comte de Leiningen avait tressailli et même tremblé aux premiers mots de cette interruption; mais, se détournant, il aperçut le front étroit, l'œil enfoncé et la taille courbée du frère Johan.

—Moines, je vous laisse, dit Emich d'une voix ferme ; il est convenable que vous priiez et que vous fréquentiez souvent ces sombres chapelles ; mais moi, je suis un soldat, et je ne puis pas perdre plus de temps sous ces voûtes. Adieu, père prieur, vous avez un gardien qui protégera les bons.

Avant que le prieur eût recouvré la voix, car lui aussi avait été saisi de surprise, le comte montait d'un pas pesant les degrés de marbre, et l'on entendit bientôt les éperons de ses bottes résonner sur le pavé de l'église supérieure.

CHAPITRE X.

Le chemin est court : partons !
ARMADO.

Tout convaincu que nous sommes des effrayantes infirmités qui accablent la nature humaine, il n'y a pas d'âme assez basse pour se refuser à reconnaître qu'il y a en nous les germes de ce principe religieux qui nous attache à notre divin créateur. La vertu commande le respect à l'homme, quelles que soient sa position sociale ou ses facultés intellectuelles, et celui qui pratique ses préceptes est certain du respect de ses contemporains, quoiqu'il ne le soit pas toujours de leur appui.

Tandis que le comte de Leiningen traversait la vaste et riche nef de l'église de l'abbaye, son esprit balançait entre les impressions produites par le prieur, et ses intentions ambitieuses et secrètes ; il ressemblait à un homme qui écoute à la fois les conseils d'un bon et ceux d'un mauvais génie ; celui-là l'exhortant à l'oubli et à la miséricorde, celui-ci le portant à la violence par les arguments ordinaires de la flatterie et de l'espérance. Tandis qu'il réfléchissait aux exactions de la communauté, fondées sur une supériorité légale, et qui étaient à la fois intolérables pour son pouvoir et pour sa fierté; à la manière dont elle contrariait ses vues; à l'opposition constante qu'elle avait apportée à sa suprématie dans la vallée, motif d'animosité augmenté encore par la conduite dissolue et audacieuse d'une trop grande partie de ses membres, l'image du père Arnolph, entouré de tout ce qui est doux et noble dans la vertu chrétienne, s'opposait secrètement aux effets que ses premières pensées avaient produits. Emich ne pouvait pas, malgré sa volonté, chasser de son imagination le souvenir de la douceur, de la charité et de l'abnégation du moine, que de longs rapports avec lui lui avaient fait connaître, et dont cette récente entrevue avait encore augmenté l'impression. Mais il se préparait un spectacle dans la cour du couvent qui affaiblit cette heureuse influence du prieur, en opposant la fierté du noble à ses sentiments religieux ; et cette impression fut aussi forte que le plus grand ennemi de Limbourg aurait pu le désirer. Nous avons dit que les murailles extérieures de l'abbaye entouraient l'étendue de la montagne sur laquelle était situé le couvent. Bien que les bâtiments fussent vastes et nombreux, la petite plaine qui était sur son sommet était assez spacieuse pour que les moines y prissent de l'exercice. Outre les cloîtres qui étaient très-grands, il y avait encore des jardins derrière la demeure de l'abbé, et une cour d'une étendue considérable immédiatement devant l'église. Au milieu de cette cour on voyait de nombreux groupes de paysans; et une troupe de soldats en bataille portant les couleurs et reconnaissant l'autorité de l'électeur Frédéric. Le signal secret donné par le père Boniface, lorsque le comte entra dans le chœur, avait préparé ce spectacle désagréable pour le seigneur voisin.

Tandis que les hommes d'armes étaient appuyés sur leur arquebuse, apportant une grave attention à la discipline militaire, le chevalier de Rhodes et l'abbé français s'occupaient à faire leur cour à la belle compagne du bourgmestre de Duerckheim, et à sa fille peut-être plus belle encore. Le jeune Berchthold se tenait à l'écart, surveillant cette entrevue avec un sentiment d'envie et de jalousie tout à la fois.

— Bonjour, noble comte Emich, s'écria le bourgmestre d'un air ouvert, mais ôtant son bonnet, lorsque le seigneur approcha du lieu où le bourgeois s'était arrêté, attendant cette rencontre avant de mettre le pied dans l'étrier. Je craignais que la chapelle de vos pères ne me privât de l'honneur dont je jouis en ce moment, et que je ne fusse obligé de m'éloigner sans un mot amical de Votre Grâce.

— Entre toi et moi, Heinrich, cet oubli ne pouvait avoir lieu, répondit le comte saisissant la main du bourgeois qu'il pressa avec la cordialité et la vigueur d'un soldat. Comment cela va-t-il à Duerckheim, cette ville de mon affection, pour ne pas dire de mon apanage?

— Aussi bien que vous pouvez le désirer, noble comte, et bien disposée pour la maison de Leiningen. Quant à son attachement pour votre nom et votre famille, il ne lui manque rien.

— C'est bien honnête, Heinrich. Cela pourrait encore être mieux, mais tu m'accorderas une grâce pour cette matinée d'été.

— C'est à Votre Seigneurie de commander dans cette circonstance, et à moi d'obéir.

— Heinrich, as-tu regardé ces coquins qui appartiennent à Frédéric? n'ont-ils pas l'air triste et mécontent d'être accouplés à des bénédictins, lorsque le Palatinat est en guerre, et que leur maître peut à peine tenir sa cour à Heidelberg? Ne vois-tu rien dans tout ceci?

Emich avait baissé la voix, et le bourgeois n'était pas homme à donner à sa réponse plus de sens que les circonstances ne l'exigeaient. Ses regards étaient éloquents, et ceux qu'il échangea avec le comte trahissaient la nature des rapports qui existaient entre le château et la ville.

— Vous parlez de commander à mon devoir, et il est convenable que je sache de quelle manière je puis vous obliger.

— Ce n'est pas une grande pénitence que je t'impose : tourne seulement la tête de ton cheval vers Hartenbourg, et viens partager mon pauvre repas. Tu seras le bienvenu pendant une heure ou deux.

— Je voudrais le pouvoir, seigneur comte, répondit Heinrich en jetant un regard de doute sur Meta et sur sa femme; mais ces offices du dimanche sont des plaisirs pour les femmes, et depuis le premier son de la cloche le matin, jusqu'au moment où les portes de l'église se ferment, je suis à peine maître d'une pensée.

— Par la sainte Vierge! ce serait un malheur que le toit d'Hartenbourg ne pût abriter tous ceux que tu aimes, et qui portent ton nom.

— Il y a déjà de nobles gentilshommes sous votre toit, et je ne voudrais pas être obligé...

— N'en parle pas : celui qui porte un riche pourpoint avec une croix blanche est un chevalier de Rhodes sans asile, qui erre comme la colombe pour éviter le trait du chasseur, ne sachant où arrêter ses pas; celui qui porte des vêtements noirs est un abbé français, passablement oisif, car il ne fait pas autre chose que de babiller avec les femmes; abandonne-lui les tiennes, car elles sont accoutumées à ces galanteries.

— *Zum Henker!* noble seigneur, je n'ai jamais douté de leur goût pour toutes ces vanités; mais ma femme n'est point en humeur de supporter des attentions de cette nature, et, pour ne rien vous cacher, je vous avouerai que je n'aime pas non plus être témoin de toutes ces fadaises. Si la noble Hermengarde, votre compagne, était au château, ma femme et ma fille seraient heureuses de lui faire leur cour; mais, en son absence, je suppose qu'elles seraient plus importunes qu'elles ne causeraient de plaisir.

— Ne t'inquiète pas de cela, honnête Heinrich, mais laisse-moi conduire cette affaire; quant à ces deux paresseux, je leur trouverai de l'occupation aussitôt qu'ils seront hors de selle; ainsi je n'excuserai pas même ta fille si elle ne vient pas au château.

Cette invitation franche et pressante de la part du noble l'emporta, quoique cet arrangement ne plût pas extrêmement au bourgeois; mais, dans ce siècle, l'hospitalité avait un caractère si positif, qu'on n'admettait aucun refus sans une excuse suffisante. Après cette invitation, Emich alla faire sa cour aux dames; passant sa main sur sa barbe et ses moustaches, il effleura les joues d'Ulrike avec une franche affection, et, se fiant à son âge et à son rang, il déposa un baiser sur les lèvres fraîches de Meta; la jeune demoiselle rougit, se mit à rire, et, dans sa confusion, elle fit la révérence comme pour reconnaître la grâce que lui avait faite un si grand seigneur. Heinrich, quoique très-peu porté à approuver que sa femme et sa fille fussent l'objet de la galanterie d'un étranger, fut témoin de ces libertés, non-seulement sans alarmes, mais avec un plaisir évident.

— Bien des remerciements, noble Emich, pour l'honneur que vous faites à ma femme et à ma fille, s'écria-t-il en ôtant de nouveau sa toque. Meta n'est point habituée à de pareils compliments, et elle ne sait pas comment reconnaître cet honneur; car, pour dire la vérité, son visage ne sent pas souvent le piquant d'une barbe. Je ne suis point courtisan de son sexe, et il n'y a personne à Duerckheim qui puisse le prétendre.

—Que saint Denis me protége ! s'écria l'abbé. Quelle honteuse négligence de notre part ! Et il embrassa la douce Ulrike, puis répéta la même cérémonie avec sa fille. Tout cela se fit si précipitamment que tous ceux qui étaient présents n'eurent pas le temps de revenir de leur surprise. — Sire chevalier de Rhodes, nous ne jouons pas dans cette affaire un rôle digne d'hommes de naissance.

— Arrêtez, cousin de Viederbach, dit Emich en riant, en même temps qu'il plaçait une main devant son parent; nous oublions que nous sommes dans la cour de Limbourg, et que ces saluts qui font tant de plaisir à nous autres mondains peuvent scandaliser de saints religieux. Nous allons remonter à cheval, et garder nos galanteries pour un temps plus convenable.

En ce moment, Berchthold parvint à réprimer un mouvement d'impatience, et il se détourna pour cacher son mécontentement et son chagrin.

Pendant ce temps, toute la société se préparait à monter à cheval. Quoique repoussé dans ses efforts pour obtenir un baiser de la jeune fille, qui avait si passivement reçu ces libertés de la part du comte et de l'abbé, le chevalier de Rhodes aida la demoiselle à monter en croupe derrière son père. Le comte de Leiningen rendit le même service à Ulrique, puis il jeta sa jambe pesante et bottée sur le vigoureux cheval de guerre qui piaffait dans la cour du couvent. Chacun imita son exemple, jusqu'aux serviteurs qui étaient en grand nombre, lorsqu'il fit un grave salut devant un Christ plus haut que nature, érigé en face de l'église. Alors toute la cavalcade quitta la cour.

Il y avait un grand nombre de curieux en dehors des portes, parmi lesquels on voyait une foule des plus humbles vassaux d'Hartenbourg, rangés là par ordre de leur seigneur, dans le cas où une violence subite eût éclaté pendant la visite du comte à l'abbaye; on y voyait aussi une multitude de mendiants.

—La charité, s'il vous plaît, noble Emich ! la charité, s'il vous plaît, digne et riche bourgmestre ! que Dieu vous bénisse tous les deux, et que saint Benoît intercède en votre faveur. Nous avons faim et froid, et nous implorons la charité de vos nobles mains !

—Donnez à ces coquins un sou d'argent, dit le comte à son trésorier qui se trouvait à sa suite. Ils ont l'air de mourir de faim en effet ; ces dignes bénédictins ont été ce matin si occupés de leur garnison et de leur messe qu'ils ont oublié de nourrir le pauvre. Avance plus près de moi, l'ami, es-tu du Jaegerthal?

— Non, noble comte, je viens d'un pèlerinage à un lointain couvent : mais le besoin et la souffrance m'ont accablé pendant le chemin.

— As-tu imploré la charité des moines? ou les as-tu trouvés trop occupés du service de Dieu pour se souvenir des souffrances humaines?

— Noble comte, ils donnent largement ; mais lorsqu'il y a beaucoup de bouches à remplir, on a besoin de beaucoup d'or. Je ne dis rien contre la sainte communauté de Limbourg, qui est remplie de charité et d'hospitalité.

— Jetez à ce coquin un kreutzer, murmura Emich, donnant des éperons à son cheval, de manière à écraser le gravier sous ses fers.

— Ecoute, l'ami, observa Heinrich Frey, sur quelle autorité te fondes-tu en entreprenant ce pèlerinage, et pour assaillir les sujets de l'électeur et ses serviteurs sur une route publique?

— Sur aucune autre, illustre bourgmestre (Heinrich portait les insignes de sa charge), que les ordres de mon confesseur et le passeport signé de nos autorités et de notre chef.

— Tu parles du passeport légal : n'appelles-tu cela rien? tu parles d'une des premières autorités du pays comme si ce n'était qu'une copie de mauvais vers. Tiens, il ne faut pas que le besoin t'induise en tentation. Meta, ma fille, as-tu un kreutzer?

— Voici un sou d'argent, mon père, il conviendra mieux aux besoins du pèlerin.

— Que Dieu te protège, enfant! espères-tu échapper toi-même au besoin, avec une telle prodigalité? Mais, arrête ; ils sont nombreux, et cette pièce d'argent, distribuée avec discernement, peut leur faire du bien à tous. Approchez-vous, mes amis : voilà un swanziger d'argent, que vous allez diviser honnêtement en vingt parts, dont deux seront pour l'étranger, car c'est à lui que nous devons le plus, suivant les commandements de Dieu, et un pour chaque habitant de la vallée, sans oublier la pauvre femme que, par votre précipitation, et en raison de ses années, vous avez empêchée d'approcher. En faveur de ce don, je demande vos prières pour l'électeur, la ville de Duerckheim et la famille de Frey.

En disant ces mots, le bourgmestre piqua des deux, et fut bientôt au pied de la montagne de Limbourg. Les valets de pied, qui étaient restés en arrière pour être témoins des largesses du magistrat, s'étonnèrent de l'indifférence d'Emich, ce qui semblait peu naturel dans un homme placé par la Providence assez haut pour secourir les besoins du pauvre; ils se disposaient à suivre leurs maîtres lorsqu'un frère lai toucha un de ces valets sur le bras, lui faisant signe de rentrer dans la cour.

— On a besoin de toi, mon ami, dit le frère à voix basse. Amuse-toi avec ces hommes d'armes jusqu'à ce qu'ils se retirent, puis entre dans les cloîtres.

Un signe apprit au frère lai qu'il était compris, et il disparut aussitôt. Le serviteur du comte Emich fit ce qu'on lui avait commandé, se promenant dans la cour jusqu'à ce que le projet de l'abbaye fût accompli, celui de montrer la protection que lui accordait l'électeur contre son dangereux voisin. Les arquebusiers se rendirent à leurs quartiers. Le chemin ne fut pas plus tôt libre que le paysan suivait les ordres qui lui avaient été donnés.

Dans tous les couvents de l'ancien monde, il existe une cour intérieure, entourée d'arcades basses, appelées cloîtres. Cette expression, qui désigne la solitude de la vie monastique et le but de l'institution elle-même, s'applique seulement, dans un sens architectural, aux arcades sombres et solitaires dont on vient de faire mention. Lorsque cette partie du bâtiment est embellie, comme il arrive souvent, par des ornements d'un style gothique, on ne peut imaginer un lieu plus propre à la réflexion, à l'examen de soi-même et à un calme religieux. Quant à nous, les cloîtres nous ont toujours paru remplis de la poésie de la vie religieuse; et, bien que protestant, nous n'entrons jamais dans un cloître sans ressentir l'influence de ce sentiment, qu'on croit être excité par la solitude d'un couvent. En Italie, la terre des pensées poétiques et des glorieuses réalités, les pinceaux des plus grands maîtres ont prêté aux cloîtres les séductions de l'art, mêlées de leçons instructives en harmonie avec leur usage. C'est là qu'on trouve les plus beaux tableaux de Raphaël, du Dominiquin et d'André del Sarte, et le voyageur entre maintenant dans les galeries voûtées que le moine traversa si longtemps rempli d'un espoir religieux, ou absorbé dans l'étude des sciences, pour visiter les reliques les plus précieuses des arts.

Le serviteur du comte Emich n'eut point de peine à trouver son chemin aux lieux en question; car, comme c'était l'usage, il y avait une communication directe entre les cloîtres de Limbourg et l'église. En entrant dans cette dernière, et prenant une porte latérale qui conduisait à la sacristie, il se trouva sous l'arcade au milieu de la touchante solitude que nous avons décrite. Il y avait contre la muraille des tablettes avec des inscriptions latines, en honneur de différents frères qui s'étaient distingués par leur piété et leur savoir; et çà et là on apercevait, soit en ivoire, soit en pierre, le signe constant du culte catholique, un crucifix.

L'étranger s'arrêta, car un moine passait sous les arcades, et ses manières n'étaient pas assez engageantes pour un homme qui doutait de la réception qu'on allait lui faire. C'était du moins ce que pensait le serviteur d'Emich, qui pouvait aisément prendre l'expression mortifiée des traits du père Arnolph, dont, en ce moment, le front était chargé de soucis, pour de la sévérité.

— Que veux-tu? demanda le prieur lorsqu'il se trouva face à face avec le nouveau venu.

— Révérend moine, ta sainte bénédiction.

— Agenouille-toi, et reçois-la, mon fils. Tu es doublement béni en cherchant des consolations dans le sein de l'Eglise, et en évitant les fatales hérésies de notre siècle.

Le prieur répéta la bénédiction, et fit signe au paysan de se relever.

— Désires-tu autre chose? demanda-t-il, observant que le paysan ne se retirait pas, comme c'était l'habitude de ceux qui avaient reçu cette faveur.

— Rien, à moins que cet autre frère n'ait affaire à moi.

On apercevait en ce moment la tête de Siegfried qui passait par l'ouverture d'une porte conduisant aux cellules. Le visage du prieur changea comme celui d'un homme qui a perdu toute confiance dans les intentions d'un autre, et il continua son chemin sous les arcades. Siegfried disparut aussi, par la porte même par laquelle il avait invité secrètement le paysan à entrer.

On a déjà dit que les bénédictins appartiennent à un ordre

hospitalier. Un des principaux bâtiments de la montagne était particulièrement consacré au bien-être de l'abbé et des voyageurs qu'il était de son devoir et plus souvent encore de son plaisir de recevoir. Là on voyait quelques signes de la richesse immense du monastère, bien qu'ils fussent adoucis par les formes, et restreints par les préjugés. Cependant on n'y voyait rien qui annonçât le renoncement à soi-même, et cette mortification qu'on croit inséparable de la cellule. Les appartements étaient lambrissés en bois de chêne ; des emblèmes de la foi religieuse en matériaux précieux abondaient partout. Il n'y manquait pas non plus de velours et autres étoffes, de couleurs modestes, quoique d'une grande valeur. Le père Siegfried conduisit le paysan dans un de ces appartements les plus soignés. C'était le cabinet de l'abbé, qui, ayant quitté ses vêtements dans lesquels il avait si récemment paru au chœur, et s'étant dépouillé de toute la pompe ecclésiastique dans laquelle il s'était montré au peuple, prenait ses aises avec toute l'indolence d'un étudiant et en quelque sorte avec la négligence d'un libertin.

— Voilà le jeune homme dont je vous ai parlé, saint abbé, dit le père Siegfried, en faisant signe à son compagnon d'avancer.

Boniface mit de côté un livre couvert en parchemin et colorié, qui venait d'être imprimé récemment, et frotta ses yeux comme un homme qui est subitement tiré d'un rêve.

— En vérité, père Siegfried, ces coquins de Leipzig ont fait des merveilles dans leur art ! Je ne puis pas trouver un mot hors de la droite ligne ni une pensée déguisée. Dieu sait où cet excès de connaissances humaines, jusqu'ici confiées aux savants, peut nous conduire ! La charge de bibliothécaire ne conservera pas longtemps ses avantages, ni même sa réputation.

— N'avons-nous pas des preuves de ce fléau dans l'irréligion et dans l'insubordination de l'époque ?

— Il vaudrait mieux, pour le salut de leur âme et leur repos dans ce monde, que moins de personnes eussent le don de penser, dans ce siècle de trouble. — Tu t'appelles Jean, mon fils ?

— Gottlob, révérend abbé, avec votre permission et la faveur de l'Église.

— C'est un saint nom, et j'espère que tu n'oublies pas d'obéir au devoir qu'il te rappelle à chaque heure [1].

---

1. *Gottlob* signifie en français : *Dieu soit loué !*

— Dans cette circonstance, je puis dire que je loue Dieu, mon père, pour tous les bienfaits que j'en reçois; et, s'ils étaient le double de ce qu'ils sont, je sens quelque chose en moi qui me dit que je louerais Dieu toute ma vie, pour quelque faveur avantageuse, par exemple.

A cette réponse de Gottlob, l'abbé tourna la tête. Après avoir étudié l'expression paisible du jeune homme, il ajouta :

— C'est bien. — Vous êtes un chasseur au service du comte Emich?

— Son vacher, saint abbé, et un chasseur par-dessus le marché; car on ne pourrait pas trouver dans le Palatinat une famille plus agitée, plus embarrassante et plus errante que la mienne.

— Je me rappelle qu'on m'a dit un vacher. Tu t'es conduit un peu légèrement avec le père Siegfried, qui est ici présent, en prétendant que tu étais de Duerckheim et non pas du château.

— Pour dire la vérité à Votre Révérence, il y avait quelque différend entre nous; car il faut que vous sachiez, saint abbé, qu'un vacher doit répondre de toutes les folies de ses vaches; et je préférais faire pénitence simplement pour mes propres fautes, sans avoir à nettoyer la conscience de tous les bestiaux du comte Emich.

L'abbé tourna de nouveau la tête, et cet fois son regard fut plus long et plus scrutateur.

— As-tu entendu parler de Luther?

— Votre Révérence parle-t-elle de cette ivrogne glouton de Duerckheim?

— Je parle du moine de Wittenberg, coquin; quoique, par saint Benoît, tu as assez heureusement surnommé le rebelle, car il gloutonne ce que la sainte Eglise sera obligée de réparer. Je te demande si tu n'as pas souillé ton esprit et affaibli ta foi en prêtant l'oreille à cette damnable hérésie qui se répand dans notre Allemagne.

— Que saint Benoît et la Vierge Marie se souviennent de vous suivant vos mérites. Qu'est-ce qu'un pauvre vacher peut avoir à démêler avec des questions qui troublent l'âme des plus savants, et rendent les plus paisibles disposés à être querelleurs et guerriers?

— Tu as reçu une éducation au-dessus de ta fortune. Es-tu du Jaegerthal?

— J'y suis né et j'y ai été nourri, saint abbé. Nous sommes depuis longtemps établis dans la vallée, et peu de familles sont plus renommées pour leur adresse à élever des abeilles, ou pour conduire habilement un troupeau, que celle dont je suis sorti, tout humble que je puisse paraître à Votre Révérence.

— Je crois qu'il y a autant de faux-semblant que de réalité dans cette mauvaise opinion que tu as de toi-même. Mais tu as eu une explication avec le frère Siegfried, et nous comptons sur tes services. Tu connais le pouvoir de l'Eglise, mon fils, et tu ne peux ignorer qu'elle est disposée à agir miséricordieusement envers ceux qui lui rendent hommage; tu as entendu aussi parler de ses châtiments lorsqu'elle est justement en courroux. Nous sommes disposés à augmenter de douceur avec ceux qui ne s'écarteront pas du troupeau, dans ce moment où le démon tente les ignorants et les malheureux.

— Malgré tout ce que vous dites, révérend abbé, relativement au peu que j'ai glané dans le chemin de l'éducation, j'ai trop peu d'esprit pour comprendre autre chose que ce qui est dit clairement. En ce qui a rapport à un marché, il faudrait parler franchement des conditions, de crainte qu'un pauvre jeune homme, quoique bien intentionné, se trouvât damné simplement parce qu'il ne comprenait pas le latin, ou qu'il n'avait pas compris clairement ce qui n'avait pas été clairement expliqué.

— Je ne veux pas dire autre chose, sinon qu'on se souviendra de ta pieuse conduite à l'autel et au confessionnal, et que des indulgences et d'autres faveurs ne seront point oubliées lorsqu'il sera question de toi.

— Cela est excellent, saint abbé, pour ceux qui peuvent en profiter. Mais, que saint Benoît nous protége, de quel secours cela nous serait-il, dans le cas où le seigneur Emich menacerait ses gens de coups ou de la prison, s'ils osaient fréquenter les autels de Limbourg, ou avoir d'autres rapports avec la révérente confrérie?

— Crois-tu que nos prières et notre autorité ne peuvent pas pénétrer dans les murailles d'Hartenbourg?

— Je n'en puis rien dire, puissant abbé, puisque je n'en ai pas encore fait l'expérience. Le donjon d'Hartenbourg et moi ne sommes pas étrangers l'un à l'autre, et, pour vous dire ma façon de penser, saint Benoît lui-même aurait beaucoup de peine à en ouvrir les portes ou à en rendre les pavés plus doux, tant que le comte est en colère. *Potz-Tausend!* saint abbé, vous avez raison de parler de miracles et d'indulgences, mais que celui qui s'imagine que ces deux choses réchaufferont et rendront agréable cet abominable trou, y passe une nuit dans le mois de novembre ! il pourra y entrer s'il lui plaît avec toute la confiance possible dans les prières de l'abbaye ; mais s'il n'en sort pas avec une plus grande crainte encore du mécontentement du comte Emich, alors il n'est point de chair et d'os, c'est un four sous une forme humaine.

Le père Boniface vit qu'il était inutile d'essayer de s'emparer de l'esprit du gardeur de bestiaux par les moyens ordinaires, et il eut recours à d'autres qui sont en général plus sûrs. Faisant signe à son compagnon de lui passer une petite cassette, ornée extérieurement de plus d'un signe de la religion chrétienne, il y prit une bourse qui ne manquait ni de grandeur ni de poids. Les yeux de Gottlob brillèrent ; si les moines n'avaient pas été trop occupés à regarder l'or, ils auraient pu soupçonner que le plaisir qu'il trahissait était un peu affecté, et qu'il manifestait un violent désir de connaître le contenu d'un sac qui paraissait être de grande valeur.

— Cela fera la paix et établira la confiance entre nous, dit l'abbé en offrant à Gottlob un marc d'or. Voilà ce que l'esprit le moins pénétrant peut comprendre, et une chose dont les mérites seront assez clairs pour un esprit aussi prompt que le tien.

— Votre Révérence ne se méprend pas sur mes moyens, répondit le pâtre en mettant l'argent dans sa poche sans autre cérémonie. Si notre bonne mère l'Église prenait cette méthode pour s'assurer des amis, elle pourrait rire au nez de tous les Luthers qui se trouvent entre le lac de Constance et l'Océan, et de celui de Wittenberg par-dessus le marché. Mais, depuis quelque temps, par un étrange malentendu, elle a plutôt pris l'argent du peuple qu'elle ne lui en a donné ! Je me réjouis de voir qu'elle s'aperçoit enfin de son erreur, et je suis surtout satisfait d'être un des premiers dont elle se serve pour manifester ses nouvelles intentions.

L'abbé était fort embarrassé pour comprendre le caractère de son nouvel agent ; mais, étant lui-même attaché aux choses du monde, et égoïste, il compta sur un homme qui lui était acquis par ses inclinations mercenaires. Il quitta son siége comme un homme qui ne voyait plus de nécessité à feindre davantage, et parla directement du motif de l'entrevue.

— Tu as quelque chose à nous communiquer sur le château d'Hartenbourg, Gottlob?

— Si le bon plaisir de Votre Révérence est d'écouter.

— Parle : peux-tu nous dire quelque chose sur les forces qui sont enfermées au château du comte?

— Monseigneur l'abbé, ce n'est pas une chose facile que de compter les varlets qui vont et qui viennent depuis le moment où le soleil touche les tours de l'abbaye jusqu'à ce qu'il se couche derrière le Teufelstein.

— N'as-tu pas les moyens de les diviser en parties, et ensuite d'en faire l'énumération?

— Saint abbé, cette expérience m'a manqué. Je les ai divisés en deux parties, celle des ivrognes et celle des gens sobres. Mais, sur ma vie, je ne les ai jamais vus assez longtemps d'une égale humeur pour compter ceux qui étaient dans les greniers ou dans les caves; car, tandis que celui-ci dormait après une débauche, celui-là avalait coupe sur coupe, de manière à remplacer les ivrognes aussitôt qu'ils manquaient. Il serait plus facile de connaître la politique de l'empereur que de compter les soldats du comte Emich!

— Cependant ils sont nombreux?

— Oui ou non; cela dépend de la manière dont on envisage les militaires. S'il s'agissait de mettre à sec une barrique de vin, le duc Frédéric trouverait que c'est un corps nombreux, même s'il était question de sa tonne d'Heidelberg; et cependant je doute qu'il trouvât que ce fût une troupe assez considérable pour la guerre dans laquelle il s'est engagé.

— Retire-toi, tu n'es pas assez précis dans tes réponses pour l'affaire que tu as entreprise. Rends l'or que tu as reçu, si tu nous refuses tes services.

— Je vous prie, révérend abbé, de vous rappeler les risques que j'ai déjà courus dans cette affaire désespérée, et de penser que la bagatelle que vous m'avez si généreusement accordée est déjà plus que gagnée, par le danger de perdre mes oreilles, pour ne rien dire de la perte de ma réputation et de quelques remords de conscience.

— Ce niais s'est joué de toi, père Siegfried, dit l'abbé au moine d'un ton de reproche ; il ose même oublier qu'il est en notre présence.

— Nous avons les moyens de le rappeler au respect aussi bien qu'au souvenir de ses engagements.

— Tu as raison ; que la punition soit infligée. Mais arrêtez !

Pendant ce bref colloque entre les bénédictins, le père Siegfried toucha une corde, et un frère lai d'une taille athlétique se présenta. A un signal du moine, il posa sa main sur le bras de Gottlob, et il allait le conduire hors de la chambre, lorsqu'un nouveau signal du père Siegfried et les derniers mots de l'abbé l'engagèrent à s'arrêter.

Boniface appuya une joue sur sa main, et réfléchit longtemps au coup qu'il allait frapper. Les relations entre l'abbaye et le château, pour nous servir d'une expression diplomatique, étaient précisément dans cette fausse position où il devient presque aussi dangereux de reculer que d'avancer. Emprisonner un vassal du comte d'Hartenbourg, c'était amener les choses à un dénouement immédiat ; et cependant lui permettre de quitter le couvent, c'était priver la confrérie des moyens de tirer des informations qu'il était si important d'obtenir, et de prouver ce qui avait été le but de la débauche que nous avons décrite, dans un moment où il y avait si peu d'amitié réelle entre les buveurs. La précaution d'Emich avait détruit ce plan si bien conçu, et le résultat de cette expérience avait été trop coûteux pour qu'elle fût répétée. Il y avait aussi quelque danger à permettre à Gottlob de retourner à Hartenbourg, car les espérances et l'esprit hostile de l'abbaye avaient été trop imprudemment exposés à ce rustre, et il était certain qu'il raconterait ce qui lui était arrivé. Il était utile aussi de montrer une apparence de confiance, bien qu'il en existât si peu en réalité ; car le moine savait fort bien qu'à la place de l'amitié son ombre servait encore à prévenir les éclats d'une guerre ouverte. Il avait des agents à Heidelberg, pressant l'électeur sur un point de la dernière importance pour le monastère, et il était nécessaire qu'Emich ne fût point conduit à quelque acte hostile avant que le résultat de cette mission ne fût connu. Enfin ces deux petites puissances étaient dans une position semblable à celle où se sont souvent trouvés des Etats plus considérables ; elles jouaient par instinct un rôle opposé à leur intérêt respectif, et cependant elles reculaient le dénouement, parce que aucune des deux n'était préparée à proclamer ce qu'elle désirait, ce qu'elle méditait, et ce qu'elle se croyait capable d'obtenir. En même temps, il y avait une politesse affectée entre les parties belligérantes, obscurcie accidentellement par des accès de ressentiment, que le monde appelle bonhomie, mais auxquels il vaudrait peut-être mieux donner le nom plus franc d'artifice.

L'abbé était si habitué à ces sortes de méditations politiques, que toutes ces considérations passèrent dans son esprit en moins de temps que nous n'en avons mis à les décrire ; cependant cette pause fut salutaire, car, lorsqu'il reprit l'entretien, on vit que la réflexion guidait ses pensées.

— Tu resteras un peu avec nous, Gottlob, pour le bien de ton âme, dit-il en faisant un signe qui fut compris de ses inférieurs.

— Un million de remerciements, humain et digne abbé ! Après le bien-être présent de mon corps, je porte un grand intérêt à l'avenir de ma pauvre âme, et il y a une grande consolation dans vos gracieuses paroles. Ce n'est que l'âme d'un pauvre homme, mais comme c'est tout ce que je possède, il faut que j'en prenne soin.

— La punition qui te sera infligée te deviendra salutaire ; mes frères, conduisez le pénitent à sa cellule.

La singulière indifférence avec laquelle Gottlob entendit sa condamnation aurait été un sujet de réflexion pour l'abbé, s'il n'eût été préoccupé par d'autres pensées. En un mot, le paysan accompagna le frère lai sans faire aucune résistance, et comme s'il eût pensé qu'il recevait une espèce d'honneur de la communauté de Limbourg. Ses manières étaient même si naturelles et si aisées lorsqu'il prit la direction d'un sombre corridor, que le père Siegfried commença à croire qu'il avait employé un agent dont l'esprit, quelque fin et pénétrant qu'il semblât parfois, était sujet, dans d'autres instants, à une imbécillité encore plus grande. Le religieux conduisit le gardeur de bestiaux dans une cellule, lui montra un crucifix, seul meuble qui se trouvât dans ce lieu, et, sans juger qu'il fût nécessaire de fermer la porte, il se retira.

CHAPITRE XI.

>Valérie est venue pour vous rendre visite.
>SHAKSPEARE. *Coriolan.*

Peu de moments suffirent pour amener la cavalcade du comte Emich aux portes d'Hartenbourg. Lorsque chacun fut descendu, et que les nouveau-venus et les habitants du château furent entrés, le seigneur du lieu embrassa de nouveau Ulrike et sa fille. Cette liberté était due à son double privilége de baron et d'hôte. Il reçut de nouveau encore cette fois l'approbation reconnaissante d'Heinrich Frey. Les dames furent ensuite confiées aux soins de Gisela, la fille du concierge, qui, en l'absence de sa noble maîtresse, faisait les honneurs du château.

— Vous êtes trois fois le bienvenu, franc et loyal Heinrich! s'écria le comte avec chaleur en conduisant le bourgeois par la main dans les appartements d'honneur. Personne ne connaît ce que tu vaux, et ta constance en amitié, mieux que le maître de ce pauvre château, et personne ne t'aime mieux non plus.

— Je vous fais tous les remerciements, noble Emich, qu'un homme d'humble naissance et d'humble éducation peut offrir à un seigneur aussi honoré. Je suis peu habitué aux politesses, excepté à celles que nous autres bourgeois recevons et rendons dans les rues, et je ne m'exprime peut-être pas avec autant de respect que je le devrais et que j'ai l'intention de le faire; mais je vous en prie, seigneur comte, prenez mon désir pour la réalité.

— Si tu étais le chambellan favori de l'empereur, tes remerciements ne te feraient pas plus d'honneur; bien que Duerckheim ne soit pas Madrid, c'est une ville très-respectable et fort policée, et tous ceux qui l'habitent ne doivent envier ni Rome ni Paris. Voilà mon parent de Viederbach, un chevalier que la Providence a jeté errant par le monde depuis la chute de l'île de Rhodes; il

L'INCIDENT A JOUER.

a voyagé au loin, et il jure tous les jours que la ville que tu habites n'a pas son égale pour l'étendue.

— Considérée comme une ville de montagnes de peu d'étendue, Monseigneur : nous ne rougissons pas à l'aspect des vieilles murailles de Duerckheim.

— Vous n'en avez pas besoin; tu as dû faire attention que je ne parlais que de son étendue. M. Latouche est un gentilhomme qui vient de la capitale du roi François lui-même, et pas plus tard que ce matin il parlait de la propreté, de la richesse, et autres avantages qui sont remarquables, même pour un étranger, dans ton bourg prospère et bien administré.

Le bourgmestre reconnut le compliment par un profond salut; le plaisir brillait dans ses yeux, car la flatterie, quelque visible qu'elle soit, est toujours bienvenue près de ceux qui aspirent aux honneurs publics. Emich savait bien que les louanges qu'on lui adressait sur la bonne administration et la police de Duerckheim étaient celles qui flattaient le plus l'amour-propre du bourgmestre Heinrich Frey.

— Le comte Emich me rend à peine justice, dit le subtil abbé, car j'y trouve bien d'autres causes d'admiration; la déférence que la populace de cette ville a pour le rang, et la manière dont on y respecte le bien-être des riches est particulièrement digne d'éloges.

— Monsieur l'abbé a raison, comte Emich, car de toutes les villes d'Allemagne je crois qu'il n'en existe pas une dans laquelle les pauvres soient si bien instruits que dans notre Duerckheim à ne pas fatiguer les riches et les nobles de leurs importunités; il me semble que monseigneur le comte a dû observer la sévérité de nos lois dans cette circonstance particulière.

— Personne ne les connaît mieux et n'y fait plus d'attention que moi. Je ne me rappelle pas, cousin Albrecht, qu'une seule demande désagréable m'ait été adressée dans cette ville. Mais je vous empêche de vous rafraîchir, mes dignes amis. Mettez-vous à votre aise, nous nous retrouverons lorsque nous le désirerons.

Le chevalier et l'abbé prirent cette invitation pour un désir que le comte éprouvait de se trouver seul avec le bourgmestre, et quittèrent aussitôt l'appartement. Lorsqu'il fut seul, Emich prit de nouveau Heinrich Frey par la main, et le conduisit vers une partie du château où personne n'entrait jamais sans être appelé. Il pénétra dans une de ces chambres étroites, consacrées au mystère, et qu'on appelait avec raison un cabinet, n'étant pas beaucoup plus grande et à peine mieux éclairée que l'appartement exigu auquel nous donnons ce nom de nos jours.

Lorsqu'il fut loin de tous les yeux, et débarrassé de la crainte des espions, le comte jeta son manteau, défit la boucle de son ceinturon, et se mit à son aise. Le bourgmestre s'assit sur un tabouret par déférence pour le rang de son compagnon, tandis que ce dernier, sans paraître remarquer cette action, se plaça sur la seule chaise que contenait le cabinet. Tous ceux qui ont fréquenté les Asiatiques et les Musulmans des côtes méridionales de la Méditerranée ont dû souvent remarquer le silence expressif et la manière dont ces derniers se regardent lorsqu'ils sont sur le point de faire ou de demander une confidence. Leur œil s'anime par degrés, les muscles de leur bouche se relâchent, jusqu'à ce que leur désir soit trahi par un sourire. C'est un des moyens employés par les hommes qui vivent sous un gouvernement despotique et dangereux, et lorsque les habitudes sociales sont mêlées de violence et de trahison, de s'assurer les uns les autres d'une protection secrète et d'une amitié à toute épreuve.

Il existe une sorte de franc-maçonnerie semblable dans toutes les conditions de la vie, lorsque des institutions sages et justes n'étendent point également leur manteau sur le faible et sur le puissant, suppléant par la majesté de la loi à la nécessité de ces appels furtifs à l'appui d'un ami ou d'un confident. Telle était, en quelque sorte, la nature de l'entrevue qui avait lieu entre Emich d'Hartenbourg et le bourgmestre de Duerckheim. Le comte posa d'abord sa large main osseuse sur le genou d'Heinrich, qu'il serra jusqu'à ce que ses doigts de fer fussent à peu près enterrés dans cette énorme partie charnue ; puis chacun tourna sa tête vers son compagnon, se regardant de côté, comme s'ils comprenaient mutuellement la signification de cette coquetterie silencieuse. Cependant, malgré ce rapport apparent de pensées et de confiance, les manières et l'air de chacun d'eux se distinguaient par le caractère personnel et la position sociale de l'individu. Les regards du baron étaient plus décidés et parlaient plus ouvertement que ceux du bourgeois, tandis que le sourire de ce dernier paraissait comme un faible reflet de l'expression engageante du premier, plutôt que l'effet d'une impulsion intérieure.

— As-tu entendu parler du succès de la nuit dernière? demanda brusquement le comte.

— Non, Monseigneur, pas encore; et cependant je suis impatient de connaître tout ce qui touche les intérêts de Votre Seigneurie.

— Ces coquins de chanteurs de messes ont perdu leur tribut sur les vignes; ils en sont également dépouillés. Tu as entendu parler de nos longues épreuves sur la force de notre tête; j'avais eu l'intention de te prier d'être mon second dans ce banquet, mais la présence de ces oisifs et les devoirs de l'hospitalité me forcèrent de préférer mes deux commensaux. Tu aurais été un vigoureux champion dans un pareil combat, Heinrich!

— Je vous remercie, seigneur comte, et me trouve aussi honoré que si cette faveur m'avait été accordée. Je vaux tout autant qu'un autre à table, et je puis me vanter de bien porter le vin; mais les temps où nous vivons nous font un devoir d'être prudents, nous autres qui appartenons à l'ordre civil. Le peuple désire obtenir de graves et déraisonnables privilèges, comme, par exemple, le droit de vendre sa marchandise sur la place du marché à des heures qui ne seraient pas convenables pour le repos des bourgmestres, et autres innovations contre lesquelles nous nous élevons fortement, de crainte qu'avec le temps elles ne viennent à envahir notre autorité, et ne causent une espèce de convulsion dans l'état. Si nous donnions licence à des prétentions aussi extravagantes, seigneur comte, la ville entière ne serait que confusion, et Duerckheim, si renommée par son ordre, pourrait, à juste titre, être comparée aux huttes de cette terre lointaine qu'on appelle Amérique, et dont on s'est tant occupé dernièrement. Nous sommes donc obligés d'observer notre conduite, car nous avons des ennemis fort empressés à nous nuire, et qui n'ont pas grande indulgence. A toute autre époque j'aurais vidé la cave d'Heidelberg en votre honneur.

— Tu n'aurais pas couru ici le danger d'être observé, et, par les trois rois de Cologne! je saurais comment punir le coquin qui hasarderait de porter un œil curieux dans l'intérieur de ces murailles. Mais ta discrétion est digne de ta prudence, Heinrich, et je pense comme toi que les temps ne sont pas sans danger pour les amis de l'ordre et des institutions depuis longtemps établies. Que veulent les coquins qui troublent ainsi ton autorité? Ne sont-ils pas nourris et habillés? ne possèdent-ils pas des priviléges sans nombre? Si on laissait faire ces affamés, ils envieraient tous les morceaux délicats que leurs supérieurs portent à leur bouche, ou chaque goutte de généreux vin du Rhin qui humecte leurs lèvres.

— Je crains noble Emich, que cet esprit de jalousie ne fasse partie de leur basse nature. J'ai rarement consenti à céder à leurs demandes, quand ils désiraient prolonger le temps consacré à leurs divertissements, ou au débit de leur marchandise sur le marché, de peur que cette indulgence ne donne lieu à des demandes plus importantes. Non, celui qui veut gouverner tranquillement et à son aise doit gouverner despotiquement, ou nous deviendrons tous de véritables sauvages, plus faits pour vivre dans les forêts des Indes, qu'au milieu de nos villes civilisées.

— De plus dignes paroles ne furent jamais prononcées dans ton conseil, et je connais bien la tête qui les dicte. Si j'avais eu l'occasion de t'appeler ici pour le banquet, ton excuse m'eût satisfait, bien qu'il s'agît de plus d'un quartier de vignes. Mais que penses-tu, l'ami Heinrich, des religieux aujourd'hui, et de leur compagnie guerrière?

— Il est certain que le duc Frédéric les soutient, et pour parler franchement à Monseigneur, je lui dirai que ces hommes d'armes ont l'air de gens qui ne céderaient pas la montagne sans combattre.

— Est-ce là ton opinion, bourgmestre? C'est bien dommage que des hommes d'une valeur éprouvée s'entretuent pour la commodité et le bon plaisir de bénédictins tondus. Que peut-on dire en faveur de prétentions si audacieuses, et qui sont si offensantes tant pour moi, comme noble de l'empire, que pour tous ceux qui ont quelque importance à Duerckheim?

— Ils font un grand tort à la vertu des anciens usages et à l'origine sacrée de leur mission.

— Autant de respect que vous voudrez pour des droits qui sont scellés par le temps, car c'est là le cachet qui donne de la valeur à mes propres droits, et la plupart des priviléges de ta ville sont principalement consacrés par l'usage. Mais je leur reproche des abus, et je tiens qu'il est indigne de ceux qui peuvent se venger de se soumettre à une injure. Les moines pressent-ils encore la ville pour les redevances?

— Avec l'importunité la plus offensante. Si les affaires ne sont pas promptement arrangées, nous en viendrons à des dissensions ouvertes et scandaleuses.

— Je donnerais mes plaisirs de chasses pendant un hiver pour que Frédéric fût encore serré de plus près! s'écria le comte, portant de nouveau la main sur les genoux du bourgmestre, dont il étudiait le visage avec une expression qui n'était pas perdue pour son compagnon. Je parle ainsi afin que de cette manière il puisse distinguer ses vrais amis de ceux qui ne le sont pas.

Heinrich Frey garda le silence.

— L'électeur est un bon et aimable prince, mais il se laisse terriblement conduire par la cour de Rome! Je crains que nous n'ayons jamais un voisinage tranquille, malgré toute notre patience, jusqu'à ce que l'Eglise soit persuadée qu'elle doit limiter son autorité à ses devoirs.

Les paupières du bourgmestre se baissèrent, comme par l'effet de la réflexion.

— Je crains principalement, Heinrich, que mes chers et bons habitants de Duerckheim ne perdent cette occasion de recouvrer leurs droits, continua le comte, pressant le genou qu'il tenait toujours, jusqu'à ce qu'enfin la chair du compacte citoyen fléchît sous la force de cette pression. Que disent-ils dans le conseil touchant cette affaire?

Le bourgmestre ne pouvait garder plus longtemps le silence, mais il était facile de s'apercevoir, au jeu des pesants muscles de son visage, qu'il ne donnait son opinion qu'avec répugnance.

— On parle parmi nous, noble comte, suivant la fortune du duc Frédéric. Lorsque de bonnes nouvelles nous arrivent de l'autre côté du fleuve, la confrérie est maltraitée dans nos discours; mais lorsque les troupes de l'électeur triomphent, nous trouvons prudent de nous rappeler qu'elle a des amis.

— Par la vérité de Dieu! Heinrich, il est temps que vous en veniez à des conclusions positives, ou nous serons mal bridés dans la suite par ces prêtres hautains. N'êtes-vous pas fatigués de leurs exactions, et attendrez-vous patiemment qu'ils en fassent davantage?

— Dans cette circonstance nous trouvons que nous en avons suffisamment. Il n'y a pas une ville entre Constance et Leyden qui soit plus lasse de payer que Duerckheim; mais nous sommes maris et pères, seigneur comte, et des hommes qui portent un pesant fardeau d'autorité, et nous devons craindre qu'en jetant de côté une partie de ce fardeau, on ne trouve sur nos épaules la place pour en mettre un plus lourd encore. Lorsque je veux parler de votre vif attachement pour notre ville, il y a des langues médisantes qui me questionnent sur ses fruits et sur vos honorables intentions en notre faveur.

—Pour tout cela, tu ne dois pas manquer de réponses. Ne t'ai-je pas souvent entretenu des bons souhaits que je fais pour les citoyens ?

—Si des souhaits pouvaient servir nos intérêts, les habitants de la ville auraient droit aux plus hautes faveurs; lorsqu'il s'agit d'attendre avec patience des succès, Anvers elle-même ne vaut pas Duerckheim !

—Tu prends mal mes paroles; ce qu'Emich d'Hartenbourg désire pour ses amis, il trouve le moyen de l'accomplir; mais nous ne troublerons pas notre digestion, puisque nous sommes sur le point de nous mettre à table, par ces détails fatigants.

—Je vous en prie, seigneur comte, ne doutez pas de mes intentions... Peu de choses me troublent quand...

—Tu céderas à ma fantaisie. Quoi! le comte de Leiningen n'est-il pas maître dans son propre château? je n'entendrai pas un mot de plus jusqu'à ce que tu aies fait honneur à ma pauvre hospitalité. Mes valets ont-ils fait hier ce que je leur avais commandé, et t'ont-ils porté le chevreuil qui était tombé sous mes propres coups, Heinrich ?

—Un million de remerciements, seigneur; ils vous ont obéi. J'ai donné aux coquins un sou d'argent pour leur peine, et la poussière du Jaegerthal fut lavée par de fréquentes libations de notre vin de la plaine.

— C'est bien : entre amis il ne faut point de réserve en fait de politesses, dit Emich en se levant. Ne penses-tu pas, bourgmestre, à chercher parmi les jeunes gens de Duerckheim un fils qui devienne dans la suite l'appui de ta vieillesse? Meta a atteint l'âge où les filles deviennent avec joie des femmes.

— La jeune fille n'ignore pas son âge, et la recherche d'un mari convenable me donne tous les embarras qui accablent un père à une pareille époque. Je ne prétends pas comparer nos conditions et notre jeunesse en rien qui soit irrespectueux pour les nobles barons, seigneur comte ; mais, en général, parmi les grands et les petits, les jeunes gens d'aujourd'hui ne sont pas ce qu'ils étaient autrefois.

— Par les prêtres ! bourgmestre, il y a trop de Rome dans nos lois et dans nos coutumes. Dieu de ma vie ! lorsque je montai pour la première fois à cheval dans la cour qui est en bas, j'aurais sauté par dessus les tours du couvent si un bénédictin avait osé nier mon adresse !

— Ç'aurait été un miracle presque aussi grand que la construction des murs de leur monastère, répondit Heinrich en riant de la pensée du comte et en se levant par déférence pour l'attitude que le noble avait prise. Ces bénédictins ont bien négligé leurs avantages, car ils auraient pu conserver la croyance de ce miracle jusqu'à nos jours, comme c'était dans notre jeunesse, seigneur comte.

— Et que disent-ils à Duerckheim de cette affaire ?

— Les hommes la traitent à présent comme ils traitent tout autre sujet contestable. Depuis la révolte du frère Luther, beaucoup ont contesté non seulement ce miracle, mais une quantité d'autres.

Le comte fit le signe de la croix par inadvertance, paraissant s'attrister intérieurement sur ce sujet ; puis, regardant son compagnon, il s'aperçut qu'il était debout.

— Je te demande pardon, digne bourgmestre, ma distraction te tient sur tes jambes, mais les miennes sont depuis si longtemps suspendues dans l'étrier, qu'elles ont besoin de s'étendre. Assieds-toi, je t'en prie.

— Cela me conviendrait mal en votre présence, seigneur Emich, et cela ne ferait pas beaucoup honneur non plus à mon respect et à mon attachement.

— Je ne veux recevoir aucune de ces excuses. Assieds-toi sans plus tarder, ou je te retire mon estime.

— Je vous en prie, seigneur comte, ne vous faites pas cette injure à vous-même. Cependant, si telle est votre honorable volonté, je rougis de ma hardiesse ; si je consens, je prends Monseigneur à témoin que c'est seulement par un profond respect pour sa volonté.

Pendant ce débat de politesse le comte réussit par une douce violence à forcer le bourgmestre à reprendre son siége. Heinrich avait cédé avec une espèce de pruderie de femme; mais, lorsqu'il s'aperçut qu'au lieu d'occuper son humble tabouret il avait été sans le savoir poussé dans le fauteuil du comte, il rebondit sur le coussin comme si la peau contenait assez de fluide électrique pour défier les qualités négatives des amples vêtements dont sa corpulente personne était couverte.

— *Gott bewahre!* s'écria le bourgmestre dans un dur et énergique allemand. L'empire tout entier se soulèverait contre ce scandale s'il était connu! je dois à ma réputation de refuser un honneur si peu mérité.

— Et moi je dois à mon autorité de faire exécuter mes volontés et de proclamer ton mérite.

Dans ce moment la douce violence de la part du comte et la modestie polie d'Heinrich Frey recommencèrent, jusqu'à ce que le dernier, craignant d'offenser par une plus longue résistance, fût obligé de se soumettre, protestant néanmoins jusqu'au dernier moment contre cette apparence de présomption de sa part, et contre l'injustice que le maître du château faisait à ses propres droits en insistant ainsi.

Un orateur étranger fort distingué dit un jour que les titres d'honneur et les distinctions sociales conférées par les gouvernements européens étaient « la moins chère dépense des nations. » Cette opinion me semble une de ces mille faussetés hardies inventées pour soutenir des intérêts existants, sans songer à l'effet qu'ils produisent ou à leur justice. Cette « dépense peu chère », comme l'immortel Falstaff, qui n'était pas seulement spirituel, mais une cause d'esprit dans les autres, est l'origine de mille habitudes coûteuses qui laissent à celui qui porte le fardeau peu de raisons de vanter sa découverte. Nous recommandons à tous les économistes borgnes, qui conservent encore quelque croyance dans cette opinion bien connue de l'orateur anglais, de lire une lettre du *Spectateur*, dans laquelle un jeune homme de la ville décrit la manière dont il fut conduit à oublier sa réserve envers ses belles cousines de la campagne, qui lui reprochaient presque ses priviléges du congé, en lui rappelant les calculs de l'individu qui se refusait à manger du fromage, parce que cette nourriture entraînait avec elle tant d'autres dépenses inutiles.

Mais soit que les honneurs auxquels nous venons de faire allusions fassent ou ne fassent pas partie de l'économie d'une nation, il n'est que trop certain que la flatterie du genre de celle qu'Emich venait de prodiguer au bourgmestre est un des plus puissants moyens que les grands emploient pour arriver à leurs desseins secrets. Il y a bien peu d'hommes, bien peu, hélas! qui possèdent un jugement assez sain et une ambition assez noble pour voir au-delà des barrières étroites et vulgaires de l'égoïsme humain, et pour considérer la vérité, comme elle vient de Dieu, sans égard pour les personnes et les choses, et en ne les envisageant que comme les instruments de sa volonté. Il est certain qu'Heinrich Frey n'avait pas la prétention d'appartenir à cette classe élevée, car lorsqu'il se trouva commodément assis dans le fauteuil du comte d'Hartenbourg, ayant le noble baron debout devant lui, ses sensations furent celles d'un philosophe de l'ancien monde qui est autorisé à porter un ruban à sa boutonnière, ou celles d'un marchand du Nouveau-Monde qui est élu, après un ballottage, membre du conseil de sa ville natale. Cependant il regrettait vivement qu'il n'y eût là personne pour lui envier cet honneur; car, après la première émotion de son amour-propre, cet esprit de vanité qui nous poursuit partout, qui défigure les plus beaux traits de notre caractère, et qui mêle son alliage dans tous nos plans de bonheur, lui suggéra que son triomphe serait imparfait, faute d'un témoin. Au moment où ce sentiment rebelle devenait importun, parut à la porte du cabinet la personne que le bourgmestre aurait choisie entre toutes les autres pour le contempler au milieu de ses honneurs. Un coup timide annonça la présence du survenant; et lorsque la voix d'autorité du comte Emich eut donné la permission d'entrer, la douce Ulrike se montra sur le seuil de la porte.

La surprise de la femme du bourgmestre se peignit d'une manière frappante sur les beaux traits de son visage; le mari avait croisé ses jambes, et se complaisait dans son fauteuil, avec une sorte de noble indifférence pour la situation peu ordinaire dans laquelle il était placé, lorsque cette vue étrange frappa les regards de sa compagne étonnée. Les règles en l'Allemagne étaient si absolues et si positives sur toutes les choses qui concernaient le respect dû au rang, que la belle Ulrike elle-même, quoique peu troublée par l'ambition, eut beaucoup de peine à en croire ses yeux lorsqu'elle contempla Heinrich Frey aussi subitement élevé à un siége d'honneur en présence d'un comte de Leiningen.

— Entrez sans crainte, ma bonne Ulrike, dit Emich d'un air gracieux; votre mari et moi causons amicalement tandis que mes valets préparent le banquet; ne craignez point de nous interrompre.

— J'hésite seulement, noble Emich, parce que je vois Heinrich Frey assis, tandis que le seigneur d'Hartenbourg reste debout à ses côtés.

— Ne parle point de cela, ma femme, dit le mari avec condescendance : tu es une charmante compagne, et tu tiens assez bien ta place parmi les femmes, ou dans des positions qui conviennent à tes moyens; mais dans des affaires comme celle-ci, tu gâterais seulement ce que tu ne pourrais raccommoder.

— Par la vie du prince Charles! maître Heinrich, vous ne rendez pas une justice suffisante au discernement de votre femme. Si mon Hermengarde était ici, vous verriez que nous prisons votre charmante compagne presque autant que nous vous estimons. Mais il vaut mieux que nous nous informions de ce qui nous procure la visite d'Ulrike, avant de la gronder sur sa conduite.

Bien que grossier et sans culture sur plusieurs points qui sont maintenant jugés essentiels, même dans les pays où la civilisation n'est pas fort avancée, Emich avait le coup d'œil sûr pour juger les caractères, et possédait autant de cette politesse qui distingue un homme de bonne naissance, que le siècle où il vivait et la position de son propre pays le permettaient.

On se tromperait grandement si l'on supposait que le rang seulement est un gage certain de courtoisie, puisque chaque chose est relative dans ce monde, et que, lorsque la base d'une colonne est grossière et raboteuse, ce serait violer les lois de l'architecture, que de désirer que le chapiteau fût d'un style différent. C'est ainsi que nous autres qui n'avons dans notre hiérarchie sociale d'autres rangs que des rangs de convention, nous sommes choqués de tant de contradictions marquantes chez des peuples dont les patriciens, ayant étudié tout ce qui était factice et plausible dans les manières de l'homme bien élevé, sont encore défectueux dans tout ce que l'humanité et la raison ont de plus essentiel, simplement parce que les racines de la société dont ils sont les branches les plus riches en sève ont été plantées sur un sol d'ignorance et d'avilissement. Le comte d'Hartenbourg avait eu de nombreuses occasions de reconnaître combien les facultés intellectuelles d'Ulrike étaient supérieures à celles de son mari, et il avait une expérience suffisante pour être convaincu de l'importance de concilier un tel allié à ses projets. Ce fut donc dans cet esprit qu'il se hasarda de réprimander Heinrich, et de faire un compliment à sa femme; hasardant probablement cet éloge par la conviction intime que la plupart des maris sont satisfaits des louanges qu'on accorde à des êtres si complètement en leur pouvoir que leur propre femme.

— Puisque tel est votre bon plaisir, Monseigneur comte, ma femme peut entrer, répondit Heinrich sans changer une attitude si douce à son amour-propre. Si elle me voit assis en présence d'un homme devant lequel je devrais plutôt être à genoux, cela lui fera connaître que Dieu lui a donné un mari qui n'est pas sans posséder l'estime du monde, quoiqu'il la mérite peu. Entre donc librement, bonne Ulrike, puisque Monseigneur le désire, mais ne t'enorgueillis pas trop de sa condescendance envers moi, qui est une preuve de son grand amour pour notre ville et n'a aucun rapport avec les affaires de notre intérieur.

— Pour tout ce que le noble comte a fait dans le but de nous honorer, soit comme habitants de Duerckheim, soit comme ses indignes voisins, j'éprouve une respectueuse reconnaissance, répondit Ulrike qui s'était remise de sa surprise et qui avançait dans cet étroit appartement avec le calme et la modestie qui distinguaient toutes ses manières. Si je ne vous interromps pas, je vous demande d'être entendue de vous deux sur une affaire qui touche de près le cœur d'une mère; et comme il sera question de la fille d'Heinrich Frey, j'espère que ce sujet ne sera pas indifférent pour Monseigneur.

— Il ne serait pas mieux venu s'il s'agissait de ma petite Cunégonde elle-même, dit le comte. Parlez librement, aimable Ulrike, et avec la même simplicité que si vous vous entreteniez seulement avec votre mari.

— Tu entends, femme; Monseigneur le comte entre dans toutes nos tribulations et notre bonheur, comme s'il était un frère. Ainsi enhardis-toi et parle-nous franchement; bien que je te conseille de ne pas mettre dans ta manière de parler la familiarité des conversations de ménage.

— Comme c'est un sujet qui nous touche de bien près, je demande la permission de fermer la porte avant de parler.

Les paroles d'Ulrike furent interrompues par un geste de brusque approbation et par le comte lui-même, qui, avec des manières plus semblables à celles d'un gentilhomme, ferma la porte de ses propres mains, admettant ainsi Ulrike dans le cabinet des conseils secrets.

CHAPITRE XII.

> Vous deviendrez une nouvelle Pénélope; cependant on dit que toute la laine qu'elle fila pendant l'absence d'Ulysse ne servit pas à autre chose qu'à remplir Ithaque de teignes.
> SHAKSPEARE. *Coriolan.*

LORSQUE Ulrike fut enfermée avec le comte et son mari, et commodément assise sur le tabouret sur lequel le seigneur, en dépit de ses protestations, l'avait forcée à se reposer, elle jeta un regard timide autour d'elle, avec cette expression touchante qu'une femme prend souvent lorsqu'elle se sent appelée à agir comme le conseiller, sinon comme le tuteur de celui qui par la nature, et surtout par les lois, doit remplir ces places à son égard. Malgré l'obstination d'Heinrich et ses prétentions à l'autorité, il était arrivé, dans plusieurs occasions, pendant le cours de leur vie matrimoniale, que l'ordre des choses avait été un peu interverti relativement au jugement et à l'autorité morale; que l'un avait été obligé de céder, quoique d'assez mauvaise grâce, et que l'autre s'était crue obligée de dépasser les devoirs de son sexe, bien que ce fût toujours avec cette douceur et cette modestie qui font que les autres nous pardonnent d'avoir raison.

— Je vous remercie de cette condescendance, seigneur Emich, et toi aussi, Heinrich, dit la pauvre compagne du bourgmestre; car il n'est pas toujours convenable qu'une femme se présente lorsqu'elle n'est point appelée, même devant son mari.

Heinrich exprima son assentiment par une exclamation significative, qui mériterait presque une désignation plus dure, pendant le court silence qui succéda à l'excuse d'Ulrike. L'hôte, plus courtois, s'inclina avec un respect suffisant, quoique par ses manières il fût évident que l'impatience commençait à le gagner et qu'il désirait connaître le motif réel de cette interruption.

— Nous sommes trop satisfaits de vous recevoir pour nous rappeler les usages et nos droits comme hommes, répondit le comte avec une douceur qui lui était inspirée par les grâces et les qualités de celle à qui il s'adressait. Parlez-nous sincèrement, personne n'est plus porté que moi à vous écouter.

— Tu entends, bonne Ulrike; le comte se rappelle que tu es la compagne d'un bourgmestre, et, comme il vient de le dire, nous sommes véritablement impatients de connaître le motif de ta visite.

Ulrike reçut cet encouragement en femme qui est habituée, sous quelque rapport, à être traitée comme étant inférieure à son mari en force et en capacité, et qui ressent cependant une humiliation peu méritée. Elle sourit (et peu de femmes, même dans tout l'attrait de la première jeunesse, ont une expression aussi douce qu'Ulrike lorsqu'elle souriait, soit de plaisir, soit de mélancolie); elle sourit, non pas sans tristesse, et parla du but de sa visite, mais avec la réserve prudente d'une femme plus habituée à influencer les actions de son mari qu'à censurer sa conduite.

— Personne n'est plus reconnaissant que moi, dit-elle, de la condescendance que m'accorde monseigneur par égard pour Heinrich Frey. Si je l'ennuie maintenant des affaires d'une famille qu'il a déjà accablée de tant de faveurs...

— D'amitiés, bonne Ulrike.

— D'amitiés donc, noble comte, puisque vous me permettez de me servir de ce terme; mais si je parais oublier les convenances en vous entretenant d'une affaire si éloignée de vos intérêts, c'est que j'ose croire que vous aurez égard à la tendresse d'une mère, et que je pense à la noble Hermengarde dont l'anxiété pour son enfant peut fournir quelque excuse à celle que je ressens pour la mienne.

— Serait-il arrivé quelque malheur à la belle Meta?

— Dieu de ma vie! s'écria Heinrich effrayé en abandonnant son siége d'honneur dans son alarme paternelle. Les anguilles trop grasses du Rhin ont-elles rendu la jeune fille malade? ou la longueur de la messe de ces maudits moines lui a-t-elle donné la fièvre?

— La santé de notre enfant est bonne, et, que la sainte Vierge en soit louée! son esprit est pur et innocent, répondit Ulrike. Je n'ai qu'à remercier Dieu pour toutes ces faveurs. Mais elle est d'un âge où l'imagination des jeunes filles devient inquiète, et où l'esprit flexible des femmes reçoit des impressions qui lui sont données par d'autres que ceux que la nature a créés pour être leurs tuteurs.

— Voilà encore de tes subtilités habituelles, ma femme, et un langage que toi seule comprends. Le noble comte n'a pas le loisir de répondre à une conversation remplie d'obscurités. Ma fille a-t-elle trop mangé, comme je le croyais d'abord, du plat incomparable que l'honnête bourgmestre de Manheim m'a si généreusement envoyé? il n'y a aucun doute qu'on trouvera à Hartenbourg les moyens de la guérir; mais tu demandes trop, ma femme, lorsque tu veux qu'un autre que ton mari comprenne toutes les finesses qui entrent quelquefois dans ton imagination.

— Maître Heinrich, cette affaire peut être plus importante que vous ne le pensez; votre compagne est une femme aux paroles de laquelle il faut faire attention. Continuez, bonne Ulrike.

— Notre enfant est à une époque de la vie, continua la mère qui était trop habituée aux manières de son mari pour qu'elles pussent la distraire de ses pensées, à une époque de la vie où la jeunesse, dans toutes les classes, commence à songer à l'avenir; c'est un principe que Dieu a mis dans notre cœur, noble Emich, et il l'a fait pour notre bien. Et nous qui avons veillé sur le premier âge de nos enfants avec tant d'anxiété, qui avons guidé leur jeunesse avec tant de soin, et qui avons si souvent tremblé pour leur avenir, nous devons tôt ou tard consentir à relâcher les doux liens qui nous unissent à ces seconds nous-mêmes, afin que les grands desseins du Créateur soient accomplis.

— Oh! bonne Ulrike, dit le comte, l'amour maternel t'a prêté de trop vives couleurs pour ce tableau. Lorsque le temps du mariage viendra, Dieu de ma vie! ta fille, la fille de l'honnête Heinrich Frey, n'aura pas besoin de porter la coiffe de vierge un jour de plus que ce qui est nécessaire pour montrer un respect convenable à l'Eglise. J'ai des jeunes gens sans nombre qui attendent protection de la maison de Leiningen, et tous seraient fort aises de prendre une femme de mes mains. Il y a le jeune Frédéric Zantzinger, l'orphelin de mon dernier délégué dans les villages de la plaine ; c'est un garçon qui entreprendrait une besogne plus rude pour me faire plaisir.

— Lorsque le vieux Frédéric laissa son fils sans père, il le laissa aussi sans argent, répondit sèchement le bourgmestre.

— C'est une faute qui peut être réparée ; mais je puis en nommer d'autres. Que penses-tu du fils aîné de mon homme de loi d'Heidelberg, le digne Conrad Wasther ?

— Que maudit soit le fripon ! je le déteste du fond du cœur.

— Vous êtes sévère, maître Heinrich, contre ceux qui possèdent mon estime et ma confiance.

— J'implore votre merci, Monseigneur, mais tout mon sang s'est soulevé au nom de cet homme, et je n'ai pu me contenir dans les bornes du respect, répondit le bourgmestre avec plus de calme, car, apercevant que les sourcils du comte se rapprochaient, il continua avec plus de franchise qu'il ne l'aurait peut-être jugé nécessaire dans une circonstance moins importante. Peut-être Monseigneur n'a jamais connu le sujet de notre dernière contestation ?

— Je ne prétends pas me faire juge entre mes amis.

— Que Monseigneur ait la condescendance de m'entendre, et je le laisse arbitre entre nous. Vous savez, seigneur comte, qu'une collecte fut faite, et qu'on nous demanda la charité en faveur des paysans qui furent ruinés l'année dernière par la crue subite du Rhin. Les bons chrétiens de notre ville, au milieu de beaucoup d'autres, furent importunés à cette occasion ; et, bien que personne ne puisse nier que c'était une triste épreuve de la Providence, nous donnâmes tous suivant nos moyens. Pour prévenir tout usage illégal de l'argent, on demanda une obligation à court terme, de préférence au numéraire. Je m'obligeai, pour ma part, à donner douze couronnes, somme qui convenait à ma fortune et à ma position dans le monde. Il arriva que ceux qui étaient chargés de la distribution eurent besoin de l'argent avant que les billets fussent échus, et ils envoyèrent des agents afin d'entamer avec nous les négociations que le cas exigeait. L'or était rare à cette époque, et parce que, en reprenant mon bon, je songeai prudemment à mes intérêts, Conrad voulut me citer comme un voleur devant les autorités d'Heidelberg, afin que je subisse les peines infligées aux usuriers. Aucun de ses fils ne m'appellera jamais son père, avec votre permission, noble comte de Leiningen!

— Cela serait, en effet, un empêchement. Laissons Conrad de côté, j'en connais d'autres qui seraient dignes de ton alliance. Ainsi, que ton cœur maternel se calme, bonne Uulrike; confie-toi à mon active amitié pour disposer de ta fille.

La compagne du bourgmestre avait écouté avec patience cette digression courte, mais caractéristique. Elevée dans les opinions de son siècle, elle ne souffrit pas tout ce qu'une mère et une femme d'une sensibilité égale à la sienne, souffrirait de nos jours en entendant avilir son sexe à ce point ; mais comme les lois de la nature sont toujours les mêmes, ses sentiments les plus tendres furent blessés par les différents expédients qui furent si brusquement proposés pour l'avenir de celle qui formait son principal bonheur dans cette vie. Ses yeux, que la nature avait faits plus mélancoliques que brillants, mais auxquels une fièvre lente et continue donnait presque toujours un vif éclat, se voilèrent, et sa voix était plus remplie d'émotion lorsqu'elle continua :

— Je remercie encore le comte d'Hartenbourg, dit-elle, du secours qu'il veut me prêter ; mais un pouvoir plus fort que les conseils de l'expérience agit sur les jeunes gens. Mon intention, en me présentant, au risque d'interrompre votre conférence secrète, était de vous dire que Meta a écouté la voix de son cœur, plutôt que les usages de la classe où elle est née, et qu'elle a fait un choix.

Le comte et Heinrich Frey regardèrent Ulrike dans une muette surprise, car ni l'un ni l'autre ne comprenait entièrement ce qu'elle disait ; tandis que la femme du bourgmestre, dont le but était accompli en faisant cette déclaration dont elle s'effrayait depuis si longtemps, et l'ayant faite, disons-nous, en présence d'une personne capable de réprimer la colère de son mari, restait silencieuse, tremblant pour les conséquences.

— Peux-tu m'expliquer ce que veut dire ta digne compagne, Heinrich? demanda brusquement le comte.

— *Zum Henker!* vous me demandez de remplir une mission, seigneur comte, qui conviendrait mieux à un bénédictin ou à un clerc. Lorsque Ulrike, qui est une excellente et obéissante compagne dans le cours de la vie, entre dans les régions imaginaires, je ne prétends pas être capable d'élever une idée au-dessus de la boucle de ses souliers. Va, ma femme, tu as bien parlé, et il vaut mieux maintenant te rendre près de notre fille, de crainte que ce chevalier de Rhodes ne séduise ses oreilles par de douces flatteries.

— De par l'honneur de ma maison, je veux en savoir davantage sur cette affaire, si ta vertueuse compagne y consent, maître Heinrich; voulez-vous vous expliquer franchement, Ulrike?

Soit par l'instinct de sa faiblesse ou par délicatesse, soit par le fruit des principes qui lui sont inculqués dès son enfance, une femme vertueuse avoue rarement un sentiment d'amour, par rapport à elle ou à ceux qui lui sont chers, sans une espèce de honte, et peut-être parce qu'elle sent intérieurement qu'elle cède du terrain relativement aux priviléges de son sexe.

Ulrike éprouvait ce sentiment, on aurait pu s'en convaincre à la pâleur qui se répandit lentement sur ses joues, et par la manière dont ses yeux évitaient ceux d'Emich, en dépit de l'empire qu'elle possédait sur elle-même, et du calme de ses années..

— Je voulais simplement dire, Monseigneur, reprit-elle, que Meta, comme toutes les jeunes personnes innocentes, s'est créé un modèle de perfection, et qu'elle a trouvé l'original de ce portrait dans un jeune homme du Jaegerthal! Tant qu'elle pensera ainsi, elle ne peut pas honnêtement, par le respect qu'elle se doit à elle-même, devenir la femme d'un autre que celui qu'elle aime.

— Cela devient plus clair, répondit le comte en souriant, car il s'intéressait vivement à cette affaire. Cela est aussi bien expliqué que le cœur peut le désirer, du moins le cœur du jeune homme en question. Que pensez-vous de ceci, digne bourgmestre?

L'esprit d'Heinrich Frey ne pouvait pas non plus se refuser à une explication aussi claire, et, depuis le moment où sa femme avait cessé de parler, il regardait son visage doux, mais troublé, les lèvres à demi ouvertes et comme un homme qui apprend une nouvelle importante à laquelle il ne s'attendait nullement.

— *Herr Teufel!* s'écria Heinrich répétant le dernier mot du baron sans réfléchir à ce manque de respect. Parles-tu de notre propre fille?

— D'aucune autre. — Pour qui aurais-je cette affection maternelle? ou pour quelle autre puis-je éprouver cette profonde émotion?

— Parles-tu de Meta? — Ma fille Meta Frey aurait de l'inclination pour le fils d'une femme, outre l'amour et le respect qu'elle porte à son père? Cette fille a l'imagination extravagante à ce point?

— Je n'ai rien dit qui puisse donner cette opinion de Meta, de ma fille Meta, répondit Ulrike, qui retrouva toute sa dignité de femme. Notre enfant n'a rien fait autre chose que d'écouter les secrets conseils de la nature ; et, en donnant son affection à un jeune homme qu'elle voit souvent, qu'elle connaît depuis longtemps, elle a seulement rendu au mérite un hommage que les plus vertueux sont les plus disposés à rendre.

— Va, Ulrike, tu sais bien conduire un ménage, et tu es une femme pour laquelle j'ai de l'estime ; mais ces visions qui te troublent si souvent l'esprit te donnent parfois l'air d'avoir moins de discernement que tu n'en as réellement. Excusez ma femme, Monseigneur ; car, bien que je sois son mari, et un peu faible peut-être lorsqu'il s'agit de ses défauts, je puis vous assurer qu'il n'y a pas une meilleure ménagère, une plus fidèle épouse et une plus tendre mère dans tout le Palatinat.

— Tu n'as pas besoin de me le dire, personne ne connaît mieux que moi les mérites d'Ulrike, et je puis assurer que peu la respectent autant. Nous avons eu raison d'écouter jusqu'au bout, Heinrich, car, pour te parler sincèrement, cet aveu de ton excellente femme est plus important qu'on ne le croirait d'abord. Notre Meta a reconnu les qualités de quelque digne jeune homme, plus vite qu'elles n'ont frappé les yeux de son père, n'est-ce pas cela, Ulrike?

— Je voulais dire que le cœur de ma fille est si intimement lié à celui d'un autre, qu'il n'existera plus de bonheur possible pour elle, si ses devoirs matrimoniaux la forçaient de l'oublier.

— Vous pensez donc alors, bonne Ulrike, que les premiers sentiments d'une jeune fille ne peuvent être détruits par les devoirs de femme et de mère, et qu'un caprice d'imagination est plus fort que des vœux prononcés à l'autel?

Bien que les yeux du comte et ceux du bourgmestre fussent fixés sur le beau visage d'Ulrike, le livre éloquent qui était ouvert à leur observation ne produisit pas plus d'effet qu'un papier blanc. Les sentiments qui se montrent d'une manière puissante et dramatique sont facilement compris par les esprits les moins pénétrants; mais peu de personnes sont capables de comprendre les tourments secrets d'une femme vertueuse, unie à un homme qu'elle ne peut aimer, et habituée à la contrainte. Il n'y a peut-être rien de plus facile à deviner dans la nature humaine qu'une femme belle, mondaine et capricieuse. Elle parcourt sa courte carrière aussi irrégulièrement en apparence qu'une comète, bien qu'en effet sa course soit toujours calculée sur le principe infaillible de la vanité et de l'égoïsme; mais aucun secret n'est mieux défendu contre une curiosité impertinente et vulgaire, que les sentiments élevés qui soutiennent la femme souffrante et silencieuse, qui a réellement l'instinct des hautes qualités de son sexe.

Nous ne raillons point sur la domination de l'homme, car nous sommes persuadé que celui qui voudrait transformer celle qui fut créée pour être sa consolation et sa compagne, son guide dans ses doutes, celle qui partage sa joie et son chagrin, en un compétiteur, remplaçant ainsi l'amour et la confiance par la rivalité et la discussion, aurait une pauvre idée des lois sublimes de la nature, qui a séparé ainsi les créatures les plus nobles en deux grandes classes, si riches en consolations mutuelles et en bonheur.

Si la femme du bourgmestre s'était levée, et en termes choisis eût fait un appel à la sensibilité de ses auditeurs, en mêlant à ce langage des manières propres à produire de l'effet, elle aurait pu être comprise, comme les lecteurs ordinaires comprennent chaque jour le portrait qu'on trace des femmes; mais assise, souffrante, silencieuse, le fond de son âme resta inconnu aux deux personnages qui étaient auprès d'elle. Son œil ne s'enflamma pas, car une longue et patiente subordination lui avait appris à se soumettre aux méprises de son mari; les faibles couleurs de ses joues ne prirent pas une teinte plus vive, car le poids qui était sur son cœur contrariait les impulsions naturelles de la fierté et du ressentiment.

— Je pense, seigneur comte, que lorsqu'une femme jeune et innocente cède au pouvoir que la nature a peut-être fait irrésistible, dit-elle, elle mérite au moins d'être traitée avec tendresse. Meta a peu de caprices comme ceux dont vous faites mention; et l'attachement qu'elle ressent, quoiqu'il soit sans doute augmenté par cette sensibilité que les êtres qui ont le moins d'expérience des réalités de la vie sont le plus capables d'éprouver, n'est que la conséquence naturelle d'une grande sympathie d'opinions, et du mérite du jeune homme.

— Cela devient clair, en effet, seigneur Emich, dit Heinrich Frey d'un air de dédain, et nous devons y faire attention ; veux-tu condescendre à nommer le jeune homme auquel tu fais allusion, Ulrike?

— Berchthold Hintermayer.

— Berchthold Teufelstein[1] ! s'écria le bourgmestre en riant, quoiqu'il y eût comme un secret pressentiment de danger dans cette gaieté même. Un jeune homme sans le sou est-il un mari convenable pour un enfant qui m'appartient?

L'œil bleu et calme d'Ulrike était arrêté sur son mari, mais elle le détourna avec autant de délicatesse que de promptitude, de crainte qu'il ne trahît qu'elle se rappelait le temps où son propre père avait consenti à son mariage avec un homme presque aussi pauvre, seulement parce que sa pénétration avait découvert dans Heinrich ces qualités prudentes et industrieuses que l'expérience avait si pleinement développées.

— Il n'est pas riche, Heinrich, répondit-elle, mais il est rempli d'honneur; et pourquoi condamnerions-nous notre fille au chagrin? N'est-elle pas assez riche pour deux?

— Entendez-vous cela, seigneur Emich? ma femme découvre les secrets du ménage avec une liberté pour laquelle je lui demande grâce.

— Berchthold est un jeune homme que j'aime, observa gravement le comte.

— Dans ce cas, je ne dirai rien de désagréable du jeune homme, qui est un digne forestier, et convenable en toute chose pour le service qu'il remplit dans la famille d'Hartenbourg; mais encore n'est-il qu'un forestier, et il n'a pas le sou. Je n'avais pas pensé à disposer de ma fille si promptement, car ce n'est point un malheur pour une fille de rester un peu plus longtemps dans la maison paternelle, seigneur comte; mais puisqu'elle a l'imagination remplie de ce Berchthold, il n'y aura pas de mal d'envelopper sa tête dans la coiffe d'une matrone, cela lui donnera des idées plus convenables à ses espérances.

— Le remède peut être dangereux, Heinrich, observa Ulrike avec

1. Pierre du Diable !

douceur, en levant ses yeux pleins de larmes sur le visage du bourgmestre obstiné.

— Oh! j'espère que non; je dois connaître le tempérament de la famille, et ce qui a si bien réussi avec la mère ne peut pas faire de mal à la fille.

Ulrike ne fit aucune réponse; mais Emich d'Hartenbourg avait été profondément touché de la douceur de ses manières, car il l'examinait avec intérêt, et il avait compris le violent effort qu'elle avait fait pour conserver une apparence de calme. Se tournant vers le bourgmestre, il appuya la main sur son épaule, et lui dit avec un sourire amical :

— Maître Heinrich, tu as une belle et douce compagne, mais je pense que tu as presque autant de confiance en moi qu'en elle; laisse-nous seuls : je veux causer de cette affaire avec Ulrike sans être influencé par toi.

—Mille remerciements pour l'honneur que vous me faites, ainsi qu'aux miens, noble comte. Quant à la confiance, je laisserais ma femme pendant un an sur la montagne de Limbourg, sans autres craintes que celles que j'aurais sur son bien-être, car personne ne connaît le mérite d'Ulrike mieux que moi; bien qu'elle soit si difficile à comprendre lorsqu'elle donne carrière à son imagination. Maintenant embrassez-moi, dame, et faites honneur au conseil du comte.

En parlant ainsi, Heinrich Frey cueillit un baiser cordial sur la joue que l'obéissante Ulrike offrit sans hésiter, et laissa sa femme seule avec le comte sans autre pensée que celle de la haute distinction qui lui était accordée; il le prouva plus d'une fois en racontant à tous ceux qui voulurent bien l'écouter qu'Emich et sa femme étaient enfermés pour une affaire relative aux intérêts de la famille Frey.

CHAPITRE XIII.

> Hélas ! par tout ce que j'ai lu, par toutes les histoires et tous les contes que je connais, je sais que le cours d'un véritable amour ne fut jamais paisible.
>
> SHAKSPEARE.

Lorsque la porte fut fermée sur le mari, le comte se tourna vers Ulrique et lui dit :

— J'aime le jeune Berchthold Hintermayer, et je voudrais de tout mon cœur vous aider dans une affaire que vous souhaitez de voir terminer selon vos désirs.

— Il ne serait pas naturel qu'une mère ne ressentît aucune inquiétude pour le bonheur de son enfant. Dans la jeunesse, seigneur comte, nous regardons devant nous, remplissant l'avenir de scènes peintes d'après nos propres désirs, et peuplant le monde d'êtres qui nous semblent le plus nécessaires à notre bonheur. Mais lorsque nous avons atteint le sommet de la montagne, nous pouvons découvrir à la fois le commencement et la fin de la vie ; c'est là que nous trouvons pour la première fois la vérité. Je suis aussi peu disposée qu'une autre à consentir brusquement à une union sans autre garantie qu'une aveugle et tumultueuse passion, qui se consumera dans sa propre violence. Mais, d'un autre côté, ceux qui connaissent la vie comme je la connais ne peuvent considérer légèrement cette ressemblance de goûts et d'opinions, cette délicatesse de sentiment qui doivent à coup sûr entretenir l'amour dans le mariage.

— On te croit heureuse dans ton ménage, Ulrike.

— Dieu m'a donné plus d'un bonheur. Mais il est question de Meta, seigneur comte.

Ulrike, malgré son empire sur elle-même, avait changé de couleur. Mais la dignité qui lui était habituelle vint promptement à son secours. Emich prit cette émotion passagère pour la réserve d'une femme qui voulait réprimer une curiosité importune.

— Il est question de Meta en effet, répondit le comte, et, par saint Benoît, le jeune homme ne manquera pas d'appui. Mais une faveur mérite sa récompense. Si je protége cette affaire du mariage de votre fille, mon Ulrike, en retour, j'attends un service non moins important pour moi.

La femme du bourgmestre leva les yeux sur Emich avec une grande surprise. Une femme qui n'eût pas conservé aussi pur le respect qu'elle se devait à elle-même aurait pu douter de ce qu'elle entendait. Mais les regards d'Ulrike n'exprimaient que la curiosité et l'innocence.

— Vous mériterez bien plus que je ne pourrai vous accorder, seigneur comte, si vous pouvez assurer le bonheur de Meta.

— Belle dame, dit le comte en s'asseyant près d'Ulrike, et en prenant sa main avec la liberté d'un supérieur et celle que les usages autorisaient, tu sais de quelle manière ces bénédictins troublent depuis longtemps la vallée; possédant la confiance de ton mari, tu dois avoir soupçonné que, fatigués de leur insolence et de leurs exactions, nous avons sérieusement songé aux moyens de les réduire à la modestie qui convient à leur sainte profession, et qui leur siérait mieux que leurs prétentions.

Emich s'arrêta, regardant avec attention le visage calme de la belle Ulrike. Il avait sans le savoir touché un sujet qui avait été le principal motif pour lequel Ulrike était venue surprendre les deux conspirateurs. Elle soupçonnait depuis longtemps les intentions du comte, et bien qu'elle sentît une profonde inquiétude sur l'avenir de Meta, et qu'elle eût profité avec plaisir d'une occasion si favorable de rompre la glace sur un secret qu'elle devait révéler tôt ou tard, son but principal était de prévenir Heinrich des conséquences probables du complot. Dans cette disposition, elle entendit avec un secret plaisir ce que lui disait le comte Emich, et elle se prépara à lui répondre comme elle le méditait depuis longtemps.

— Tout ce que vous dites, seigneur comte, répliqua-t-elle, a depuis longtemps frappé mon esprit, et je regrettais profondément que ceux que j'honore et que j'aime eussent projeté de coupables outrages contre les autels, et tramé d'odieux artifices pour interrompre les louanges de Dieu.

— Comment! appelez-vous les criailleries de ces coquins, des louanges? ce n'est que de l'hypocrisie, s'écria Emich. Ne sont-ils pas les instigateurs de la plupart de nos péchés par leur exemple, les soûtiens de toutes les querelles et de tous les troubles dans le voisinage? Considérez, bonne Ulrike, que le ciel n'est pas un champ où nous soyons poussés en aveugles; mais faisant partie du troupeau, n'avons-nous pas au moins le droit, comme nous en avons les moyens, de juger si les bergers sont convenables ou non à leur emploi?

— Et s'ils étaient indignes de leur devoir, d'où avons-nous reçu le droit de les attaquer?

— Par le Dieu vivant! bonne dame, nos épées comptent-elles pour rien? Un nom noble, une longue suite d'aïeux, des droits établis depuis des siècles pour commander, et un cœur courageux pour entreprendre, n'est-ce donc là rien non plus?

— Lorsque toutes ces choses se dirigent contre le Tout-Puissant, elles ressemblent aux feuilles de nos forêts, chassées par la tempête; elles sont moins encore que les flocons de neige qui viennent se fondre en hiver contre les tourelles de votre château. Limbourg fut élevé en l'honneur de Dieu, et celui qui portera la main sur ses murailles sacrées pourra s'en repentir dans le malheur. S'il y a d'indignes ministres des autels, il y en a aussi qui sont des anges sur la terre; et s'il n'en était pas ainsi, la mission est trop haute pour être souillée par les faiblesses de ceux qui abusent de la confiance qu'on leur accorde.

Le comte était troublé, car Ulrike parlait avec chaleur, et sa voix avait une douce persuasion. Il appuyait son menton sur une main, comme un homme qui réfléchit aux hasards d'une entreprise.

— Que pensez-vous, Ulrike, de ce religieux de Wittenberg? demanda-t-il enfin; si nous avions besoin d'une autorité ecclésiastique pour abaisser la fierté de Limbourg, pourrions-nous nous adresser à lui comme à un homme honnête et éclairé?

— Je suis de ceux qui pensent que le frère Luther est honnête. Je suis aussi une de celles qui pensent qu'il est dans l'erreur, mais il est loin de conseiller la violence.

— Par saint Benoît! Ulrike, vous vous êtes entretenue avec le père Arnolph sur cette question; un écho ne répète pas plus fidèlement les sons que vous ne répétez les sentiments du prieur.

— Il n'est pas étonnant que ceux qui aiment Dieu pensent et parlent de même dans une affaire qui se rapporte à lui. Je n'ai rien dit de vos desseins au père Arnolph, ni à aucune autre personne de l'abbaye, car il n'est pas facile à Ulrike Frey d'oublier qu'elle est femme et qu'elle est mère. J'ai prié souvent pour que les cœurs de ceux qui méditent ce dangereux sacrilége soient adoucis, et que pour leur propre sûreté ils puissent comprendre toute l'impiété de leur complot. Croyez-moi, comte, l'être terrible qui est adoré à Limbourg n'oubliera pas de se venger de ceux qui méprisent son pouvoir !

— Vous êtes certaine, Ulrike, que vos opinions ont du poids dans mon esprit, car depuis mon enfance je connais et je révère votre sagesse. Si vous aviez eu ces droits que la naissance seule peut donner, vous ne seriez point aujourd'hui passagère dans ce château, mais vous y seriez maîtresse absolue. L'obéissance que j'eus alors pour le bon plaisir de mon père me causa bien des chagrins pendant plusieurs années, et je ne retrouvai la tranquillité qu'à l'instant où la naissance d'un fils aîné tourna mes idées vers l'ambition.

Il est rare qu'une femme entende parler du pouvoir de ses charmes sur le sexe le plus fort sans une satisfaction secrète, et il n'y avait rien eu dans l'attachement auquel le comte faisait allusion qui pût alarmer les principes ou la délicatesse d'Ulrike ; pendant qu'elle écoutait les souvenirs de sa jeunesse, son sourire produisit sur ses beaux traits un effet ressemblant à la lumière mélancolique qui éclairait la chapelle de Limbourg ; il était doux, paisible, et s'il nous est permis de hasarder cette expression, il était coloré des teintes du passé.

— Nous ne sommes plus jeunes, Emich, répondit-elle en retirant sa main, que le comte pressait avec tendresse, et les souvenirs que vous rappelez appartiennent à un temps bien éloigné ; mais si vous avez en effet cette bonne opinion de ma prudence, vous pouvez être sûr que je n'ai jamais rien dit de vous qui ne vous fît honneur. Outre la volonté du vieux comte, il y eut encore d'autres raisons qui m'empêchèrent de recevoir vos hommages, comme on vous en informa alors, car aucun de nous ne doit censurer ces affections qui dépendent du goût ou du hasard.

— Par les onze mille vierges de Cologne ! Henrich Frey était à peine digne de faire cette injure à l'héritier de ma famille et de mon nom !

— Heinrich Frey reçut ma foi comme la noble Hermengarde reçut la vôtre, seigneur d'Hartenbourg, répondit Ulrike avec le calme d'une femme qui n'avait jamais pris d'intérêt au refus auquel elle faisait allusion, et avec la dignité d'une épouse qui sent ce qu'elle doit à son mari. Par une faveur du ciel, nous sommes tous les deux plus heureux que si nous nous étions mariés par amour; mais si vous pûtes refuser le bonheur, car, dans votre jeune imagination, vous regardiez ma main comme le gage d'un heureux avenir, pour obéir à votre père terrestre, pourrez-vous défier celui qui est dans le ciel, pour satisfaire un désir moins excusable?

— Continuez, Ulrike, vous me pressez jusque dans mes derniers retranchements; je ne sais pas même si j'ai jamais médité l'entreprise à laquelle vous faites allusion.

— Ou, dans un autre langage, vous n'êtes pas encore décidé à commettre le sacrilége. Avant que votre bras frappe un coup irréparable, seigneur comte, écoutez une femme que vous avez aimée dans votre jeunesse, et qui se rappelle encore cette préférence avec un sentiment de gratitude.

— Vous êtes plus indulgente, comme femme, que vous ne l'étiez comme fille; voici le premier mot de pitié qui vous soit échappé pour tous les chagrins que vous m'avez causés autrefois.

— Pitié est un terme qu'il conviendrait mal à Ulrike Haitzinger d'employer en s'adressant au comte de Leiningen. J'ai dit gratitude, monseigneur; car la femme qui prétendrait ne point éprouver ce sentiment pour l'honorable jeune homme qui l'a préférée à toutes les autres femmes de son sexe, ne se rendrait pas justice à elle-même. Je n'ai jamais nié que vos hommages ne m'aient causé à la fois de la satisfaction et du chagrin; de la satisfaction en pensant qu'une personne de votre rang croyait trouver en moi de quoi justifier son choix; du chagrin, parce que vous deviez nécessairement être désappointé.

— Et si nos naissances avaient été égales, douce Ulrike; si vous étiez, comme moi, sortie d'une noble souche, ou si, comme vous, j'étais né dans une plus humble sphère, auriez-vous trouvé dans votre cœur l'excuse d'une réponse différente?

— Nous sommes ici pour nous entretenir sur d'autres sujets, seigneur d'Hartenbourg, et non pas pour nous livrer à ces vains souvenirs d'enfance.

— Dieu de ma vie! appelez-vous les douleurs d'une affection trompée un vain souvenir d'enfance! Vous avez été froide toute votre vie, et trop disposée à l'indifférence en tout ce qui ne touchait pas les paisibles devoirs de famille.

— Cela peut être, comte Emich, mais je regarde comme un avantage de sentir plus vivement lorsque le devoir dirige les affections.

— Je me rappelle votre dernière réponse qui me fut rapportée par votre amie, la mère du jeune Berchthold (et si justice était faite, je n'en devrais pas une grande reconnaissance à ce jeune homme). Vous répondîtes que la fille d'un bourgmestre n'était pas digne d'être la compagne d'un baron, et vous me priâtes d'obéir respectueusement au comte mon père, afin que sa bénédiction pût alléger mon chagrin. Si la vérité était connue, on saurait que cette réponse ne vous coûta pas davantage que si vous aviez refusé une simple grâce à une de vos suivantes!

— Si la vérité était connue, Emich, elle parlerait différemment; vous étiez jeune alors, et, quoique violent et emporté, vous aviez de nobles qualités, et vous feriez injure aux sentiments d'une fille mélancolique et rêveuse, si vous pensiez qu'elle eût voulu de gaieté de cœur donner du chagrin à celui de qui elle avait reçu une marque d'estime.

— Eh bien! encore une fois, Ulrike, si j'avais été le fils de ton égal, ou si tu avais été la fille de quelque grand de l'empire?...

— Dans ce cas, seigneur comte, la réponse eût été la même, interrompit Ulrike avec fermeté bien que son visage trahît quelque émotion. Le cœur d'Ulrike Haitzinger parla dans cette réponse aussi bien que sa prudence.

— Par la vérité de Dieu! vous êtes d'une cruelle simplicité, s'écria le comte en se levant brusquement, et perdant cette expression de douceur que le souvenir des sentiments de sa jeunesse avait donnée à ses traits, qui reprirent leur caractère de dureté habituelle. Vous oubliez, dame Frey, que je suis un pauvre comte de Leiningen.

— Si j'ai manqué au respect que je vous dois, répondit la douce Ulrike, je me souviendrai maintenant de ma faute et elle ne se renouvellera plus.

— Je ne voulais rien vous dire de désagréable, mais votre réponse cruelle m'avait bouleversé l'esprit. Nous avions aussi parlé de ces maudits moines, et le sang me monte à la tête aussitôt qu'il est question d'eux. Vous pensez donc, mon excellente voisine, que, comme chrétiens, nous sommes obligés de nous soumettre aux exactions de ces révérends coquins, et que nous venger c'est attaquer l'autorité du ciel?

— Vous posez le cas à votre guise, comte; je n'ai point parlé d'une abjecte patience ni d'une soumission inutile. Si les moines de Limbourg oublient la sainteté de leurs vœux, cela regarde leur propre salut. Quant à nous, nous devons nous garder de toute offense envers celui que nous devons adorer.

— Bonne Ulrike, interrompit le comte en reprenant son siége avec la familiarité dont il avait usé au commencement de cette conversation, parlons en toute liberté de l'inclination de votre fille : j'aime le jeune Berchthold, et je veux lui rendre service si j'en trouve les moyens; mais je crains bien que nous n'ayons beaucoup de peine à amener Heinrich Frey à consentir à cette union.

— La crainte de son refus m'a causé beaucoup d'inquiétude, comte d'Hartenbourg, répliqua la tendre mère, car le bourgmestre n'est pas un homme qui change promptement d'opinion. Les conseils trop zélés de ses amis augmentent sa confiance en lui-même, au lieu d'ébranler ces résolutions que le plus sage d'entre nous forme souvent à la hâte et sans y réfléchir.

— Ce penchant de votre excellent mari ne m'avait point échappé. Mais Heinrich Frey fut marié si heureusement lui-même, bien qu'il n'apportât aucune richesse de son côté, qu'il ne peut pas raisonnablement être trop sévère pour un jeune homme qui aurait connu une meilleure fortune sans les malheurs de ses parents. Celui qui fut pauvre devrait respecter la pauvreté dans les autres.

— Je crains que ce ne soit pas le penchant de la nature humaine, répondit la pensive Ulrike, ignorant presque ce qu'elle disait. L'expérience prouve chaque jour que ceux qui se sont élevés montrent le moins de condescendance pour ceux qui restent en arrière. Et comme personne ne prise les honneurs autant que ceux pour lesquels ils sont nouveaux, il ne faut pas espérer que l'homme heureux oubliera de si tôt les inquiétudes poignantes de l'adversité, pas plus que celui qui est nouvellement élevé aux honneurs n'approfondira leur vanité.

— Heinrich n'est pas assez jeune en expérience et assez nouvellement élevé aux honneurs pour être rangé dans cette classe.

— Heinrich! s'écria Ulrike, sur les traits chastes de laquelle passa une teinte rosée, ressemblant à un rayon de l'aurore sur le sommet neigeux des Alpes; il n'est point ici question d'Heinrich Frey !

Le comte sourit et ses moustaches se soulevèrent jusque sur ses joues brunies.

— Vous avez raison, dit-il avec courtoisie, c'est de Berchthold et de Meta, auxquels nous nous intéressons. Je crois que j'entrevois les moyens d'accomplir ce que nous désirons en leur faveur, et par des moyens qui s'offrent si rapidement, qu'ils ont l'air d'un don de la Providence.

— Ils n'en seront que plus acceptables, s'ils portent ce caractère.

— Vous savez, Ulrike, que je suis accablé des charges qui pèsent sur tous ceux de ma naissance. Hermengarde a tous les goûts qui conviennent à son rang, et un amour de magnificence qui est coûteux. L'équipement de mon jeune héritier, qui voyage avec l'empereur, m'a épuisé; sans cela j'offrirais, par pure affection pour vous et les vôtres, ce qui pourrait rendre Heinrich favorable au jeune Berchthold. Dans cette position, accablés comme nous le sommes tous par la guerre, et par le besoin d'entretenir tant d'hommes sur pied à Hartenbourg, je ne vois pas d'autres moyens que celui que je viens de mentionner.

— Vous ne l'avez pas mentionné encore; car, dans votre désir de prouver l'impossibilité où vous vous trouviez de servir le jeune homme, vous ne m'avez point parlé de la chance favorable que nous offrait la Providence.

— Je vous demande pardon ! vous m'avez bien jugé, Ulrike, car je me reproche de ne pouvoir rien faire pour une personne que j'estime.

— Ne prêtez point à mes paroles un sens qu'elles n'ont pas, répondit Ulrike en souriant comme une personne qui désire se rassurer. Il n'est jamais entré dans ma pensée que les comtes de Leiningen fussent obligés de doter tous ceux qui les servent, suivant leurs espérances. La bourse la plus lourde du Palatinat se trouverait à sec, si elle était forcée de fournir une dot semblable à celle qui sera le partage de Meta Frey.

— Personne ne le sait mieux que moi. Je me suis souvent entretenu avec Heinrich sur cette matière, et je souhaiterais qu'il n'existât aucune inégalité de rang... Mais c'est parler de choses inutiles, revenons à Berchthold et à ses espérances. Vous savez,

Ulrike, qu'il existe entre ma maison et la communauté des contestations relativement à certaines redevances, non seulement dans la vallée, mais dans la plaine ; et que ce débat une fois terminé en ma faveur augmentera de beaucoup mes revenus. Si cette malheureuse dissension avait le terme que je désire, il serait non seulement en mon pouvoir, mais j'aurais la volonté d'accorder à mes serviteurs, et à Berchthold plus qu'à tout autre, des grâces qui laisseraient une opinion favorable de ma bonté. Je n'ai besoin que de terminer cette affaire pour posséder les moyens de gagner Heinrich à notre cause.

— Si tout cela peut se faire honnêtement, je bénirai celui qui me rendra ce service.

— Je me réjouis de vous entendre parler ainsi, bonne Ulrike ; plus que toute autre, vous pouvez m'être utile dans cette affaire. Heinrich et moi, nous avons décidé qu'il était convenable d'arrêter les débauches abominables des moines.

— Ces paroles sont bien fortes, lorsqu'elles s'adressent à des bénédictins.

— Par les rois Mages ! elles sont plus que méritées. Il ne s'est pas écoulé deux jours depuis que j'ai vu Boniface lui-même plongé dans la plus complète ivresse, sous le toit d'Hartenbourg, comme s'il avait été un mauvais sujet des faubourgs ! Oui ! Boniface, l'abbé de Limbourg, j'ai l'ai vu ivre mort, dame Ulrike, dans mon bon château.

— Et dans la bonne compagnie de votre château, seigneur Emich.

— Ne faites-vous aucune différence entre un baron et un moine ? Suis-je un homme qui affiche la sainteté ? ai-je la tête rasée ? ai-je le désir de passer pour meilleur que mes amis ? Je suis noble par le caprice de la fortune ou du sort, et comme tel je profite de mes avantages, bien que modérément ; mais aucun homme ne peut dire qu'Emich de Leiningen prétende aux vertus spéciales qui devraient distinguer un religieux. Ceux qui sont modestes peuvent réclamer l'indulgence pour leurs fautes ; mais celui qui pèche sous le manteau de la sainteté doit être sévèrement puni.

— Je ne sais si la réserve que vous faites en votre faveur vous profitera dans la suite. Mais vous vouliez me parler de Berchthold Hintermayer ?

— J'ai l'intention de faire quelque chose pour lui. Si Heinrich prend une ferme résolution, et si je puis compter sur le soutien des habitants de la ville, ces réprouvés en froc seront promptement dépossédés des biens qui m'appartiennent. Comme mes revenus seront augmentés, j'accorderai à Berchthold l'autorité d'un délégué sur les champs et les villages qui me reviendront; ce sera une place honorable, qui vaincrait la répugnance du bourgmestre le plus difficile de l'Allemagne.

— Et de quelle manière puis-je vous être utile dans ce projet?

— Comment, avec tout votre esprit, pouvez-vous faire cette question? Vous êtes depuis longtemps mariée, Ulrike, et vous êtes habile dans l'art de persuader. Je ne sais pas quel moyen vous employez avec Heinrich, mais lorsque Hermengarde désire quelque chose qui n'est point en rapport avec mes goûts, elle a diverses manières de se faire accorder ce qu'elle souhaite; aujourd'hui elle sourit, demain elle est silencieuse, elle paraît enjouée ou devient mélancolique, et par-dessus tout, elle est habile à saisir mes moments de faiblesse pour attaquer à l'improviste ma raison par des arguments de baisers et de coquetterie.

— Il serait inutile de dire que je ne vous comprends pas, seigneur d'Hartenbourg, je ne désire pas soulever le voile de votre intérieur domestique; mais je ne suis pas disposée à permettre que personne en fasse autant chez moi. Heinrich et moi nous suivons chacun notre route comme nous le jugeons convenable, et, je l'espère, toujours avec l'harmonie nécessaire à des intérêts communs. Je suis peu habituée à l'influence à laquelle vous faites allusion; mais quelque chère que Meta soit à mon cœur, et certainement il n'y a pas d'enfant qui donne plus d'espérance et justifie davantage la tendresse de ses parents (en prononçant ces mots Ulrike croisa ses bras et leva ses beaux yeux vers le ciel); quoique j'estime le jeune Berchthold, qui est le fils de ma plus ancienne amie, et que je fusse joyeuse d'unir leurs jeunes cœurs à jamais par l'amour et le mariage, et de voir leurs enfants riant sur mes genoux, donnant au soir de ma vie un bonheur qui compenserait les chagrins de mon âge mûr; — plutôt que de vous aider dans vos coupables desseins de rébellion contre les autels de mon Dieu, — plutôt que d'opposer mon égoïsme à son pouvoir redouté, ou d'imaginer qu'un souhait de ma part pût excuser un sacrilége, — je conduirais ma fille au tombeau d'un œil sec, et j'y placerais ma tête à côté de la sienne sans regretter ce calme d'un âge avancé, que Dieu accorde à ceux qui le méritent lorsque le temps des épreuves est passé.

Le comte de Leiningen fut frappé de l'énergie d'Ulrike. Il n'y a personne de plus persuasif qu'une femme douce et vertueuse lorsqu'elle est appelée à défendre une cause juste et à montrer au jour la beauté de son âme. Emich était déçu dans son attente; mais, quoiqu'une sorte d'instinct l'avertît qu'il n'y avait plus d'espoir d'obtenir l'assistance d'Ulrike, et sans s'en rendre compte à lui-même, le respect qu'il avait toujours conservé pour la femme du bourgmestre en fut augmenté. Prenant la main qu'elle avait avancée vers lui en signe d'amitié aussitôt que ce moment d'exaltation fut passé, il allait répondre, lorsqu'un bruit de pas dans la chambre voisine, et un coup timide frappé à la porte, l'interrompit.

— Entrez, dit le baron supposant que c'était une des servantes du château, et satisfait de mettre un terme à cette conversation.

— Un million de remerciements pour l'honneur que je reçois, répondit Ilse faisant une révérence jusqu'à terre, en se rendant à l'invitation du comte. Voilà la première fois qu'une aussi grande faveur m'est accordée à Hartenbourg, bien que, lorsque j'étais fille et fraîche comme notre Meta, je fus admise une fois dans un cabinet d'Heidelberg. J'étais avec le défunt bourgmestre, le père d'Ulrike et sa femme : nous avions été par partie de plaisir voir les curiosités du palais de l'électeur; nous avions visité la tonne.

— Tu viens me chercher, interrompit Ulrike; Meta a-t-elle besoin de sa mère?

— Cela peut être, car les jeunes filles de cet âge, monseigneur, ressemblent aux petits oiseaux qui courent toujours le risque de se casser le cou lorsqu'ils veulent essayer trop promptement leurs ailes, sans être guidés par l'expérience des plus âgés, qui leur donnent en même temps de la prudence et du courage. Vingt fois le jour, si ce n'est pas cinquante, je dis à notre Meta : Faites ce que vous voudrez, mon enfant, et ce que vous ferez sera bien; car je trouve qu'on a tort de contrarier les jeunes filles tant qu'elles sont innocentes. La douceur est une meilleure discipline que la colère; c'est de cette manière, seigneur d'Hartenbourg, que j'ai élevé Meta et sa mère. Eh bien! vous voilà tous les deux assis amicalement l'un près de l'autre comme des enfants élevés ensemble, tandis que Heinrich Frey est là-bas buvant du vin du Rhin avec ces deux ecclésiastiques qui *infectent* le château?

— Tu veux sûrement dire qui fréquentent, bonne nourrice?

— Que signifie ce mot, mon enfant? Infecter ou fréquenter, c'est à peu près la même chose, lorsqu'on parle des libertins. — Il me semble vous voir encore tous les deux jeunes et beaux, et formant un couple que la ville de Duerckheim croyait ne jamais voir séparer; car, si l'un était noble, l'autre était bonne; si l'un était puissant et brave, l'autre était belle et vertueuse; mais les usages du monde vous ont conduits chacun dans un sentier différent, et que le ciel me préserve de dire quelque chose contre la route que tant de gens suivent!

— Et tu as laissé Meta avec ceux qui infectent le château, pour venir nous conter cela!

— Non pas. Il est vrai que j'ai laissé la jeune fille écouter quelques fleurettes; car si elle n'avait aucune expérience, elle ne saurait pas lorsqu'il faut réprimer une trop grande liberté; mais il serait aussi impossible qu'aucune légèreté m'échappât, qu'il serait impossible que monseigneur manquât à son devoir envers les autels de Limbourg. Non, je ne me plains pas de ces seigneurs étrangers, car, tandis que le chevalier de Rhodes racontait mille gentillesses à Meta, le révérend abbé conversait avec moi sur l'hérésie de Luther, et je vous garantis que, tout ecclésiastique qu'il est, il n'en parla pas plus mal des schismatiques! Nous dîmes de bonnes choses sur les dangers et les tribulations du siècle, et nous aurions même pu dire des choses savantes, sans le jeune Berchthold, qui, s'imaginant battre la forêt, par la manière dont il marchait au milieu des vieilles armures de la salle, troublait tous ceux qui étaient présents, sous prétexte qu'il cherchait une flèche pour l'usage de monseigneur, comme si le comte n'eût pas chassé avec autant de plaisir sans tout ce tapage. Les Hintermayer sont une famille que j'aime; mais il me semble que ce jeune homme manque de respect pour la vieillesse.

— Et qu'as-tu fait de ma fille?

— Vous savez que vous désiriez qu'elle allât faire une petite visite à la pauvre Lottchen; et lorsque je pensai que le chevalier errant en avait assez dit, je priai Meta de sortir afin de se rendre au hameau. Il ne lui arrivera pas de mal pour avoir causé un instant avec ce franc cavalier, car il n'y a rien qui affermisse une vertu véritable comme un peu d'alliage avec le vice. C'est comme le vil métal qu'on mêle avec l'or, afin que ce dernier en devienne plus dur, et puisse passer de main en main.

— Tu n'as pas souffert que Meta sortît seule.

— M'avez-vous jamais vue manquer à mon devoir? Votre cœur maternel est prompt à s'alarmer, comme l'oiseau qui s'effraie à chaque balancement des feuilles. J'ai demandé à la coquette Gisela de lui tenir compagnie, et lorsqu'elles sont parties, j'ai murmuré à l'oreille de Meta de ne point faire attention aux discours de sa légère compagne, qui, j'en suis persuadée, ne rouleront que sur la galanterie de ces étrangers. Oh! laissez faire, la vieille Ilse profitera toujours de tout ce qui se présentera sur son chemin pour en tirer un sujet d'édification! Je n'ai jamais manqué une leçon de morale faute de saisir cette occasion. Et voilà Ulrike, comme preuve de ce que je sais faire. Je vous dois des excuses, seigneur comte, pour avoir disposé d'un de vos serviteurs; mais Berchthold m'impatientait, par le bruit qu'il faisait au milieu des boucliers et des arquebuses, et, afin de lui apprendre à être plus silencieux, je l'ai aussi envoyé conduire Meta jusqu'à la porte de sa mère, sous prétexte qu'il était nécessaire qu'un homme l'accompagnât pour écarter les chiens hargneux du hameau.

— Heinrich le sait-il?

— Oh! il est si occupé de l'honneur que vous fait monseigneur le comte, qu'il ne fait que boire et parler de votre tête-à-tête. Lorsque votre fille est confiée aux soins de celle qui la tint la première dans ses bras, et dont l'expérience a bientôt soixante et quatorze ans, je ne vois pas la nécessité de le déranger de son plaisir.

Ulrike sourit, et se tournant vers le comte, qui était trop préoccupé pour accorder une grande attention aux paroles de la nourrice, elle lui offrit sa main, et ils quittèrent ensemble le cabinet.

CHAPITRE XIV.

Une douce rougeur colore ses joues et couvre son cou d'albâtre.

ROGERS.

La chaumière de Lottchen, la mère de Berchthold, n'était distinguée des autres habitations du hameau que par une plus grande propreté, et par cet air d'élégance qui résulte principalement du goût et de l'habitude, et que la pauvreté peut à peine détruire chez ceux qui sont élevés dans les usages et les opinions d'une classe supérieure. Elle était un peu écartée des autres chaumières, et elle possédait l'avantage d'un petit enclos, qui lui évitait en partie le bruit et le voisinage, qui ôte à la plupart des villages et des hameaux en Europe tout caractère pittoresque.

Nous avons eu souvent l'occasion de parler de la difficulté de donner des idées justes sur des choses positives ou même sur des vérités morales et politiques, tout en usant de termes consacrés dans les deux hémisphères, mais qui sont sujets à beaucoup de variantes dans leurs significations respectives. Ce qu'on appelle *comfort* dans notre pays serait trouvé très-incommode dans un autre, et même les deux plus hauts degrés de comparaison dépendent toujours de la connaissance réelle de leurs qualités positives. Peut-on savoir ce que signifie *le plus beau* avant de définir ce qui n'est que *beau?* tandis que la propreté, l'élégance, et même l'étendue, prises dans leurs significations vulgaires, deviennent simplement des termes de convention locale. Si nous disons que la chaumière de Lottchen ne ressemblait aucunement à ces habitations blanches et sans taches, avec leurs jalousies, leurs piazza ornées de colonnes; leurs cours avec une pelouse, par-devant, et leurs jardins remplis d'orangers; par-derrière, leurs acacias et leurs saules pendant sur le toit peu élevé, et leurs bosquets exhalant ces odeurs qu'un soleil généreux peut seul produire, j'offrirais au lecteur un tableau que l'Europe ne présente nulle part, parce que, dans les pays où la nature a été libérale, l'homme est tenu dans une contrainte morale ; et dans ceux où il est assez éclairé et assez libre pour sentir le besoin des commodités de la vie, la nature a refusé à sa patrie les dons nécessaires à leur existence. En Amérique seulement, ceux qui n'ont point de fortune unissent à l'agrément de l'espace la solitude et le luxe qui dépendent des causes dont nous avons fait mention ; car c'est seulement en Amérique qu'on trouve les usages nécessaires à leur production, auxquels se joignent le climat, le prix peu élevé des matériaux et des terres, et qui placent tous ces avantages à la portée de ceux qui ne sont pas riches. Nous désirons donc qu'il soit compris que nous parlons avec la conscience de cette différence dans la valeur des termes ; sans cette explication, je pourrais n'être que difficilement compris par mes compatriotes.

Nous avons donné cette explication de crainte que le lecteur américain ne s'imaginât qu'il y eût quelque rapport entre le hameau d'Hartenbourg et l'un des plus vieux établissements des Etats-Unis. L'époque reculée pourrait en effet donner raison de soupçonner une telle ressemblance. Mais l'histoire que nous racontons fût-elle de nos jours, cela serait à peine probable. On trouve la propreté chez les Allemands, comme chez presque tous les autres peuples du Nord, suivant leur degré de civilisation ; et la multiplicité des petites capitales, qui ont été plus ou moins embellies par leurs différents princes, donne à l'Allemagne un plus grand nombre de villes propres et spacieuses, proportionnellement à la population, qu'on n'en rencontre dans la plupart des autres contrées de l'Europe. Mais, comme partout ailleurs sur le continent, le pauvre est vraiment pauvre.

Le petit amas de maisons groupées sous les bastions saillants d'Hartenbourg avait ce caractère modeste qui appartient à presque tous les hameaux. Les chaumières étaient construites de poutres et de boue, couvertes en chaume, et avec de petites croisées auxquelles, dans ce siècle, le verre était étranger. En parlant des agréments de la chaumière de Lottchen, nous n'avions pas l'intention de dire autre chose, sinon qu'elle était supérieure aux autres dans les détails que nous venons de tracer, et qu'elle avait de plus le mérite d'une extrême propreté. Les meubles néanmoins donnaient une preuve plus évidente de l'ancienne condition de celle qui l'occupait. Lottchen avait sauvé du naufrage de la fortune de son mari assez de meubles pour avoir devant les yeux des traces de ces jours plus fortunés. C'est une de ces consolations mélancoliques de l'adversité, qui sont communes parmi ceux dont la chute a été adoucie par quelque circonstance particulière, et qui, comme des avertissements à la délicatesse et à l'affection, font un touchant appel aux souvenirs du spectateur. Mais la mère de Berchthold avait encore de meilleurs droits au respect de ceux qui venaient dans son humble chaumière. Comme nous l'avons déjà dit, elle avait été l'amie de cœur d'Ulrike dans sa première jeunesse, et, par son éducation et son caractère, elle était toujours sûre de conserver la même place dans les affections de la femme du bourgmestre. Son fils recevait de médiocres appointements en numéraire ; mais le comte permettait à son forestier d'user librement du gibier ; et, comme l'économie allemande la laissait maîtresse d'une garderobe de plusieurs générations, la respectable matrone n'avait jamais connu un besoin absolu, et pouvait en tout temps avoir une apparence plus en rapport avec son ancienne fortune qu'avec ses moyens présents. Il faut ajouter à ces avantages qu'Ulrike ne visitait jamais le Jaegerthal sans songer aux besoins de son amie, et soit que la saison, soit que ses occupations ne lui permissent pas d'accomplir ce devoir sacré en personne, elle envoyait Ilse au hameau pour la remplacer.

La cavalcade venant de l'abbaye avait nécessairement passé devant la chaumière de Lottchen, et cette dernière s'attendait à recevoir une visite. Aussi lorsque Meta, belle et heureuse, entra dans sa chaumière, suivie de la fille du concierge et accompagnée par Berchthold, bien que joyeuse de ce qu'elle voyait, la prudente matrone ne témoigna aucune surprise.

— Comment va ta mère ? furent les premiers mots que prononça la vouvo lorsqu'elle eut baisé les joues fraîches de Meta.

— Elle est enfermée avec le comte Emich, à ce que dit mon père ; sans cela elle serait sûrement ici : elle m'a envoyée te le dire.

— Et ton père ? ajouta Lottchen en jetant un regard inquiet sur Meta et sur son fils.

— Il boit du vin du Rhin avec les vassaux du château. En vérité, mère Lottchen, le hameau ne doit plus être paisible depuis que ces étrangers sont au château ; nos moines de Limbourg sont à peine aussi altérés, et quant à la galanterie, je ne connais pas leurs pareils dans Duerckheim, bien que ce soit une ville de vanité et de folie, comme dit la bonne Ilse.

Lottchen sourit, car elle vit aux regards joyeux de sa jeune amie qu'il n'était arrivé aucun malheur. Elle souhaita le bonjour à Gisela et les conduisit dans la maison.

— Heinrich est-il instruit de cette visite? demanda la vieille, lorsque sa jeune société fut assise, et attendant avec inquiétude la réponse.

— Je t'ai dit, Lottchen, que mon père boit avec les étrangers. Voici ton fils Berchthold, le turbulent, l'impatient Berchthold : il peut te dire dans quelle bonne compagnie le bourgmestre de Duerckheim est tombé.

En disant ces mots Meta se mit à rire, quoique en réalité elle sût à peine pourquoi. Lottchen, plus expérimentée, ne vit pas autre chose dans la joie de sa jeune amie, qu'un de ces accès qui portent également la jeunesse à la gaieté et au chagrin sans cause positive ; mais elle examinait son propre fils avec sollicitude, pour deviner jusqu'à quel point il sympathisait avec la gaieté de Meta. Berchthold en parlant fut l'interprète de ses pensées.

— Puisque vous en appelez à mon opinion, dit-il, voilà ma réponse : Heinrich Frey fait dans ce moment société avec les deux plus grands vauriens qui aient jamais franchi le seuil d'Hartenbourg. En vérité, le frère Luther n'a pas besoin d'intriguer contre l'Eglise, lorsque de pareils garnements portent des vêtements ecclésiastiques !

— Dis ce que tu voudras, Berchthold, de cet abbé bavard à moitié tonsuré, s'écria Gisela, mais respecte le chevalier de Rhodes comme un soldat malheureux et qui est en même temps noble et galant.

— Galant si l'on veut, s'écria Meta avec chaleur. Il faut que tes goûts pour les tendres discours aient été formés par la compagnie des soldats du château, pour appeler cela de la galanterie.

Lottchen avait examiné tous les visages avec attention, et ses yeux s'animèrent à la franchise de l'aveu de Meta. Elle allait la louer, quoique avec prudence, de son jugement, lorsqu'on entendit un léger coup frappé à la porte, et bientôt après Ulrike entra. Bien que la distance de la forteresse au hameau fût peu considérable, les jeunes gens avaient perdu tant de temps à folâtrer le long de la route et à cueillir des fleurs sur le penchant de la colline, qu'Ulrike avait eu le temps d'écouter comment Ilse avait disposé de sa pupille, et de suivre sa fille à la chaumière, avant que la conversation fût bien avancée. L'entrevue des deux mères fut comme à l'ordinaire celle de deux amies affectueuses. Lorsque les questions habituelles furent épuisées, et que quelques observations insignifiantes eurent été faites par les jeunes filles, le jeune groupe fut congédié sous le prétexte de conduire Meta voir la manière dont Berchthold avait arrangé les nids pour les tourterelles dont la fille du bourgmestre avait fait présent à Lottchen. Les deux mères virent partir leurs enfants, toujours accompagnés de Gisela, avec satisfaction, car l'une et l'autre avaient besoin d'une conférence secrète, et toutes les deux savaient combien les jeunes gens sont enclins à prolonger leurs moments de liberté par les mille petits moyens qui forment l'innocente coquetterie de l'amour.

Lorsque Ulrike et Lottchen se trouvèrent seules, elles restèrent quelque temps les mains entrelacées, se regardant l'une et l'autre avec intérêt.

— Tu as bien passé la saison inconstante du printemps, bonne Lottchen, dit Ulrike avec affection, je n'ai plus d'inquiétude que ta santé souffre de l'humidité de cette chaumière.

— Et tu es toujours jeune et belle, comme dans le temps où, fraîches et gaies comme Meta, nous courions sur la bruyère de l'Heidenmauer. De tout ce que j'ai connu, Ulrike, tu es ce qui a le moins changé, soit de forme, soit de cœur.

La douce étreinte qui se fit sentir avant que leurs mains se séparassent, fut un gage silencieux de leur mutuelle estime.

— Tu trouves Meta fraîche et heureuse?

— Comme elle mérite de l'être.

— Et Berchthold? je crois qu'il avance tous les jours dans les bonnes grâces de son seigneur.

— Il est tout ce que je désire qu'il soit : il ne lui manque qu'une chose, mon amie, et tu sais bien que je ne la lui désire que pour satisfaire les préjugés d'Heinrich.

— Mon fils est à jamais sans espoir de fortune : Berchthold a une trop généreuse indifférence de l'or pour en amasser même si cela était en son pouvoir. Mais quel espoir existe-t-il pour un humble forestier dont tout le service se borne à suivre son maître à la chasse, dans les fêtes et aux combats ?

— Le comte Emich estime ton fils, et il ne demanderait pas mieux que de lui accorder des faveurs. Si monseigneur voulait parler à Henrich avec chaleur, toute espérance ne serait pas perdue.

Lottchen baissa les yeux sur son ouvrage à l'aiguille, car la nécessité l'avait rendue industrieuse. Elle garda longtemps le silence d'un air pensif ; mais tandis qu'Ulrike méditait sur les chances de vaincre l'ambition de son mari, un tableau bien différent se présentait à l'esprit de son amie. Les paupières tremblantes de Lottchen laissèrent échapper une larme brûlante sur le linge qu'elle travaillait.

— J'ai beaucoup réfléchi depuis quelque temps, Ulrike, dit-elle, sur la justice de mêler ton bonheur et ta fortune à notre adversité. Berchthold est jeune et brave, et il me semble aussi peu nécessaire qu'injuste de t'abaisser ainsi que Meta jusqu'à notre niveau. J'ai désiré avec beaucoup d'ardeur les conseils de quelques amis moins intéressés que toi sur la conduite que nous tenons dans cette affaire, mais il est difficile de parler sur un sujet si délicat, sans faire du tort à ta fille.

— Si tu veux avoir un avis aussi sage que désintéressé, Lottchen, prends conseil de ton propre cœur.

— Il me dit d'être juste envers toi et Meta.

— Connais-tu dans Berchthold quelque défaut qui ait échappé à l'observation d'une mère exigeante qui ne veut marier sa fille qu'à quelqu'un qui la méritera ?

Lottchen sourit à travers ses larmes, et regarda les beaux traits d'Ulrike avec respect.

— Si tu veux entendre dire du mal de ce jeune homme, ne t'adresse point à celle qui met en lui toutes ses espérances. L'orphelin est la seule richesse de la veuve, et peut-être n'entendrais-tu pas la vérité de la bouche de celle qui contemple son trésor avec tant d'amour.

— Et t'imagines-tu, Lottchen, que ton fils dans sa pauvreté t'est plus cher que Meta ne l'est à sa mère, quoique la Providence nous ait conservé l'aisance et la considération ? L'infortune t'a en effet changée, et tu n'es plus la Lottchen de notre jeunesse.

— Je n'en dirai pas davantage, Ulrike, répondit la veuve d'une voix basse, parlant comme une personne qui vient d'être réprimandée. J'abandonne tout au ciel et à toi! Sois sûre que Berchthold, fût-il comte de Leiningen, ses désirs et les miens seraient de voir Meta devenir sa femme.

Un sourire presque imperceptible effleura les lèvres d'Ulrike, car elle se rappela sa conversation récente avec Emich. Mais il n'y eut ni soupçons ni mécontentement dans cette pensée. Elle était trop sage pour juger sévèrement la nature humaine, et trop bonne pour regarder comme indignes de son estime tous ceux qui n'étaient pas parfaits.

— Nous verrons les choses comme elles sont, répondit-elle, et nous ne mettrons point en avant des chances impossibles. Si tu étais Ulrike et moi Lottchen, personne ne peut croire plus fermement que moi que tes opinions ne changeraient pas. Tu es sûre de Meta, mon amie; mais la vérité me force à avouer que je crains qu'Heinrich ne consente jamais à nos désirs. Son esprit est trop occupé de ce que le monde appelle l'égalité de fortunes; il sera difficile de l'amener à mettre dans la balance les vertus contre de l'or.

— Et a-t-il tort? quelles sont les vertus que possède Berchthold qui ne soient au moins égalées par celles de Meta?

— Le bonheur ne peut pas figurer dans ce contrat comme si nous parlions de la valeur de maisons et de terres. Il a tort, et j'ai souvent amèrement pleuré en voyant Heinrich Frey hasarder le bonheur de cette jeune fille innocente et sans art, et l'abandonner aux chances de calculs aussi vils. Mais il faut encore espérer, ajouta Ulrike en séchant ses larmes, et tourner nos pensées vers un avenir plus gai.

— Tu as parlé de la bonne volonté du comte pour mon enfant, de la bonne volonté qu'il avait de lui rendre service.

— Je ne vois que lui qui puisse changer les idées d'Heinrich. Quoique ce dernier soit bon et prévenant pour moi dans toutes les affaires qu'il croit de mon ressort, il s'imagine qu'une femme n'est pas un juge convenable en matière d'intérêt; et je crains d'être obligée d'ajouter que, sans doute parce qu'il connaît trop bien mes moyens, il place sa femme au-dessous de son sexe dans cette circonstance, et il n'y a aucun espoir que je puisse seule changer ses résolutions. Mais le comte Emich a beaucoup de pouvoir sur l'esprit d'Heinrich, car, Lottchen, les hommes qui attachent du prix aux sourires du monde ont un grand respect pour ceux qui possèdent largement les faveurs de la fortune.

La veuve baissa les yeux ; car rarement, dans leurs nombreuses et amicales confidences, Ulrike faisait ainsi allusion aux faiblesses de son mari.

— Et le comte Emich ? demanda-t-elle, désirant changer la conversation.

— Il est disposé à nous aider, comme je te l'ai déjà dit ; ce matin je lui ai exprimé nos désirs à ce sujet, et je l'ai pressé de parler en notre faveur.

— Ce n'est pas ton habitude de solliciter le comte d'Hartenbourg, Ulrike, répondit Lottchen, levant les yeux sur le visage de son amie qui se colora d'une teinte rose si faible, qu'on eût pu croire que ce n'était qu'un reflet fugitif de quelque partie plus brillante de sa toilette, tandis qu'un sourire plus prononcé se montra sur ses lèvres. Les regards qui furent échangés parlèrent de souvenirs à la fois riants et mélancoliques, souvenirs qui semblaient d'une manière expressive embrasser à la fois toutes leurs jeunes années.

— Ce fut ma première demande, reprit Ulrike ; je ne puis pas dire que ce service me fut entièrement refusé, bien que sa réussite fût soumise à une condition impossible à accorder.

— Il faut qu'il demande beaucoup, en effet, s'il demande trop à ton amitié.

Lottchen parlait sous l'influence d'un profond désappointement, sentiment qui fait souvent oublier toute justice aux personnes dont les principes sont les plus purs ; Ulrike comprit parfaitement la signification de ses paroles. La différence de leur fortune, l'avenir sans espoir de Lottchen, l'amertume d'une condition pauvre et livrée à un mépris que rien ne justifiait, les sévères jugements qu'un monde léger porte sur les malheureux, passèrent rapidement à travers l'esprit de la veuve au milieu d'une foule de regrets et de souvenirs.

— Tu en jugeras par toi-même, répondit Ulrike avec calme ; et lorsque tu m'auras entendue, je te demande une réponse sincère : je te conjure même, au nom de notre longue et constante amitié, sur laquelle n'est jamais passé un nuage, de me découvrir ton âme, de ne me cacher ni aucune pensée, ni le plus secret de tes désirs.

—Tu peux parler.

—N'as-tu jamais soupçonné que ces préparatifs de guerre dans le château, et la présence de tous ces hommes d'armes à Limbourg, présageaient quelque chose de sinistre?

—Ces deux choses annoncent la guerre ; mais l'électeur est pressé de toutes parts, et il y a longtemps que notre Allemagne ne s'est trouvée dans une paix complète.

—Ton imagination a dû aller au-delà de ces causes générales?

Les regards de surprise de Lottchen annoncèrent à Ulrike qu'elle se trompait.

—Et Berchthold ne t'a-t-il rien dit des intentions de son maître? continua Ulrike.

—Il parle de batailles et de siéges comme la plupart des jeunes gens de son âge, et il essaie souvent l'armure de son grand-père qui encombre ce cabinet là-bas, car tu sais que si mes ancêtres n'ont point eu le rang de chevalier, nous avons eu des guerriers dans notre famille.

—N'est-il point irrité contre l'abbaye de Limbourg?

—Il l'est, et il ne l'est pas. Je suis fâchée de le dire, il y a un peu de ressentiment contre les moines, chez tous les habitants du Jaegerthal. Ce ressentiment est excité dans mon fils par Gottlob, son frère de lait, le gardeur de bestiaux.

—Ce ressentiment est descendu du seigneur au vassal. Tout ce que Gottlob dit, Emich fait plus que de le penser.

—Il y eut cependant une débauche dans le château entre Boniface et le comte, pas plus tard que la nuit dernière!

—Trop d'aveuglement pour tout ce qui te passe devant les yeux, chère Lottchen, est une des habitudes vertueuses de ton âme. Le comte d'Hartenbourg médite la chute de l'abbaye, et il m'a juré aujourd'hui que si je veux amener Heinrich à le seconder dans ses desseins, il fera usage de toute son influence, de toute son autorité, pour contribuer à unir Berchthold et Meta.

Lottchen écouta cette nouvelle, dominée par la surprise silencieuse avec laquelle les personnes douces et sans soupçons écoutent dans le premier moment les projets hardis des ambitieux.

—Ce serait un sacrilége! s'écria-t-elle avec chaleur.—Si nos désirs l'emportaient sur nos sentiments religieux, ce serait insulter aux autels de Dieu.

Il y eut un moment de silence. Lottchen se leva de sa chaise avec si peu d'efforts qu'il sembla à l'imagination de son amie exaltée que sa taille grandissait par des moyens surnaturels. Puis, levant les bras au ciel, elle donna carrière à ses sentiments.

— Ulrike, tu connais mon cœur, dit-elle, toi qui es la sœur de mon affection, sinon de mon sang; toi à qui aucune de mes pensées d'enfant, aucun de mes sentiments de fille ne furent cachés. Mon esprit n'était qu'un miroir du tien, réfléchissant chaque souhait, chaque impulsion, chaque désir. Toi qui sais combien Berchthold m'est cher, tu peux dire que lorsque le ciel me ravit son père, les devoirs seuls d'une mère m'engagèrent à vivre; que pour lui j'ai supporté l'adversité sans murmures; souriant lorsqu'il souriait, me réjouissant lorsque la légèreté de la jeunesse le portait à se réjouir; et que, puisque j'ai vécu pour lui, je pourrais mourir. Tu peux encore dire, Ulrike, que je ne cédai pas avec plus de délice et de confiance à mes jeunes et innocentes affections, que je n'ai vu naître avec joie la tendresse de mon fils pour Meta. Et cependant, je le déclare en présence de Dieu et de ses œuvres, avant qu'un de mes souhaits rebelles aide le comte Emich dans ses projets, il n'y a aucun chagrin terrestre que je ne reçoive avec joie, aucune humiliation que je puisse craindre!

La pieuse Lottchen retomba sur son siége, pâle, tremblante, épuisée par un effort si peu habituel. Elle n'avait jamais possédé la rare beauté de son amie, et les attraits que le temps lui avait laissés avaient cruellement souffert du chagrin et de la pauvreté. Cependant lorsqu'elle fut assise, et que son visage fut empreint de cette inspiration causée par le zèle respectueux qu'elle ressentait pour son Créateur, Ulrike pensa qu'elle ne l'avait jamais vue aussi belle. Les yeux de cette dernière s'animèrent aussi, car, dans ces moments d'élévation morale, elles ne songeaient ni l'une ni l'autre à des intérêts mondains, et son plus grand désir était que le comte d'Hartenbourg pût être témoin de ce triomphe sur l'égoïsme. Son propre refus, quoique exprimé presque dans les mêmes paroles, résultat naturel de leur union, semblait dépourvu de mérite; car que signifiait le simple refus d'une personne riche et honorée, comparé à cette élévation d'âme qui portait Lottchen à ne point vouloir sortir par une faute de cette pauvreté qu'elle connaissait déjà si amèrement?

— Je n'attendais pas moins de toi, lui dit Ulrike lorsque l'émotion lui permit de parler; on ne pouvait en exiger davantage, mais moins n'eût pas été digne de toi. Nous allons maintenant parler d'autre chose, et nous confier au pouvoir de l'Etre redouté dont la majesté est menacée. As-tu déjà visité l'Heidenmauer?

Malgré l'exaltation de ses propres sentiments, qui revenaient cependant à leur état de calme ordinaire, Lottchen remarqua le changement de manières de son amie en prononçant ces dernières paroles, et le léger tremblement de voix avec lequel elle fit cette question.

— La bonté de l'anachorète envers Berchthold, sa grande réputation, m'ont conduite vers lui; je l'ai trouvé doux dans ses paroles et d'une haute sagesse.

— L'as-tu bien remarqué, Lottchen?

— Comme une pénitente regarde celui qui lui offre des consolations.

— J'aurais désiré que tu l'eusses examiné davantage.

La veuve regarda son amie avec surprise, mais elle reporta subitement sur son ouvrage ses yeux encore remplis de larmes. Il y eut un moment de méditation et de silence pénible, car l'une et l'autre sentaient le besoin d'une entière confiance.

— T'inspire-t-il de la défiance, Ulrike?

— Non pas comme pénitente, ni comme une personne qui désire se réconcilier avec Dieu.

— Tu désapprouves la déférence qu'a pour lui toute la contrée?

— Tu pourras en juger, Lottchen, lorsque je te dirai que je permets à Meta d'aller chercher des conseils auprès de lui.

Lottchen montra une plus grande surprise, et le silence fut plus long et plus embarrassant qu'auparavant.

— Il y a longtemps que tu m'as parlé, bonne Lottchen, d'une personne dont nous nous entretenions si souvent et avec tant de plaisir lorsque nous étions filles?

L'étonnement de la veuve fut soudain et marqué; elle laissa tomber son ouvrage, et frappa ses mains l'une contre l'autre avec force.

— Le crois-tu? dit-elle enfin.

Ulrike baissa la tête, en apparence pour examiner l'ouvrage de Lottchen; elle ne se rendait pas compte de son action, mais la main qu'elle tendait à son amie tremblait fortement.

— Je l'ai souvent pensé, murmura-t-elle d'une voix basse.

Dans ce moment, un joyeux éclat de rire, empreint de toute la gaieté de la jeunesse, se fit entendre à la porte, et Meta parut suivie de Berchtbold et de la fille du concierge. A cette interruption, les deux amies se levèrent, et passèrent dans une autre chambre.

CHAPITRE XV.

> Je vous en prie, charmante femme et aimable fille, aplanissez mes affaires embrouillées.
> SHAKSPEARE. *Le Roi Henry IV.*

Une heure plus tard, on aperçut la cavalcade de Heinrich Frey le long du Jaegerthal, sous la montagne de Limbourg, retournant à la ville. Quatre hommes légèrement armés, au service du comte Emich, accompagnaient à pied, sous prétexte de faire honneur au bourgmestre, mais en réalité pour le protéger contre les insultes de quelques traîneurs appartenant aux troupes de l'abbaye. Cette précaution n'était pas inutile, car le lecteur se rappellera que le sentier n'était qu'à une faible distance du monastère.

Tandis que les chevaux trottaient près des tours imposantes et des vastes bâtiments, visibles même pour ceux qui voyageaient dans cette vallée profonde, Heinrich, qui avait été plus pensif qu'à l'ordinaire depuis le moment où il avait passé sous la poterne d'Hartenbourg, devint plus grave encore; et Meta, qui était, comme de coutume, en croupe derrière lui, entendit un de ces profonds soupirs, signe infaillible que la partie intellectuelle de son digne père se livrait à un exercice qui ne lui était pas habituel.

Ce nuage ne se voyait pas seulement sur le visage du bourgmestre, les beaux traits de sa femme étaient empreints d'une sombre méditation, tandis que sa fille éprouvait cette sorte de préoccupation qui suit bien souvent une grande joie; moment pendant lequel l'esprit paraît occupé à examiner le passé, comme s'il voulait analyser les mérites et les avantages de ses plaisirs récents. Si l'on en excepte les domestiques mâles, la vieille Ilse était la seule qui revenait comme elle était partie, satisfaite d'elle-même, impassible, et toujours prête à parler.

— Le comte Emich t'a fâché, mon père, dit Meta vivement lorsqu'une aspiration, que chez un homme moins matériel on aurait pu appeler un soupir, lui donna lieu de croire que le bourgmestre luttait contre quelque pensée amère ; sans cela tu serais plus gai, et plus disposé à me donner tes conseils paternels, comme tu en as l'habitude lorsque nous voyageons l'un près de l'autre.

— L'occasion ne me manquera pas, jeune fille, et les murs de l'abbaye s'offrent à temps pour rafraîchir ma mémoire paternelle. Mais tu es dans l'erreur, si tu crois que le cœur du comte Emich et le mien ne sont pas liés comme l'étaient ceux de David et de Jonathas. Je ne connais pas d'homme que j'aime davantage, et, l'empereur et l'électeur exceptés, comme c'est mon devoir, pas de seigneur que je respecte plus.

— Tant mieux ! car je trouve que cela fait du bien de venir de temps en temps respirer l'air de ces montagnes ; mais ce qui me plaît par-dessus tout, c'est une visite à la chaumière de Lottchen !

Heinrich soupira encore, garda quelques moments le silence, et reprit la conversation.

— Meta, dit-il, tu atteins l'âge de femme, et il est temps de fortifier ton esprit, afin qu'il ne soit point trompé par l'adresse et la malice du monde. La vie est bien précaire, principalement pour les hommes braves et entreprenants, et nous vivons dans des temps dangereux, où celui qui est heureux aujourd'hui, entouré d'honneurs et de considération, peut être renversé demain, et même ce soir, pour rendre l'allusion plus précise ; or, ton père est mortel aussi bien que le plus vil reptile ou le plus indigne libertin de l'électorat, qui dépense dans de coupables débauches son bien, peut-être gagné péniblement par son père !

— Cela est vrai, mon père, répondit la jeune fille, qui, bien qu'accoutumée à la morale sans élégance du bourgmestre, ne l'avait jamais entendu parler avec si peu de déférence pour lui-même. Meta parlait d'une voix basse, comme si cette subite humilité de son père avait eu de l'influence sur sa propre estime d'elle-même. Nous ne valons pas mieux que les plus pauvres de

Duerckheim, et nous sommes à peine aussi bons que la pauvre Lottchen et Berchthold.

Un plus profond soupir trahit le mécontentement de Heinrich.

— Laissez ces braves gens tranquilles, répondit-il, puisque chacun doit être sauvé ou damné pour son propre compte. Que Lottchen et son fils prennent le lot que la Providence leur envoie, nous devons maintenant nous occuper d'affaires sérieuses. Je voudrais raisonner gravement avec toi, et j'ai besoin que tu me prêtes la plus grande attention. Il est donc convenu que je suis mortel; vous devez être certaine, Meta, que je ne parle point d'une chose aussi triste sans nécessité; il s'ensuit que, tôt ou tard, nous serons séparés, et tu resteras orpheline. Ce grand malheur peut nous arriver beaucoup plus tôt que tu ne le penses; car, je le répète, nous vivons dans des temps périlleux, où une tête chaude et du courage peuvent conduire un homme à une fin prématurée.

Le bras de Meta s'attacha avec plus de force à la taille du bourgmestre, qui prit cette douce pression pour une preuve du chagrin que cette supposition causait à sa fille.

— Pourquoi me parles-tu ainsi, s'écria-t-elle, puisque tu sais que cela nous rend tous les deux malheureux? Quoique jeune, je suis peut-être destinée à partir la première.

— Cela est possible, mais peu probable, répondit Heinrich d'un air mélancolique. En donnant à la nature ses chances ordinaires, je précéderai même ta mère, puisque j'ai dix bonnes années de plus qu'elle; et quant à toi, je crains bien que tu n'aies le malheur de devenir orpheline. Dieu sait quelle sera l'issue de ces guerres qui nous entourent; mais je crois qu'il est sage de se préparer à tout. Lorsque le triste jour de la séparation arrivera, tu seras avec un digne soutien, qui protégera ta jeunesse et ton inexpérience.

— Mon père!

— Je veux parler de l'argent, ma fille, qui est une bénédiction ou une malédiction, suivant la manière dont on l'emploie. Si je mourais subitement, bien des galants oisifs et libertins te feraient la cour, jurant par leurs moustaches, par leur barbe, que tu leur es plus chère que l'air qu'ils respirent; quand, pour dire la vérité, leur plus grand désir sera de voir ce que le défunt bourgmestre a laissé. Il y a beaucoup de difficultés à marier heureusement une fille d'une condition moyenne ; car, tandis que le défaut de naissance te ferme la porte du château et du palais, une grande fortune te donne le droit de prétendre plus haut qu'une simple bourgeoise. Je voudrais avoir un gendre qui eût de belles espérances, et qui cependant ne fût pas prodigue.

— Ce ne sont pas des qualités faciles à rencontrer, mon bon père, répondit Meta en riant; — car peu de jeunes filles de son âge entendent faire des conjectures ou des plans pour leur établissement futur, sans une irritation nerveuse qui prend aisément l'apparence de la gaieté. — Le monde me semble divisé en deux classes, ceux qui gagnent et ceux qui dépensent.

— Ou bien, en sages et en fous; il y a trois ingrédients qui entrent ordinairement dans les mariages des filles de ta condition, et sans lesquels il y a peu d'espérance de bonheur, et sans lesquels aussi on ne peut obtenir le respect : le premier, c'est l'aisance; le second, le consentement des parents; et le troisième, l'égalité de condition.

— Je croyais que vous alliez dire quelque chose du goût et de l'inclination, mon père.

— Folies, mon enfant! tout ce qui est caprice peut changer. Regarde ce paysan qui cultive les vignes de l'abbaye ; se croit-il moins heureux parce qu'il boit du vin aigre, que s'il se régalait du meilleur vin du Rhin, sorti du cellier du père Boniface? Et cependant si le manant en avait le choix, ne penserait-il pas que la liqueur d'Hockeim est la seule digne de mouiller ses lèvres? Cet homme se rendrait misérable s'il se mettait dans la tête qu'il lui faut changer de régime; mais lorsqu'il est sobre et industrieux, quel est le bourgeois plus heureux que lui? Oh! j'ai souvent envié le bonheur de ces coquins lorsque j'étais accablé par des contrariétés ou par des pertes d'argent.

— Et voudrais-tu changer de condition avec ces vignerons, mon père ?

— A quoi penses-tu, jeune fille? y a-t-il quelque chose qui vaille la fortune sur la terre? et ceci me ramène à ce que je te disais. Il a été question aujourd'hui de quelques folies, pour ne pas dire présomptions, de la part du jeune Berchthold Hintermayer : on dit qu'il désire unir sa pauvreté à ta fortune.

La tête de Meta se pencha; et son bras, qui entourait la taille de son père, trembla d'une manière visible.

— Je crois que Berchthold n'a point songé à cela, répondit la jeune fille à voix basse, et en respirant péniblement.

— Tant mieux pour lui, car cela serait aussi déraisonnable de sa part que si tu voulais épouser l'héritier du comte Emich.

— Cette folle pensée ne m'est jamais entrée dans la tête, répondit Meta avec franchise.

— Tant mieux aussi pour toi, ma fille, puisque le seigneur d'Hartenbourg a fiancé son fils depuis bien des années. Maintenant que nous nous comprenons l'un l'autre, laisse-moi à mes pensées, car mon esprit est occupé d'affaires importantes.

En achevant ces mots, Heinrich se livra à ses réflexions, satisfait de la leçon paternelle qu'il venait de donner à sa fille; mais dans les remarques vagues que le bourgmestre avait laissé échapper, Meta trouva des aliments suffisants à de tristes conjectures pour tout le reste du voyage.

Pendant le court dialogue qui avait eu lieu entre Heinrich et Meta, il y avait eu aussi une conversation entre Ulrike et la vieille matrone qui était en croupe derrière elle. Le penchant naturel qu'avait Ilse à prendre la parole, et l'indulgence habituelle de sa maîtresse, l'invitèrent à rompre le silence aussitôt qu'elles eurent quitté le hameau et qu'elles furent assez loin en avant de la société pour pouvoir parler librement.

— Bien! s'écria la nourrice, cette journée a été convenablement remplie; nous avons eu d'abord les matines à Duerckheim, puis le sermon effrayant du père Johan, et la messe de l'abbaye; ensuite nous avons été reçues avec honneur par le comte Emich: je ne crois pas, Ulrike, que vous ayez jamais vu le bourgmestre si fêté.

— Il est toujours dans les bonnes grâces du seigneur d'Hartenbourg, tu dois le savoir, Ilse, répondit la compagne d'Heinrich sans trop savoir ce qu'elle disait. Je désirerais qu'ils fussent moins amis dans ce moment.

— Oh! vous rendez peu de justice à votre mari, il est *honorable* d'être *honoré* par ceux que le monde *honore*, et vous devriez souhaiter que le bourgmestre fût en faveur auprès de tous les grands, même auprès de l'empereur, si cela était possible. Mais vous avez toujours été singulière, même lorsque vous étiez encore enfant, et je ne pouvais pas être trop sévère pour un penchant qui venait de la nature, et qui n'était pas sans motif. Le ciel est juste envers les bons: quelle vie heureuse vous menez, Ulrike! vous êtes ici la première devant tous ceux qui étaient autrefois vos égaux. La compagne d'un bourgmestre! Pas un varlet, depuis la porte de Duerckheim, ou, pour mieux dire, depuis votre propre porte jusqu'à celle du château d'Hartenbourg, ne peut rester couvert lorsque vous passez! Cela ne s'appelle-t-il pas être heureuse! Puis nous avons le digne Heinrich pour maître, et l'on n'en trouverait pas un semblable à lui dans la ville pour tenir chacun en respect; et Meta! qui, sans contredit, est la jeune fille la plus sage et la plus belle; vous-même, à peine moins fraîche que vous ne l'étiez autrefois, avec une santé et une humeur qui pourraient narguer les chagrins du veuvage, — quelle vie heureuse vous menez!

Ulrike sembla sortir d'un rêve, en entendant la nourrice faire ainsi le panégyrique de son bonheur; elle poussa un long et profond soupir sans se rendre compte de ce qu'elle faisait.

— Je ne me plains point de mon sort, bonne Ilse.

— Si vous vous plaigniez, je ferais arrêter le cheval, afin de descendre; car rien ne pourrait arriver de bon dans notre voyage après un tel blasphème! Non, la reconnaissance après toutes les autres vertus, excepté l'humilité; car l'humilité nous conduit à la faveur, et la faveur est proche parente de la reconnaissance elle-même. J'aurais voulu, Ulrike, que vous eussiez pu écouter ma dernière confession, j'aurais voulu que vous eussiez pu entendre les questions que j'ai adressées et les raisonnements que j'ai faits! Je me confessais au père Johan; et lorsqu'il eut écouté le petit nombre de mes fautes, car, bien que je sois une grande pécheresse comme tout le reste de l'humanité, je ne puis commettre de grands péchés contre le ciel à soixante et quatorze ans, nous nous mîmes à discuter des points de doctrine. Le moine soutenait que le plus saint pouvait pécher au point de mériter la damnation éternelle, lorsque j'aurais juré, s'il avait été convenable de jurer en pareil lieu, que le défunt prieur, le plus grand saint qui ait jamais vécu à Limbourg, aurait assuré que Dieu accordait sa miséricorde à tous ceux qui désiraient l'obtenir. Je ne m'étonne pas de ces hérésies qui circulent, lorsque les prêtres jettent un tel découragement chez les vieux et les faibles!

— Tu es trop habile à te complaire dans ces subtilités, Ilse; une foi plus aveugle conviendrait mieux à ta condition.

— Et quelle est cette condition, je vous prie, pour qu'on trouve à la dédaigner? Ne suis-je pas vieille, et quelqu'un peut-il dire mieux que moi ce qui est un péché ou ce qui n'en est pas un? saviez-vous ce que c'était qu'un péché, dans votre enfance, avant que je ne vous l'eusse appris? Ne suis-je pas mortelle, et par conséquent fragile? Ne suis-je pas femme, et par conséquent curieuse? Ne suis-je pas âgée, et par conséquent remplie d'expérience? Adressez-vous à moi, et vous saurez ce que c'est qu'un péché, un péché qui a grand besoin de pardon.

— Bien, cela est possible, Ilse; mais je voudrais que tu reportasses tes pensées sur le passé, et que tu prisses conseil de ton expérience dans une affaire qui me touche de près.

— Il doit être question de Meta, rien ne touche une mère d'aussi près que sa fille.

— Tu as raison en partie, c'est de Meta et de nous en effet que je désire parler. Tu as été plus d'une fois à l'Heidenmauer avec ma fille chercher les conseils de l'anachorète?

— En effet, vous pouvez dire plus d'une fois, et peu de personnes de mon âge en seraient revenues si légèrement, et avec si peu de fatigue.

— Et que dit-on dans le pays du saint homme, de son origine, de son histoire, veux-je dire?

— On en dit beaucoup, et ce sont des choses saintes et édifiantes. On pense qu'une de ses bénédictions vaut mieux que deux de l'abbaye; car on ne connaît point de mal de lui, tandis qu'on impute au monastère bien des choses qui ne sont pas vraies, j'aime à le croire pour ma part, Ulrike, et je ne suis point une personne qui traite ces matières légèrement. Je me croirais plutôt sauvée par une seule prière de l'ermite que par celles de tous les religieux de Limbourg réunis. J'en excepte le père Arnolph, qui, s'il n'est point anachorète, mérite bien de l'être par ses vertus. Oh! c'est un homme, si justice lui était faite, qui ne devrait jamais goûter d'autre liqueur que de l'eau de source, et n'avoir d'autre nourriture que du pain dur comme le rocher!

— Et as-tu vu l'ermite de l'Heidenmauer?

— Il m'était suffisant d'avoir la vue de sa hutte. Je ne suis pas de ces personnes qui ne peuvent avoir de bonnes choses en leur possession sans en abuser. Je n'ai jamais levé les yeux sur le saint homme; car c'est un remède que je garde soigneusement contre les tentations qui nous accablent même dans la vieillesse. Attendez que j'aie commis quelque grosse faute, et vous verrez comme j'irai lui rendre visite!

— Ilse, tu dois te rappeler encore les jours de mon enfance, et tu as eu connaissance de tous les événements qui ont eu lieu à Duerckheim depuis plusieurs années?

— Je ne sais ce que vous appelez enfance, mais si vous voulez parler du premier cri que votre faible voix proféra, ou du premier regard de vos yeux, je me les rappelle comme si c'était hier soir.

— Et tu n'as pas oublié les jeunes gens et les jeunes filles qui partageaient nos jeux et nos fêtes, qui étaient heureux et gais dans leur temps comme la jeunesse d'aujourd'hui.

— Vous appelez cela de la gaieté! ces fêtes sont des enterrements en comparaison de celles de ma jeunesse. Tous ceux qui sont nés depuis cinquante ans savent peu ce que c'est que les plaisirs et la gaieté. Si je vous racontais...

— Nous parlerons de cela un autre jour; mais puisque ta mémoire est si présente, tu n'as pas sans doute oublié le jeune Von Ritterstein, celui qui était si bien reçu dans la maison de mon père?

Ulrike parlait à voix basse, mais les mouvements doux du cheval qu'elle montait permettaient que chaque mot parvînt aux oreilles de sa compagne.

— Si je me rappelle Odo von Ritterstein! s'écria la vieille, suis-je une païenne pour l'avoir oublié, lui et son crime?

— Pauvre Odo! il est sévèrement puni de sa faute par l'exil, m'a-t-on dit. Nous devons espérer que son offense lui a été pardonnée.

— Par qui! par le ciel? Jamais, Ulrike, un pareil crime ne peut être pardonné. Il y aura vingt ans cette nuit qu'il commit ce crime, comme tous les habitants du Jaegerthal le savent, car il y a eu des exorcismes et des messes sans nombre à l'abbaye à son sujet. Que pensez-vous donc du ciel, pour croire qu'il pardonne une pareille offense?

— Ce fut un terrible péché! dit Ulrike en tressaillant; car bien qu'elle trahît le désir d'excuser le coupable, l'horreur que lui inspirait son crime dominait dans son esprit.

— Ce fut blasphémer Dieu et outrager les hommes! Qu'il s'en repente dans cette vie, car son âme est dans un cruel danger!

Un profond soupir fut la réponse de la femme du bourgmestre.

— Je connaissais bien le jeune Odo von Ritterstein, continua la vieille matrone, et quoique son extérieur fût agréable et qu'il fût doué d'une manière de s'exprimer séduisante pour tous ceux qui veulent écouter une langue mielleuse, je puis me vanter d'avoir lu dans son âme dès notre première rencontre.

— Tu compris alors un terrible mystère!

— Ce ne fut point un mystère pour une femme de mon âge et de mon expérience. Qu'est-ce que c'est qu'un joli visage, une noble naissance, un air enjoué et un œil hardi, pour une femme qui a eu l'occasion d'observer et qui a vécu longtemps? Non, non, j'ai lu dans l'âme du jeune Odo comme nos prêtres lisent dans leur missel. Il ne m'a fallu pour cela qu'un regard.

— Il est surprenant qu'une personne de ta condition ait si promptement et si bien compris ce que tant de personnes ont trouvé inexplicable : tu sais qu'il fut longtemps bien accueilli chez mes parents?

— Et par vous, Ulrike; et cela prouve la différence des opinions. Je n'ai pas été trompée un seul jour, pas une seule heure, sur son caractère. Que m'importait son nom? On disait qu'il avait des croisés parmi ses ancêtres, et que ses aïeux avaient été sous un ciel brûlant et dans une terre lointaine pour délivrer le saint sépulcre; mais je ne voulais rien entendre de tout cela; je voyais l'homme avec mes propres yeux, et je le jugeai avec mon propre jugement.

— Tu voyais un homme dont les manières n'avaient rien que de distingué.

— Ainsi pensaient les personnes jeunes et légères; je ne nie pas que son physique fût agréable, c'était le bon plaisir du Ciel. Je ne dis rien non plus contre son adresse dans les exercices du corps, et toutes les autres qualités qu'on estime dans un chevalier, car je ne bats point un ennemi à terre; mais il avait des manières! — Tenez, la première fois qu'il vint rendre visite à votre père, il parut en présence du digne bourgmestre comme s'il avait été l'électeur, au lieu d'un simple baron; et bien que je fusse debout, attendant pour lui faire la révérence comme il convenait à son rang et à mon éducation, et cela arriva bien souvent, je n'obtins pas un regard favorable, pas un remercîment, pas un regard de condescendance pour toutes mes peines.

Ses yeux ne pouvaient pas s'arrêter sur la vieille nourrice, mais ils étaient fixés sur le visage de la jeune beauté, outre bien d'autres légèretés encore. Oh! je le reconnus promptement pour ce qu'il était.

— Il avait des qualités et les défauts qui leur sont opposés.

— Bien pis que cela. Cent fois pis! je puis vous indiquer bien facilement ses défauts : d'abord, c'était un libertin, il ne manquait jamais une occasion de débauche avec les moines qu'il a outragés.

— Je n'en ai jamais entendu parler.

— Est-il raisonnable de supposer autre chose après ce que nous savons avec certitude? Parlez-moi seulement d'un vice bien prononcé dans un homme, et je vous montrerai tous ceux qui l'accompagnent.

— Cela peut-il être vrai? Ne devrions-nous pas plutôt penser que la plupart des hommes cèdent facilement aux choses vers lesquelles leurs propres passions les portent, tandis qu'ils résistent mieux à celles pour lesquelles ils éprouvent moins de penchant? Il peut être vrai qu'il y ait telles fautes qui rendent ceux qui les commettent indifférents à l'opinion du monde qui les condamne; mais j'espère qu'il y a peu d'hommes assez misérables pour renoncer à toute estime.

— Si vous aviez jamais vu un siége, Ulrike, vous ne parleriez pas ainsi. Voilà l'ennemi de l'autre côté du fossé, jurant, criant, faisant tout son possible pour alarmer la garnison; je ne parle que de ce que j'ai vu trois fois dans notre ville de Duerckheim. Tant que la brèche n'est pas pratiquée et que les échelles ne sont pas placées, chacun va tranquillement dans les rues. Mais que l'ennemi entre une fois, soit par une fenêtre, soit par une cheminée, les portes volent, les piliers sont renversés, les cavaliers, les fantassins se heurtent jusqu'à ce que pas une maison n'échappe aux pillards et que pas un sanctuaire ne soit violé. Maintenant ce blasphème du seigneur Odo ressemble à une muraille qui s'est tout d'un coup abattue, laissant entrer tous les bataillons et tous les escadrons des vices.

— Sa faute fut grande, cela est certain, et le châtiment fut sévère. Cependant on peut attribuer sa faute à un moment de folie ou à un ressentiment provoqué.

— Ce fut un blasphème, et il fut puni comme tel; pourquoi

prendre plus longtemps sa défense? Voici Meta, et il ne convient pas qu'elle entende sa mère faire l'apologie du péché. Rappelez-vous que vous êtes mère, et accomplissez vos devoirs avec prudence.

Comme le cheval qui portait le bourgmestre et sa fille s'approchait, Ulrike cessa de parler avec la patiente indulgence qu'elle avait eue pendant sa conversation avec la vieille femme. Il ne se passa rien de nouveau pendant le reste du voyage. Mais en atteignant sa demeure, Heinrich se hâta de tenir un conseil secret avec les principaux personnages de la ville.

Le reste de la journée se passa comme c'était alors l'habitude dans les villes; les archers s'amusèrent à tirer de l'arc hors des murailles; les arquebusiers s'exercèrent à manier leurs armes plus pesantes, mais comparativement plus dangereuses; les jeunes gens des deux sexes dansèrent, tandis que les cabarets étaient remplis d'ouvriers qui se délassaient des travaux de la semaine tout en buvant le vin salubre et peu coûteux du Palatinat; çà et là on voyait paraître dans les rues un moine du monastère voisin, mais il y avait moins d'autorité et d'assurance dans ses manières qu'avant la promulgation des opinions de Luther, qui avait mis en question un si grand nombre des pratiques de l'Eglise établie.

CHAPITRE XVI.

> Ainsi je renonce au monde et aux choses mondaines.
>
> ROGERS.

On se rappellera que le commencement de cette histoire se passe dans le séduisant mois de juin. Le soleil s'était couché derrière les vastes et fertiles plaines de l'ouest, à travers lesquelles le Rhin suit son cours. Noble fleuve aux eaux rapides et troubles, qui, semblable à un hardi montagnard, fait une descente des défilés de la Suisse pour recueillir le tribut de toutes les vallées qui se trouvent sur son passage. Une douce chaleur régnait dans l'air;

cependant ce n'était point ce calme d'un beau clair de lune, comme ceux qui distinguent les soirées dans un climat plus favorisé. Il régnait une sombre tranquillité qui rappelait l'heure avancée du jour. C'était un moment qui invitait plus au repos qu'aux plaisirs. Les bourgeois de Duerckheim, dont les habitudes étaient simples, avaient fermé leurs portes de bonne heure, et, comme c'était l'habitude, celles de la ville furent closes lorsque l'horloge sonna huit heures. Les paysans du Jaegerthal n'avaient pas attendu si tard pour regagner leurs lits.

Néanmoins, il était près de dix heures lorsqu'une porte dérobée de la maison de Heinrich Frey s'ouvrit et donna passage à trois individus. Ils étaient enveloppés de manière à déguiser leurs personnes. Le chef de la bande s'arrêta pour voir si la route était libre, puis fit signe à ses deux compagnes, car c'étaient deux femmes, de le suivre; la petite troupe poursuivit son chemin sous l'ombre projetée par les maisons. Elle atteignit promptement la porte de la ville qui conduisait à la montagne de l'Heidenmauer.

Il y avait cette nuit-là plus de troupes sur pied qu'à l'ordinaire à Duerckheim, quoique cette ville, et particulièrement dans ce moment où des armées ravageaient le Palatinat, ne fût jamais sans une garde convenable. Quelques hommes armés se promenaient dans la rue vers le point où elle était terminée par des fortifications, et on voyait une sentinelle sur le mur supérieur.

— Qui vive? cria un arquebusier.

L'homme enveloppé s'approcha du chef des soldats et lui parla à voix basse. Il paraît que ces paroles furent satisfaisantes, car elles ne furent pas plus tôt prononcées, qu'un air affairé parmi les soldats annonça le désir d'obéir aux volontés de l'inconnu. On apporta les clefs, et la porte de la ville fut ouverte. Cet homme ayant procuré une sortie à ses compagnes, revint dans la ville, non sans s'arrêter un instant pour causer avec les sentinelles.

Une fois en dehors de la ville, les deux femmes commencèrent à monter. Le chemin était difficile, car il était tracé irrégulièrement au milieu de terrasses et de vignes, et on pouvait s'apercevoir que les membres de celles qui y étaient engagées en éprouvaient une grande fatigue.

Enfin, non sans s'être souvent arrêtées pour respirer et se reposer, elles atteignirent les ruines de l'ancienne muraille du camp.

Là elles s'assirent l'une et l'autre dans un profond silence pour reprendre haleine. Le sentier par lequel elles avaient monté les avait conduites vers l'extrémité de la montagne qui dominait la vallée.

Le ciel était couvert de nuages en flocons, qui obscurcissaient la lumière de la lune, de manière à rendre tristes et incertains les objets qu'on distinguait au bas de la montagne, quoique, de temps en temps, cet astre si doux semblât voguer dans un champ d'azur, éclairant subitement tout ce qui se trouvait au-dessous de lui. Mais ces éclaircies momentanées étaient trop brusques pour permettre à l'œil de s'habituer au changement, et avant qu'il pût rien distinguer, la vapeur revenait de nouveau intercepter les doux rayons. Comme pour ajouter au caractère mélancolique de cette soirée, les sons plaintifs du vent se faisaient entendre au milieu des cèdres.

Un profond soupir poussé par celle qui, à son air et sa mise, semblait être d'un rang supérieur à l'autre, parut à sa compagne une permission de parler.

— Bon! trois fois dans ma vie, dit-elle, j'ai gravi cette montagne la nuit, et peu de femmes de mon âge pourraient le faire en plein jour.

— Ecoute, Ilse, n'entends-tu rien d'extraordinaire?

— Rien que ma propre voix; et pour une personne aussi silencieuse, c'est en effet quelque chose d'un peu extraordinaire.

— Il me semble réellement que j'entends un autre bruit. Viens vers la ruine; je crains que nous ne soyons sorties dans un dangereux moment.

Toutes les deux se levèrent, et il ne se passa qu'une minute avant que leurs personnes ne fussent cachées, et il eût fallu un œil bien curieux pour remarquer leur présence. Il était évident que des pas se faisaient entendre presque dans la même direction. Ilse trembla, mais sa compagne, plus maîtresse d'elle-même, et mieux soutenue par sa raison, était autant et peut-être plus excitée par la curiosité que par la crainte. La hutte en ruine dans laquelle elles étaient cachées se trouvait sous le couvert des cèdres où pénétrait une lueur à peine sensible. Cependant ce fut à cette faible lueur qu'elles aperçurent une troupe d'hommes traverser le camp. Ils venaient deux à deux; leur marche était rapide et presque sans bruit. Une armure qui brilla lorsqu'ils passèrent sous un endroit moins couvert d'arbres, avertit les deux femmes que c'étaient des soldats.

Cette troupe était nombreuse, elle se composait de plusieurs centaines d'hommes. Elle venait du Jaegerthal, et, avec promptitude et silence, elle passait sous les cèdres et paraissait se rendre dans les plaines du Rhin.

Lorsque ces soldats, qui dans l'obscurité semblaient autant de fantômes, se furent éloignés, Ilse parut recommencer à vivre.

— En vérité, dit-elle, on croirait que ce sont des hommes : d'où viennent-ils ? vont-ils visiter le saint ermite ?

— Ne le pense pas. Ils sont descendus par les derrières de Duerckheim, et seront bientôt loin du lieu que nous désirons atteindre.

— Sainte Vierge ! quelle est l'origine de ces hommes et leur message sur la terre ?

Cette exclamation d'Ilse trahissait suffisamment la nature de son doute, quoique le calme de sa compagne prouvât assez que, maintenant que les hommes armés avaient disparu, elle n'éprouvait plus aucune crainte.

— Ceci peut être ou n'être pas un heureux présage, répondit l'autre en réfléchissant. Ils étaient en grand nombre et paraissaient des guerriers de belle apparence !

— Trois fois j'ai visité ce camp pendant la nuit, et jamais, jusqu'à ce jour, je ne m'étais crue destinée à voir ses habitants ! pensez-vous que ce soient des Romains, ou bien des soldats du roi des Huns ?

— Ce sont des hommes vivants. Mais n'oublions pas le but de notre voyage.

Sans permettre de nouvelles réflexions, celle qui paraissait la maîtresse se dirigea vers la hutte de l'ermite. Ses pas étaient timides et mal assurés ; car, quoique la réflexion lui donnât de la force, la subite apparition de ces troupes silencieuses au milieu du camp abandonné aurait pu effrayer une personne même plus hardie.

— Repose sur ce pan de muraille tes membres fatigués, bonne nourrice, dit la femme voilée, tandis que je vais entrer dans l'ermitage ; tu m'attendras ici.

— Allez à la grâce de Dieu. Parlez convenablement à l'anachorète ; que votre âme s'abreuve de calme et de bonnes paroles ;

et s'il reste une bénédiction ou une relique, pensez à celle qui a soigné votre enfance, et qui peut dire avec fierté qu'elle a fait de vous une femme de mérite.

— Que Dieu soit avec toi, et avec moi aussi ! murmura Ulrike en s'éloignant lentement.

Elle hésita lorsqu'elle fut près de la hutte de l'anachorète; mais, encouragée par les sons qu'elle entendait à l'intérieur, et convaincue que le saint homme était levé, car une lumière brillait à travers les crevasses du mur, elle prit enfin la résolution de frapper.

— Entrez, par la volonté de Dieu, répondit-on de l'intérieur.

La porte s'ouvrit, et la dame se trouva face à face avec l'anachorète. Le manteau et le capuchon tombèrent de la tête de la première, comme si sa main eût été trop faible pour les retenir. Ils se contemplèrent longtemps l'un et l'autre avec attention, et peut-être avec un air de doute. La femme, mieux préparée à cette entrevue, parla la première.

— Odo! dit-elle d'une voix émue et triste.

— Ulrike!

Alors leurs yeux étudièrent péniblement les traces des changements que le temps ou les passions peuvent produire sur les visage humain. Sur celui d'Ulrike, on ne pouvait apercevoir que le développement d'une beauté plus mûre, et cette expression pensive que de profondes méditations et la perte d'espérances amènent ordinairement. Mais si elle-même n'avait point su quel était celui qu'elle venait chercher, et si sa mémoire n'avait pas retenu une si vive impression du passé, il est probable qu'elle n'eût point reconnu les traits du plus joyeux, du plus beau cavalier du Palatinat, dans l'œil abattu, quoique brillant encore, la barbe grisonnante et les traits fatigués, quoique fiers, de l'anachorète.

— C'est vous, Odo! et sous l'habit de pénitent! ajouta Ulrike.

— Oui, un pénitent dont l'âme est brisée. Vous me voyez voué aux mortifications et à la douleur.

— Que le repentir soit le bienvenu, quel que soit le moment où il arrive. Vous courbez votre corps dans la misère, et votre âme sera élevée.

Le reclus fit un geste vague, que sa compagne prit pour le signe de la croix, et inclinant la tête, elle répéta un *Ave*. Dans tous les grands changements soit religieux, soit politiques, l'esprit de parti attache une grande importance à des choses matérielles, qui par habitude et par convention finissent par être considérées comme les gages d'une opinion. C'est ainsi que, lorsque les révolutions sont subites et violentes, beaucoup prennent le symbole pour la chose elle-même ; c'est ainsi que des hommes hasardent leur vie sur un champ de bataille pour soutenir un vain nom ou une disposition de couleurs particulière sur un drapeau, ou encore quelques termes insignifiants qui n'ont jamais été bien expliqués, et cela longtemps après que le mérite réel de la controverse a été perdu par la cupidité et le manque de foi de ceux auxquels le bien public est confié ; c'est ainsi qu'en Amérique, où tout changement fut gradué et certain, l'oubli de ces bagatelles donna au pays une réputation d'inconstance, parce que, en attachant tant de prix à la réalité, nous négligeons les signes extérieurs, signes qui peuvent exciter l'imagination dans d'autres contrées, mais qui n'ont aucune influence chez nous. La réformation a fait de bonne heure de grands changements dans les formules de l'église romaine. La croix cesse d'être en faveur parmi les protestants, et après trois siècles on commence à admettre que ce symbole sacré est un ornement plus convenable pour *les doigts qui nous montrent silencieusement le ciel* au faîte de nos églises, que n'a jamais pu l'être un oiseau de basse-cour[1]. Si Ulrike avait été plus exercée dans ces sortes de distinctions, ou si son esprit avait été moins occupé de ses tristes réflexions, elle aurait pu penser que le mouvement de main de l'ermite, dans le signe auquel nous faisons allusion, trahissait une indécision et un doute, qui prouvait également ou une personne novice dans les pratiques de cette nature, ou un homme qui est sur le point d'abandonner une règle depuis longtemps établie. Quel que fût ce signe, Ulrike n'y vit rien d'extraordinaire, et elle prit en silence le siége que l'anachorète lui indiquait, tandis qu'il se plaçait lui-même sur un autre.

Ils se regardèrent de nouveau avec tristesse. Ils étaient assis loin l'un de l'autre, et la torche jetait une vive clarté sur chacun d'eux.

---

1. L'auteur cite une expression du poëte Wordsworth, et fait allusion à l'usage de placer un coq au faîte des clochers.

— Le chagrin a pesé lourdement sur vous, Odo, dit Ulrike: vous êtes bien changé!

— Et l'innocence et le bonheur ont conservé vos traits, Ulrike: vous méritiez cette faveur.

— Avez-vous adopté depuis longtemps cette vie solitaire? Mais peut-être je touche à un sujet qu'il ne faut pas traiter.

— Je ne sais pas pourquoi je refuserais au monde le profit de ma leçon : je dois encore moins prétendre au mystère avec vous.

— Je serais heureuse de pouvoir vous donner des consolations; vous savez qu'il y a une grande douceur dans la sympathie de nos amis.

— Votre pitié est ce qui ressemble le plus à l'amour des anges; mais pourquoi parler de cela? vous êtes dans la hutte d'un ermite condamné par sa conscience aux privations et à la pénitence. Retournez dans votre heureuse habitation et laissez-moi au devoir solennel que j'ai résolu d'accomplir cette nuit.

En parlant ainsi, l'anachorète enveloppa sa tête d'un manteau de drap grossier, car il était évidemment disposé à sortir, et fit entendre un gémissement.

— Odo, je ne vous laisserai pas dans cet état; ma vue a augmenté votre chagrin, et il serait peu charitable de vous quitter ainsi.

— Que voulez-vous, Ulrike?

— Adoucir vos peines. Cette vie solitaire accable votre âme d'un poids trop pesant. Où avez-vous passé les années de votre jeunesse, Odo? qu'est-ce qui vous a conduit à une pénitence aussi sévère?

— Avez-vous encore assez de sensibilité pour vous intéresser au sort d'un proscrit?

Une légère rougeur succéda à la pâleur d'Ulrike. Elle n'exprimait point une passion tumultueuse, mais elle était la preuve qu'un cœur tel que le sien ne pouvait jamais devenir indifférent pour celui qu'elle avait jadis si tendrement aimé.

— Puis-je oublier le passé? dit-elle. Ne fûtes-vous pas l'ami de ma jeunesse? ne fûtes-vous pas mon fiancé?

— Et reconnaissez-vous ces liens si longtemps chéris? Oh! Ulrike, avec quelle inconcevable folie j'ai rejeté loin de moi un joyau sans prix! Mais écoutez, et vous saurez de quelle manière le ciel vous a vengée.

La femme du bourgmestre, bien qu'elle fût vivement agitée intérieurement, attendait avec patience, tandis que l'ermite semblait se préparer aux révélations qu'il était sur le point de faire.

— Vous n'avez pas besoin de rien apprendre sur ma première jeunesse; dit l'ermite, vous savez que, orphelin dès l'enfance, riche et noble de naissance, j'entrai dans la vie, exposé à tous les dangers des jeunes étourdis. J'avais la plupart des inclinations généreuses de ceux qui ne connaissent aucun souci, un cœur qui n'était pas entièrement dépourvu de sympathie pour un ami outragé, et qui n'était pas fermé à la compassion...

— Vous ne vous rendez pas justice, Odo; dites que votre main était ouverte au malheur, et votre cœur rempli de bonté.

L'anachorète, bien que mortifié par la pénitence et la piété, n'entendit pas ces mots, prononcés par des lèvres si pures et si sincères, sans qu'un changement se manifestât dans ses traits; ses yeux s'animèrent, et pendant quelques instants ils s'arrêtèrent sur sa compagne avec l'expression brillante de leur jeunesse; mais ce changement échappa à Ulrike, animée du sentiment généreux qui l'avait portée à interrompre l'ermite.

— J'aurais pu être ainsi, reprit-il avec calme après un moment de réflexion, mais dans la jeunesse, lorsque nous ne sommes pas dirigés sagement, nos plus belles qualités deviennent souvent les instruments de notre chute. J'avais par-dessus tout des passions violentes, et les preuves irrécusables de leur violence se voient sur mon visage.

Ulrike ne répondit pas à cette remarque, car elle avait éprouvé combien il est facile aux caractères forts de subjuguer les faibles, et combien il est habituel au cœur d'attacher du prix aux qualités qui ont du rapport avec celles qu'il possède.

— Lorsque je vous connus, Ulrike, votre bonté, l'intérêt que vous sembliez prendre à mon bonheur, et le respect que les jeunes gens éprouvent naturellement pour l'innocence et la beauté, la confiance que vous m'inspiriez, adoucirent mon caractère fougueux, et me rendirent pendant un temps l'esclave de votre douceur.

Ulrike parut reconnaissante de ces éloges, mais elle garda le silence.

— Les liens qui unissent la jeunesse et l'innocence sont un des plus saints mystères de la nature. Je vous aimais, Ulrike, avec pureté, avec une foi parfaite. Le respect que dans ma pénitence et ma vie solitaire j'accorde à ces signes sacrés n'est pas plus profond ou plus fervent que celui que j'éprouvais pour votre innocence virginale.

Ulrike trembla, mais ce n'était que le balancement de la feuille au passage du souffle de l'air.

— Je reconnais la vérité de vos paroles, murmura-t-elle, comme effrayée de hasarder le son de sa voix.

— Vous me rendîtes justice. Lorsque vos parents consentirent à notre union, je plaçai toutes mes espérances dans le mariage, car, tout jeune que j'étais, je me connaissais si bien, que je prévoyais qu'un esprit persuasif, bon, et cependant ferme comme le vôtre, était nécessaire pour dompter mon caractère. Une femme subjugue le cœur d'un homme par sa tendresse, par sa dépendance même, et elle obtient tout ce que la fierté de l'autre sexe refuserait à un pouvoir plus évident.

— Eprouviez-vous réellement tous ces sentiments ?

— Ulrike, j'éprouvais plus, j'étais convaincu de plus de choses, et j'en craignais plus encore que je n'aurais osé l'exprimer ; mais tout sentiment de fierté est passé maintenant. Que dirai-je de plus ? Vous savez de quelle manière des esprits hardis commencèrent à discuter sur les mystères et les dogmes de l'Eglise vénérable qui depuis longtemps gouverne la chrétienté, et que quelques uns furent assez téméraires pour anticiper sur les raisonnements et les changements des têtes plus prudentes, par des actes audacieux. Il en est toujours ainsi des réformateurs d'abus, jeunes, et dont l'imagination est exaltée. Ne voyant rien que les torts, ils oublient les moyens par lesquels ils sont produits, et ne s'aperçoivent pas des causes qui peuvent adoucir, sinon justifier le mal.

— Et malheureusement c'était là votre caractère ?

— Je ne puis le nier. Jeune et sans connaissance des diverses causes qui tempèrent chaque théorie lorsqu'elle est mise en pratique, je n'envisageais que le but.

Bien qu'Ulrike attendît avec impatience quelques excuses du pénitent sur ses propres fautes, elle continua de garder le silence. Après quelques minutes de réflexion la conversation continua :

— Il y avait parmi vos amis, Odo, des personnes qui pensèrent que l'outrage fut moins grand que le couvent ne le rapportait.

— C'était le désir qu'elles en éprouvaient qui les portait à cette indulgence, répondit l'anachorète d'une voix humble; il n'est que trop vrai que, échauffé par le vin et égaré par la colère, je fis violence, en présence de mes gens armés, à ces objets sacrés pour lesquels les catholiques ont tant de vénération. Dans un moment d'ivresse et de folie, je pensai plus aux applaudissements grossiers de parasites pris de vin, et à la confusion d'un prêtre, qu'à la juste colère de Dieu! Dans mon impiété je foulai aux pieds l'hostie, comme depuis Dieu foula aux pieds mon orgueil.

— Pauvre Odo! ce crime affreux changea nos deux destinées! Et vous adorez maintenant cet Etre auquel vous avez fait une si grande injure! votre cœur est revenu à la foi de votre jeunesse.

— Cela n'était pas nécessaire pour me faire sentir tout le poids de ma faute! s'écria l'anachorète dont les yeux commencèrent à perdre cette expression de sensibilité que lui avait inspirée la présence de la douce Ulrike, et qui s'animèrent du feu d'un remords entretenu depuis si longtemps dans les habitudes d'une sombre dévotion. Le Seigneur de l'univers n'est-il pas mon Dieu? l'insulte était pour lui; soit qu'il y ait erreur dans une forme de religion ou dans une autre, j'étais dans son temple, au pied de ses autels, en la présence de son esprit; je me moquai des devoirs qu'il impose, je défiai son pouvoir, et tout cela pour obtenir un indigne triomphe sur un moine effrayé!

— Malheureux Odo! où cherchâtes-vous un refuge après cet acte de folie?

L'anachorète regarda attentivement sa compagne, comme si des images touchantes et terribles se fussent mêlées en foule dans son esprit.

— Mes premières pensées furent pour vous, dit-il; le coup téméraire de mon épée ne fut pas plus tôt porté, qu'il me sembla voir un abîme s'ouvrir subitement entre nous. Je connaissais votre piété sincère, et je ne pouvais, même dans ce moment de folie, me tromper sur votre décision. Lorsque je fus en lieu de sûreté, je vous écrivis la lettre à laquelle vous répondîtes, et dans laquelle vous mêlâtes tant de fermeté et une si grande horreur pour mon crime à une sensibilité si touchante. Lorsque vous renonçâtes à moi, je devins errant sur la terre, et depuis ce moment jusqu'à celui de mon retour en ces lieux, je continuai cette vie vagabonde. Quelque puissance dans le pays et de fortes amendes sauvèrent mes domaines, qu'une vie de pèlerin et de soldat ont beaucoup augmentés ; mais jamais, jusqu'à l'été dernier, je n'ai senti le courage d'aller revoir les lieux où ma jeunesse s'est écoulée.

— Quels pays parcourûtes-vous, Odo ?

— J'ai cherché un soulagement à mes maux dans toutes les positions de la vie : dans la gaieté et les dissipations des capitales ; au fond des ermitages, car celui-ci est le quatrième que j'occupe ; dans les armes, au milieu des hasards de la mer. Dernièrement, j'ai combattu pour la défense de Rhodes, ce malheureux boulevart de la chrétienté. Mais partout où je me suis arrêté, dans tous les travaux que j'ai entrepris, le souvenir de mon crime et de mon châtiment m'a poursuivi. Ulrike, je suis un homme voué au malheur !

— Cher Odo, Dieu est miséricordieux pour de plus grands coupables encore. Vous retournerez dans votre château depuis si longtemps abandonné, et vous y vivrez en paix.

— Et vous, Ulrike, mon crime vous a-t-il causé de la douleur ? Vous au moins vous êtes heureuse ?

Cette question causa à la femme de Heinrich Frey beaucoup de malaise. Ses sentiments pour Odo de Ritterstein avaient participé de la passion, et ils étaient encore revêtus des prestiges de l'imagination, tandis que son attachement pour le bourgmestre tenait du devoir et de l'habitude. Cependant le temps et la conscience des obligations de son sexe, sa tendresse pour Meta qui était un lien entre elle et son mari, donnaient à ses sentiments le calme qui convenait à sa situation présente. Si sa volonté eût été consultée, elle n'aurait point touché cette corde ; mais puisque cette question lui était adressée, elle sentait la nécessité d'y répondre avec dignité.

— J'ai le bonheur d'avoir un mari honnête et une fille affectionnée, dit-elle ; tranquillisez-vous à ce sujet. Nous n'étions pas destinés l'un à l'autre, Odo ; votre naissance seule était un obstacle que nous n'aurions pu vaincre entièrement.

L'anachorète courba la tête, et parut respecter la réserve d'Ulrike. Le silence qui succéda ne fut pas dépourvu d'embarras ; il fut interrompu par les sons d'une cloche qui vinrent de la montagne de Limbourg. L'anachorète se leva, et tout autre sentiment fut remplacé par un retour subit de ce repentir cuisant qui le

poursuivait depuis si longtemps, et avait plus d'une fois été près d'altérer sa raison.

— Ce signal, Ulrike, est pour moi.

— Irez-vous à Limbourg, à cette heure?

— Pénitent humilié, j'ai fait ma paix avec les bénédictins au moyen de l'or, et je vais m'efforcer maintenant de faire ma paix avec Dieu. Ce jour est l'anniversaire de mon crime, et il y aura une messe de nuit pour son expiation.

La femme d'Heinrich écouta cette déclaration sans surprise, quoiqu'elle amenât l'interruption subite de son entrevue avec l'ermite.

— Odo, votre bénédiction! dit-elle en s'agenouillant.

— Vous exigez de moi une telle dérision? s'écria l'ermite les yeux égarés. Allez, Ulrike! Laissez-moi avec mes fautes.

L'anachorète parut irrésolu pendant un moment; puis se précipitant avec fureur hors de la hutte, il y laissa Ulrike à genoux.

CHAPITRE XVII.

Mona, les sites, les druides, éveillent les morts.
ROGERS.

ULRIKE avait l'habitude de s'adresser fréquemment et avec ardeur au Maître de l'univers, et dans ce moment elle pria avec plus de ferveur que jamais. Elle fut rappelée à elle par un coup frappé sur son épaule.

— Ulrike, mon enfant? dame Frey, s'écria l'assidue Ilse, êtes-vous collée à la terre par quelque sortilége? Pourquoi êtes-vous encore ici, et pourquoi le saint homme s'est-il enfui?

— Tu as vu Odo de Ritterstein?

— Qui! êtes-vous folle, dame? Je n'ai vu que le saint anachorète, qui a passé près de moi comme un ange qui prend son vol vers le ciel; et, quoique je me sois agenouillée pour implorer un regard de faveur, son âme était trop occupée de sa mission céleste pour faire attention à une pécheresse. Si j'avais été coupable comme bien des personnes qu'on pourrait nommer, ce dédain aurait pu me causer quelque alarme; mais étant ce que je suis, j'ai plutôt mis cet oubli sur le compte de mon mérite que sur autre chose. Non, je n'ai vu que l'ermite.

—Alors, tu as vu le malheureux Odo de Ritterstein !

Ilse recula avec effroi.

— Avons-nous reçu un loup dans la bergerie? s'écria-t-elle enfin lorsque l'usage de la parole lui fut rendu. Tout le Palatinat s'est-il agenouillé, a-t-il pleuré et prié aux pieds d'un pécheur comme nous, que dis-je? bien pire que nous! Ce qui a passé pour de l'or pur n'est-il qu'un vil métal, notre ferveur de l'hypocrisie, nos espérances de trompeuses illusions, notre sainte fierté de l'orgueil !

— Tu as vu Odo de Ritterstein, Ilse, reprit Ulrike en se levant, et tu as vu un saint homme.

Et, donnant son bras à la nourrice, car c'était celle qui avait le plus besoin d'assistance, Ulrike s'éloigna de la hutte. Tandis qu'elles marchaient à travers les murs en ruine du camp abandonné, Ulrike essaya d'amener sa compagne à juger les fautes de l'ermite avec moins de rigueur. Cette tâche n'était pas facile, car Ilse s'était habituée à penser qu'Odo était un homme abandonné de Dieu, et l'on ne se débarrasse pas en un moment des opinions qu'on a conservées soigneusement pendant vingt ans. Cependant il arrive quelquefois que l'esprit humain rend plus que justice, lorsque ses préjugés sont éteints. C'est par cette espèce de réaction que nous voyons les mêmes individus qui ont été réprouvés comme des monstres, être ensuite admirés comme des héros. Nous tenons rarement une juste balance dans nos applaudissements excessifs ou dans nos excessives condamnations.

Nous ne voulons pas dire néanmoins que les sentiments d'Ilse à l'égard de l'anachorète subirent ce changement violent de la haine au respect; car tout ce qu'Ulrike put obtenir en faveur du solitaire, ce fut d'admettre qu'il était dans la classe de ces pécheurs pour le salut desquels tous les bons chrétiens pouvaient, sans se compromettre, dire un *Ave*. Cette faible concession d'Ilse suffit à sa maîtresse, dont tout le désir était de suivre l'ermite à l'église de l'abbaye, afin de s'agenouiller devant les autels et de mêler ses prières à celles du pénitent, pour implorer son pardon dans ce jour anniversaire de son crime. Nous ne prétendons point ici montrer par quel sentiment de la fragilité humaine la femme d'Heinrich Frey était conduite à cette indulgence et à une sympathie si délicate envers celui auquel elle avait été fiancée. Nous ne jouons point ici le rôle de censeur de la conduite des femmes, mais nous essayons d'exposer les mouvements du cœur, soit en bien, soit en mal. Il suffit à nos projets que le résultat du tableau entier soit une leçon favorable à la vertu et à la vérité.

Lorsque Ulrike s'aperçut qu'elle pouvait conduire sa compagne où elle le désirait sans courir le risque de s'exposer à des lieux communs de morale, débités avec la plus grande volubilité, elle dirigea ses pas vers le couvent. Comme le lecteur a probablement parcouru notre Introduction, il n'est pas nécessaire de dire autre chose, sinon qu'Ulrike et sa compagne suivirent la même route que nous prîmes nous-même en allant d'une montagne à l'autre. Mais Ilse marchait bien plus lentement que nous ne marchions lorsque nous étions guidés par Christian Kinzel. La descente même fut lente et longue pour une personne de son âge, et la montée bien plus pénible encore. Pendant ce dernier trajet, Ulrike elle-même fut contente de se reposer souvent afin de respirer plus librement. Elles allaient cependant par le sentier qu'elles avaient parcouru à cheval dans la matinée.

L'aspect de la nuit n'avait point changé. La lune semblait se promener au milieu des nuages laineux comme auparavant; sa lueur n'avait rien de brillant, mais elle suffisait pour éclairer le sentier. Dans ce moment, les bâtiments du monastère se détachaient sur les nuages avec leurs tours sombres et gothiques, ressemblant à une architecture de géant; on aurait pu s'imaginer que ceux qui avaient élevé ces murailles se reposaient de leurs travaux dans leur enceinte. Habituée à prier le Seigneur aux autels du monastère, Ulrike n'approcha pas des grilles sans un sentiment d'admiration. Elle leva les yeux vers la porte fermée et sur les murailles sombres: elle trouvait partout la tranquillité de la nuit. Il y avait une faible lueur, sur un côté de la tour élevée et étroite qui contenait les cloches, et qui flanquait la grille; elle reconnut qu'elle venait d'une lampe qui brûlait dans la cour devant une image de la Vierge. Cela n'indiquait pas que le portier lui-même fût éveillé. Elle avança cependant vers le guichet et sonna la cloche de nuit. Le bruit des verroux annonça promptement la présence d'une personne dans l'intérieur.

—Qui vient à Limbourg à cette heure? demanda le portier, tenant la chaîne du guichet, comme s'il craignait la trahison.

—Une pénitente, pour prier.

Les sons de la voix d'Ulrike rassurèrent le gardien de la grille, et il examina l'étrangère en ouvrant assez le guichet pour apercevoir sa taille.

— Ce n'est pas l'usage, dit-il, d'admettre les personnes du sexe féminin dans l'intérieur de ces murs sacrés, lorsque les offices sont terminés et que les confessionnaux sont vides.

—Il y a des occasions où l'on peut enfreindre la règle, et la cérémonie solennelle d'aujourd'hui en est une peut-être.

—Je ne sais trop : notre révérend abbé est sévère sur tout ce qui a rapport à la décence.

—Je suis intimement liée à celui pour lequel on va faire le service, dit Ulrike avec vivacité. Ne me repoussez pas, pour l'amour de Dieu !

—Êtes-vous de son sang? êtes-vous sa parente?

—Non, répondit-elle avec la voix humble d'une personne qui sent qu'elle a agi avec une trop grande précipitation; mais je suis unie à ses espérances par les liens les plus intimes de l'affection et de la sympathie.

Ulrike s'arrêta, car dans cet instant l'ombre de l'anachorète vint se placer à côté du portier. Il avait prié devant l'image d'un Christ qui se trouvait non loin de là, et, distrait de ses prières par la douce voix qui trahissait l'intérêt qu'Ulrike lui portait, chacune de ses paroles lui allait au cœur.

—Elle est à moi, dit-il d'un ton d'autorité, elle et la femme qui la suit m'appartiennent toutes deux ; laissez-les entrer.

Ulrike hésita, elle savait à peine pourquoi, et Ilse, fatiguée de sa course, et impatiente de voir finir ce voyage, fut obligée de l'attirer dans la cour. L'ermite, comme s'il s'était rappelé subitement ce qui l'amenait au monastère, disparut dans l'ombre. Le portier, qui avait reçu des instructions relatives à celui pour lequel on faisait un service, ne montra plus aucune difficulté, et permit à Ilse de conduire sa maîtresse dans l'intérieur. Les deux femmes ne furent pas plus tôt dans la cour, qu'il ferma soigneusement le guichet.

Ulrike n'hésita pas davantage, quoiqu'elle tremblât de tous ses membres ; traînant la lente Ilse après elle, non sans peine, elle se dirigea vers la porte de la chapelle. A l'exception du portier qui était au guichet, et de la lumière qui brûlait devant l'image de la Vierge, tout paraissait livré au sommeil, tout paraissait plongé dans l'obscurité. On ne voyait pas même une sentinelle des hommes d'armes du duc Frédéric ; mais cela ne causait aucune surprise, car il était connu que ces troupes se tenaient aussi loin que possible des cloîtres et de l'église. Les bâtiments spacieux qui se trouvaient sur le derrière, et qui servaient de logement à l'abbé, auraient abrité plus du double de leur nombre, et il est probable que c'était là qu'on aurait pu les trouver. Quant aux moines, l'heure avancée et la nature du service qui allait être célébré expliquaient assez leur absence.

La porte de l'église de l'abbaye était toujours ouverte : cet usage est presque général à toutes les églises catholiques, dans les villes un peu considérables, et semble un touchant appel au passant, pour lui faire ressouvenir de l'Être en l'honneur duquel le temple fut élevé. Cet usage tourne également au profit des dévots, des curieux, des amateurs des arts et des adorateurs de Dieu ; et l'on doit regretter que l'amateur, surtout lorsqu'il appartient à une secte différente, ne se rappelle pas plus souvent que sa curiosité devient une faute, lorsqu'il la satisfait aux dépens de ce respect qui doit distinguer la conduite de l'homme, lorsqu'il se trouve en la présence immédiate de son Créateur. Néanmoins, dans cette circonstance, il n'y avait personne devant les autels du couvent qui pût considérer le service divin avec légèreté. Lorsque Ulrike et Ilse entrèrent dans l'église, les chandeliers du grand autel étaient allumés et les lampes du chœur jetaient une clarté mélancolique sur sa sombre architecture. La voûte ciselée et peinte, le chêne sculpté des stalles, les tableaux des autels et les guerriers en pierre agenouillés sur des tombeaux, se détachaient davantage encore sur les ombres qu'ils projetaient.

S'il est utile de raviver la dévotion par des auxiliaires physiques, il est certain que tout ce qui peut produire sur l'esprit une impression profonde et contemplative existait là. Les officiants surpassaient, par la magnificence de leur costume, les costumes somptueux représentés dans les tableaux ; de graves moines étaient placés dans leurs stalles, et Boniface lui-même était assis sur son trône, revêtu de sa mitre et d'habits couverts d'or. Il eût été possible à un œil observateur et hostile de découvrir sur quelques visages fatigués, dans quelques yeux appesantis, une grande envie d'aller retrouver un bon lit, ou peu de goût pour les offices; mais aussi plus d'un moine accomplissait son devoir par zèle et par conviction. Parmi ces derniers on distinguait le père Arnolph, aux traits pâles, à l'œil pensif. Il était assis dans sa stalle, regardant les préparatifs avec la tranquille patience d'un religieux habitué à chercher son bonheur dans les devoirs de son état. On aurait pu lui opposer, comme contraste, le père Johan, au visage inquiet et sévère plutôt que mortifié; ses regards erraient précipitamment de l'autel et de ses riches décorations à la place où l'anachorète se tenait à genoux, comme s'il eût calculé à quel degré d'humiliation et d'amertume il était possible de réduire l'esprit contrit du pénitent.

Odo von Ritterstein, car nous n'avons plus aucune raison de refuser à l'anachorète le nom qui lui est dû, s'était placé près de la balustrade, non loin du chœur; il était à genoux, les yeux fixés sur le vase d'or contenant l'hostie qu'il avait jadis outragée, offense qu'il venait expier autant qu'il était en lui. La lumière n'éclairait que faiblement sa taille, mais elle servait à rendre plus visible chaque sillon que les chagrins et les passions avaient creusé sur son visage. Ulrike l'étudiait avec intérêt dans une circonstance si pénible; et, tremblante, elle était aussi agenouillée près d'Ilse, de l'autre côté de la petite grille qui servait de communication entre l'église et le chœur. Dans ce moment Gottlob se glissa à travers les colonnes et vint se mettre à genoux sur les dalles de la grande nef. Il venait assister à la messe, comme à une cérémonie à laquelle chacun a le droit de se rendre.

La lumière était si vive autour de l'autel, et il régnait une obscurité si grande dans le reste de l'église, que ce ne fut pas sans difficulté que Boniface put s'assurer de la présence de celui pour lequel on offrait le saint sacrifice. Mais lorsque, après avoir contracté son front de manière à former, avec ses épais sourcils, une espèce de rempart contre la lumière, il lui fut possible de distinguer les traits d'Odo, il parut satisfait, et fit signe de commencer le service.

Il est inutile de répéter les détails d'une cérémonie que nous avons déjà essayé de décrire dans cette histoire; mais la musique et les autres parties de l'office, au milieu du calme de la nuit; produisaient un effet doublement touchant et solennel. La voix harmonieuse qu'on avait entendue dans la matinée, ou plutôt le jour précédent, car minuit était sonné, se fit entendre encore, et elle produisait un effet non moins puissant même sur ceux qui étaient habitués à cette céleste mélodie. A mesure que la messe avançait, les gémissements de l'anachorète devinrent si distincts, que par moments l'expression de sa douleur menaçait d'interrompre la cérémonie. Le cœur d'Ulrike répondait à chaque soupir qui s'échappait du sein d'Odo, et avant que les premières prières fussent terminées, son visage était baigné de larmes.

L'examen des différents visages de la confrérie, pendant cette scène, aurait été une étude digne d'un observateur des nuances du caractère humain, ou de ceux qui aiment à suivre les différents effets produits par une même cause. Tous les gémissements de l'anachorète éclairaient les traits du père Johan d'une espèce de sainte émotion, comme si cette influence du service divin eût été un triomphe pour lui, et à chaque minute il penchait la tête dans la direction de la balustrade, afin que son oreille saisît les plus faibles sons qui se faisaient entendre de ce côté. Les traits du prieur étaient empreints de douleur et de pitié : chaque soupir qu'il entendait éveillait sa sympathie; sympathie mêlée d'une pieuse joie, il est vrai, mais qui n'en était pas moins vive. Boniface écoutait d'un air digne, froid, et ne s'inquiétant de ce qui se passait que pour donner au service l'attention convenable. De temps en temps même il appuyait sa tête sur sa main, réfléchissant à des choses qui avaient peu de rapport à ce qui se passait sous ses yeux. Les autres religieux montraient plus ou moins de dévotion, suivant leurs différents caractères; quelques-uns même trouvaient le moyen de dormir quelques instants, lorsque le service le leur permettait.

C'est de cette manière que la communauté de Limbourg passa la première heure du jour, ou plutôt de la matinée qui suivit le dimanche. Dans la suite, ce fut sans doute une source de consolations de l'avoir ainsi passée, parmi ceux qui étaient les plus zélés dans l'observance de leurs devoirs; car il s'apprêtait des événements qui eurent une longue influence, non seulement sur leurs propres destinées, mais sur celles du pays qu'ils habitaient.

Les sons du dernier hymne s'élevaient vers les voûtes au-dessus du chœur, lorsqu'au milieu du calme que ne manquait jamais de produire la voix mélodieuse dont nous avons déjà parlé, on entendit un bruit sourd qu'on aurait pu prendre pour le murmure du vent, ou pour les sons étouffés de nombreuses voix qui s'élèvent sous les arcades découpées d'une église. Le vacher se leva, et disparut dans l'obscurité. Par une impulsion générale, les moines tournèrent la tête pour écouter, mais une grave attention au service succéda aussitôt à ce mouvement. Boniface néanmoins paraissait mal à son aise, quoiqu'il sût à peine quelle en était la raison; ses yeux gris essayèrent de percer la masse d'obscurité qui régnait autour des colonnes éloignées de l'église, puis ils s'arrêtèrent vaguement sur les vases sacrés et magnifiques qui ornaient l'autel. L'hymne continua, et sa douce influence parut calmer tous les esprits; mais tout à coup le tumulte qui eut lieu à la grande porte extérieure devint trop distinct pour admettre aucun doute. Toute la communauté se leva comme un seul homme, et la voix mélodieuse devint muette. Ulrike joignit ses mains avec désespoir; tandis qu'Odo de Ritterstein oublia sa douleur à cette brusque interruption.

CHAPITRE XVIII.

>Ta raison, cher poison, donne ta raison.
>SHAKSPEARE. *Le Jour des Rois.*

Il est à peine nécessaire d'expliquer que l'homme qui avait accompagné Ulrike et Ilse jusqu'à la porte de Duerckheim, était Heinrich Frey. Dès que sa femme eut disparu et qu'il eut terminé sa courte conférence avec les hommes de garde, le bourgmestre se dirigea en toute hâte vers le quartier de la ville qui était situé le plus près de la porte du Jaegerthal. Il y trouva rassemblée une troupe de cent bourgeois, choisis parmi tous les autres comme les plus résolus et les plus vigoureux; ils étaient munis, suivant l'usage du temps, d'armes offensives que l'habitude avait rendues familières à chacun. Nous devons ajouter que, en se mettant en campagne dans cette circonstance, chacun de ces braves gens avait jugé convenable de consulter sa digne compagne, de sorte que les casques, les boucliers et les cuirasses étaient en majorité.

Lorsqu'il eut rejoint ses compagnons, et qu'il se fut assuré de leur nombre et de leur exactitude, le bourgmestre, qui ne manquait point de courage, fit ouvrir la poterne, et sortit lui-même le premier dans la plaine. Les bourgeois suivirent dans l'ordre qui leur avait été assigné, et en observant le plus profond silence. Au lieu de prendre la route directe qui conduisait à la gorge de la montagne, Heinrich traversa la petite rivière sur un pont particulier, et suivit un sentier qui le conduisit au sommet de la plus avancée des montagnes, de ce côté de la vallée. Le lecteur doit comprendre que, par suite de ce mouvement, la petite troupe se trouva sur celle qui était exactement en face de l'Heidenmauer. A l'époque dont nous parlons, des cèdres croissaient également sur les deux hauteurs, de sorte que la marche des bourgeois se trouva naturellement masquée par leur ombrage. Il fallut une demi-heure pour y arriver avec toutes les précautions convenables; mais, une fois sur la montagne, ils parurent se croire hors de tout danger d'être découverts : ils n'observèrent plus le même ordre et le même silence, et leurs chefs eux-mêmes commencèrent à causer entre eux ; cependant leur conversation eut lieu à demi-voix, comme celle de gens qui sentaient qu'ils étaient engagés dans une entreprise hasardeuse.

— On dit, voisin Dietrich, commença le bourgmestre, parlant à un vigoureux forgeron qui remplissait dans cette occasion les fonctions de lieutenant du commandant en chef, honneur qu'il devait surtout à la puissance de son bras, et qui, enhardi par son grade temporaire, s'était rapproché d'Heinrich : — On dit, voisin Dietrich, que ces bénédictins sont comme des abeilles, qui ne sortent jamais que dans la saison où il y a quelque chose à récolter, et qui rentrent rarement dans leurs ruches sans être chargées d'un riche butin. Tu es un homme solide et de bon sens, toi ; un homme qui ne se laisse pas éblouir par les vains discours des désœuvrés; un bourgeois qui connaît ses droits, ou, ce qui revient au même, ses intérêts, et qui comprend bien la nécessité de conserver dans leur intégrité toutes nos vénérables lois et coutumes, du moins en ce qui concerne le bien-être de ceux qui peuvent prétendre à avoir un bien-être. Je ne parle pas maintenant des malheureux qui n'appartiennent en quelque sorte ni au ciel ni à la terre, condamnés par l'un comme par l'autre à n'avoir ni feu ni lieu, misérables qui n'offrent aucune garantie ; mais d'hommes notables qui, comme toi et ceux de ta profession, paient leur quote-part, ont bon lit et bonne table, enfin se montrent utiles et exercent leurs droits naturels : — et ceci m'amène où j'en voulais venir, ce qui n'est ni plus ni moins que de dire que Dieu a créé tous les hommes égaux, et qu'ainsi c'est notre droit, aussi bien que notre devoir, de veiller à ce que la ville de Duerckheim ne soit pas lésée, notamment dans cette partie de ses intérêts qui concerne particulièrement ses notables habitants. Ce que je dis est-il raisonnable, ou bien m'abuserais-je, forgeron, mon ami ?

Heinrich avait une réputation d'éloquence et de logique, surtout parmi ses partisans, et il s'adressait à un homme qui n'était nullement disposé à le contredire. Dietrich était un de ces philosophes-machines qui semblent formés par la nature tout exprès pour soutenir un chef parlementaire ayant de bons poumons, mais rien dans la tête pour en régler l'usage. Son esprit avait précisément ce degré de vide qui est si nécessaire pour produire un bon écho politique ou moral, surtout lorsque la proposition est fausse ; car la plus légère addition faite à son intelligence aurait pu produire sur ses répliques un effet semblable à celui d'un plafond de théâtre construit de manière à empêcher les sons de se répéter.

— Par saint Benoît ! maître Heinrich, répondit-il, car il est permis d'invoquer le saint, quoique nous honorions si peu ses moines, il serait bon que le duc Frédéric eût moins de vin dans ses tonnes d'Heidelberg, et plus de votre sagesse dans ses conseils ! Ce que vous venez de proclamer est tout juste ce que je pense moi-même depuis nombre d'années, quoique je ne puisse jamais battre une idée sur l'enclume de manière à en faire une phrase bien gentille et bien tournée, comme les vôtres, mon bourgmestre. Que ceux qui contestent ce que je dis prennent leurs armes, et voilà mon marteau qui se chargera de leur répondre ! Oui, oui, il faut que justice soit rendue à Duerckheim ; il le faut d'autant plus qu'il y a égalité entre tous les hommes, comme vous venez si bien de le dire.

— Vois-tu, mon bon Dietrich, cette égalité est une chose dont on parle beaucoup, mais que l'on comprend très-peu. Ecoute bien ; prête-moi l'oreille pendant quelques minutes, et tu vas sentir comme moi qu'il n'y a rien de plus juste. Nous voici nous deux, habitants de petites villes, nés avec tous les droits ainsi qu'avec les besoins de ceux qui demeurent dans les grandes capitales ; ne sommes-nous pas des hommes, pour que nous ne jouissions pas de nos priviléges ? — ou bien ne sommes-nous pas mortels, pour que l'air ne nous soit pas nécessaire pour respirer ? Je pense que tu ne nieras ni l'une ni l'autre de ces vérités ?

— Il faudrait être un âne pour les nier.

— Ce point une fois bien établi, il ne reste donc plus qu'à tirer la conclusion. Si nous avons les mêmes droits que les plus grandes villes de l'empire, il doit nous être permis d'en jouir ; autrement la logique n'est qu'une dérision, et un privilége municipal n'a pas plus de valeur que le serment d'un serf.

— C'est clair comme le jour, et je voudrais bien voir qui pourrait soutenir le contraire ! Et que dit-on des villages, mon bourgmestre ? pensez-vous qu'ils nous soutiennent dans cette sainte entreprise ?

— Il ne s'agit point des villages, mon bon ami, puisqu'ils n'ont ni bourgmestres ni bourgeois ; et quand il y a si peu de moyens de soutenir une cause, quelle peut être la résistance ? Il s'agit surtout de nous, et des villes en état de se montrer ; position si claire et si précise qu'il y aurait une faiblesse d'esprit manifeste à la confondre avec une autre. Celui qui a la justice de son côté serait fou d'aller se liguer avec quelqu'un dont les droits sont douteux. Tout le monde, vois-tu, a ses avantages naturels et sacrés ; mais le meilleur et le plus sûr, c'est d'avoir la force et la richesse de son côté.

— Oh ! de grâce, très-respectable Heinrich, si vous m'aimez, accordez-moi une toute petite faveur, une seule !

— Parle, honnête forgeron.

— Permettez-moi de répéter tout cela à nos bourgeois. — Tant de réflexions sages, de conclusions évidentes, ne doivent pas être jetées au vent !

— Tu sais que mes discours ne sont pas dictés par un vain désir d'applaudissements.

— Par les os de mon père ! je n'en parlerai qu'avec discrétion, très-honorable bourgmestre, et je n'irai point me laisser aller à un vain babil. Votre Honneur connaît la différence entre un bavard des rues et un homme qui tient boutique.

— Fais ce que tu voudras; mais je ne prétends pas être le seul qui fasse ce raisonnement; car il y a beaucoup de bons citoyens, d'hommes notables, et même d'hommes d'état, qui ont beaucoup d'idées semblables.

— Ma foi! il est bien heureux que Dieu ne nous ait pas tous doués de la même intelligence; car alors il y aurait eu une égalité vraiment déraisonnable, et l'on aurait vu arriver aux honneurs des gens qui n'y étaient nullement propres. Mais maintenant que vous m'avez expliqué si clairement vos raisons, auriez-vous la bonté, mon bourgmestre, pour charmer l'ennui de la marche, d'en faire l'application à l'entreprise qui nous occupe?

— C'est très-facile; car il n'y a point de tour dans le Palatinat qui frappe plus les yeux. Voilà Limbourg d'un côté, et Duerckheim de l'autre; communes rivales sous le rapport des intérêts et des espérances, et par conséquent peu disposées à se faire grâce l'une à l'autre. La nature, qui est un grand maître dans toutes les questions où il s'agit de décider ce qui est juste ou injuste, dit que Duerckheim ne nuira pas à Limbourg, ni Limbourg à Duerckheim. — Est-ce clair?

— *Himmel!* clair comme la flamme d'une fournaise, mon bourgmestre.

— Or, maintenant qu'il est bien établi que personne ne doit se mêler des affaires de son voisin, nous cédons à la nécessité, et nous prenons les armes pour empêcher Limbourg de porter atteinte à un principe que tous les hommes justes regardent comme inviolable. Vous apercevez la subtilité : nous avouons que l'argument que nous mettons en avant pour justifier notre entreprise est faible, raison de plus pour que l'exécution soit vigoureuse. Nous ne sommes pas des fous; pour aller bouleverser un principe afin d'arriver à nos fins; mais cependant il faut bien veiller à ses intérêts, et ce que nous faisons est sous toute réserve de doctrine.

— Voilà qui soulage mon âme d'un poids énorme! s'écria le forgeron qui avait écouté avec cette attention sérieuse qui dénote la bonne foi; rien ne saurait être plus juste, et malheur à celui qui dirait le contraire, tant que mon dos portera le harnais!

Ce fut ainsi qu'Heinrich et son lieutenant chassèrent l'ennui pendant la route par une suite de propos subtils et d'arguments qui, si nous en croyons notre conscience, nous exposeront peut-être à l'imputation de plagiat, mais dont nous pouvons garantir déjà tant de fois l'authenticité, nous appuyant de l'autorité de Christian Kinzel, cité.

Il a été fait si souvent allusion, dans d'autres endroits et en différentes occasions, à cette intelligence profonde et désintéressée, qui montre tant d'activité pour régler les intérêts du monde, qu'il est tout à fait inutile de nous étendre de nouveau sur ce sujet. Nous avons déjà dit qu'Heinrich Frey était le partisan intrépide du principe conservateur, qui, réduit en pratique, ne signifie guère autre chose que

Prendra qui le pourra;
Qui pourra, gardera.

La justice, comme la libéralité, a ses réserves, et même aujourd'hui, malgré les progrès de la civilisation humaine, il est peut-être peu de pays qui ne fassent journellement usage d'une logique du genre de celle d'Heinrich, et d'arguments aussi clairs, aussi nerveux, aussi décisifs.

La direction dans laquelle la troupe des habitants de Duerckheim s'avançait, les conduisit, par un chemin tortueux, il est vrai, mais sûr, dans cette partie de la vallée sur laquelle s'élevait le château d'Hartenbourg. Cependant Heinrich fit faire halte longtemps avant de commencer le circuit qu'il fallait décrire pour arriver au manoir seigneurial du comte Emich. L'endroit qu'il choisit pour rassembler et passer en revue sa petite armée était à moitié chemin entre Duerckheim et le château, et suivait les sinuosités de la base de la montagne. Des arbres épais formaient un rideau qui dérobait efficacement la vue du nombre inaccoutumé de personnes qui s'y trouvaient rassemblées. Là, tout le monde prit des rafraîchissements, car les bons habitants de la ville tenaient fort à ce genre de consolation, et il aurait fallu une circonstance doublement urgente pour leur faire négliger un usage aussi respectable.

— N'aperçois-tu aucun de nos alliés, honnête forgeron? demanda Heinrich à son lieutenant qui avait été faire une reconnaissance à quelque distance sur le sommet de la montagne. Il ne serait pas bien de la part d'hommes aussi bien élevés que nos amis, de fausser compagnie au moment du danger.

— Soyez tranquille, mon bourgmestre. Je connais les drôles; ils se seront arrêtés comme nous pour alléger un peu le poids de leurs bissacs en se rafraîchissant. — Mais voyez-vous comme les bénédictins affectent d'être tranquilles?

— Voilà bien leur hypocrisie ordinaire, brave Dietrich; mais nous les débusquerons! Notre entreprise tournera à bien; car, vois-tu, notre énergie, en démontrant à jamais la nécessité de ne point se mêler des affaires de son voisin, va mettre fin à toute espèce de contestation entre nous. Par les rois de Cologne! y a-t-il moyen de supporter qu'un moine dame le pion à un bourgeois jusqu'au jour du jugement! — N'y a-t-il pas de lumière dans la chapelle de l'abbaye?

— Les révérends pères prient contre leurs ennemis. Ne pensez-vous pas, mon bourgmestre, que l'histoire qu'on raconte sur la manière dont ces lourdes pierres ont été transportées sur la montagne de Limbourg, a reçu quelques enjolivements à force d'être répétée?

— C'est très-possible, Dietrich; car une histoire, c'est comme la boule de neige, qui grossit à mesure qu'on la roule.

— Et l'or, mon bourgmestre, répondit le forgeron avec un gros éclat de rire qui ne pouvait déplaire à son commandant, puisqu'il annonçait clairement l'idée qu'il se faisait du talent de maître Heinrich pour arrondir sa fortune; — l'or est encore une chose qui grossit merveilleusement quand on sait le faire rouler. Je pense comme vous; car, à dire vrai, je doute fort que l'esprit malin se fût amusé à porter les matériaux de peu de poids qui ont servi à la construction de l'édifice. Quant aux colonnes massives, aux énormes pierres de taille et autres fardeaux d'importance, c'est autre chose; il peut très-bien s'en être mêlé, car ce n'était pas déroger à son caractère. Je n'ai jamais contredit cette partie de la légende, qui paraît même très-vraisemblable; mais... Ah! voilà du renfort!

L'approche d'une troupe, qui semblait venir d'Hartenbourg et qui avait soin de côtoyer les monts, et de se tenir sous leur ombre, absorba l'attention générale. Ce corps était trois fois plus nombreux que celui des bourgeois; il était également armé, tout y annonçait également de grands préparatifs militaires. Quand il se fut arrêté, ce qu'il fit à quelque distance de l'autre détachement, comme s'il ne semblait pas à propos de fondre les deux troupes en une seule, un guerrier s'avança vers le terrain couvert que le bourgmestre avait choisi pour son camp. Le nouveau-venu était armé légèrement quoique avec soin ; il avait casque et cuirasse, et la manière dont il portait son épée indiquait ses intentions pacifiques.

— Qui conduit les bourgeois de Duerckheim? demanda-t-il quand il fut assez près pour pouvoir élever la voix.

— Leur pauvre bourgmestre en personne ; plût à Dieu qu'il se fût trouvé quelqu'un plus digne que lui de les commander!

— Salut, vénérable bourgmestre, dit l'autre en s'inclinant avec un respect tout particulier. — A mon tour je viens à la tête des partisans du comte Emich.

— Comment t'appelle-t-on, brave capitaine?

— Mon nom mérite peu de s'associer au vôtre, Heinrich Frey. Mais tel qu'il est, je ne le désavoue pas : je suis Berchthold Hintermayer.

— Hum ! — Un si jeune chef pour une si grave entreprise ! J'avais espéré que ton maître viendrait lui-même.

— Je suis chargé de vous donner une explication à ce sujet. Et Berchthold se retira à l'écart avec le bourgmestre, tandis que Dietrich examinait de plus près ses nouveaux alliés.

La plupart de nos lecteurs savent parfaitement qu'à l'époque dont il s'agit tous les barons de quelque importance entretenaient une troupe plus ou moins nombreuse d'adhérents, qui, succédant aux vassaux organisés en bandes régulières des premiers siècles, tenaient une sorte de position mixte entre le serviteur et le soldat. A une journée de distance de Paris, et sur le bord d'une forêt royale, forêt qui dans quelques-uns de ses traits ressemble plus à une forêt d'Amérique qu'aucune de celles que nous ayons encore vues dans l'ancien hémisphère, se trouvent les ruines d'un noble château, appelé Pierrefont, connu pour avoir été habité par un de ces belliqueux seigneurs, qui harcelaient et rançonnaient sans cesse les fidèles sujets du roi, même dans un temps beaucoup plus rapproché du nôtre. En un mot, la société, en Europe, était alors dans un état de transition, commençant à briser les entraves de la féodalité, et travaillant à y substituer un état de choses plus supportable. Mais l'importance et l'autorité politique des comtes de Leiningen leur donnaient bien le droit de conserver un train auquel les barons moins puissants renonçaient déjà; et tous leurs châteaux étaient remplis de ces partisans volontaires qui depuis ont été remplacés par les troupes régulières et disciplinées de nos jours.

Le forgeron trouva beaucoup à approuver, et quelque chose à censurer, dans la troupe que Berchthold avait amenée à leur secours. Sous le rapport de l'insouciance dans le caractère, de l'audace pour un coup de main, de l'indifférence pour tout frein moral, elle ne laissait rien à désirer, car elle se composait en grande partie de gens qui vivaient aux dépens de la masse, occupant exactement dans l'échelle sociale la même position que les champignons dans le règne végétal, ou les divers exanthèmes dans l'économie animale. Mais quant à la vigueur des membres et à la force apparente du corps, considération première aux yeux du forgeron pour apprécier la valeur d'un homme, ils le cédaient de beaucoup aux bourgeois, chez lesquels une vie réglée, une heureuse et fertile industrie, avaient permis à la nature physique de prendre tout son développement. Néanmoins il y avait une bande de paysans, tirés des montagnes ou habitants du hameau situés sous les murs du château, qui, quoique moins menaçants dans leurs regards et moins hardis dans leurs propos, parurent à Dietrich de jeunes gaillards qui n'avaient besoin que de la discipline de Duerckheim pour devenir des héros.

Lorsque Heinrich et Berchthold rejoignirent leurs troupes respectives, après leur entretien particulier, toute apparence de mécontentement avait disparu de la figure du bourgmestre, et ils se mirent immédiatement l'un et l'autre à faire les dispositions nécessaires pour le succès de leur entreprise commune. Le bois dans lequel ils s'étaient arrêtés était exactement en face de l'extrémité de la montagne de l'abbaye, dont il était séparé par une prairie vaste et parfaitement unie. La distance, quoique peu considérable, était suffisante pour rendre probable que le passage des assaillants sur ce terrain découvert serait remarqué par les sentinelles que les hommes d'armes prêtés aux moines par l'électeur, avaient sans doute placées, ne fût-ce que pour leur propre sécurité. Limbourg n'était pas une forteresse, sa sûreté consistait principalement dans cette force morale que l'Eglise, à qui elle appartenait, possédait encore, quoique pourtant elle eût perdu beaucoup de son influence dans cette partie de l'Allemagne ; mais ses murs étaient élevés et solides, ses tours nombreuses, ses édifices massifs, et une petite garnison bien décidée à se défendre aurait pu braver des forces telles que celles qui venaient alors l'attaquer.

Heinrich ne l'ignorait pas, car il avait montré du courage et acquis de l'expérience dans l'attaque et la défense des places pendant une vie qui avait déjà fourni plus de la moitié de sa course, et qui avait été nécessairement passée au milieu des troubles et des dissensions de ces temps agités. Il jeta donc autour de lui un regard plus grave et plus sérieux, pour voir sur qui il pouvait compter, et la belle prestance de Berchthold Hintermayer, son attitude ferme et assurée, lui donna cette sorte de satisfaction qu'un brave éprouve à rencontrer des cœurs qui sympathisent avec le sien au moment du danger. Quand toutes les dispositions furent prises, les assiégeants s'avancèrent, marchant à pas lents, pour maintenir l'ordre dans leurs rangs, et pour conserver leur haleine, chose qui devait leur être fort nécessaire pour gravir la pente rapide.

Jamais peut-être l'esprit de l'homme ne se montre plus ingénieux ni plus actif que dans ces moments où il sent intérieurement qu'il fait mal et où par conséquent il éprouve un désir fébrile de prendre la défense de ses actions, et de se justifier à ses propres yeux aussi bien qu'à ceux d'autrui. Une conviction profonde de la vérité et la certitude d'avoir raison donnent à l'âme une force et une dignité morale qui lui inspirent une noble répugnance pour d'humiliantes explications. Celui qui, dans une discussion où sa propre conscience l'avertit du peu de solidité de ses arguments, se précipite dans de vagues et téméraires assertions, montre sa faiblesse plutôt que son courage, et nuit à la cause qu'il voulait servir. Afficher arrogamment des connaissances, surtout sur des matières auxquelles nos habitudes et notre éducation nous rendent complètement étrangers, c'est nous exposer infailliblement à nous voir contredire et démasquer ; et quand même les circonstances prêteraient un appui trompeur et momentané à l'erreur, le triomphe de la vérité est aussi certain que les châtiments qu'elle inflige sont sévères. Heureusement nous vivons dans un siècle où aucun sophisme n'a un règne de longue durée, où aucune atteinte portée à la justice naturelle ne saurait échapper longtemps au châtiment. Peu importe où le crime de lèsevérité ait été commis,—sur le trône, dans le cabinet, au sénat, ou par la presse;—la société ne manque jamais de se venger des déceptions dont elle a été dupe, et les jugements qu'elle prononce sont enregistrés par cette opinion qui dure longtemps après que le triomphe éphémère de l'erreur est oublié. Il serait bon que ceux qui, dans leur stupide imprévoyance, abusent de leur position pour obtenir dans le moment l'objet qu'ils ont en vue, se rappelassent plus souvent cette vérité, car ils s'épargneraient la mortification, et quelquefois même l'infamie qui ne manque jamais de s'attacher à celui qui viole la justice pour arriver à son but.

Heinrich Frey avait de très-grands doutes sur la légalité de l'entreprise qu'il dirigeait; car s'il partageait avec ses compagnons la responsabilité de l'exécution, il avait de plus qu'eux celle du conseil. Aussi se creusait-il la tête pour trouver des raisons péremptoires à sa conduite, et, tout en traversant la prairie, ayant Berchthold et le forgeron à ses côtés, sa langue révéla les pensées qui l'agitaient.

— Il ne saurait y avoir l'ombre d'un doute sur la nécessité et la justice de notre entreprise, maître Hintermayer, dit-il, — car, dans toutes les questions douteuses, la confiance avec laquelle on affirme est presque toujours en raison inverse de celle que l'on a dans la justice de sa cause.—Autrement, pourquoi serions-nous ici? Limbourg pourra-t-il porter éternellement le trouble dans la vallée et dans la plaine, avec son avarice et ses exactions maudites, ou bien sommes-nous des esclaves que ces moines tonsurés puissent fouler aux pieds?

— Certes, ce ne sont pas les raisons qui nous manquent, digne bourgmestre, répondit Berchthold dont l'esprit s'était laissé séduire par la grande innovation religieuse qui faisait alors de rapides progrès. Quand nous n'avons qu'à choisir, ne nous embarrassons pas du reste.

— Jeune homme, je suis sûr que l'honnête forgeron que voilà vous dira que le clou qu'il met dans le sabot d'un cheval ne peut jamais être trop solidement enfoncé.

— C'est un fait indubitable, maître Berchthold, répondit Dietrich, et ainsi donc mon bourgmestre a raison dans tous ses arguments.

—Soit, dit Berchthold, je ne contesterai jamais la nécessité de renverser une ruche de frelons paresseux.

—Je ne les appelle ni frelons ni paresseux, jeune Berchthold, et je ne viens pas pour renverser leur ruche, mais simplement pour montrer au monde que celui qui veut se mêler des affaires de Duerckheim a besoin d'une leçon qui lui apprenne à ne pas mettre le pied sur les terres de son voisin.

—C'est très-bien, et voilà qui fera grand honneur à notre ville, dit le forgeron; et pendant que nous y sommes, c'est bien dommage que nous ne donnions pas la même leçon à l'électeur, qui a élevé de nouvelles prétentions sur nos épargnes.

—Avec l'électeur, l'affaire ne peut pas être discutée; car ses arguments sont d'une nature trop forte pour que nous puissions déployer notre courage pour soutenir le principe de non-intervention. Ces points de droit subtils ne peuvent pas s'apprendre à côté de l'enclume, il faut un génie profond pour les saisir; mais ils n'en sont pas moins clairs... pour ceux qui ont le talent de les comprendre. Je parierais qu'ils ne te paraissent point tels, bon Dietrich; mais si tu étais une fois du conseil de la ville, tu envisagerais tout différemment la question.

—Je n'en doute pas, mon bourgmestre, je n'en doute nullement. Si un pareil honneur pouvait jamais descendre sur un homme de mon état et de mon nom,—*himmel!* le conseil me verrait prêt à croire à toutes les subtilités de ce genre, que dis-je? à toutes les subtilités du monde.

—Ah! voilà une lumière à cette lucarne, s'écria Berchthold; bon! tout va bien.

—Avez-vous un ami dans l'abbaye?

—Chut! herr bourgmestre; ceci frise l'excommunication.— Mais j'aime beaucoup cette lumière.

—Silence! dit tout bas Heinrich à ceux qui étaient derrière lui, et qui répétèrent cet ordre à leurs compagnons;—nous approchons.

La troupe était alors au pied du rocher; rien n'indiquait encore qu'on se fût aperçu de leur marche, à moins qu'on ne regardât comme un signal la lampe solitaire qui était placée à une lucarne. Au contraire, ce morne silence, déjà décrit lors de l'approche d'Ulrike, semblait régner dans toute l'étendue du vaste édifice; mais ni Heinrich ni son compagnon n'aimaient ce calme effrayant;

car il faisait pressentir une défense d'autant plus sérieuse quand elle aurait lieu. Ils auraient préféré de beaucoup une résistance ouverte, et rien n'eût fait plus de plaisir aux deux chefs que d'avoir pu commander un assaut, sous le feu des arquebusiers du duc Frédéric; mais cette satisfaction leur fut refusée, et toute la troupe étant arrivée sur une pointe du rocher qui était flanquée d'une tour, il devint nécessaire de renoncer à toute idée de rester cachés, et il fallut faire un mouvement rapide pour gagner la route. Ce fut cette brusque évolution qui troubla pour la première fois les moines dans la chapelle. Des coups redoublés, frappés sur la porte extérieure, leur annoncèrent bientôt une interruption plus sérieuse.

CHAPITRE XIX.

> Je ne ferai jamais la folie d'obéir à l'instinct, mais j'agirai comme si l'homme s'était créé lui-même, et ne connaissait pas d'autre origine.
>
> SHAKSPEARE. *Coriolan.*

Nous avons vu que les assaillants étaient conduits par le bourgmestre et par ses deux lieutenants, Berchthold et le forgeron. Ce dernier était suivi de trois de ses ouvriers, armés comme lui d'un marteau massif. Arrivés à la porte, ces artisans se mirent aussitôt à remplir les fonctions de pionniers avec autant de promptitude que de dextérité. Au troisième coup, porté par le bras robuste de Dietrich, la porte céda, et ceux qui étaient en avant se précipitèrent dans la cour.

— Qui es-tu? s'écria Berchthold en saisissant un homme qui avait le genou appuyé sur la poitrine d'un autre, et qui lui barrait le passage. Parle, car ce n'est pas le moment de perdre le temps.

— Tout doux! maître forestier, ne reconnaissez-vous plus vos amis? Comment! vous ne voyez pas que c'est Gottlob, qui tient le portier du couvent, de peur que le drôle ne barricade la porte? Il y a des étrangers dans l'intérieur, et, consultant ses aises, le fidèle serviteur n'avait pas mis toutes les barres de fer ; autrement vous auriez pu frapper jusqu'à ce que les soldats du duc Frédéric fussent à vos trousses.

— A merveille, cher frère de lait ! Ton signal a été aperçu et compris. Mais, puisque tu connais si bien les lieux, conduis-nous tout de suite contre les hommes d'armes.

— *Himmel !* ce sont de vieux grisons qui ont la barbe rude, et qui n'aimeraient guère à voir troubler ainsi leur sommeil ; mais qu'à cela ne tienne. Choisissez les plus pieux de votre troupe, digne bourgmestre, pour marcher contre les moines, qui sont retranchés dans le chœur, et armés jusqu'aux dents de prières ; tandis que je conduirai leurs compagnons plus profanes à une expédition d'un autre genre contre les soldats de l'électeur.

Pendant que ce court dialogue avait lieu, tous les assaillants s'étaient précipités dans la cour, et leurs officiers s'efforçaient de maintenir quelque apparence d'ordre dans les rangs. Tous sentaient l'impérieuse nécessité de se débarrasser d'abord des troupes ; car, du côté des moines, il n'y avait certainement pas de cause immédiate d'appréhension. On laissa donc quelques hommes pour garder la porte, tandis qu'Heinrich, guidé par le vacher, se dirigeait avec le noyau de son armée vers le bâtiment où l'on savait que les soldats étaient casernés.

Dire que les assaillants étaient tout à fait tranquilles, ce serait exagérer leur valeur et faire injure aux soldats de l'électeur. D'après les opinions dominantes du siècle, l'invasion du couvent était un sacrilége ; car, bien que le protestantisme eût fait de grands progrès, les réformateurs eux-mêmes éprouvaient encore de pénibles scrupules à briser des nœuds cimentés par l'habitude et par de vieux préjugés. A ce sentiment secret il faut joindre le silence inexplicable qui régnait parmi les hommes d'armes, qui, comme Gottlob l'avait dit, étaient d'excellents soldats dans les occasions critiques. Placés dans les bâtiments qui étaient derrière la demeure de l'abbé, protégés par des murailles et au milieu des jardins, ils pouvaient opposer une terrible résistance.

Mais toutes ces réflexions ne traversèrent l'esprit des chefs que comme un éclair. Au moment d'un assaut il y a peu de loisir pour la pensée, surtout lorsque l'affaire est aussi avancée que celle que nous décrivons maintenant. Aussi tous nos guerriers, en se précipitant vers le point de l'attaque, étaient-ils poursuivis par de vagues pressentiments plutôt qu'ils ne concevaient une idée bien claire des dangers qu'ils pouvaient courir.

Gottlob avait évidemment profité de son mieux du temps qu'il avait passé dans l'abbaye, pour connaître à fond tous les tours et détours des différents passages. Il fut bientôt devant la porte de l'habitation de l'abbé, qui fut brisée en mille pièces par un seul coup de marteau de Dietrich; et aussitôt les flots d'une soldatesque turbulente et effrénée se précipitèrent dans les appartements vides. L'instant d'après, tous les assaillants étaient réunis sur le terrain qui était derrière cette portion des bâtiments.

S'il n'y a rien qui déconcerte plus la violence et l'emportement qu'une fermeté froide, il n'y a rien qui intimide plus des assaillants qu'une inaction qui semble en quelque sorte les braver. Dans de pareils moments l'imagination devient plus formidable que ne le seraient les traits de l'ennemi; elle évoque des dangers à la place de ceux qui, vus de près, pourraient paraître moins redoutables. Chacun sait que le moment qui précède le premier choc d'une bataille est le plus critique pour le courage du soldat; différer la résistance, c'est prolonger ce moment, et par conséquent en augmenter l'influence.

Tous nos champions, sans en excepter les chefs, ressentirent l'effet de ce calme mystérieux qui régnait chez les troupes de l'électeur. Ils en vinrent même au point de s'arrêter et de se former en groupe, position la plus propre à les exposer à une défaite; et l'on entendit parler sourdement de mines et d'embuscades.

Berchthold vit que le moment était critique et qu'il n'y avait pas un instant à perdre.

— Suivez-moi! s'écria-t-il en agitant son épée et en s'élançant vers les bâtiments silencieux où l'on savait que les hommes d'armes étaient casernés. Il fut vaillamment secondé par le bourgmestre et le forgeron, et toute la troupe, reprenant courage, se jeta en tumulte sur les portes et sur les fenêtres. Ce fut d'abord un bruit retentissant de coups de marteaux, puis un craquement général de planches brisées et de volets en éclats; les barres, les verrous cédèrent, et les assaillants se précipitèrent dans l'intérieur. Mais leurs cris retentirent au milieu de salles désertes. Il y avait bien des restes de paille, des débris de nourriture, des traces d'une orgie récente, enfin cette odeur repoussante qui caractérise une caserne mal tenue; mais nulle voix ne répondait à la leur; nulle épée, nulle arquebuse ne se préparait à repousser leurs coups. La stupeur fut le premier sentiment qu'ils éprouvèrent en constatant ce fait important. Alors Heinrich et Berchthold donnèrent l'ordre d'amener le portier qu'ils avaient fait prisonnier.

— Explique-nous ce mystère, lui dit le bourgmestre d'un ton d'autorité; que sont devenus les hommes d'armes du duc Frédéric?

— Ils sont partis à l'entrée de la nuit, grand magistrat, laissant Limbourg sous la garde de son saint patron.

— Partis! comment? et pour aller où? Si tu me trompes, drôle, ton saint Benoît lui-même ne t'empêchera pas d'être étrillé d'importance.

— De grâce ne vous mettez pas en colère, car je ne dis que la vérité. Au coucher du soleil, il est arrivé un ordre de l'électeur, qui rappelait jusqu'au dernier de ses hommes d'armes; car il est serré de près, à ce qu'on dit, et il a grand besoin de secours.

Le silence qui suivit cette explication fit bientôt place aux acclamations les plus bruyantes, et quelques individus commencèrent à se détacher furtivement du corps principal pour satisfaire leur désir de pillage.

— Et quelle route ont-ils prise?

— Ils sont descendus par le chemin pour les chevaux, en bon ordre et en silence, respectable Heinrich, et ils ont gravi la montagne en face pour ne pas donner aux bourgeois la peine d'ouvrir les portes à une heure aussi indue. Leur intention était de traverser les cèdres de l'Heidenmauer, et, descendant de l'autre côté du Camp, de gagner la plaine derrière Duerckheim.

Il ne restait plus de doute que la conquête ne fût achevée, et la troupe tout entière se débanda, les uns pour exécuter les ordres particuliers qu'ils avaient pu recevoir, les autres, comme ceux qui avaient déjà pris les devants, pour s'occuper de leurs propres intérêts.

Jusqu'à ce moment aucun maraudeur ne s'était approché de la chapelle. Comme ceux qui avaient dirigé l'attaque ne désiraient point qu'il fût fait personnellement aucun mal aux saints frères, les dispositions avaient été concertées de manière à laisser pendant quelque temps cette partie de l'abbaye à l'abri de toutes visites, dans l'espoir que les moines profiteraient de l'occasion pour s'échapper par quelqu'une des poternes secrètes qui communiquaient au cloître. Mais, comme il n'y avait plus d'ennemis armés à combattre, il fallut bien alors songer à la communauté. Déjà le pillage de leurs cellules était fort avancé, et les cris de joie, qui commençaient à sortir de plusieurs fenêtres, annonçaient que la riche et commode habitation de l'abbé lui-même subissait aussi la même opération.

— *Himmel!* murmura Gottlob, qui depuis le moment de sa délivrance n'avait pas quitté les côtés de son frère de lait, nos coquins dévorent des yeux les livres du très-révérend Boniface, maître Berchthold! Il faudrait au moins leur dire quels sont ceux qui sont en latin, pour qu'ils ne chargent pas inutilement leurs épaules d'un fatras qu'ils ne pourront jamais déchiffrer.

— Laissez-les piller, dit Heinrich d'un ton brusque; il est sorti autant de mal que de bien de tous ces bouquins, et Duerckheim ne s'en trouvera que mieux si les munitions diaboliques des bénédictins sont un peu moins abondantes. Il y en a dans la plaine qui soupçonnent que la nécromancie est renfermée dans quelques-uns des volumes qui portent un nom de saint sur le dos.

Peut-être Berchthold aurait-il risqué quelques observations, si son instinct ne lui eût dit que des remontrances, dans un pareil moment de désordre et de confusion, auraient été plus qu'inutiles. La conséquence fut, que des ouvrages précieux, de nombreux manuscrits, rassemblés pendant des siècles de scientifiques loisirs, furent abandonnés à la discrétion des gens incapables d'apprécier leur valeur, ni même de les comprendre.

— Allons trouver les moines, dit Heinrich, rengaînant sa lourde épée pour la première fois depuis qu'ils avaient quitté le bois. Ami forgeron, tu auras l'œil de ce côté, et tu veilleras à ce que tout ce dont nous sommes convenus soit fait et bien fait. Rappelle-toi que le fer est sur l'enclume, qu'il est chaud, et qu'il n'attend plus que ton marteau. Bats-le à outrance, de peur que quelque jour il ne serve à forger de nouvelles armes contre nous. Va, Dietrich; tu sais ce que nous voulons, nous autres de la ville, et ce que nous attendons de tes talents.

Prenant Berchthold par le bras, le bourgmestre se dirigea vers la célèbre chapelle de l'abbaye. Ils furent suivis par une vingtaine d'artisans, troupe d'élite qui, pendant tout le cours de cette nuit mémorable, ne quitta pas un instant les deux chefs, comme si elle eût été choisie pour remplir ce devoir particulier.

Le silence lugubre qui avait rendu si imposants les abords de la caserne, régnait également autour de la chapelle. Mais maintenant les vainqueurs marchaient contre un ennemi différent. Le pouvoir mystérieux de l'Eglise étendait encore sa redoutable influence sur presque tous les esprits. Des dissidents avaient proféré des paroles hardies, et, dans cette contrée, l'opinion publique commençait à se prononcer contre l'église romaine; mais il n'est pas facile de détruire par les seuls efforts de la raison les profondes racines jetées par l'habitude. A cette heure même, nous voyons le monde civilisé presque tout entier commettre des injustices grossières, évidentes; et si nous pénétrons jusqu'au fond de leurs arguments, ne trouver guère rien de mieux pour les colorer, que de prétexter la dépravation du goût provenant de pratiques qui elles-mêmes ne sauraient admettre de justification plausible. Les effets vicieux de chaque système sont présentés comme autant d'arguments en faveur de son maintien; car tout changement semble toujours, et est parfois un plus grand mal que le mal existant; et des millions d'hommes sont condamnés à rester dans un état de dégradation et d'ignorance parce que leur triste partage a été d'être mis, par les chances précaires de la vie, au ban de la société. C'est ainsi que l'erreur engendre l'erreur, jusqu'à ce qu'enfin la philosophie et la justice elle-même se contentent de faire de timides essais pour pallier un mal qu'un traitement plus franc et plus hardi pourrait guérir radicalement. On ne sera donc pas surpris qu'Heinrich et Berchthold éprouvassent de violents scrupules sur le mérite de leur entreprise, à mesure qu'ils approchaient de la chapelle. Jamais peut-être un homme n'a devancé son siècle sans se défier parfois de ses propres principes; et il est certain que Luther lui-même fut souvent obligé de combattre des doutes qui l'obsédaient. Néanmoins Berchthold était moins troublé que son compagnon, car il agissait sous les ordres d'un supérieur, et il était tout à la fois plus jeune et plus instruit que le bourgmestre. Il suffisait de la première de ces circonstances pour le décharger du fardeau de la responsabilité, tandis que l'autre, en affaiblissant l'influence de ses premières opinions, donnait une nouvelle force à celles qu'il avait embrassées. En un mot, il y avait entre Heinrich et Berchthold cette différence que tout le monde a dû remarquer, dans ce siècle éminemment progressif, entre celui qui a hérité des idées d'une génération qui n'est plus, et l'homme qui a pris celles de ses contemporains. Le jeune forestier n'était qu'un enfant lorsque la voix du réformateur s'était fait entendre pour la première fois en Allemagne; et, comme il se trouva demeurer au milieu de gens qui prêtaient une oreille avide à leur nouvelle doctrine, il avait adopté presque tous leurs motifs de dissentiments, sans être presque exposé à l'influence d'une opinion contraire. C'est avec cette gradation que s'effectuent presque tous les changements salutaires, puisque ceux qui en sentent les premiers la nécessité peuvent rarement faire plus que d'arrêter les progrès de l'habitude; laissant à leurs successeurs le soin de refouler le torrent et de lui faire prendre une nouvelle direction.

En pensant que Wilhelm de Venloo serait le premier à abandonner son poste, dans ce moment de tumulte et de danger, les chefs des assiégeants lui faisaient injure, car, quoique peu disposé à courir les risques ou à ambitionner les honneurs du martyre, l'abbé était au-dessus de l'influence de passions aussi abjectes; et s'il ne se possédait pas assez pour maîtriser ses vices, il avait du moins une élévation d'esprit qui, dans les circonstances difficiles, vient au secours de celui qui a le bonheur d'en être doué. Lors donc que Heinrich et Berchthold entrèrent dans l'église, ils trouvèrent tous les moines rangés dans le chœur, attendant, comme les sénateurs romains, qu'on vînt les frapper tous ensemble dans l'exercice de leur sacré ministère. Il y avait peut-être autant d'adresse que de magnanimité dans la résolution que Boniface avait prise; car en entrant dans la chapelle, le contraste qu'offraient le calme et le recueillement qui y régnaient, avec les scènes de brutalité et de violence dont ils venaient d'être témoins, ne pouvait manquer de faire une profonde impression sur les agresseurs.

Les cierges brûlaient encore sur l'autel, les lampes jetaient leur clarté vacillante sur l'architecture déliée et sur les riches ornements des chapelles, tandis qu'à voir toutes ces figures pâles, toutes ces têtes tonsurées qui étaient à l'entour, on eût dit autant de sentinelles sacrées, placées près du tabernacle pour le préserver de toute souillure. Chaque moine était dans sa stalle, à l'exception du prieur et du père Johan, qui s'étaient placés sur les marches de l'autel; le premier, comme prêtre officiant de la dernière messe, et le second par suite de son caractère fougueux et toujours outré, qui l'avait poussé à poser sa personne comme un bouclier devant l'arche sainte. L'abbé était sur son trône, calme, immobile, quoique cependant on pût lire sur son front hautain l'expression d'une colère profonde et concentrée.

Le bourgmestre et Berchthold firent signe à leurs compagnons de rester sous les ailes de l'église, et ils avancèrent seuls dans le chœur. Ils avaient tous deux la tête découverte. Aucun mouvement ne se manifesta parmi les moines, pendant qu'ils traversaient la nef à pents lents. Tous les yeux semblaient attachés par un charme commun, sur le crucifix d'ivoire orné de pierres précieuses qui était sur l'autel. Le sang d'Heinrich se glaça sous l'influence de ce calme solennel, et lorsqu'il arriva aux marches de l'autel, où il se trouva en face de l'abbé et du prieur, dont l'un lui inspirait autant de crainte que de haine, tandis qu'il avait pour l'autre un amour et un respect véritables, la résolution de l'honnête bourgmestre était sensiblement ébranlée.

—Qui es-tu? demanda Boniface, voyant à l'air d'indécision et de trouble du magistrat que c'était l'instant le plus favorable pour lui adresser la parole.

— Par saint Benoît, il me semble que mon visage n'est pas étranger dans Limbourg, très-saint abbé, répondit Heinrich, faisant un effort pour imiter le sang-froid du bénédictin, quoique cet effort ne fût sensible que pour lui; bien que je n'aie ni la tonsure ni la sainteté d'un moine, je suis assez connu de tous ceux qui habitent à Duerckheim ou dans les environs.

— En effet, j'aurais dû dire, qu'es-tu? ton nom et tes qualités me sont connus, Heinrich Frey; mais à quel titre te permets-tu maintenant d'entrer dans l'église de Limbourg, et de montrer ce manque de respect pour nos autels?

—Pour vous parler franchement, révérend Boniface, c'est en qualité de premier magistrat de Duerckheim, cette ville si froissée dans ses intérêts, si longtemps outragée, qui est fatiguée de l'orgueil et des exactions des moines, et qui s'est enfin chargée de se faire justice elle-même, que je parais devant vous. Vous ne voyez pas ici des citoyens paisibles, réunis pour dire des prières ou pour chanter des hymnes, mais des gens armés, bien décidés à délivrer à jamais le pays du fléau qui l'opprime.

— Tes paroles ne sont pas moins hostiles que ton costume, et ce que tu dis ici n'est que trop d'accord avec ce que tes grossiers compagnons font en dehors de ce lieu sacré. As-tu bien pesé les conséquences de cette audacieuse démarche de ta ville, Heinrich?

— Oui, elles ont été pesées, Boniface, pesées bien des fois et dans bien des réunions différentes.

— Et n'as-tu aucune crainte de Rome?

— C'est une autorité qui perd tous les jours de son crédit dans cette contrée, révérend bénédictin. A ne vous rien cacher, ce que nous craignions le plus, c'était le ressentiment du duc Frédéric, mais cette crainte est considérablement diminuée par la certitude qu'il a trop d'affaires sur les bras en ce moment pour pouvoir aisément s'occuper des nôtres. Nous ne savions pas, il est vrai, qu'il avait rappelé ses hommes d'armes, et nous nous attendions même à avoir quelques coups à échanger avec eux; mais vous comprendrez sans peine que leur absence ne diminue en rien la confiance que nous avons en notre cause.

— L'électeur peut recouvrer toute sa puissance, et alors ceux qui auront osé profiter de sa détresse actuelle auront de grands comptes à rendre.

— Nous sommes des marchands et des artisans, bon Boniface, et nous avons fait nos calculs avec quelque soin. S'il faut payer le prix de l'abbaye, — ce qui n'est nullement certain, — nous regarderons le marché comme avantageux, tant qu'elle ne pourra pas être rebâtie. Le frère Luther est en train de poser une pierre angulaire qui empêchera le diable de jamais tenter de reconstruire ce nous nous proposons de renverser aujourd'hui.

— C'est ta dernière réponse, bourgmestre?

— Je ne dis pas cela, assurément. Envoyez demain vos propositions au conseil de la ville, et si elles nous conviennent, il est possible qu'un accommodement prévienne toute autre réclamation à l'avenir. Mais il faut que ce qui a été si bien commencé soit achevé aussi heureusement.

— Alors, avant que je quitte cette sainte demeure, écoute ma malédiction, dit Boniface en se levant avec dignité : — Sur toi et sur ta ville, sur tout ce qui t'appelle magistrat, parent...

— Arrêtez! ne prononcez pas ces affreuses paroles, s'écria une voix perçante de femme qui sortait du milieu des colonnes derrière le chœur. — Grâce ! grâce ! très-révérend et très-saint abbé ! ajouta Ulrike, pâle, tremblante et agitée dans tous ses membres d'un mouvement convulsif, quoique ses yeux brillants et égarés annonçassent qu'elle était soutenue par un sentiment plus qu'humain. — Saint prêtre, arrêtez ! Il ne sait pas ce qu'il fait. Je ne sais quel vertige s'est emparé de lui et de sa ville. Ils ne sont que des instruments dans les mains d'un homme plus puissant qu'eux.

A la vue d'Ulrike, Boniface reprit sa place, disposé à attendre l'effet de cet appel.

— Vous ici ! dit Henrich, en regardant sa femme avec surprise, mais sans colère et sans méfiance aucune.

— Oui, ici, très-heureusement, pour détourner cet horrible châtiment de toi et de tous les tiens !

— Je vous croyais occupée à prier avec le pauvre Odo von Ritterstein, dans son triste ermitage de l'Heidenmauer.

— Et peux-tu bien penser au crime qui a réduit le pauvre Odo à cet état de souffrance et de pénitence, et rester ici les armes à la main et la menace à la bouche ? Tu vois que des années ne suffisent pas pour soulager une âme chargée du poids d'un sacrilége. Ah ! si tu avais été avec moi pour être témoin du désespoir amer auquel le malheureux était en proie, tandis qu'à genoux sur ces degrés, il écoutait la messe que l'on a dite pour lui cette nuit, tu aurais pu apprendre combien est profonde la blessure que fait au cœur le courroux de Dieu !

— Il est vraiment étrange, dit le bourgmestre stupéfait, que ceux dont j'espérais si bien être débarrassé, et qui me semblaient ne pouvoir ni soupçonner ni troubler notre entreprise, viennent nous traverser au moment où tout allait être fini. *Saperment !* jeune Berchthold, tu vois de quelle manière les griffes du mariage serrent le plus brave d'entre nous, tout cuirassé qu'il puisse être !

— Et toi, Berchthold Hintermayer, s'écria Ulrike en se tournant vers lui, toi, le fils de ma plus chère amie, l'enfant de ma plus tendre espérance, tu viens aussi, complice de cet affreux sacrilége, tu viens, comme un voleur nocturne, attaquer de saints personnages qui sont désarmés !

— Personne ne vous aime et ne vous honore plus que moi, dame Ulrike, répondit le jeune homme en s'inclinant d'un air sincèrement respectueux ; mais c'est à maître Heinrich qu'il faut vous adresser, car c'est lui qui dirige nos mouvements.

— Eh bien ! c'est sur toi, Heinrich, comme chef de cet attentat, que tombera le poids le plus lourd de la malédiction du ciel. Qu'importe que les bénédictins soient avides, qu'ils aient trop d'arrogance, ou que quelques-uns d'entre eux aient oublié leurs vœux ! ce temple en est-il moins le temple du Seigneur? en est-ce moins son autel, devant lequel tu ne crains pas de te présenter avec un cœur haineux et des intentions hostiles ?

— Allons, bonne Ulrike, répondit Heinrich en baisant le front pâle mais toujours beau de sa femme, qui avait appuyé sa tête sur son épaule pour reprendre ses sens, tandis qu'elle tenait la main du bourgmestre fortement serrée dans les siennes, comme pour l'empêcher d'aller plus loin ;—allons, tu es une excellente femme, mais, vois-tu, ton sexe n'entend rien à la politique. Cette affaire a occupé plus d'un conseil : et, par ma barbe, langue de femme ne saurait changer les résolutions de Duerckheim. Allons, retire-toi avec ta nourrice, et laisse-nous faire ce qui nous convient.

— Et il te convient donc, Heinrich, de braver le ciel? Ne sais-tu pas que les crimes du père retombent sur l'enfant ; — que le mal fait aujourd'hui, quand même nous remporterions un succès éphémère, ne peut manquer d'être suivi d'un châtiment terrible? Quand même il n'y aurait d'autre pouvoir que la conscience, tant que ce juge redoutable restera sur la terre, il n'y a pas d'impunité à espérer. Dois-tu donc tout à ton conseil de Duerckheim et à sa politique intéressée ! As-tu oublié l'heure où mes pieux parents t'ont donné ma main, la manière dont tu m'as engagé ta foi, la promesse que tu as faite au pied de l'autel de me protéger moi et les miens, de me tenir lieu des amis que je n'avais plus, de père et de mère; en un mot, d'être tout pour celle qui s'unissait à toi? Meta, — ce gage de notre mutuelle tendresse, — Meta n'est-elle rien pour que tu te fasses un jeu de compromettre son avenir et sa tranquillité? Allons, cède à un bon mouvement; abjure un moment d'erreur; songe à ta famille, songe à ceux que la nature et la loi condamnent à souffrir de tes fautes, comme elles les autorisent, par les nœuds les plus sacrés, à se réjouir de ta clémence et de ta merci.

— Jamais femme a-t-elle été plus acharnée à se jeter à la traverse d'une noble entreprise! dit le bourgmestre, qui, en dépit de lui-même, avait été sensiblement touché de ce tableau rapide, mais énergique, de ses devoirs domestiques, et qui était fort embarrassé pour trouver les moyens de sortir de la position dans laquelle il se trouvait. Tu serais beaucoup mieux dans ta chambre, ma bonne Ulrike. Meta va entendre parler de cette affaire, et elle prendra l'alarme. Va vite la rassurer, tu auras une escorte telle qu'il convient à ma dignité et à ton mérite.

— Berchthold, c'est à toi que j'adresse mon dernier appel. Ce père cruel, cet époux insouciant, est trop occupé de son conseil et des prétendus intérêts de sa ville pour songer encore à Dieu. Mais toi, tu as de jeunes espérances, tu as des sentiments qui conviennent à ton âge et à ton caractère. Penses-tu, imprudent, qu'une fille comme Meta risquera de confier sa dernière chance de bonheur au complice de cet attentat, quand elle n'aura elle-même d'autre dot à lui apporter que sa part de responsabilité dans le crime de son père?

Un mouvement qui se fit parmi les moines, qui jusque-là avaient écouté avec une attention partagée entre la crainte et l'espoir, empêcha le bourgmestre incertain et son jeune compagnon de lui répondre. Ce mouvement était causé par l'approche du groupe qui jusqu'alors s'était tenu à l'écart au fond de la nef, mais qui saisit ce moment d'indécision pour s'avancer au milieu du chœur. Un homme en sortit, et, rejetant le manteau dont il était enveloppé, il laissa voir les traits d'Emich de Leiningen. Dès qu'Ulrike rencontra le regard inflexible du baron, qui était armé, elle cacha sa figure dans ses mains, et sortit précipitamment. Berchthold et son mari la suivirent, et ils ne revinrent prendre part à l'œuvre de la nuit qu'après avoir mis la pauvre Ulrike sous la protection d'un détachement de bourgeois dévoués.

CHAPITRE XX.

> Celui qui porte l'épée du ciel doit être aussi saint dans sa vie qu'austère dans ses mœurs.
> **SHAKSPEARE.** *Mesure pour mesure.*

Les premiers regards qu'échangèrent Emich et Boniface exprimaient ces passions qu'ils avaient si longtemps dissimulées l'un et l'autre, et que le lecteur a déjà entrevues pendant les moments d'oubli de la dernière orgie. Sur le front du comte, l'expression du triomphe se mêlait ouvertement à celle de la haine; tandis que la figure de l'abbé conservait encore un vernis d'artifice et de réserve, masque dont il jugeait rarement à propos de se dépouiller entièrement.

— C'est donc à toi que nous devons cette visite, seigneur Emich? dit l'abbé en s'efforçant de paraître calme.

— A moi et à ton mérite, très-révérend Boniface.

— Que veux-tu, audacieux baron?

— La paix dans cette vallée, si souvent saccagée, — l'humilité sous la tonsure, — la religion sans hypocrisie, — et mon bien.

— Je ne te parlerai pas du ciel, homme arrogant, car ce serait blasphémer ce mot, que de le prononcer en ta présence; mais es-tu donc assez aveugle sur tes intérêts purement mondains, pour ne pas craindre la vengeance de l'empire? As-tu bien compté ton or, et es-tu sûr que tes coffres soient assez pleins pour rebâtir le saint édifice que tes mains voudraient renverser, ou penses-tu que tes richesses puissent remplacer toutes les offrandes faites depuis des siècles par de pieux monarques, à une église qui a été l'objet d'une si longue vénération?

— Quant à tes vases et à tes pierres précieuses, respectable abbé, j'aurai soin de les conserver pour les reproduire au besoin, ce qui, je l'espère, n'arrivera jamais; et quant aux dépenses qu'entraînerait la reconstruction de l'édifice, comment donc! mais l'illustre ouvrier qui a aidé le premier à le bâtir me devra un bon coup de main pour avoir puni ceux qui lui ont manqué de parole en ne lui fournissant pas la quantité d'âmes promise; quoique, à tout prendre, si l'on approfondissait la chose, il se trouverait, sans doute, que Limbourg lui a envoyé plus de pratiques que tous les cabarets et toutes les auberges du Palatinat ensemble.

Cette saillie du comte excita de grands éclats de rire parmi ses adhérents, qui, de toutes les parties de l'abbaye, commençaient à affluer dans l'église dans l'espoir qu'il y aurait un riche pillage à faire dans le sanctuaire. En même temps, le feu venait d'être mis à la paille qui se trouvait dans la caserne, et la vive clarté qui parut tout à coup à travers les vitraux coloriés n'annonça que trop efficacement aux moines l'inutilité de plus longues remontrances.

Malgré la dépravation connue de ses mœurs, l'abbé n'avait pu se soustraire entièrement à cette influence secrète que les hautes dignités du sacerdoce exercent même sur les moins méritants de ceux qui les possèdent, et il tirait du saint caractère dont il était revêtu une sorte de noblesse, et nous pourrions même ajouter de sincérité; car il y a souvent chez le mauvais prêtre un étrange mélange de foi intérieure et d'incrédulité pratique, qui le fait souvent s'élever à la hauteur de ses devoirs les plus solennels. Un caractère aussi fortement trempé ne pouvait sortir de son état naturel sans montrer une grande énergie, soit pour le bien, soit pour le mal; et Emich éprouva quelque appréhension secrète, quand il vit avec quel empire son ennemi savait réprimer son fier ressentiment, et de quelle dignité calme et réservée tous ses traits étaient empreints. L'abbé se leva, comme un prélat qui remplit librement les fonctions de son ministère, et haussant la voix de manière à ce que ses paroles retentissent jusque dans les coins les plus reculés de la chapelle, il employa dans son discours les figures particulières à son Eglise.

— Dieu, dit-il, dans les profondeurs de sa sagesse, a accordé au méchant un triomphe éphémère; nous ne sondons pas à présent les causes de ce mystérieux décret de la Providence, la vérité sera connue au temps qu'elle a fixé; mais, comme serviteur de l'autel, comme gardien du sanctuaire, consacré par l'onction sainte, et béni par le Seigneur, il me reste un devoir solennel, impérieux à remplir.

— Boniface, prends garde! interrompit le comte de Leiningen; tu n'as pas affaire à présent à des bourgmestres et à des femmes en larmes.

— Au nom du Dieu à qui cet autel est consacré, reprit l'abbé impassible, par son intérêt sacré...

— Prêtre, prends garde! répéta Emich, pâle de colère, et éprouvant en même temps une terreur qu'il ne pouvait expliquer.

— Comme son ministre indigne, mais nécessaire, en vertu des pouvoirs qui m'ont été conférés par le chef de l'Eglise, obligé d'en faire usage, je prononce...

— Où êtes-vous, compagnons d'Hartenbourg? nargue des sottes malédictions de ce moine insensé! Vous n'êtes pas des femmes timides pour avoir besoin de la bénédiction d'un moine!

La voix d'Emich fut étouffée, ainsi que celle de l'abbé, par le bruit qui retentit de tous côtés dans la chapelle. Un long instrument qu'un homme, placé dans l'une des ailes à quelques pas derrière le trône de Boniface, porta tout à coup à sa bouche, fit d'abord entendre des accents sauvages et plaintifs qui remplirent tout l'édifice.

A ce signal, donné par le cornet en bois de cerisier de Gottlob, qui sortait rarement sans cette marque distinctive de sa profession, succédèrent aussitôt de grandes acclamations poussées en même temps par tous les gens de la suite du comte; puis une foule de sons semblables, produits par divers instruments qui jusqu'alors étaient restés muts, se firent entendre. Nous laissons à l'imagination du lecteur le soin de se figurer l'effet de cette musique retentissante, répétée par les échos de la voûte qu'illuminaient les flammes de plus en plus actives qui jaillissaient du dehors, et la fière impassibilité de l'abbé, qui, en dépit du vacarme, acheva sa malédiction. Quand Boniface eut prononcé la dernière parole d'anathème, il jeta autour de lui un sombre regard.

Trop attaché à la terre, dans ses goûts et dans ses mœurs, pour se livrer à des espérances d'une nature purement spirituelle, il reconnut que son ennemi avait été trop loin pour reculer. Faisant donc un signe à ses frères, il descendit lentement de son trône et sortit du chœur avec dignité. Les moines se retirèrent après lui en silence et dans leur ordre accoutumé. Emich les suivait d'un œil inquiet, car le vainqueur lui-même ne saurait voir sans trouble la retraite paisible de ses ennemis ; et il éprouva un instant d'anxiété pénible et d'irrésolution, au moment où la dernière robe flottante disparut par une petite porte qui conduisait à une issue secrète par laquelle les bénédictins quittèrent une montagne où ils avaient vécu si longtemps dans le calme et dans l'aisance au sein d'une retraite privilégiée.

En voyant leurs ennemis abandonner ouvertement la place, les assaillants regardèrent leur triomphe comme assuré. Il n'y a pas de moment où les excès soient plus à craindre que celui où la certitude de la victoire succède aux hasards du combat. Il semble qu'on veuille se venger de toute l'angoisse qu'on éprouvait, et l'homme n'est toujours que trop porté à attribuer ses succès à quelques qualités personnelles qui semblent lui donner le droit d'abuser des avantages qu'elles lui procurent. La troupe du comte et les bourgeois de la ville, dont un grand nombre n'avaient jamais été parfaitement tranquilles tant qu'ils s'étaient trouvés en présence des moines, à qui l'opinion populaire attribuait le pouvoir de faire des miracles, ne se crurent pas plus tôt en possession de la montagne, que la réaction du sentiment auquel nous venons de faire allusion leur inspira une nouvelle violence, et donna plus d'activité que jamais à l'esprit de destruction qui les animait.

Une acclamation de triomphe fut le signal de la reprise des hostilités. Les croisées volèrent en éclats ; tout ce qui dans l'enceinte de l'église n'était pas assez solide pour résister aux premiers efforts fut renversé pêle-mêle, et les monuments et les statues subirent d'affreuses mutilations. Des chérubins de marbre tombaient de tous côtés ; des ailes et des pieds d'anges étaient séparés du reste du corps, et les saints les plus vénérés recevaient toutes sortes d'outrages. Les petits autels qui se trouvaient sur les bas-côtés ne furent pas même respectés, et ils furent dépouillés de tous leurs ornements, comme si la haine des vainqueurs était passée de ceux qui y avaient officié, à l'Etre redoutable au nom de qui les saints mystères y avaient été célébrés.

Le lecteur se figurera la confusion et le tumulte qui accompagnèrent une pareille scène. Pendant ce temps Emich s'était enfoncé la tête dans son manteau, et il marchait à grands pas dans le chœur, que sa présence, et peut-être un reste de respect pour l'enceinte sacrée, préservait encore de toute atteinte. Il y fut joint seulement par le bourgmestre et Berchthold; le reste du détachement s'était mêlé à ceux qui détruisaient tout dans le reste de l'église. Heinrich s'assit dans l'une des stalles vides, l'esprit encore fortement ému de tout ce qui venait de se passer, et surtout de sa récente entrevue avec sa femme, tandis que le jeune forestier s'approcha respectueusement de son seigneur.

— Vous êtes agité, seigneur Emich? demanda celui-ci après un moment de silence.

Le comte laissa retomber les plis de son manteau, et appuyant familièrement la main sur l'épaule de son jeune serviteur, il se mit à contempler les riches ornements et le travail admirable du maître-autel, spectacle rendu doublement imposant par la masse de lumière qui pénétrait de tous côtés dans l'intérieur de l'édifice.

— Berchthold, il y a un Dieu! dit-il avec emphase.

— Il faudrait être fou pour en douter, mon bon maître.

— Et il a des ministres sur la terre, des hommes qu'il a chargés de lui rendre hommage et de brûler son encens.

— Cette croyance repose sur les autorités les plus respectables, seigneur Emich.

— Oui, ce sont des autorités respectables que celles qui remontent à une antiquité si reculée, qui nous ont été transmises par nos pères, et qui trouvent tant d'écho dans le fond de nos cœurs!

— Et qui s'appuient sur un si grand nombre de preuves, tant sacrées que profanes.

— Ton instruction a été soignée, bon Berchthold, dit le comte d'un air distrait.

— Le ciel, en m'enlevant mon père, m'a laissé une pieuse et tendre mère.

Emich continua de s'appuyer sur l'épaule de Berchthold, tandis que ses yeux, où, malgré sa résolution ordinaire, était empreinte une expression singulière d'hésitation et de doute, ne pouvaient se détacher de l'autel. Au-dessus du tabernacle d'or qui contenait la sainte hostie était un petit tableau représentant la mère du Christ. Elle avait ces traits pleins de douceur et de grâce qu'on retrouve dans tous les portraits de la Vierge; et ses yeux semblaient se fixer sur Emich avec une expression de douleur, comme pour lui reprocher son sacrilège.

— Ces bénédictins sont enfin délogés! s'écria le comte faisant de vains efforts pour détourner son regard de l'image divine ; voilà trop longtemps que leur joug pèse sur ceux qui valent mieux qu'eux.

Berchthold inclina la tête.

— Ne vois-tu rien d'étrange, jeune homme, dans cette figure de Marie ?

— C'est une charmante peinture, seigneur comte, et ses traits sont enchanteurs.

— On dirait qu'elle regarde cette scène de violence d'un air de courroux !

— C'est l'ouvrage d'un artiste habile, mon cher maître, et sa figure ne saurait avoir d'autre expression que celle qu'il lui a plu de lui donner.

— Le crois-tu, Berchthold ? on prétend cependant qu'on a entendu des images parler, quand telle était la volonté du ciel.

— Il y a des légendes qui le disent, seigneur Emich, mais ce sont de ces choses qui n'arrivent jamais à ceux qui ne sont pas disposés à les voir.

— Et pourtant mon père y croyait, et c'est dans cette croyance que j'ai été élevé moi-même !

Berchthold garda le silence. Son éducation plus récente avait été plus en rapport avec les opinions dominantes de l'époque.

— Nous pouvons croire du moins, continua Emich, que Dieu a le pouvoir de surpasser la nature.

— Oui, seigneur comte : mais est-ce nécessaire ? celui qui a créé la nature peut s'en servir à son gré.

— Ah ! tu ne crois pas aux miracles, enfant !

— Je suis moi-même un miracle qui me rappelle à chaque instant l'existence d'une puissance supérieure, et je m'incline devant elle. Mais je n'ai jamais eu le bonheur d'entendre une image parler ni faire rien de ce qui appartient au libre exercice de la volonté.

— Par les os de mon père ! tu pourrais tenir tête à l'esprit le plus retors qui soit sous un capuchon ! Allons, braves amis ! s'écria-t-il en se tournant vers les gens de sa suite, ne laissez aucun vestige des abominations qui se sont commises si longtemps dans cette enceinte exécrable !

— Seigneur comte ! dit vivement Berchthold en touchant son manteau dans l'excès de son zèle, voilà les bénédictins !

A cette parole, le fier baron, qui avait alors recouvré tout son courage, se retourna tout à coup en portant la main sur son épée. Mais il la laissa retomber aussitôt, et ses traits reprirent leur expression de doute et d'anxiété, à la vue du spectacle qui s'offrit alors à lui.

Dans ce moment, tous les édifices qui composaient l'abbaye de Limbourg, à l'exception de l'église et de ses dépendances immédiates, étaient en feu. Aussi les flots de lumière qui pénétraient dans l'intérieur de la chapelle s'étaient-ils accrus au point d'en éclairer les profondeurs les plus obscures. Le chœur, surtout, en était inondé, et jamais il n'avait paru plus magnifique au jeune Berchthold que dans cet affreux moment de destruction. Les cierges et les flambeaux du maître-autel ne jetaient plus qu'une lueur terne, tandis que tout autour brillait cette clarté rougeâtre et terrible que répand un immense incendie. Pendant l'instant où Emich s'était tourné vers les gens de sa suite, deux moines étaient sortis de la sacristie, et s'étaient placés sur les marches de l'autel. C'étaient le prieur et le père Johan. Le premier portait un petit crucifix d'ivoire, qu'il baisait de temps en temps, tandis que l'autre déposait à ses pieds un coffre massif et artistement ciselé, assez lourd pour qu'il eût fallu l'aide d'un frère-lai pour l'apporter de l'endroit où il était renfermé.

Les traits doux et expressifs du prieur étaient empreints d'une sainte inquiétude. Son compagnon était dans une agitation extrême, son regard était enflammé comme s'il eût été dévoré de la fièvre; effet d'un enthousiasme qui provenait du tempérament plus que de la conviction.

Emich éprouva une sorte de malaise à la vue des bénédictins, et il s'avança vers eux, toujours suivi du forestier.

— Parbleu! vous êtes en retard, bons pères, dit-il en prenant un air d'assurance qu'il était loin d'avoir; le pieux Boniface est parti depuis assez longtemps; et, à en juger par son amour pour sa personne, qui a dû lui donner des ailes, je ne doute pas qu'il n'ait déjà descendu la montagne!

— Tu as enfin cédé aux suggestions de Satan, comte de Leiningen! répondit le prieur; tu as voulu que cette tache ineffaçable restât sur ton âme.

—Nous ne sommes pas à confesse, pieux Arnolph; mais nous avions des torts à redresser, et c'est le juste motif de notre chevaleresque entreprise. Si tu as ici quelque chose qui te soit cher, prends-le, au nom de Dieu, et retire-toi où tu voudras. Je te donnerai un sauf-conduit, fût-ce jusqu'aux portes de Rome, car, de toute ta communauté, tu es le seul pour qui j'éprouve un sentiment de regret ou d'amitié.

— Je ne connais pas ces différences d'affection, quand il s'agit de l'existence de notre Eglise et des devoirs qui nous unissent tous pour son service. La question n'est pas entre toi et moi, lord Emich, mais entre toi et Dieu !

— Comme tu voudras, bon prieur, pourvu que tu te retires en paix.

— Je n'ai point la folie de vouloir résister, quand la résistance est inutile, répondit doucement le moine; mais je ne suis point pressé de quitter mon poste, tant qu'il peut rester quelque espérance. Tu n'as pas assez réfléchi à cette action, Emich ; tu ne t'es pas rappelé tes enfants, ni ta tendre affection pour la noble Hermengarde.

— Me prends-tu donc pour l'esclave d'une femme, révérend Arnolph, pour que tu croies arrêter un brave chevalier dans la plus juste entreprise en lui parlant de son épouse et de ses enfants?

Emich accompagna ces paroles d'un éclat rire.

— Tu ne m'as pas compris. Il ne s'agit pas ici de mort sur un champ de bataille, ni du chagrin de ceux qui survivent : ce sont des pensées qui malheureusement ne sont que trop habituelles à ceux qui gouvernent la terre. — Mais je voulais te parler de l'éternité et de ses peines. Ne sais-tu pas, baron impie, que le Dieu d'Israël, qui est mon Dieu et le tien, — le Dieu d'Israël a dit que les fautes du père retomberont sur ses enfants, de génération en génération? Et cependant, aveuglé par le succès, tu sembles te jeter au-devant de sa colère.

— Il est possible qu'il en soit ainsi, comme aussi qu'il n'en soit rien; car, vous autres moines, vous avez des raisonnements subtils qui se prêtent à tout ; mais quant à moi, il me semble beaucoup plus rationnel que chacun supporte la peine de ses propres péchés ; et c'est justement ce qui arrive aujourd'hui à la communauté de Limbourg.

— Hélas! il n'est que trop vrai que nous avons fait beaucoup de mal et négligé beaucoup de bien!...

— Par les rois de Cologne ! est-ce que tu commencerais à être des nôtres, vertueux Arnolph ?

— Car c'est le sort ordinaire de la faiblesse humaine, continua le prieur sans s'émouvoir ; — mais ce qui n'est pas moins certain, c'est que tu n'es pas notre juge. Il est hors de doute que chacun doit expier et expiera en effet ses propres fautes; mais les terribles conséquences du crime ne s'arrêtent pas à celui qui l'a commis. C'est ce que nous apprend la raison, et ce qui est plus sûr encore, c'est ce qui résulte des paroles sorties de la bouche de Dieu même. Réfléchis donc, il en est temps encore, au fardeau de douleurs que tu apprêtes à tes descendants ; rappelle-toi que si tu es soumis à mille infirmités, si tu es l'esclave de passions avilissantes, c'est parce que toi-même tu portes la peine des péchés d'un père. Oui, la faute de notre père commun est encore punie dans ses enfants.

— Comment donc, bon prieur! mais tu fais remonter ma généalogie beaucoup plus loin que j'en aie jamais eu la prétention. Ma noblesse, ancienne si tu le veux, ne va pourtant pas se perdre dans la nuit des siècles. Que ceux dont l'ambition est plus grande achètent des ancêtres au prix que tu dis, je me contente, moi, d'une généalogie plus moderne.

Emich s'efforça de sourire ironiquement, mais le moine attentif vit qu'il était troublé.

— Si tu n'as pas une pensée pour tes enfants, — pas une pour toi-même, — pas une pour ton Dieu, — reprit Arnolph, songe du moins à ceux qui t'ont précédé. As-tu déjà oublié ta visite aux tombeaux de ta famille !

— Ah! t'y voilà, Arnolph! voilà bien des mois que ces tombes sacrées protègent ton couvent !

— Et à présent es-tu donc disposé à les profaner ?

— Interroge mes gens; ils te diront, prieur, s'ils ont ordre d'épargner un seul de tes chérubins de marbre, fût-il placé sur la tombe de l'un des miens.

— Alors, en effet, je désespère de toucher ton cœur! répondit Arnolph, gémissant sur le crime autant que sur ses conséquences. Alors, en effet, dans ton aveugle folie, tu as décidé non seulement notre perte, mais la tienne; car la pitié pour tes enfants n'est pas moins éteinte dans ton cœur que l'amour de tes pères. Emich de Leiningen, je ne maudis pas; — c'est une arme trop

terrible pour que des mains humaines l'emploient légèrement.—
Je ne te bénis pas non plus ; mon devoir envers Dieu m'interdit
cette consolation.

— Arrête, pieux Arnolph ! ne nous séparons pas en colère.
J'avoue qu'il me serait doux d'entendre de ta bouche une parole
de paix. Ecoute : — s'il y a dans cette église une chapelle qui
soit pour toi l'objet d'une vénération particulière, désigne-la, et
je te jure, foi de chevalier, — qu'à moins qu'elle n'ait déjà reçu
quelque atteinte, elle sera respectée, et restera seule intacte au
milieu des ruines, en témoignage de l'affection que je te porte ; —
ou bien s'il est quelque objet qui te soit cher, soit à cause de sa
valeur intrinsèque, soit par suite du prix que ta croyance y attache,
parle : il sera mis de côté jusqu'à ce que tu le réclames. En retour,
je ne te demande qu'un saint adieu.

— Je puis prier pour toi, Emich, je le ferai, dit le prieur affligé
en dégageant sa robe des mains du baron qui l'avait saisie, mais
ce serait trahir le ciel que de bénir un homme qui lui déclare la
guerre !

En disant ces mots, le pieux Arnolph se cacha la figure dans
ses mains pour ne point voir les profanations qui se commettaient
autour de lui, et sortit lentement du chœur.

CHAPITRE XXI.

> Loin d'ici, Lucifer incarné ! cette terre est sacrée ;
> les cendres d'un martyr qui y sont déposées
> en font un sanctuaire.
>
> BYRON.

LE bénédictin déjà connu à nos lecteurs sous le nom de père
Johan avait attendu sur les marches de l'autel la fin de cette
scène. La patience froide et dédaigneuse qu'il montrait avait
quelque chose de forcé, comme si rien dans son caractère ne
pouvait être naturel. Si le frein de la discipline ecclésiastique, si
son respect pour le prieur, et sa répugnance même à employer
les voies de douceur pour ramener un pécheur au bercail, l'avaient

porté à rester tranquille pendant l'entretien d'Emich et de son supérieur spirituel, une singulière expression de joie brilla dans ses yeux quand il vit que de toute la communauté il ne restait que lui pour défendre l'autel. La première sensation qu'éprouvait un pareil cœur, malgré les scènes de plus en plus tumultueuses qui se passaient dans l'église, devait être une sensation de triomphe. Il était fier de sa constance, et il se figurait d'avance, avec la complaisance de l'amour-propre et la conviction de l'enthousiasme, l'effet que sa fermeté ne pouvait manquer de produire.

Pendant les premiers moments qui suivirent le départ du prieur, Emich fit peu d'attention à lui. Il y a dans la vertu je ne sais quelle majesté qui la protège. Sans cette sage dispensation de la Providence, le monde serait abandonné sans défense aux machinations de ceux qui regardent tous les moyens comme légitimes pour arriver à leurs fins. Tous ceux qui habitaient près de l'abbaye de Limbourg avaient ressenti l'influence des hautes qualités du père Arnolph, et il est plus que probable que, à l'exemple de la ville de Canaan, si la communauté avait possédé quatre membres tels que lui, l'abbaye n'eût pas été détruite.

Le comte, en particulier, comme tous ceux qui rompent les premiers les liens d'un esclavage spirituel, était souvent obsédé de doutes ; il ressentait depuis longtemps un profond respect pour le prieur, et si le pieux Arnolph eût mieux connu son influence et y eût eu plus tôt recours, il eût probablement trouvé le moyen de détourner le coup qui venait de frapper Limbourg. Mais les vertus dominantes du prieur étaient la douceur et la modestie, et ce n'était point là que la politique des moines se fût avisée de chercher un appui.

— Il y a du bon dans ce frère, dit Emich à Berchthold, quand son regard soucieux se porta de nouveau sur la figure du jeune forestier. — S'il eût porté la mitre à la place de Boniface, nos injures seraient peut-être encore à venger.

— Il est peu de personnes qui soient plus aimées que le père Arnolph, seigneur comte, et il n'en est point qui mérite plus de l'être.

— Vraiment, tu le crois aussi ! — Eh bien, maître Heinrich, que faites-vous donc là dans votre stalle ? vous livrez-vous à des méditations spirituelles, ou bien commentez-vous à votre aise l'admonition de la vertueuse Ulrike, assis sur un siége où tant d'aliments substantiels ont été digérés par de saints bénédictins ? Allons, avancez, comme un brave soldat, et faites-nous part de vos sages réflexions.

— Il me semble que l'ouvrage avance, seigneur Emich, dit l'obéissant bourgmestre ; mes fidèles bourgeois n'y vont pas de main morte, et voilà un forgeron dont le marteau frappe sur un ange comme si c'était une barre de fer fondu. Chaque coup laisse une marque qu'aucun ciseau ne pourra réparer !

— Laissez-les s'amuser. Je suis sûr que le souvenir de quelque rude pénitence redouble leur ardeur. Bon ! voilà qu'ils font un monceau de tous les confessionnaux, et ils n'auront plus que le feu à y mettre ! C'est ce qui s'appelle attaquer l'ennemi dans sa citadelle ! — Mais, dites-moi, Heinrich, est-ce que la bonne Ulrike est dans l'habitude de vous accompagner dans vos expéditions contre l'Eglise ? Grand Dieu ! si Hermengarde était de cette humeur, nous n'aurions pas d'espoir de salut dans notre château.

— Vous faites injure à ma femme, seigneur comte ; Ulrike était ici pour prier, et non pour nous encourager.

— Vous auriez pu vous épargner cette explication, car jamais soldat n'eut besoin d'un pareil encouragement. — Etiez-vous dans la confidence de la visite ? voyons, dites, digne bourgmestre.

— Mais, pour ne rien vous cacher, seigneur Emich, je croyais Ulrike ailleurs.

— Par les mages ! — dans son lit ?

— Non, occupée à prier, mais dans un autre lieu. — Nous lui faisons trop d'honneur, noble Emich, en parlant d'elle, lorsque des sujets plus importants réclament toutes nos pensées dans un pareil moment.

— Comment donc ? rien de ce qui vous concerne ne saurait être indifférent à vos amis, répondit le baron, qui ne songeait pas sans inquiétude, même au milieu de cette scène de tumulte, à cette visite d'Ulrike aux bénédictins à une pareille heure. Vous êtes heureux en ménage, maître Heinrich, et tous ceux qui connaissent votre femme l'honorent et la respectent.

Le bourgmestre était trop convaincu de la supériorité de son mérite pour être accessible à la jalousie ; et d'ailleurs il eût été impossible à l'homme même le plus enclin à cette affreuse passion de vivre si longtemps dans une douce familiarité avec l'âme pure et ingénue d'Ulrike, sans que tant de vertus lui inspirassent une

17

entière sécurité. Il n'en était pas de même du baron; car, bien qu'également convaincu au fond du cœur du caractère de celle dont il parlait, la légèrcté de principes qu'il affichait lui donnait une sorte de défiance, et son titre d'amant éconduit entretenait son inquiétude. Cependant le bourgmestre, trouvant l'occasion, par suite de la tournure qu'avait prise la conversation, de se mettre en première ligne, ne la laissa pas échapper.

— Mille remerciements, illustre comte, dit-il: ma femme a son mérite, quoique, sous le rapport du culte et des pénitences, elle ait bien aussi ses faiblesses. Mais, patience! quand nous en aurons fini avec Limbourg, un autre règne commencera parmi nos femmes et nos filles, et nous pourrons passer des dimanches plus tranquilles. Je ne vous en remercie pas moins de vos paroles obligeantes, seigneur comte, et je les regarde comme un nouveau gage de notre amitié durable et de notre étroite alliance.

— Et vous avez raison, répondit vivement Emich, oubliant un sentiment passager de défiance pour songer à des intérêts plus pressants; aucunes paroles d'amitié ne sont perdues pour l'allié fidèle et dévoué.—Eh bien! Heinrich, notre affaire est-elle entièrement terminée?

— *Saperment!* seigneur comte, si elle n'est pas terminée, elle est du moins en bon train.

— Il reste encore un bénédictin, dit Berchthold attirant leur attention sur le moine qui était resté ferme à son poste sur les marches de l'autel.

— Les abeilles ne quittent pas volontiers leur ruche tant qu'il y reste un peu de miel, dit le comte en riant. Allons, père Johan, si votre esprit économe songe à la conservation de quelques vases précieux, faites votre choix, et partez.

Le bénédictin répondit tranquillement, avec un sourire de triomphe:

— Assemble ta troupe, baron sacrilège, réunis dans cette enceinte sacrée tous ceux qui te sont soumis; car il te reste encore à triompher d'un pouvoir auquel tu n'as pas songé. C'est au moment où tu te crois le plus sûr de la victoire, que tu es le plus près de ta défaite et de ta ruine.

Le moine enthousiaste débita cette apostrophe avec tant de chaleur et d'énergie, qu'Emich recula d'un pas, comme s'il eût craint l'explosion d'une mine secrète. L'exaltation du père Johan était connue, et aucun des trois auditeurs n'était sans appréhension que la communauté, prévenue de l'invasion, n'eût préparé quelque sombre projet de vengeance que cet énergumène avait été chargé d'exécuter.

— Holà! s'écria le comte; qu'un détachement descende sur-le-champ dans les caveaux, et s'assure si les tombeaux de ces prétendus saints ne cachent point quelque trame infâme. Cousin de Viederbach, ajouta-t-il, révélant dans la vivacité du moment la présence de ce champion déclaré de la croix, veille à notre sûreté, car les campagnes de Rhodes t'ont rendu familières ces sortes de trahisons.

L'appel du comte, qui fut proféré comme un cri de bataille, arrêta la main des destructeurs; les uns coururent exécuter ses ordres, tandis que le reste se réunissait précipitamment dans le chœur. Il est certain que la présence de compagnons prêts à partager nos périls diminue le sentiment de la crainte, quand même par le fait elle augmenterait le danger; car notre esprit est sensible à l'influence de la sympathie pour la douleur comme pour le plaisir. Lorsque Emich se vit entouré de tant de partisans, il songea moins à l'existence d'une mine souterraine, et il adressa la parole au moine avec plus de calme.

— Tu voulais voir les compagnons d'Hartenbourg, dit-il ironiquement, tu vois avec quel empressement ils se rendent à ton appel.

— Je voudrais que tous ceux qui ont écouté des schismatiques, — tous ceux qui refusent d'honorer la sainte Eglise, — tous ceux qui se croient sur la terre libres de tous devoirs envers le ciel, fussent à présent rassemblés devant moi, répondit le bénédictin, jetant sur toute la troupe un regard ferme, comme un homme qui a la conscience de sa force. — Vous êtes venus par centaines, comte de Leiningen; plût à Dieu que vous fussiez ici par millions!

— Nous sommes en assez grand nombre pour ce que nous voulons faire, moine.

— C'est ce qui reste à voir. — Maintenant écoutez une voix qui part d'en haut! — C'est à vous que je parle, ministres sacriléges des volontés de ce baron ambitieux, à vous, instruments aveugles d'un complot qui a été conçu par l'esprit de ténèbres. Vous êtes venus à la suite de votre seigneur, comptant sur vos forces nombreuses, mais impuissantes, calculant d'avance les profits de votre entreprise impie, et oubliant Dieu...

— Par la messe! prêtre, interrompit Emich, tu nous as déjà fait un sermon aujourd'hui, c'est bien assez, car le temps presse. Si tu as un ennemi à nous présenter, qu'il paraisse, mais ne nous ennuie pas davantage.

— Tu as eu ton moment, malheureux Emich, et tu as pu te livrer librement à tes cruautés; maintenant l'heure du jugement est arrivée. Vois-tu ce coffre rempli de précieuses reliques? ce sont là les vraies richesses de Limbourg, et leur vertu n'a pas encore été essayée. Malheur à celui qui en rirait, ou qui en mépriserait l'influence!

— Arrête! Johan, s'écria vivement le comte, en voyant le moine s'apprêter à mettre au jour quelques-uns de ces emblèmes de mort, auxquels l'église attribuait alors, comme aujourd'hui, un pouvoir miraculeux; ce n'est pas le moment de nous amuser à toutes ces momeries.

— Oses-tu bien donner un nom aussi profane à une aussi sainte cérémonie? Attends, attends, renégat impie, et triomphe si tu peux!

Le courage du comte fut ébranlé, il trouvait beaucoup moins d'appui dans sa raison qu'il n'en avait puisé précédemment dans son ambition. Ses compagnons commencèrent aussi à hésiter; car la révolution qui s'était déjà opérée en partie dans les esprits n'était pas assez complète pour que personne osât braver ouvertement un pareil déploiement de forces spirituelles. Quelle que puisse être la différence d'opinion des sectes chrétiennes sur la validité des miracles modernes, tout le monde conviendra que sur un esprit habitué à croire à leur réalité il n'est point de pouvoir qui puisse exercer une influence plus irrésistible, puisque c'est mettre l'impuissance de l'homme directement aux prises avec la puissance de Dieu. Contre de pareilles armes, la nature n'offre aucun moyen de résistance, et l'imagination est toujours prête à seconder la cause invisible et mystérieuse qui opère le prodige.

— Il serait convenable d'en rester là, dit tout bas Emich d'un air inquiet à ses principaux agents.

— Il me semble, seigneur comte, répondit Berchthold avec calme, qu'il vaudrait mieux savoir tout de suite à quoi s'en tenir.

Si le ciel est contre nous, voyons-le sur-le-champ, même dans notre intérêt; mais si les bénédictins ne sont que des imposteurs, notre conscience sera désormais tranquille.

— Tu as trop de présomption, enfant; qui sait comment tout ceci peut finir? Vous ne dites rien, Heinrich?

— Eh! noble Emich, que voulez-vous que dise un pauvre bourgmestre? Je l'avoue, je crois que pour Duerckheim le mieux serait que la chose n'allât pas plus loin.

— Tu entends, bénédictin! dit le comte en posant le bout du fourreau de son épée sur le coffre richement ciselé que le moine s'apprêtait à ouvrir, — il faut en rester là!

— Retirez votre arme, Emich de Leiningen, dit le père Johan avec dignité.

Le comte obéit machinalement.

— C'est un moment terrible pour l'incrédule, continua le moine; l'instant approche où nos autels seront vengés. — Pourquoi reculer, fier baron? restez, restez jusqu'à la fin, sectateurs pervers et maudits de l'esprit malin, car c'est en vain que vous voudriez échapper au jugement!

Il y avait quelque chose de si frappant dans l'enthousiasme du père Johan, qu'en dépit d'un désir assez général de se trouver à une certaine distance des reliques, tous les spectateurs restèrent immobiles à la même place, retenus par la curiosité, et par l'ascendant d'une sorte de terreur religieuse. Tous les cœurs éprouvèrent des battements plus fréquents quand on vit le moine, avec un grand sang-froid et toutes les apparences du respect, tirer successivement du coffre des ossements de saints, des restes de manteaux, des clous et des morceaux de bois de la vraie croix, et diverses autres reliques non moins précieuses, consacrées par le souvenir des saints événements ou de martyrs de la foi. Après les avoir étalées toutes dans un silence solennel, le père Johan fit le signe du salut, et se tourna de nouveau vers la foule.

— Je ne sais ce que décidera le ciel dans une pareille crise, dit-il; mais se dessèche la main et soit maudite l'âme de celui qui oserait profaner ces saints vestiges de la foi chrétienne!

En prononçant ces paroles de malédiction, le bénédictin tomba à genoux devant la croix, et se mit à prier en silence. La minute qui suivit fut une minute d'angoisse inexprimable pour les assaillants. Ils s'interrogeaient des yeux avec inquiétude; l'un regardait la voûte majestueuse, un autre l'image expressive de Marie, comme si tous s'attendaient à quelque manifestation surnaturelle de la colère divine. L'issue aurait été douteuse, si la trompette en bois de cerisier de Gottlob n'eût de nouveau retenti fort à propos pour tirer son maître d'embarras. Le malin drôle imagina qu'en imitant d'une manière grotesque le cri des bêtes de son troupeau, il produirait une diversion d'un effet certain, et que ces sons bizarres, en se prolongeant sous les voûtes de l'église, feraient un contraste avec le ton oratoire du père Johan. L'influence du ridicule, dans des moments où la raison balance, où les passions flottent incertaines, est trop connue pour exiger un long commentaire ; c'est encore un de ces caprices de l'humanité qui déjoue toutes les théories, et qui prouve combien l'homme est loin d'être un animal purement raisonnable, comme il en a la prétention.

L'expédient que la présence d'esprit de Gottlob avait imaginé eut un plein succès. Les plus ignorants des partisans du comte, ceux dont l'esprit grossier avait été le plus près de céder à un sentiment de superstition, furent les premiers à reprendre courage ; et comme ce sont ceux qui ont les opinions les moins arrêtées qui crient ordinairement le plus pour les soutenir, cette partie de la troupe se mit à répondre à cet appel par d'assourdissantes vociférations. Emich respira enfin, car, sous la double influence de sa propre défiance et de l'hésitation de ses compagnons, il s'imaginait depuis un instant que la destruction, si longtemps méditée, de la communauté de Limbourg, allait se trouver inopinément suspendue.

Encouragés réciproquement par leurs cris, les vainqueurs se remirent à l'ouvrage en riant de leurs alarmes. Déjà on avait fait au milieu de la nef un immense bûcher des chaises et des confessionnaux ; on y jeta une torche enflammée : le feu fut mis dans l'église partout où se trouvait quelque aliment qu'il pût dévorer ; et des artisans de Duerkheim trouvèrent moyen de monter sur les toits, et d'assurer la destruction de l'édifice en y propageant l'incendie. Depuis longtemps tous les bâtiments extérieurs étaient la proie des flammes, de sorte que la montagne embrasée présentait aux yeux des habitants de la vallée le spectacle d'une immense et magnifique éruption.

Pendant ce temps, Emich se promenait dans le chœur, tantôt s'applaudissant du succès de son entreprise, tantôt craignant de ne pas recueillir les fruits qu'il s'en était promis. Il en avait bien pesé toutes les conséquences temporelles ; mais l'attitude immobile du père Johan, la présence de reliques longtemps révérées, et les anathèmes de l'Eglise, exerçaient encore une sorte de prestige sur un esprit qui n'était pas assez éclairé pour en être entièrement à l'abri. Il fut tiré de cet état de malaise par le bruit du marteau qui résonnait dans les caveaux. Le comte se hâta d'y descendre, suivi d'Heinrich et de Berchthold. On se rappelle que c'était là que se trouvaient les tombeaux et la chapelle de sa famille ; une brillante clarté y était répandue, et, comme en haut, tout y était dans la confusion. Déjà la plupart des mausolées avaient subi de cruelles mutilations, et aucune chapelle n'avait été respectée. Cependant Albrecht de Viederbach était debout devant celle d'Hartenbourg, les bras croisés et l'air soucieux. Le manteau qui, dans le commencement de l'attaque, lui avait servi à cacher sa personne, était alors négligemment rejeté en arrière, et les méditations dans lesquelles il était plongé semblaient lui avoir fait oublier la prudence.

— Nous voici donc enfin arrivés aux monuments de nos pères, cousin ! dit le comte en le joignant.

— A leurs ossements même, noble Emich !

— Voilà longtemps que les dignes chevaliers dorment en mauvaise compagnie, ils se trouveront mieux dans la chapelle d'Hartenbourg.

— Dieu veuille que cette entreprise n'ait rien que de légitime !

— Comment ! en douteriez-vous, quand tout est à peu près fini ?

— Par la messe ! il siérait mieux à un soldat de Rhodes de combattre les infidèles que de troubler ainsi subitement le sommeil de ses illustres ancêtres !

— Vous pouvez vous retirer dans mon château, seigneur Albrecht, si votre bras est fatigué, dit Emich avec froideur ; une malédiction ne saurait vous y atteindre.

— Ce serait mal reconnaître une généreuse hospitalité, cousin ; le chevalier qui voyage se doit tout entier à l'ami qui le reçoit, et jamais il ne fait de retraite qui ne soit honorable. Je ne vous quitterai pas, Emich, ainsi n'en parlons plus. Cette image n'est-elle pas celle du bon évêque que nous comptons parmi nos ancêtres ?

— Mais oui, je crois qu'il était revêtu de quelque diguité de ce genre. Au reste, dites de lui ce que vous voudrez ; on ne dira pas du moins que c'était un bénédictin.

— Il eût mieux valu, cousin, puisque cette église devait être saccagée, que nos pères eussent choisi un autre asile pour leur sépulture. En vérité, nous autres soldats de profession, nous menons une singulière existence, et pour nous les jours ne se ressemblent guère. Il y a un an à peu près que, en brave et loyal chevalier de Rhodes, je me mis dans l'eau jusqu'aux genoux pour ouvrir une tranchée contre les sectateurs des houris, et aujourd'hui je me trouve ici en qualité de spectateur, c'est le nom le plus honnête qu'on puisse me donner, pendant qu'un autel chrétien est renversé, et qu'une communauté de moines, chassée de sa retraite, est réduite à errer sur la terre, comme une bande de vagabonds !

— Par les trois rois ! mon cousin, votre comparaison est parfaitement juste ; car c'était bien un tas de vagabonds qui auraient voulu prendre toute la société dans leurs filets. Ah ! forgeron, mon ami, épargnez l'ange de mon grand-père ! s'écria Emich en s'interrompant ; si cette image possède quelque vertu, c'est notre maison qui en profite !

Dietrich avait déjà le marteau levé, mais il en changea la direction, et il le laissa tomber sur une autre sculpture. Le marbre volait en éclats sous chaque coup qu'asséna son bras de fer, et bientôt les chefs remontèrent dans l'église pour respirer un moment.

Il ne restait plus de doute sur le sort de ces bâtiments depuis si longtemps célèbres. Ce n'étaient de tous côtés que tombeaux foulés aux pieds, que monuments détruits, qu'autels renversés, que chapelles saccagées, et tous les objets qui semblaient pouvoir résister le moins du monde à l'action du feu avaient éprouvé de si rudes échecs, qu'il n'était point probable qu'ils pussent jamais être restaurés.

Pendant ce temps, l'incendie s'était propagé avec cette rapidité dévorante qui signale toujours la marche de ce fléau destructeur. La plupart des dortoirs, des cuisines, des bâtiments intérieurs étaient consumés ; le feu avait dévoré tout ce qui lui offrait quelque aliment, et l'église elle-même, envahie par les flammes, menaçait de s'écrouler bientôt.

Emich et ses compagnons, qui venaient de remonter, étaient

encore dans la nef, quand tout à coup un cri se fit entendre, avertissant qu'il était temps de se retirer, si l'on ne voulait être la proie des flammes. Au même instant l'œuvre de la dévastation fut interrompue, et la foule se précipita vers la porte.

Quand il ne resta plus personne dans l'intérieur de l'église, le comte et ses compagnons s'arrêtèrent dans la cour et se mirent à contempler le spectacle d'un œil de curiosité, comme des gens satisfaits de leur ouvrage. A peine l'attention générale s'était-elle reportée sur le point qu'ils venaient à peine de quitter, qu'un cri général, cri de surprise et d'horreur tout à la fois, partit du milieu de la foule. Comme les portes étaient tout ouvertes, et que le toit embrasé illuminait les recoins les plus secrets de l'édifice, le chœur se trouvait aussi éclairé que si le soleil y eût dardé ses plus ardents rayons, et l'on voyait le père Johan toujours à genoux devant l'autel.

Conformément aux ordres d'Emich, tous les vases précieux avaient été enlevés, mais personne ne s'était permis de toucher aux reliques. Le bénédictin avait les yeux constamment fixés sur ces symboles sacrés, dans la ferme conviction que, tôt ou tard, la puissance de Dieu se manifesterait pour défendre son temple profané.

— Le moine! le moine! s'écrièrent cinquante voix à la fois.

— Je voudrais pouvoir sauver ce fanatique! dit Emich avec le ton d'un généreux intérêt.

—Peut-être écoutera-t-il un homme qui porte ce saint emblème, dit le chevalier en tirant une petite croix du pourpoint dans lequel elle était cachée; quelqu'un veut-il venir avec moi au secours du pauvre bénédictin?

Ce beau mouvement d'Albrecht de Viederbach était peut-être inspiré autant par un désir vague d'expier ses torts, que par l'humanité; mais l'impulsion à laquelle céda le jeune Berchthold, en se présentant aussitôt, fut toute de générosité. Malgré l'imminence du péril, ils s'élancèrent dans l'église, et furent en un moment à l'entrée du chœur. La chaleur était excessive, quoique la grande élévation de la voûte la rendît supportable. Ils s'approchèrent de l'autel, en avertissant à grands cris le moine du danger qu'il courait.

—Venez-vous pour être témoins du pouvoir du ciel? demanda le père Johan en souriant avec le calme d'un vieil enthousiaste;

ou bien est-ce un vif et sincère repentir qui vous amène ici?

— Retirez-vous, bon père! répondit précipitamment Berchthold; le ciel est contre la communauté cette nuit; encore une minute et la voûte va s'écrouler.

— O mon Dieu, entends-tu le blasphémateur? Est-ce ta volonté sacrée que...?

— Regardez! interrompit Albrecht en lui montrant son saint emblème; je suis un soldat de la croix. Nous sommes de la même religion; partons ensemble pour nous réserver pour d'autres épreuves.

— Loin d'ici, faux serviteur de Dieu! — Et toi, malheureux enfant! vois-tu ces saintes reliques?

A un signal du chevalier, Berchthold saisit le moine par un bras, tandis que lui-même le prenait par l'autre; et ils l'entraînèrent hors du chœur pendant qu'il pérorait encore. Mais ils avaient affaire à un homme dont un profond détachement de la vie semblait doubler les forces. Avant qu'ils fussent arrivés au milieu de la nef, le fanatique était parvenu à leur échapper; et à peine avaient-ils eu le temps de se retourner, que le père Johan était de nouveau au pied de l'autel. Mais cette fois, au lieu de se mettre à genoux, il saisit la plus vénérée des reliques, qu'il éleva en l'air en conjurant à haute voix le ciel de manifester sa puissance.

— C'en est fait de lui! dit Albrecht de Viederbach en se retirant.

Au moment où le chevalier de Rhodes s'élançait à travers le grand portail, une poutre enflammée se détacha de la voûte, et tomba à quelques pas derrière lui, tandis que le pavé qu'elle avait frappé semblait lancer des milliers d'étoiles étincelantes.

— Berchthold! Berchthold! crièrent cent bouches à la fois.

— Reviens, imprudent! s'écria Emich d'une voix retentissante.

Berchthold semblait retenu par un charme à la même place. Il regardait fixement le moine; puis, tout à coup, on le vit s'élancer de nouveau vers l'autel. Un craquement horrible dans la toiture, semblable au bruit que fait une avalanche au moment de descendre dans la plaine, retentit jusqu'au fond de tous les cœurs. Les mêmes hommes qui, peu de temps auparavant, avaient gravi la montagne avec des idées de massacre, poussaient alors des cris d'horreur à la vue du danger que couraient deux de leurs semblables. C'est que, quels que soient nos sentiments dans les moments d'exaltation et d'ivresse morale, il y a toujours dans le cœur humain une corde secrète qui fait vibrer la pitié, corde qui peut s'altérer à la longue, mais que la mort seule peut briser entièrement.

— Reviens, jeune Berchthold! reviens, mon brave forestier! s'écria de nouveau le comte d'une voix qui couvrait toutes les autres, et qui retentissait au-dessus du fracas de l'incendie. — Il va mourir avec le malheureux moine! Le pauvre enfant est fou!

Berchthold luttait avec le bénédictin, quoique personne ne pût savoir ce qui se passait entre eux. Un nouveau craquement se fit entendre, et tout le pavé de l'église commença à se couvrir de débris enflammés. Alors toutes les poutres semblèrent céder à la fois; les flammes s'élancèrent de toutes parts en gerbes ondoyantes. Le sol fut ébranlé sous la chute de l'immense édifice, et une pluie de feu sembla couronner cette affreuse catastrophe. Il y a des horreurs sur lesquelles il est peu de regards qui puissent se fixer. Presque tous les spectateurs, entassés dans la cour, détournèrent involontairement la tête. Quand le premier mouvement fut passé, et que les yeux se reportèrent sur l'intérieur de l'église, elle n'était plus qu'une vaste fournaise. Toutefois l'autel était toujours debout, et Johan maintenait encore miraculeusement son poste sur la première marche. Berchthold avait disparu. Les gestes du bénédictin étaient plus animés que jamais, et ses traits étaient ceux d'un homme que sa raison a abandonné pour jamais. Il se tint encore un instant sur ses pieds, puis il tomba consumé; après quoi l'on vit son corps se tordre et se crisper comme une branche verte qui pétille sur un brasier ardent.

CHAPITRE XXII.

Maîtres, il faut vous consulter ensemble!
SHAKSPEARE. *Le Songe d'une nuit d'été.*

LA sentinelle morale que Dieu a placée dans le cœur de chaque homme, mais dont la conduite semble se modifier si essentiellement selon les circonstances, quoique peut-être, dans aucun état d'ignorance ou de dégradation, elle n'abandonne jamais entièrement le poste qui lui a été confié, ne manque point de réveiller les remords avec le sentiment de la faute. En vain voudrait-on prétendre que ce sentiment inné de la vérité, que nous appelons conscience, est uniquement le résultat de l'opinion et de l'habitude; ne le trouvons-nous pas chez l'enfant simple et ingénu, aussi bien, souvent même d'une manière plus apparente que chez l'homme qui a le plus d'expérience? Et d'ailleurs, la nature a imprimé trop clairement sa marque sur toutes les merveilles qu'il opère, pour qu'il soit possible de douter de son identité avec l'être redoutable qui forme la partie incorporelle de notre existence. Comme tout ce qui est bien, ce sentiment peut s'altérer ou s'affaiblir; mais, comme tout ce qui provient de la même source, il conserve, même au milieu de ces changements funestes, des traces de sa divine origine. C'est un précieux reste de cette haute condition d'où notre race est déchue, et il nous semble incontestable que les hommes se rapprochent ou s'éloignent de leur état primitif d'innocence, selon qu'ils en éprouvent ou qu'ils en reconnaissent plus ou moins l'influence.

La destruction de l'abbaye fut suivie des résultats ordinaires qu'entraînent tous les actes de violence, lorsque le premier moment d'effervescence est passé. Ceux même qui s'étaient montrés les plus actifs à frapper ce coup longtemps médité, commencèrent à en redouter les conséquences; et, dans tout le Palatinat, il se répandait une sorte de stupeur au récit d'un pareil attentat, comme si l'on s'attendait à voir éclater bientôt la vengeance du ciel. Mais, afin de ne pas interrompre le fil de notre récit, nous allons reprendre par ordre chaque événement, en nous transportant seulement quelques jours après la nuit de l'incendie.

Le lecteur devra se représenter le Jaegerthal sous un autre aspect : c'était le même soleil avec son doux éclat, la même saison avec sa riante fertilité; la forêt était aussi verdoyante, les prairies aussi unies, les ruisseaux aussi limpides; les mêmes accidents variés d'ombre et de lumière se jouaient sur les collines, que le premier jour il s'est montré à ses regards. Tout était paisible dans les hameaux ou le long des chemins fréquentés; et le château d'Hartenbourg élevait toujours son front sombre et menaçant au milieu des montagnes, empreint de je ne sais quel caractère de féodalité et de grandeur baroniale ; mais la montagne de Limbourg présentait un de ces tristes et lugubres exemples de destruction qui sont encore disséminés sur la surface de l'ancien monde, comme pour rappeler aux peuples à quel prix ils ont acquis leur état actuel de sécurité relative, et qui, en remettant le tableau du passé sous nos yeux, nous donnent d'importantes leçons pour l'avenir.

Le mur extérieur restait intact, à l'exception de la principale porte, qui conservait des traces ineffaçables des marteaux du forgeron et de ses ouvriers ; mais au-delà de cette barrière, l'œuvre de dévastation apparaissait en caractères auxquels il était impossible de se méprendre. De plus de cinquante toits il n'en restait pas un seul ; toutes les murailles étaient noircies, et plus ou moins endommagées, pas une tour ne s'élevait vers le ciel sans porter des marques de la manière dont les flammes s'étaient élancées autour d'elle ; de distance en distance, une légère fumée blanchâtre sortait des ruines et se perdait bientôt dans l'air, derniers symptômes de l'éruption d'un volcan. Un petit crucifix que la rumeur populaire disait être de bois, mais qui, par le fait, était de pierre peinte, avait conservé sa place sur l'un des pignons de l'église en ruines ; et plus d'un paysan lui adressait sa muette prière, dans la ferme croyance que Dieu lui-même avait préservé cet emblème de son sacrifice, et l'avait soustrait aux outrages de l'impiété.

Au château et dans ses environs immédiats, il était évident qu'on se tenait plus que jamais sur ses gardes. Les portes étaient fermées, le nombre des factionnaires sur les murailles et les bastions était doublé ; et de temps en temps il y avait un échange de signaux avec les éclaireurs placés sur les hauteurs de manière à découvrir les routes qui descendaient vers le Rhin.

L'aspect de Duerckheim était différent, quoiqu'il eût aussi quelques points de ressemblance avec celui du château. Il y régnait les mêmes appréhensions; des sentinelles étaient également placées sur les murs et dans les tours, et l'on voyait partout un déploiement de forces extraordinaire. Mais dans une ville de ce genre il n'était pas facile d'imiter la sombre réserve d'un domaine baronial. Les citoyens s'attroupaient dans les rues ; les femmes péroraient ensemble, commes elles le font au moindre événement de quelque importance, et les enfants eux-mêmes paraissaient partager l'inquiétude et l'indécision de leurs parents ; car, sentant qu'on n'avait pas le temps de s'occuper d'eux, et qu'ils pouvaient jouir de toute leur liberté, ils couraient partout et se faufilaient dans tous les groupes, cherchant à saisir à la dérobée quelques mots qui pussent éclairer leurs intelligences naissantes. Les boutiques étaient ouvertes comme à l'ordinaire ; mais on s'arrêtait aux portes pour discourir, sans que personne entrât ; et la plupart des artisans se perdaient en conjectures sur les conséquences de la téméraire entreprise de leurs supérieurs.

Pendant ce temps, le conseil de la commune était assemblé. Tous ceux qui avaient part à l'autorité municipale s'y trouvaient réunis, et on y avait admis quelques artisans, à cause des services qu'ils avaient rendus lors de l'attaque de l'abbaye. Plusieurs des femmes des bourgeois avaient pénétré dans les salles voisines de celle où l'on délibérait ; car l'influence domestique était grande dans cette réunion de bons bourgeois, tous épris de leurs chastes moitiés. Nous reprendrons notre récit dans l'intérieur de l'édifice municipal.

Le bourgmestre et plusieurs autres chefs étaient livrés à de vagues appréhensions, par suite de leur hasardeuse entreprise. Quelques citoyens, plus intrépides, montraient l'audace que donne le succès ; d'autres n'éprouvaient des doutes que parce que la destruction de la communauté était un trop grand bien pour qu'il ne s'y mêlât pas quelque mal ; le plus grand nombre attendaient les événements pour se décider ; quelques-uns branlaient la tête de manière à faire entendre qu'ils entrevoyaient des conséquences qui échappaient au vulgaire. Cette dernière classe était plus remarquable par ses prétentions que par le nombre, et elle aurait montré le même empressement à exagérer les avantages de la mesure qui avait été prise, si dans le moment l'opinion publique avait paru l'approuver. Mais cette opinion subissait déjà une réaction, parce que l'avenir ne se présentait plus à l'imagination sous des couleurs aussi favorables que celles dont on s'était plu d'avance à le revêtir. Heinrich lui-même, qui ne manquait de courage ni au moral ni au physique, était inquiet de sa victoire, quoique, si on lui en eût demandé raison, il eût eu peine à l'indiquer. Ce qui contribuait à augmenter son anxiété, c'était la persuasion où paraissaient être la plupart de ses collègues, que c'était sur lui que tomberait très-probablement le poids du courroux de l'Eglise et de l'électeur, quoique sans doute il se fût trouvé bien des personnes qui lui eussent disputé l'honneur de l'entreprise s'il n'y avait eu que des résultats agréables à en attendre.

Cette sorte de distinction, si délaissée en cas de défaite, si contestée en cas de succès, est en quelque sorte une vengeance que la société est disposée à tirer de ceux qui, se prétendant les plus sages et les plus habiles, sont toujours prêts à se mettre en avant, et à diriger les autres dans toutes les circonstances hasardeuses. Celui-là seul est certain de jouir d'une réputation à l'abri de l'envie qui, en précédant la foule dans la grande marche des événements, ne laisse pas un espace très-sensible entre lui et ceux qui le suivent; tandis que celui qui veut s'assurer l'impunité doit se tenir assez près de ses partisans pour être à même de se confondre dans la foule, dès que sa conduite devient l'objet de la censure.

Heinrich comprenait tout l'embarras de sa position, et il eût donné volontiers une partie de la gloire qu'il s'était acquise dans l'expédition, pour être délivré d'une partie de ses inquiétudes. Cependant une sorte d'instinct belliqueux le portait à faire la meilleure contenance possible; et quand il adressa la parole à ses collègues, il y avait dans son langage une joyeuse assurance qui était loin de régner au fond de son cœur.

— Eh bien! mes amis, dit-il en regardant le groupe de visages bien connus qui l'entouraient avec toute la gravité de la magistrature municipale, cette grande affaire est donc enfin heureusement, et, puisqu'il n'y a pas eu de sang répandu, je puis ajouter, paisiblement terminée! Les bénédictins sont partis, et, quoique le très-révérend abbé ait pris position dans une abbaye voisine d'où il lance des menaces propres à effrayer ceux qui ne sont pas accoutumés à repousser des armes plus dangereuses, il s'écoulera bien du temps avant que nous entendions de nouveau la cloche de Limbourg retentir dans le Jaegerthal!

— C'est ce dont je puis jurer! dit le forgeron qui était au milieu des artisans qui s'étaient pressés dans un coin de la salle, de manière à occuper le moins d'espace possible, par déférence pour leurs supérieurs. — Mon marteau a contribué à empêcher le bel instrument de chanter de longtemps!

— Nous sommes rassemblés maintenant pour entendre de nouvelles propositions des moines ; mais, en attendant l'arrivée de leur agent, nous pouvons charmer le temps en nous communiquant les réflexions que les circonstances peuvent nous suggérer. Voyons, ami Wolfgang, avez-vous quelque proposition à faire qui soit de nature à rassurer les cœurs timides?—Parlez, au nom du ciel! que nous sachions tout de suite à quoi nous en tenir !

Il n'existait d'autres rapports entre Wolfgang et Heinrich qu'en ce qu'ils remplissaient également des fonctions civiques. Le premier, tout en appréciant les avantages qui devaient résulter de la destruction de Limbourg, avait une déférence innée pour tout pouvoir supérieur ; et à la joie du triomphe se mêlaient chez lui de tristes pressentiments sur les suites probables du mécontentement de l'électeur et de la cour de Rome. Il était aussi d'un âge avancé, circonstance qui augmentait encore sa dose naturelle de prudence et de circonspection.

— Il est sage de demander conseil aux vieillards dans les occasions critiques, répondit le vieux bourgeois ; car l'âge nous apprend la vanité de toutes les choses humaines, nous conseille la modération, un plus grand détachement de nos intérêts, et...

— Comment donc? ami Wolfgang, interrompit Heinrich, qui n'aimait pas à voir peindre l'avenir en noir, — vous êtes loin d'être sur le retour, comme vous voudriez nous le faire croire. En vérité, vous n'êtes qu'un enfant. Quelle différence peut-il y avoir entre nous? quelque vingt-cinq ans, tout au plus.

— Pas cela! pas cela!... Je n'ai que soixante-treize ans, et vous en avez bien cinquante-cinq.

— Vous me faites un honneur que je ne mérite pas, ami Wolfgang. Il s'en faut de plusieurs mois que j'aie atteint l'âge que vous dites, et le temps marche assez vite sans que nous le devancions. Si j'ai plus de cinquante-quatre ans, je consens à ce que mes pères sortent de leurs tombeaux pour reprendre le peu qu'ils m'ont laissé en prenant congé de la terre !

— Des paroles ne nous rendront plus jeunes ni l'un ni l'autre ; mais je voudrais que nous eussions trouvé quelque moyen de réprimer cet esprit turbulent de Limbourg avec moins de violence et surtout moins de danger pour nous-mêmes. Je suis âgé, et je prends peu d'intérêt à la vie, si ce n'est pour voir heureux et tranquilles ceux qui resteront après moi. Vous savez que je ne suis ni un enfant ni une poule mouillée, voisin Heinrich ; et si mon cœur bat, c'est uniquement pour mes concitoyens. Il y aurait folie à moi de songer à autre chose qu'à l'immense avenir qui est devant nous.

— *Saperment!* s'écria le forgeron à qui l'activité qu'il avait déployée dans la dernière affaire avait donné une certaine assurance; si maître Wolfgang voulait payer un peu largement les bénédictins, je crois, digne bourgmestre, que la chose pourrait s'arranger paisiblement, et que Duerckheim aurait ainsi tout l'avantage sans courir aucun danger. Je vous réponds que Boniface renoncerait volontiers à toutes prétentions ou réclamations à tout jamais, moyennant une bonne somme en dédommagement de son abbaye, dont, après tout, il n'avait que la jouissance viagère. Ce serait du moins ma manière de voir, si j'étais à sa place et que Boniface fût à la mienne.

— Et où prendre cet or, présomptueux artisan? demanda le vieux bourgeois d'un ton sévère.

— Mais, parbleu! dans vos coffres qui en regorgent, vénérable Wolfgang, répondit naïvement le forgeron; vous êtes vieux, mon bon père, et, comme vous dites, vous n'avez pas d'enfants. Vous ne tenez plus fortement à la vie, et, pour vous parler franchement, je ne vois pas de moyen plus facile de détourner tout malheur de notre ville.

— Paix, bavard insensé! Penses-tu qu'on n'ait rien de mieux à faire de son bien que de le jeter au vent, comme les étincelles qui jaillissent de l'enclume à chaque coup de ton marteau! Le peu que j'ai a été épargné à force de soins et de peines, et je puis en avoir besoin pour éloigner de ma porte la famine et la misère. Voyez-vous, quand nous sommes jeunes, il nous semble que la poussière va se changer en or! nous avons le sang chaud, les membres vigoureux, nous croyons qu'il n'est rien dont nous ne soyons capables et que nous pourrions même vivre sans manger; mais quand l'expérience et de nombreuses tribulations nous ont révélé la vérité, nous apprenons à connaître le prix de l'argent. Je sors d'une souche très-vivace, grâces à Dieu! et il est encore à craindre que je ne devienne un jour à charge à la ville, loin de pouvoir faire rien de ce que ce forgeron inconsidéré se plaît à insinuer.

— Par saint Benoît, mon maître, je n'insinue rien du tout; je dis franchement ce que je pense; et c'est ainsi qu'un homme d'un âge aussi respectable, et d'une fortune qui ne l'est pas moins, pourrait rendre un grand service dans cette conjoncture. Une pareille action jetterait une grande douceur sur le peu de jours qui vous restent à vivre.

— Diable! mon gaillard, tu parles de la mort comme si c'était une plaisanterie. Les jeunes ne descendent-ils pas au tombeau aussi bien que les vieux, et n'y a-t-il pas mille exemples de gens dont la vie ne s'est pas épuisée aussi vite que la bourse? Moi, je crains fort que cette affaire ne puisse s'arranger sans qu'on soit obligé d'imposer de fortes contributions aux artisans; — heureusement qu'ils sont jeunes pour la plupart et en état de payer.

Le forgeron, qui commençait à s'échauffer dans une discussion où le bon droit lui semblait être tout à fait de son côté, allait répondre, mais il en fut empêché par un mouvement extraordinaire qui se fit parmi la populace qui assiégeait la porte extérieure de la maison de ville. Une inquiétude visible se peignit sur les traits des bourgeois, comme s'ils sentaient que la crise approchait, et l'instant d'après on vint annoncer l'arrivée du messager envoyé par la communauté de Limbourg. Les autorités civiles de Duerckheim, quoique réunies expressément dans l'attente de cette visite, se trouvaient prises au dépourvu. Aucun plan de conduite n'avait été tracé, aucune décision n'avait été délibérée; et quoique tous les membres y eussent rêvé toute la nuit, aucun d'eux n'avait une idée arrêtée sur ce sujet. Cependant il fallait bien prendre un parti; et après un peu de fracas, qui n'avait d'autre but que d'inspirer au messager une plus haute idée de leur dignité, ils donnèrent ordre de l'introduire.

L'agent des moines était lui-même un bénédictin. Il entra dans la salle, accompagné seulement de la garde urbaine qui l'avait reçu à la porte, et son capuchon retombait sur ses yeux au point de cacher entièrement ses traits. Il y eut un mouvement de curiosité, et le nom du « père Siegfried » passa de bouche en bouche, chacun ayant cru le reconnaître à sa démarche.

— Montrez-nous votre visage, bon père, dit Heinrich, et prenez place au milieu des bourgeois de Duerckheim avec autant d'assurance que si vous étiez dans votre ancien cloître de Limbourg. Nous sommes des lions dans le combat, mais, en revanche, aussi inoffensifs que vos chérubins de marbre quand l'occasion n'exige pas que nous déployions notre courage. Asseyez-vous donc, au nom du ciel! et ne craignez rien; vous êtes en sûreté parmi nous.

La voix du bourgmestre était moins ferme en finissant. Le bénédictin avait porté la main à son capuchon, et, le rejetant en arrière, il venait de montrer les traits vénérés du père Arnolph.

— Quand on vient pour le service de celui qui est mon maître, on n'a pas besoin de cette assurance, répondit le moine. Cependant je ne m'en réjouis pas moins de vous voir dans ces dispositions, plutôt que déterminés à soutenir une première faute par de nouveaux outrages. Il n'est jamais trop tard pour reconnaître nos erreurs, ni même pour les réparer.

— Je vous demande pardon, saint prieur; nous vous avions pris pour un tout autre membre de votre communauté; maintenant que nous savons qui vous êtes, nous ne vous en disons qu'avec plus de plaisir : Soyez le bienvenu!

Heinrich se leva, et tous ceux qui étaient présents en firent autant. Cette marque de déférence parut toucher le prieur; une légère nuance de satisfaction, telle que celle que procure une bienveillante espérance, se peignit sur ses traits. Avec une simplicité parfaite, il accepta le siége qui lui était offert, comme le moyen le plus naturel d'engager les bourgeois à reprendre leurs places. Son exemple produisit l'effet qu'il en attendait.

— J'affecterais une indifférence que je suis loin d'éprouver, si je vous disais, Heinrich Frey, que je viens parmi vous, à qui j'ai souvent administré les sacrements de notre sainte Église pendant de longues années de veille, sans désirer que le souvenir de mon ministère ne soit pas entièrement effacé.

— S'il y avait dans Duerckheim quelqu'un d'assez vil pour n'avoir pas été sensible à vos bonnes œuvres, père Arnolph, il faudrait que le malheureux n'eût pas d'entrailles, il serait indigne de vivre parmi d'honnêtes gens.

— C'est vrai! s'écria le forgeron dans un bruyant aparté; le bourgmestre nous rend justice! jamais je n'ai battu le fer avec plus de plaisir que je ne rends hommage au très-révérend prieur. L'efficacité de ses prières est reconnue, et, après celles de l'ermite, il n'en est point de plus vénérées parmi nous. Remplissez-moi une abbaye de pareils hommes, et quant à moi je leur confierai en toute assurance le soin de mon salut, et je n'y penserai plus. *Saperment!* s'il pouvait exister une communauté semblable, ce serait un grand soulagement pour les laïques, et notamment pour les artisans, qui pourraient s'occuper exclusivement de leur métier, puisqu'ils auraient pour veiller sur eux des gens en état de mettre en déroute le diable le plus malin!

Arnolph écouta patiemment cette digression, et il remercia de l'accueil bienveillant et amical qui lui était fait par une légère inclination de tête. Il était trop habitué à entendre appliquer à des intérêts purement matériels l'exercice de son saint ministère pour s'étonner du langage du forgeron, et il avait un sentiment trop humble de son mérite pour mépriser personne comme au-dessous de lui. Les chrétiens semblent divisés en deux grandes classes : les uns, qui ne considèrent les consolations de la religion que sous leur forme palpable et mondaine, et les autres, dont les pensées sont tellement concentrées dans les abstractions du spiritualisme, qu'ils la considèrent comme une théorie métaphysique, dans laquelle le but principal est de conserver l'harmonie logique. Quant à nous, nous la regardons comme un don de Dieu à celles de ses créatures qui ont une âme aussi bien qu'un corps ; et, envisagée dans ses rapports avec le temps d'épreuve que nous avons à passer ici-bas, elle ne nous semble pas pouvoir être entièrement séparée de l'un ou de l'autre des grands attributs de notre nature. Ce n'était sans doute pas sous ce point de vue que l'honnête forgeron considérait la question, et il est probable que, si l'on eût approfondi la chose, on eût trouvé que la plupart des habitants de Duerckheim pensaient comme lui.

—Vous venez, bon père, comme la colombe dans l'arche, porteur de la branche d'olivier, reprit Heinrich; quoique dans nos régions septentrionales une feuille de chêne eût été plutôt l'emblème, si l'une de nos collines verdoyantes eût été le mont Ararat.

— Je viens pour présenter les conditions de nos frères et pour tâcher de décider les esprits un moment égarés des habitants de Duerckheim à les accepter. Les saints abbés, de concert avec les révérends pères en Dieu, les évêques de Spire et de Worms, maintenant assemblés dans cette dernière ville, m'ont permis de les représenter dans cette circonstance, et je ne vous cacherai pas que je l'ai demandé moi-même, de peur qu'un autre, au lieu d'avoir recours aux instances et aux prières, ne se laissât entraîner à de vaines menaces.

—De par le ciel! vous avez agi sagement, comme vous faites

toujours, excellent Arnolph. Faire des menaces à Duerckheim, c'est aussi inutile que de mettre de l'eau bénite dans notre vin du Rhin, et cependant ce sont des choses fort bonnes quand elles sont employées à propos ; mais celui qu'on ne saurait faire marcher de force doit être pris par la douceur, et le vin qui est bon par lui-même n'a pas besoin que l'Eglise lui donne de la saveur. Quant à ces vieilles querelles entre Limbourg d'un côté, le noble comte d'Hartenbourg et notre indigne cité de l'autre, il peut être facile de les ajuster, maintenant que le plus grand obstacle se trouve écarté. Ainsi donc je vous félicite du fond du cœur de votre mission, et je ne félicite pas moins la ville d'avoir à traiter avec une personne aussi habile et aussi raisonnable. Vous nous trouverez dans des dispositions pacifiques et prêts à faire la moitié des avances, car je ne crois pas qu'il y ait personne ici qui désire pousser les choses plus loin, et qui ne consente de grand cœur à un arrangement.

—Parbleu ! ce serait manquer de raison et de charité, dit le forgeron en élevant de nouveau la voix au milieu de son groupe. Il faut que nous donnions à ces bénédictins un exemple de modération, voisins ; et quant à moi, quoique je ne sois qu'un pauvre artisan qui gagne son pain à force de frapper sur son enclume, je suis de l'avis de mon bourgmestre, et je dis : Au nom de Dieu ! soyons raisonnables dans nos demandes, et contentons-nous d'aussi peu que possible.

Le prieur écouta avec sa patience ordinaire, et ses joues s'enflammèrent un instant ; mais cette émotion ne fut que passagère, et l'expression bienveillante de ses yeux bleus se fit seule remarquer au milieu de traits que les travaux du cloître et du cabinet avaient depuis longtemps dépouillés de toute couleur.— Vous savez, bourgeois de Duerckheim, répondit-il, qu'en renversant les autels de Limbourg, vous avez attaqué un double pouvoir : celui de l'Eglise, tel qu'il est établi et reconnu sur la terre, et celui de Dieu. Ma mission dans ce moment est de vous parler du premier. L'évêque de Worms est profondément irrité, et il n'a pas manqué de s'adresser directement à notre saint-père, à Rome. Indépendamment de ce saint appel, des messages ont été envoyés à l'électeur et à l'empereur, ainsi qu'à plusieurs des princes ecclésiastiques qui résident sur les bords du Rhin. C'est une redoutable réunion de forces pour qu'un baron montagnard et une ville dont on peut mesurer le tour en si peu de temps, entreprennent seuls de leur résister. Mais il est un point sur lequel il est de mon devoir d'insister particulièrement : ce sont les maux qu'entraînerait infailliblement le mécontentement du chef de l'Eglise.

— Et si son front se rembrunit à la lecture du récit de notre expédition, quelles en seront donc pour nous les conséquences, révérend prieur?

— D'être signalés comme exclus du troupeau, d'être abandonnés à la folie et à la dépravation de vos propres cœurs; en un mot, d'être excommuniés.

— Hum! ce pourrait être un assez bon moyen de recruter des partisans au frère Luther. Vous savez, digne Arnolph, qu'on approfondit de jour en jour davantage ces points controversés.

— Plût à Dieu qu'on les examinât avec plus d'humilité et avec plus d'intelligence! Si vous regardez les anathèmes ou les bénédictions de celui qui a reçu du ciel le pouvoir de bénir et de maudire comme choses de peu d'importance, ce ne sont pas mes faibles paroles qui pourront en augmenter l'effet; mais s'il en est parmi vous qui ne soient pas préparés à aller aussi loin que votre bourgmestre vient de le faire entendre, ils trouveront peut-être prudent de s'arrêter avant de s'exposer au risque terrible de vivre sous le poids de la malédiction du ciel!

Les bourgeois se regardèrent l'un l'autre d'un air de doute, comme des gens peu préparés, pour la plupart, à pousser la résistance aussi loin. Les uns tremblaient intérieurement, l'influence de l'habitude et de la tradition détruisant celle des opinions nouvelles; les autres pesaient mûrement les conséquences temporelles plutôt que les spirituelles; plusieurs enfin ne trouvaient pas impossible de supporter l'anathème en si bonne compagnie. On voit des gens par milliers, prêts à braver le danger lorsqu'ils sont réunis, qui, seuls, craignent de s'exposer aux moindres hasards; et peut-être le soldat, en marchant à l'assaut, est-il plus soutenu par l'exemple de ses camarades que par la crainte de la honte ou le désir de la gloire. Telle était à peu près la position des conseillers municipaux de Duerckheim, et chacun d'eux prenait de l'assurance ou éprouvait de l'inquiétude selon qu'il trouvait l'expression de l'un ou de l'autre de ces sentiments sur la figure de son voisin.

— Avez-vous quelque proposition plus matérielle à faire?

demanda Heinrich, qui s'aperçut que ce genre de discussion n'était pas sans danger ; car ce sont des questions auxquelles nous nous entendons mieux qu'à toutes ces subtilités de doctrine.

— Je suis chargé de dire que, comme il convient à leur divin ministère, les moines de Limbourg sont disposés à pardonner et à oublier, autant que leur devoir le leur permettra, la conduite de Duerckheim, à des conditions que je puis spécifier.

— Voilà des sentiments vraiment chrétiens, et qui ne peuvent manquer de trouver de la sympathie dans nos cœurs. De notre côté aussi, vénérable prieur, il y a tout désir d'oublier le passé et de vivre en bonne intelligence à l'avenir. — Ne sont-ce pas en effet les dispositions de la ville, mes collègues?

— Tout à fait, tout à fait ! — Il est impossible de mieux dire. — Nous pensons tous de même. — Nous ne demandons qu'à vivre en paix. — Telles furent les réponses qui lui furent faites de tous côtés.

— Vous entendez, mon père, jamais négociateur n'a trouvé des esprits mieux disposés. De par le ciel ! il y a unanimité parmi nous, comme vous voyez, et je ne conseillerais pas à l'homme qui voudrait parler d'autre chose que de paix de rester dans Duerckheim.

— Il est à regretter que vous n'ayez pas toujours été dans ces dispositions ; au surplus ce ne sont pas des reproches que je viens faire, mais des réclamations. Ma mission n'est pas de défier ni d'intimider, mais de persuader et de convaincre. Voici les propositions écrites de ceux qui m'ont confié la mission de médiateur ; je vais vous laisser les discuter entre vous. Lorsque vous les aurez examinées avec l'attention convenable, je reviendrai, toujours animé pour vous des mêmes sentiments de bienveillance et d'amitié.

Les propositions écrites furent reçues, et toute l'assemblée se leva par respect pour le prieur. En sortant de la salle celui-ci demanda à quelques bourgeois, et notamment à Heinrich Frey, la permission de visiter leurs familles, dans un esprit de charité chrétienne ; elle lui fut accordée sans la moindre hésitation.

Quoi qu'on puisse dire ou penser des erreurs de l'opinion publique, il est rare qu'elle s'égare quand on a les moyens de lui donner une bonne direction. La haute estime qu'Arnolph avait su inspirer par le seul ascendant de la vertu, ne se manifesta jamais d'une manière plus éclatante que dans cette occasion, où ceux-là mêmes qui venaient de détruire de fond en comble son couvent lui ouvraient sans méfiance les portes de leurs maisons, quoiqu'il fût bien connu que la politique du conseil eût plus d'un ennemi secret, plus d'un censeur caustique dans ce sexe qui parfois n'est pas moins lent à exciter à la résistance que dans d'autres moments il se montre irréfléchi et téméraire.

CHAPITRE XXIII.

> Quel chef a-t-on choisi pour nous tenir tête ?
> SHAKSPEARE. *Le roi Henry IV.*

La missive des moines était écrite en latin. A cette époque, il y avait peu de personnes qui sussent écrire, et chaque noble, comme chaque ville, était obligé d'entretenir un clerc ou homme lettré, pour faire ce qu'apprennent aujourd'hui les premiers éléments de l'éducation. Le clerc de Duerckheim avait été destiné à l'Eglise, et il avait même reçu la tonsure ; mais quelques irrégularités de conduite, qui, à ce qu'il paraît, sortaient des limites des priviléges ecclésiastiques, ou qui avaient été si patentes que le scandale en pouvait rejaillir sur l'ordre entier, le forcèrent de donner une nouvelle direction à ses destinées.

Comme il arrive à la plupart de ceux qui ont employé beaucoup de temps et de travail à se préparer à suivre une carrière spéciale, et qui s'en trouvent inopinément détournés, cet individu, qui se nommait Ludwig, et que par ironie on appelait souvent dans la conversation le *Père Ludwig*, ne réussit jamais complètement à réparer le tort que lui avait fait la fausse direction donnée à ses premières études. Ses connaissances lui acquirent un certain degré de considération ; mais comme il était connu pour être un peu relâché dans ses mœurs, dans un moment où le schisme jetait de profondes racines en Allemagne, sceptique intrépide sur les doctrines distinctives de l'Eglise catholique, il avait cette réputation de laisser-aller et d'indifférence qui, avec plus ou moins de raison, s'attache insensiblement à tous les rénégats. Cependant, comme on savait qu'il était instruit, la multitude attachait plus d'importance à son changement de croyance qu'elle n'en eût mis à l'apostasie de cinquante fidèles ; car on s'imaginait que les initiés avaient des moyens de juger qui ne sont pas donnés à la foule des adorateurs, relégués dans la cour extérieure. Nous avons tous les jours la preuve que cette sorte de superstition s'étend aux intérêts temporels ; et qu'une opinion acquiert plus ou moins de valeur, selon que la personne qui la propage est censée avoir plus ou moins de moyens secrets de s'instruire ; et cependant, quand on sait une chose qui peut être révélée, il est bien rare qu'on ne s'empresse pas de la dire, et il y a bien peu de gens qui soient disposés à « cacher leurs lumières sous le boisseau. »

Ludwig n'oublia pas de mettre l'accentuation et l'emphase convenables, en débitant les phrases, inintelligibles pour d'autres que pour lui, de la dépêche monacale. Ses auditeurs étaient d'autant plus attentifs qu'ils n'entendaient pas un mot de ce qu'il disait, l'attention donnée à une lecture étant presque toujours en raison inverse de la facilité de l'intelligence dont on est doué. Peut-être quelques-uns des personnages les plus notables se flattaient-ils de tromper leurs inférieurs sur l'étendue de leurs connaissances, ce qui ne pouvait manquer d'ajouter à leur influence, car la preuve la plus évidente des aspirations innées de notre être intellectuel, est la déférence universelle qu'inspire le savoir. Nous avons hasardé cette supposition contre les conseillers municipaux de Duerckheim, parce que nous la croyons fondée sur un principe général d'ambition chez les hommes ; et nous nous rappelons fort bien avoir entendu un sermon de plus d'une heure prêché en bas flamand dans une église de Hollande, sans que, depuis le texte jusqu'à la bénédiction, un seul des assistants en entendît un seul mot.

— Parfaitement tourné, et avec tous les égards convenables ! s'écria Henrich quand la lecture fut terminée, et pendant que le clerc essuyait ses lunettes avant de commencer la traduction : c'est une heureuse contestation, mes amis, que celle où les parties échangent entre elles de semblables paroles ; car elle prouve que la charité est plus forte que la malice, et que quelques coups donnés n'ont pu faire oublier la raison.

— J'ai rarement entendu un langage plus sonore, répondit un bon bourgeois, et puis, voyez comme c'est écrit.

— *Himmel!* murmura le forgeron; ce serait presque un crime de déposséder des gens qui savent écrire ainsi !

Un murmure d'approbation se fit entendre dans la foule, et il n'y eut pas un assistant, à l'exception d'un idiot qui, la bouche béante, s'était glissé dans un coin, qui n'affectât d'éprouver plus ou moins de plaisir de la lecture des dépêches. L'idiot lui-même eut sa part de satisfaction ; car, par une sorte d'attraction sympathique, sa figure passive prit l'expression d'un contentement qui semblait si vif et si général.

Ludwig se mit alors en devoir de traduire la lettre dans la langue rude et énergique que l'on parle sur les bords du Rhin. Il sut mettre si bien à profit toutes les ressources qu'elle offre pour rendre les nuances même les plus délicates de la pensée, qu'il n'y eut pas un seul mot qui ne fût reproduit avec fidélité. Tout ce que les moines avaient voulu dire se trouva minutieusement exprimé, et peut-être même au-delà, comme si le traducteur avait trouvé un malin plaisir à exagérer la force de chaque expression.

Nous n'avons nullement l'intention d'essayer à notre tour de lutter avec lui, mais nous nous contenterons de dire en peu de mots ce que la lettre contenait. Elle commençait par des compliments généraux assez semblables à ceux que, dans les premiers siècles de l'Eglise, les apôtres adressaient aux églises de l'Orient. Elle contenait ensuite un récit court, mais énergique, des derniers événements, qui étaient qualifiés d'une manière dont le lecteur peut se faire aisément une idée; puis elle nommait les autorités spirituelles et temporelles qui avaient promis leur appui et leur concours à la communauté ; et elle finissait par réclamer, sous peine de tous les châtiments du ciel et de la terre, une somme énorme en or, en réparation du dommage matériel qui avait été fait ; — la soumission complète et absolue de la ville à la juridiction de la communauté, ce qui était plus qu'on n'avait jamais demandé ; — l'aveu public et général de la faute, accompagné d'une foule de pénitences et de pèlerinages, accomplis par ceux des fonctionnaires qui y étaient désignés ; — enfin la remise, entre les mains de l'abbé, de la personne d'Heinrich Frey et de onze autres des principaux notables, pour rester en otage jusqu'à l'entière et parfaite exécution de toutes ces conditions.

— Sssssst! siffla Heinrich, quand Ludwig eut enfin terminé, après avoir déployé une fatigante prolixité, qui avait complètement épuisé la patience du bourgmestre ; — *himmel!* voilà une victoire que nous paierions cher ! car elle ne nous coûterait rien moins que notre réputation, nos libertés, nos consciences et nos fortunes. Les moines ont-ils perdu la tête, maître Ludwig, ou plutôt ne vous amusez-vous pas de notre crédulité ? — Parlent-ils réellement d'or et d'otages ?

— Oui, oui, respectable bourgmestre, et tout de bon, je vous assure.

— Relisez-nous, je vous prie, le passage qui concerne les otages, en latin. Peut-être avez-vous oublié par mégarde une conjonction ou un pronom, comme vous appelez, je crois, ces figures importantes du discours.

— Oui, il vaudrait mieux juger la lettre d'après le latin, répéta le forgeron. On ne connaît jamais bien la qualité du métal au premier coup de marteau.

Ludwig lut une seconde fois des extraits de l'original ; et, par une de ces malices auxquelles il avait souvent recours pour se venger des outrages que les ignorants lui prodiguaient, malices qu'il avait ensuite tant de plaisir à raconter, lorsqu'il se trouvait dans l'intimité de quelques amis, il débita, avec une emphase toute particulière, les phrases de l'exorde, toutes bienveillantes et toutes parsemées, suivant l'usage, de bénédictions apostoliques, comme si c'était la partie de la dépêche qui demandait la prompte remise de Heinrich Frey et de ses compagnons entre les mains des bénédictins.

— De par le ciel! s'écria le bourgmestre qui balançait sa jambe d'un air capable toutes les fois que le malin clerc lui jetait un coup d'œil par-dessus ses lunettes ; j'ai autre chose à faire que d'aller m'installer dans une cellule. Duerckheim se trouverait dans une jolie position, ma foi, si tout ce qu'elle renferme de talents et de lumière allait l'abandonner en même temps ! De grâce, maître Ludwig, relisez-nous les passages plus pacifiques de la dépêche ; car il me semble que les bénédictions qui s'y trouvent peuvent s'interpréter d'une manière plus favorable.

Le malin Ludwig lut alors, en latin, les menaces des moines, et la partie de la lettre qui demandait si impérieusement les otages.

— Comment, drôle! dit le fougueux bourgmestre, tu n'as donc pas été exact dans ta première lecture ? Vous l'entendez, mes amis ; je suis nommé spécialement dans leurs bénédictions, car vous savez comme moi, dignes bourgeois, que *Henricus* signifie Heinrich, et que Frey se prononce à peu près de même dans toutes les langues. C'est ce que m'ont appris une longue expérience et des études assez approfondies. Je rends grâces aux révérends bénédictins de cette marque de bienveillance toute particulière, quoique je ne puisse approuver la manière dont ils parlent des otages.

— Je me disais bien, murmura le forgeron, que maître Heinrich serait traité avec les plus grands égards. Dites donc, artisans, mes amis, voilà ce que c'est pourtant que d'être honoré dans sa ville et d'avoir un nom!

— Quelle est cette trompette qui se fait entendre? s'écria tout à coup le bourgmestre. Ces rusés moines ont-ils bien osé se jouer de nous, en nous envoyant la fleur de leur troupeau pour nous amuser par de belles paroles, tandis qu'ils s'avancent en armes pour nous surprendre!

Cette supposition ne parut nullement agréable à la plupart des conseillers, et notamment au vieux Wolfgang, qui, malgré son âge, ne semblait pas moins inquiet de sa sûreté personnelle que les autres. Plusieurs sortirent précipitamment, et ceux qui restaient semblaient retenus plutôt par la crainte que par un sentiment de patriotisme. Heinrich était le plus intrépide, et cependant il allait de fenêtre en fenêtre, comme un homme qui n'était pas à son aise.

— Si les misérables nous ont joué un pareil tour, s'écria-t-il, qu'ils prennent garde à eux! ce ne sont pas leurs capuchons qui nous feront peur!

— Peut-être, digne et respectable Heinrich, dit le rusé Ludwig, peut-être envoient-ils ce trompette pour recevoir les otages.

— Que les saints mages les maudissent, eux et leur impudent musicien! — Eh bien! qu'y a-t-il? demanda-t-il à un messager qui accourait à toutes jambes; qui fait ce tintamarre à nos portes?

— Le noble comte de Hartenbourg est aux portes de la ville du côté de la vallée, à la tête d'une nombreuse troupe de cavaliers, honorable bourgmestre; il s'indigne du délai qu'on met à le recevoir; mais comme le capitaine de garde a la consigne la plus sévère de n'ouvrir à personne, il n'ose admettre le comte sans une autorisation spéciale.

— Dites au brave et fidèle bourgeois qu'il ouvre les portes, et sans tarder. Nous aurions dû penser, mes chers collègues, à la possibilité de cette visite, et donner des ordres pour que notre noble ami ne fût pas exposé à ce désagrément. Mais, d'un autre côté, nous devons nous réjouir que nos chers camarades observent si fidèlement leur consigne, et qu'ils poussent le scrupule jusqu'à ne vouloir point faire d'exception pour un personnage si connu et si honoré. C'est que, voyez-vous, ils n'agiraient pas autrement envers l'empereur lui-même...

Heinrich fut interrompu dans son panégyrique de la milice urbaine par le bruit que faisaient des pas de chevaux; et, en regardant par la fenêtre, il vit Emich et tout son cortége qui mettaient pied à terre.

— Allons! dit le bourgmestre, allons recevoir monseigneur le comte.

Le conseil attendit dans un profond silence l'arrivée de leur noble allié. Emich entra dans la salle avec la démarche hardie d'un supérieur, et le front couvert d'un nuage. Il rendit aux bourgeois leurs salutations, fit signe à sa troupe d'attendre à la porte, et se dirigea vers le siége que Heinrich venait de laisser vacant, et qui, par le fait, était le trône de Duerckheim. Il s'installa dans le fauteuil, de l'air d'un homme qui était habitué à l'occuper, puis, inclinant de nouveau la tête, il fit un geste de la main, que les bourgeois interprétèrent comme une invitation à s'asseoir. Les conseillers stupéfaits obéirent. Heinrich ne paraissait pas moins surpris; mais, accoutumé à avoir une grande déférence pour son noble ami, il rendit le salut et le sourire, car il fut honoré, lui, d'un sourire tout particulier, et il prit la seconde place.

— Ce n'est pas bien, mes dignes bourgeois, de me fermer ainsi vos portes, commença le baron; il y a des droits et des devoirs qu'il faut savoir respecter dans tous les temps, et je m'étonne qu'un comte de Leiningen soit obligé de le rappeler aux habitants de Duerckheim. Comment! nous nous voyons retenus, ma suite et moi, à vos barrières, comme si nous étions une troupe de vagabonds, ou bien de ces soldats mercenaires qui vendent leurs lances et leurs arquebuses au plus offrant!

— S'il y a eu quelque peu de délai, seigneur comte... répondit Heinrich...

— Quelque peu, bourgmestre! et croyez-vous que le temps

paraisse si court à un seigneur de Leiningen, arrêté devant une porte, au milieu de la poussière et de la chaleur, pour servir de spectacle à une foule ébahie? Vous ne connaissez pas l'ardeur de nos coursiers, maître Frey, si vous pensez qu'ils aiment à sentir ainsi le frein. Cavaliers et chevaux, nous sommes de haute race, et il faut que nous achevions notre course, une fois que nous sommes lancés.

— Tout notre désir, noble Emich, était de vous faire honneur, et de vous ouvrir nos portes avec toute la promptitude possible. Nous allions transmettre des ordres à cet effet, lorsque nous avons eu tout à coup l'avantage de vous voir paraître au milieu de nous. Sans doute, le capitaine de garde aura fait ses réflexions, et il a agi de lui-même et de son propre mouvement comme il eût agi, l'instant d'après, suivant nos ordres.

— Vous n'avez pas deviné tout à fait juste, répondit Emich en riant. Notre impatience a été plus forte que vos portes et vos verroux; et de peur qu'une pareille négligence ne vînt à se renouveler et ne nous exposât encore au même inconvénient, nous avons trouvé le moyen d'entrer sans tant de cérémonie.

Les bourgeois firent, pour la plupart, une singulière grimace, qu'ils dissimulèrent de leur mieux, et Heinrich laissa lire sur ses traits un vif étonnement. Le baron jugea qu'il en avait dit assez pour le moment, et, prenant un air plus gracieux, il continua sur un autre ton :

— Eh bien! mes bons amis, voilà une heureuse semaine, puisque tous nos désirs ont été accomplis. Les bénédictins sont vaincus, le Jaegerthal est en paix, et sous la domination de son seigneur légitime; cependant le soleil se lève et se couche comme auparavant; le ciel n'est pas moins riant, la rosée n'est pas moins bienfaisante. Il n'y a pas eu de miracle en leur faveur, maître Heinrich, et nous pouvons dormir en paix.

— Cela peut dépendre, seigneur comte, d'autres volontés que de la nôtre. Il circule des bruits qui ne sont rien moins qu'agréables à entendre, et nos honnêtes concitoyens éprouvent quelque crainte, qu'après avoir contribué de leur mieux à assurer la victoire, ils ne restent encore chargés de payer les frais de la guerre.

— Tranquillisez-les, digne bourgmestre, et dites-leur bien que si ma main allume un incendie, ce n'est qu'après m'être assuré que les flammes ne sauraient l'atteindre. Vous savez que j'ai des amis, et il ne serait pas facile de mettre au ban de l'empire un comte de Leiningen.

— Aussi, noble seigneur, n'est-ce point pour vous ni pour votre illustre famille que nous sommes en peine, mais c'est pour nous-mêmes que nous tremblons.

— Vous n'avez qu'à vous appuyer sur moi, maître Frey. Quand les liens qui nous unissent seront mieux connus de l'empereur et de la diète, et qu'on ne pourra douter de la bienveillance réciproque que nous nous portons, on saura alors qu'attaquer Duerckheim, ce serait m'attaquer moi-même. Mais d'où viennent donc ces soudaines alarmes? Les derniers rapports que j'ai reçus annonçaient que les habitants de Duerckheim étaient pleins de cœur, et qu'ils étaient plus disposés à se joindre à Luther qu'à aller à confesse.

— *Saperment!* il ne faut pas toujours juger du cœur par la figure! voilà un forgeron qui n'a pas souvent le teint très-clair; mais ce serait lui faire une sensible injure, que de dire que son cœur est aussi noir que son visage.

Un léger murmure trahit l'admiration des assistants, à cette figure oratoire du bourgmestre.

— Il faut qu'il y ait eu quelque motif pour un découragement si subit! reprit le comte en jetant un regard d'indifférence du côté des artisans.

— Mais, à vous parler franchement, seigneur Emich, Boniface nous a envoyé une missive, écrite en très-bon latin, et en caractères superbes, par laquelle il nous menace tous, jusqu'au dernier, de toutes les peines qui peuvent affliger un chrétien, depuis la peste jusqu'à la damnation éternelle.

— Comment! Henrich, un griffonnage inintelligible vous trouble si fort?

— Inintelligible! seigneur comte; je ne vois rien que de très-clair dans ce qu'ils demandent, que Heinrich Frey, et onze de nos plus respectables bourgeois, soient donnés en otages, sans doute pour être confinés dans quelque cloître, soumis à une diète rigoureuse et aux plus rudes pénitences. Puis c'est de l'or à payer, des pèlerinages à faire; enfin, une foule de saints amusements qui nous attendent.

— Et par qui cette lettre vous a-t-elle été remise?

— Par l'honnête prieur; et je ne conçois pas qu'un si excellent homme ait consenti à se charger d'un message si grossier et si peu charitable. Mais le meilleur d'entre nous a ses moments de faiblesse, et l'homme le plus juste et le plus prudent n'est pas toujours sur ses gardes.

— Ah! Arnolph est venu! — Et il est reparti?

—Pas encore, mon bon seigneur; car, voyez-vous, nous n'avons pas encore décidé quelle réponse nous devions faire.

— Et vous vous seriez bien gardés de le renvoyer sans me consulter, n'est-ce pas, maître Frey? dit Emich d'un ton sec, à peu près comme un père qui gourmande son enfant. J'arrive fort à propos, et la chose mérite une sérieuse attention. Vous avez déjà songé aux termes qu'il conviendrait d'employer?

—Oh! sans doute, nous y avons tous mûrement songé, quoique aucun de nous n'ait encore fait connaître son opinion secrète. Quant à moi, je me prononce hautement contre toute demande d'otages; non pas que je ne sois tout disposé à courir ce risque pour le bien de la ville, mais parce que ce serait reconnaître trop évidemment que nous avons eu tort, et donner en même temps à entendre que notre parole n'est pas une garantie suffisante.

Ce sentiment, qui depuis longtemps brûlait de se manifester, trouva de l'écho, et tous ceux qui, par leur âge ou par leur position, pouvaient craindre de faire partie des onze, débitèrent successivement quelques phrases convenables sur la nécessité de ne rien faire qui pût compromettre l'honneur de la cité. Emich les écouta tranquillement: il lui importait peu que les bourgeois conçussent de vives alarmes, puisque ce serait un motif de plus pour eux de rechercher son appui.

— Vous avez donc refusé les conditions proposées?

—Nous n'avons rien fait encore, seigneur comte, si ce n'est, comme j'avais l'honneur de vous le dire tout à l'heure, de graves et tristes réflexions. Il est bien entendu que les demandes d'or et d'otages trouveront peu de faveur auprès de nous; mais cependant nous autres, paisibles bourgeois, qui aimons la tranquillité, parce qu'elle seule peut nous donner du pain, plutôt que d'entretenir des troubles et des divisions éternelles dans le Palatinat, nous voudrions tourner notre réponse de telle manière que la chose pût être réduite à un petit nombre de pénitences et de pèlerinages de choix. Quoique, sous bien des rapports, nous partagions assez les opinions du frère Luther, il ne serait pas mal d'échapper même aux chances de la damnation, au risque de quelques ampoules aux pieds, et de quelques autres inconvénients qu'on pourrait s'arranger de manière à alléger le plus possible.

— Par mes ancêtres! excellent Heinrich, vous ne faites que reproduire mes pensées. Le prieur est un homme qui a des entrailles, et tout s'arrangera facilement. Il faut seulement bien convenir de nos faits; car ces moines sont de fines mouches; et l'on dit même que dans le temps ils ont su duper Lucifer. Ainsi donc, il y aura d'abord une offrande en or.

— Mais, seigneur comte, veuillez considérer que les ressources de notre ville...

— Chut! honnête Heinrich, dit tout bas Emich en se penchant du côté où siégeait le bourgmestre avec deux ou trois des principaux membres du conseil. S'il faut en croire les juifs de Cologne, les trésors de Limbourg ne sauraient être mieux employés qu'à acheter la paix. Oui, ajouta-t-il en s'adressant à toute l'assemblée, nous serons généreux; c'est le seul rôle qui soit digne de nous, et nous ne jetterons pas la communauté toute nue dans un monde qui, de jour en jour, est moins disposé à lui fournir des vêtements; il faut que nous vidions nos coffres plutôt que de la laisser mourir de faim; c'est un point bien entendu. Quant aux pèlerins et aux pénitents, il est juste que le château en fournisse sa part aussi bien que la ville. Je puis envoyer le lieutenant de mes hommes d'armes, qui est fort agile, — Gottlob, le vacher, qui mérite une punition à plus d'un titre, — et plusieurs autres qu'il me sera facile de trouver. Et la ville de Duerckheim, que peut-elle nous fournir en marchandises de cette espèce?

— Nous sommes de bonnes gens, noble comte, qui, ayant moins de vertus que nos supérieurs, n'avons pas non plus autant de vices. Renfermés dans notre humble sphère, nous ne donnons dans de grands excès ni d'un côté ni de l'autre; et cependant, mes collègues, il me semble qu'il pourrait se trouver parmi nous des hommes à qui quelques pénitences modérées ne feraient pas de mal.

Henrich jeta autour de lui un regard interrogateur, et chaque bourgeois passa ce regard à son voisin, comme s'il ne s'adressait nullement à lui-même. Le même mouvement se fit parmi la foule qui encombrait la porte; les artisans tournèrent tous en même temps la tête, et se regardèrent l'un l'autre, mais sans plus de succès.

— Il y a de jeunes vauriens qui troublent continuellement la ville par leurs désordres et leurs débauches, dit la voix tremblotante du vieux Wolfgang; — peut-être que s'ils passaient par les verges de l'Eglise...

— Et croyez-vous que saint Benoît se contente de pareils répondants? repartit le bourgmestre; non, il faut des hommes qui aient de la consistance, et qui jouissent de quelque considération, ou bien nous n'arriverons jamais à un heureux dénouement. Qu'en pensez-vous, honnête Dietrich, brave et excellent patriote? Vous avez un tempérament de fer, vous!

— *Potz-Tausend*[1]! répondit le forgeron; vous connaissez peu toutes mes souffrances, mes très-vénérés maîtres! J'ai la respiration très-courte, et je ne me trouve un peu bien qu'auprès du feu de ma forge; la moindre marche me met tout de suite hors de moi; — et puis une femme et des enfants qui pleureraient mon absence! — et puis je ne suis pas un savant, moi, et je ne saurais pas répéter une prière plus de six à sept fois par jour.

Ces excuses ne parurent pas satisfaire les membres du conseil, qui, cédant à une impulsion assez ordinaire, semblaient ne regarder les anciens services du forgeron que comme un motif suffisant pour en exiger de lui de nouveaux.

— Ah! pour un homme qui s'est toujours mis de si bonne grâce à la disposition de Duerckheim, voilà une excuse qui a droit de nous surprendre, dit Heinrich, pendant que les autres bourgeois laissaient éclater en même temps un murmure de mécontentement assez expressif; — nous nous attendions à une tout autre réponse.

— Eh bien! puisque le respectable conseil s'attendait... Mais c'est que, voyez-vous, cette pauvre femme, avec ses marmots, n'aura personne pour prendre soin du ménage.

— Voyons, c'est une difficulté qu'il est facile de lever. Tu as, je crois, six enfants?

— Dix, mon bourgmestre, dix tout au juste, tous forts et vigoureux, et d'un âge à demander beaucoup de nourriture.

— A merveille! voilà justement ce qu'il nous faut, ajouta

---

[1]. Mille pestes!

promptement le bourgmestre. A deux près, voilà notre douzaine toute trouvée, noble Emich, et de la qualité qui convient le mieux, puisqu'on nous dit que les prières de l'innocence sont les plus agréables au Seigneur. Merci, honnête forgeron, et mille fois merci. Jamais coups de discipline n'ont laissé de traces aussi profondes que celles que tu conserveras de notre reconnaissance. Il nous sera facile de compléter le nombre parmi les fainéants et les désœuvrés de la ville.

— Voilà nos affaires réglées, mes amis, dit le comte. Quant à la question d'indemnité, je m'en charge ; occupez-vous des pénitences, et veillez à ce qu'elles soient faites convenablement. Vous pouvez vous retirer à présent, dit-il à la foule qui encombrait la porte. Quant à l'appui qu'on pourrait trouver à Heidelberg et à Madrid, continua le comte, dès que les artisans dociles se furent retirés, je m'en suis occupé ; et si cette affaire fait à Rome plus de bruit qu'elle ne mérite, nous avons toujours le frère Luther pour allié. Boniface ne manque pas d'intelligence, et quand il considérera plus mûrement nos moyens de défense, ainsi que l'esprit du temps, — je le connais, — il sera très-disposé à arrêter le mal avant qu'il ne devienne irrémédiable. Les têtes tonsurées, maître Heinrich, ne sont pas comme nous autres pères de famille; ils songent peu à l'avenir, car ils ne laissent après eux ni nom ni enfants. Si nous pouvons satisfaire leurs désirs du moment, la trêve est plus qu'à moitié conclue. Pour dépouiller un homme d'église de ses possessions, il ne faut avoir que du courage au cœur, un appât à la main, et de la force au bras !

Tout le conseil témoigna par un murmure d'approbation que ce raisonnement était tout à fait de son goût, et la discussion n'eut plus d'autre objet que de régler quelques détails de pure forme.

Emich devenait de plus en plus gracieux, et les bourgeois de plus en plus intrépides. Quelques-uns allaient même jusqu'à rire ouvertement de leurs appréhensions imaginaires, et presque tous regardaient cette grave et importante question comme entièrement résolue. Le prieur, qui était occupé à faire quelques visites de charité dans la ville, fut averti qu'on l'attendait, et le comte se chargea de lui communiquer la réponse commune.

L'entrevue entre Emich et le père Arnolph fut caractéristique; elle eut lieu dans la grande salle d'audience, en présence des principaux bourgeois. Le comte voulut d'abord prendre un ton de hauteur et de dédain; mais le moine montra toujours le même calme et la même douceur. L'ascendant de son caractère ne tarda pas à l'emporter, et le ton de la conversation se modifia graduellement. Emich, quand il n'était pas excité par ses passions, ou égaré par cet esprit de cupidité qui était la plaie de ce siècle, éprouvait l'influence des sentiments ordinaires aux personnes de son rang. Arnolph, de son côté, ne perdait jamais de vue ses devoirs, et au premier rang il mettait la charité.

— Vous êtes porteur de la branche d'olivier, saint prieur, dit le comte lorsqu'ils se furent assis, après avoir échangé quelques phrases insignifiantes; et il est fâcheux que tous vos frères ne comprennent pas aussi bien que vous les devoirs les plus sacrés et en même temps les plus doux de leur ministère. Il y aurait moins de querelles dans ce monde, et nous autres qui restons dans la cour du temple, nous ne serions point dévorés de doutes relativement à ceux qui en soulèvent le voile.

— Quand mon supérieur m'a envoyé en mission auprès des habitants de Duerckheim, je ne m'attendais pas à discuter avec vous sur les devoirs de notre profession, seigneur comte, répondit le moine avec douceur sans se laisser émouvoir par les compliments astucieux d'Emich. Dois-je donc regarder la ville et le château comme ne faisant qu'un?

— Oui, sans doute, de cœur et d'intérêt; — je pourrais même ajouter, pour les droits et pour la souveraineté; car maintenant que la question est décidée par rapport à l'abbaye, l'ancienne domination temporelle se trouve rétablie naturellement.—N'est-il pas vrai, mes amis?

Heinrich murmura quelques mots inintelligibles; les autres inclinèrent la tête, mais comme des gens qui étaient évidemment pris au dépourvu. Toutefois Emich parut complètement satisfait.

— Il m'importe peu de savoir qui gouverne ici, reprit Arnolph, puisque l'outrage fait à Dieu et à notre communauté doit être réparé par celui qui l'a commis. Avez-vous lu la missive, digne bourgmestre, et votre réponse est-elle prête?

— Ce devoir a été rempli, révérend Arnolph, et voici notre réponse. Quant à la lettre, nous avons reconnu qu'elle était écrite en très-beaux caractères et en excellent latin, digne en un mot à tous égards de la communauté célèbre qui l'envoie; ce qui nous semble d'autant plus remarquable que la bibliothèque du couvent a considérablement souffert, et que celui qui l'a rédigée n'a pu s'aider des matériaux qui lui étaient familiers. Tout ce qu'elle contient sous la forme de compliments et de bénédictions mérite de notre part les plus vifs remerciements, et nous y avons reconnu, saint prieur, votre bienveillance personnelle. En mon particulier, je dois remercier le couvent de la manière honorable dont mon nom se trouve introduit dans ce passage ; quoique peut-être il eût mieux valu que l'estimable écrivain eût supprimé ces personnalités, attendu que ces fréquentes allusions, dans des affaires d'un intérêt général, sont de nature à exciter l'envie et d'autres passions haineuses. Quant aux pèlerinages et aux pénitences particulières que je devrais accomplir personnellement, je vous avouerai que je n'en sens nullement le besoin, ce qui autrement ne manquerait pas d'arriver, puisque la plupart des hommes sont excités à ces mortifications par la voix de leur propre conscience.

—Il ne s'agit pas ici de consolation particulière pour le pécheur, ni de baume à verser sur les blessures du couvent, mais d'une humble et indispensable expiation envers Dieu. C'est dans cette vue que nous avons cru important de choisir les personnes les plus considérées, puisque c'est devant les hommes que l'expiation doit être faite. Je suis porteur de propositions semblables pour le château, et je suis chargé, par les plus hautes autorités de l'Eglise, de demander que le noble comte accomplisse lui-même ces saintes cérémonies. Le sacrifice du riche et de l'innocent a plus de saveur que celui de l'être vil et pervers.

— *Potz-Tausend!* murmura Heinrich ; c'est bien la peine de mener une vie exemplaire, avec de pareilles doctrines !

Mais Emich entendit cette proposition sans s'émouvoir. Fier et plein d'audace, profondément astucieux, il était plus superstitieux encore ; depuis nombre d'années son esprit grossier était tourmenté par deux passions contraires, la cupidité et la superstition. La première étant satisfaite, il avait commencé à réfléchir sérieusement aux moyens d'apaiser d'une manière efficace ses scrupules religieux. Déjà divers projets d'offrandes expiatoires s'étaient présentés à son esprit, et loin de s'offenser de la déclaration du bénédictin, il parut l'entendre avec plaisir. C'était le genre de satisfaction le plus simple et le moins dispendieux qu'on pût lui demander ; car il savait que, dans l'état actuel de l'esprit public en Allemagne, il ne pouvait être question du rétablissement du couvent sur la montagne de Limbourg. Ce fut dans ce sens qu'il répondit. La conférence continua avec une parfaite harmonie, et dura plusieurs heures. Mais comme les résultats en seront développés dans le cours régulier de notre récit, nous n'anticiperons pas sur les événements.

CHAPITRE XXIV.

> Ce sont de ces choses qui, sur une terre étrangère, toutes triviales qu'elles sont, vont droit au cœur, puis du cœur gagnent la tête, dissipant les idées étroites qu'on a recueillies dans son égoïsme, et y substituant un sentiment de bienveillance pour tous les hommes.
>
> ROGERS.

Il est nécessaire que nous avancions de quelques semaines dans l'ordre du temps ; ce qui nous transportera au milieu du chaud et généreux mois de juillet. C'était vers le soir, et le lieu de la scène tel que nous allons le décrire.

Que le lecteur se figure une vaste plaine aride, dont la surface était coupée par de légères sinuosités. A peine un arbre se montrait-il sur toute son étendue, quoique quelques arbustes rabougris trahissent les efforts de la terre pour produire une maigre végétation. L'air était pur et transparent, et dégagé de ces vapeurs qui couvrent les régions situées au niveau de la mer. Malgré ces signes infaillibles qui indiquaient le sommet d'une montagne, on voyait dans l'éloignement des pics sourcilleux, couverts d'une neige éternelle, se dessiner sur l'azur du firmament. D'un côté de cette plaine nue, la terre descendait presque perpendiculairement vers une longue et étroite nappe d'eau, qui se déroulait plus de mille pieds plus bas. Les bords de ce lac étaient couverts de vignes et de hameaux dont les habitations blanchâtres contrastaient avec les sombres murs, les tours et les créneaux de quelque ville, qui se montraient aussi de distance en distance. Mais c'étaient des objets qu'il était à peine possible de découvrir, de la position exacte que nous voulons faire prendre au lecteur. Plus loin, toujours dans la même direction, un voyageur favorablement placé aurait pu voir se prolonger vers le nord et vers l'est les ondulations d'un paysage où se faisaient remarquer les traits caractéristiques d'une région dans laquelle les montagnes des Alpes commencent en quelque sorte à se fondre dans la plaine. Ce paysage était comme parsemé de grandes taches d'un bleu foncé, qu'on eût pu prendre pour autant de réverbérations du ciel, et qui étaient de légères nappes d'eau, tranquilles et transparentes. Du côté du sud et de l'ouest, la plaine était bornée dans presque toute sa longueur par un mur naturel de rocs gris, qui, vers le centre, s'élevait à une hauteur prodigieuse et formait deux cônes pointus, dont la forme, jointe à d'autres circonstances qui seront bientôt expliquées, leur avait fait donner le nom de « Mitres. »

Près de la barrière de montagnes, et presque immédiatement au-dessous de ces Mitres naturelles, était un petit village dont les maisons construites en bois avaient ces toits larges, ces fenêtres nombreuses, et cette couleur de résine, qui caractérisent une habitation suisse. C'était un village plutôt qu'un hameau, et presque toutes les terres qui l'entouraient, ainsi que celles qui s'étendaient à plusieurs milles à la ronde, offraient l'image d'une aridité complète. Sur une éminence près du hameau, dont il n'était séparé que par une vaste esplanade, ou pelouse, s'élevait un de ces labyrinthes de toits, de cheminées et de tourelles, qui marquaient alors, et qui du reste marquent encore aujourd'hui l'emplacement d'un couvent. Les bâtiments étaient vastes, entassés sans beaucoup d'ordre, et leur construction ne faisait pas beaucoup d'honneur au goût et à la science de l'architecte. Il y régnait je ne sais quel air de richesse et de rudesse en même temps. Au centre était une église ou chapelle, dont le dessin primitif avait été évidemment d'une grande simplicité, mais qui ensuite avait été surchargé d'une foule d'ornements conformes au goût de l'époque, et qui attestaient qu'on avait voulu ne rien épargner pour l'embellir, et que, si l'on n'avait pas mieux réussi, il fallait l'attribuer en grande partie à un vice radical de construction, auquel il avait été impossible de remédier.

La plaine et le hameau que nous venons de décrire étaient situés dans le célèbre canton de Schwitz, petit district qui depuis a donné son nom à la confédération helvétique, qui s'étend au milieu et auprès des Alpes occidentales. Ce lieu s'appelait Einsiedlen; le monastère appartenait à des bénédictins, et l'église contenait une des châsses alors les plus vénérées, même après celle de Lorette. Les temps et les révolutions ont depuis élevé Notre-Dame d'Einsiedlen au plus haut degré de célébrité parmi les pèlerinages catholiques; car nous avons vu dernièrement des milliers de fidèles se presser autour de ses autels, tandis que nous avons trouvé la *Santa Casa* abandonnée presque entièrement au soin de ses gardiens, et visitée à peine par la curiosité de quelques hérétiques.

Maintenant que nous avons décrit le lieu de la scène, il est juste de nous occuper des acteurs.

A la distance d'environ une lieue du hameau, sur le bord de la plaine, du côté où elle descend en précipice vers le lac de Zurich, et dans la direction du Rhin, s'avançait une troupe de voyageurs des deux sexes, et en apparence de tous les âges, depuis la fleur de la jeunesse jusqu'à la dernière période de l'âge mûr. Ils étaient à pied, et portaient les vêtements et tous les attributs de pèlerins. La lassitude était cause que leur ligne s'était considérablement étendue, et ils allaient deux par deux, les plus robustes en avant, les plus faibles et les plus fatigués derrière.

Deux hommes ouvraient la marche. L'un avait la robe et le capuchon de bénédictin, tandis qu'il portait comme les autres le bâton et la besace du pèlerin; son compagnon avait le manteau ordinaire parsemé de coquilles; et ceux qui suivaient étaient vêtus de même, sauf les exceptions ordinaires qui distinguent les sexes. C'étaient d'abord deux hommes de moyen âge; puis deux couples de chaque sexe; tous encore jeunes et actifs; venaient ensuite deux femmes, qui, quoique jeunes, avaient l'air fatigué et abattu; et une jeune fille qui traînait ses jambes l'une après l'autre avec une peine qui contrastait avec son âge. A côté de cette dernière, était une vieille femme, à qui ses infirmités avaient fait accorder la permission de prendre un âne, sur lequel elle était assise, comparativement, à l'aise; quoique, par une licence dont le moine avait donné l'idée, le bât fut chargé de presque toutes les besaces des pèlerines. Le cortège était fermé par deux hommes qui semblaient former comme l'arrière-garde du détachement.

Ce groupe était composé du prieur et d'Emich, qui marchaient les premiers; de Heinrich le bourgmestre, et de Dietrich le forgeron; de Gisela et de Gottlob, avec un jeune homme et une jeune fille de Duerckheim; d'Ulrike et de Lottchen; de Meta et d'Ilse; enfin de M. Latouche et du chevalier de Rhodes. C'étaient les pénitents choisis pour expier l'offense faite récemment à la majesté de Dieu, par des prières et des mortifications devant la châsse d'Einsiedlen. La question temporelle avait été écartée en grande partie par les intrigues et l'influence du comte, secondées efficacement par de nombreux présents, et en même temps par les progrès de l'hérésie qui avait ébranlé l'autorité de l'Eglise dans toute l'étendue de l'Allemagne, et qui avait appris au prudent Boniface et à ses supérieurs qu'il fallait user d'une grande circonspection dans leurs demandes.

—Que saint Benoît reçoive nos remerciements, mon père, dit le comte aussitôt que son regard satisfait découvrit les toits, impatiemment désirés, du couvent. Nous avons fait un voyage fatigant, et ce pas de limaçon, auquel il a fallu nous astreindre par égard pour celles qui nous accompagnent, convient mal à l'impatience d'un guerrier accoutumé à courir à franc-étrier. Vous avez visité plus d'une fois cette chapelle, pieux Arnolph?

Le moine s'était arrêté, et, l'œil humide de larmes, il contemplait dans un pieux recueillement le saint édifice. Alors, s'agenouillant sur l'herbe, il se mit à prier, tandis que les autres, habitués à ces élans de piété, n'étaient pas fâchés d'en profiter pour se reposer un instant.

—C'est la première fois que mes yeux contemplent cette pieuse demeure, répondit le prieur lorsqu'ils se remirent lentement en route, quoique souvent, dans mes rêves, mon âme ait soupiré après ce bonheur.

—Il me semble, mon père, que vous avez dû avoir peu d'occasions d'accomplir des pénitences ou des pèlerinages, vous dont toute la vie n'a été qu'une suite de bonnes actions, sanctifiées par la charité chrétienne?

— Chaque jour amène ses fautes, et chaque jour doit avoir son expiation.

— Ma foi, c'en est une cruelle que de suivre un chemin aussi raboteux. Einsiedlen doit avoir une vertu toute spéciale, pour qu'on vienne de si loin lui rendre hommage. Savez-vous l'histoire de la châsse, révérend prieur?

— Elle doit être connue de tous les chrétiens, et notamment du pèlerin. Je vous croyais instruit de ces grands événements.

— Par les mages! à ne vous rien cacher, père Arnolph, le peu d'amitié qui régnait entre Limbourg et ma maison ne m'avait inspiré que de la répugnance pour les miracles de bénédictins, de quelque nature qu'ils fussent; mais maintenant que nous allons être unis probablement par les liens de l'affection la plus intime, je serais charmé de connaître la légende, qui servira du moins à détourner nos pensées du sentiment de nos douleurs, car je vous avoue que j'en éprouve de cruelles aux pieds, et qu'il me tarde d'être arrivé.

— Notre voyage touche à sa fin; mais votre demande est raisonnable, et je m'empresse d'y faire droit. Ecoutez donc, Emich, et puisse la leçon profiter à votre âme! Sous le règne de l'illustre et belliqueux Charlemagne, qui gouvernait la Gaule et une si grande partie de notre Allemagne, vivait un jeune homme de l'ancienne famille de Hohenzollern, dont les rejetons possèdent encore des principautés dans l'empire. Le nom de ce savant et pieux jeune homme était Meinard. Fatigué de bonne heure des vanités de la vie, il se retira dans un ermitage, plus rapproché que celui-ci des bords du lac que nous venons de traverser à Rapperschwyl. Mais, pour échapper à la foule des curieux et des fidèles qui visitaient sa cellule, il alla demeurer sur les bords d'une source limpide, qui doit encore couler derrière l'église que nous voyons, et une nouvelle cellule y fut construite pour lui, ainsi qu'une chapelle, par l'ordre exprès d'Hildegarde, princesse du sang royal, et abbesse d'un monastère situé dans la ville de Zurich. Meinard y vécut et y mourut, plein de grâces, et comblé de bénédictions à cause de ses bonnes œuvres.

— Et comment se termina sa vie dans cette contrée sauvage?

— De la manière la plus heureuse quant au ciel, mais, quant à la terre, de la manière la plus atroce. Il fut assassiné par des scélérats à qui il avait donné l'hospitalité. Le crime fut découvert par deux corbeaux, qui suivirent les meurtriers à Zurich, où ils furent pris et exécutés; du moins, c'est ce que rapporte la tradition. Dans la suite, Meinard fut canonisé par Benoît VIII. Pendant près d'un demi-siècle, la cellule de Meinard, quoique fréquentée comme lieu de prières, resta sans habitant; mais au bout de ce temps, Beuron, chanoine de la maison de Bourgogne, maison qui régnait alors sur la plus grande partie du pays, fit réparer la chapelle et la cellule, replaça l'image de la vierge Marie, et passa le reste de ses jours dans l'ermitage. Les seigneurs et les barons du voisinage firent de riches dotations au monastère, et quelques saints hommes se réunirent pour le service de l'autel ; ce qui fit donner à la chapelle le nom de « Notre-Dame-des-Ermites ; » nom qu'elle porte encore aujourd'hui. Ce serait vous fatiguer que de vous raconter tous les miracles qui, dès l'origine, furent attribués à l'efficacité de leurs prières. La réputation de Notre-Dame-des-Ermites s'accrut tellement, qu'on y accourait de tous côtés en pèlerinage. Avec le temps une communauté régulière y fut établie, et l'on construisit l'église que vous voyez, et qui contient dans sa nef la cellule primitive, la chapelle et l'image de saint Meinard. Saint Eberhand fut nommé abbé du couvent.

— Je croyais que ce lieu avait encore des titres plus puissants à la vénération des fidèles, dit Emich quand le prieur s'arrêta ; et le noble pèlerin semblait un peu déçu dans son attente, car le pécheur endurci n'aime pas plus les indulgences simples, que le buveur n'aime les verres de petite dimension.

— Ecoutez : quand les bâtiments furent achevés, il fallut songer à les consacrer suivant les formes et les usages de l'Eglise ; et Conrad, évêque de Constance, fut choisi pour accomplir cette sainte cérémonie. C'est alors que se manifesta la miraculeuse protection du ciel : au moment où Conrad de Constance, avec d'autres pieux personnages, se levait pour prier, au milieu de la nuit qui précédait le jour fixé pour le service, ils entendirent tout à coup une musique divine, chantée délicieusement par des anges. Malgré la stupeur et l'impression profonde qu'ils éprouvèrent, ils conservèrent encore assez l'usage de leur raison pour reconnaître que les chœurs invisibles chantaient les paroles de la consécration de l'office même qu'ils devaient célébrer quelques heures plus tard. Admirant cette intervention spéciale et miraculeuse, Conrad se serait abstenu de recommencer une cérémonie déjà si merveilleusement accomplie, sans les réclamations et les instances d'une stupide ignorance ; mais lorsque, après des heures de délai, il se disposait enfin à céder, une voix sonore l'avertit par trois fois du blasphème qu'il allait commettre, en disant : « Silence ! frère, ta chapelle a reçu la consécration divine ! » C'est depuis ce moment que ce lieu est en si grande vénération, et qu'il est devenu le rendez-vous des plus fervents pèlerins.

Emich, qui avait écouté avec une foi parfaite et avec un profond intérêt, fit dévotement le signe de la croix, car dans cet instant les impressions de l'enfance étaient plus fortes en lui que les doutes de l'âge mûr.

— On est heureux d'être ici, mon père! répondit-il avec respect, et je voudrais qu'Hermengarde et toute ma maison fussent auprès de moi. Mais, dites-moi, quelques faveurs spéciales, sous la forme de dons temporels ou d'avantages politiques, sont-elles accordées à ceux qui viennent ici dans des sentiments convenables; car, me trouvant devant une châsse si vénérée, je profiterais volontiers des peines et des privations qu'il faut endurer pour obtenir la grâce?

Le prieur parut mortifié; car, tout en ajoutant foi à la tradition qu'il venait de raconter, il connaissait trop bien les véritables doctrines de son Eglise pour ne pas s'apercevoir de la fausse direction que prenait l'esprit de son compagnon. L'embarras qu'il éprouvait amena un moment de silence, pendant lequel le lecteur doit se figurer qu'ils passèrent outre, laissant la scène libre à d'autres personnages.

Toutefois, avant de passer à un autre groupe, nous devons faire remarquer qu'en racontant la consécration miraculeuse de la chapelle de Notre-Dame-des-Ermites, nous n'avons voulu que mettre la tradition sous les yeux du lecteur, sans rien avancer pour ou contre son authenticité. On sait que la croyance à ces interventions surnaturelles de la puissance divine ne forme pas une partie indispensable de la doctrine, même dans l'Eglise qui se dit la plus favorisée sous ce rapport; et on ne doit jamais perdre de vue que les sectes qui rejettent ces signes visibles et physiques de la puissance de Dieu, nourrissent des opinions d'une nature plus exclusivement spirituelle, qui ne sortent guère moins du cours ordinaire des choses. Dans des circonstances où il se trouve des nuances de distinction si subtiles, et où la vérité est si difficile à découvrir, notre devoir est de nous borner au simple rôle d'historien, et c'est ce que nous avons fait en racontant la légende d'Einsiedlen, de son abbaye et de sa Vierge. L'opinion du père Arnolph est encore aujourd'hui celle de tout le pays, comme l'attestent les milliers de fidèles qui, tous les ans, vont visiter la châsse.

Heinrich et le forgeron étaient le couple qui suivait le comte et le prieur; ce sont eux par conséquent que nous allons voir maintenant passer les premiers sous nos yeux.

— Je pense tout à fait comme vous, disait Dietrich, et vous avez bien raison de dire, respectable bourgmestre...

— Frère pèlerin, interrompit brusquement Heinrich.

— C'est vrai, j'aurais dû dire, très-respectable frère pèlerin, quoique mes lèvres aient bien de la peine, Dieu le sait, à se prêter à ce ton de familiarité. Mais enfin, comme je disais, vous avez bien raison de dire que, soit que nous restions fidèles à Rome, soit que nous finissions par nous laisser aller tout doucement au nouveau culte du frère Luther, ce voyage, en toute justice, n'en doit pas moins nous être compté comme tout aussi méritoire; car, voyez-vous, vénérable frère, il se fait aux dépens de chair chrétienne et de sang chrétien, et je ne vois pas que de pures différences de forme puissent en changer la vertu. *Himmel!* j'aurais, je crois, battu l'enclume un an de suite, que mes pieds ne me feraient pas tant de mal!

— Par pitié pour nous deux, Dietrich, ne parle pas de cela. Il faut que ce que le ciel veut arrive; autrement une personne de ton mérite se serait élevée plus haut dans le monde.

— Merci, mon très-digne frère pèlerin et bourgmestre; je vais tâcher d'avoir de la résignation, quoique ces souffrances prolongées ne soient guère du goût de nous autres hommes de résolution et de courage. Un coup sur la tête, une balle d'arquebuse, tourmentent moins que de plus petites douleurs qui durent des siècles. Si les choses étaient bien arrangées, les pénitences, les pèlerinages et toutes les autres expiations de l'Église seraient laissés en grande partie aux femmes.

— Nous verrons plus tard comment Luther a combiné tout cela; mais pour le moment, puisque nous avons entrepris ce voyage pour le bien de Duerckheim, sans parler de l'intérêt de nos âmes, il faut tenir bon jusqu'au bout; ce qui nous sera d'autant plus facile, que maintenant nous en voyons la fin. A te parler franchement, Dietrich, je ne crois pas avoir jamais contemplé avec autant de joie un couvent de bénédictins que celui que nous découvrons au pied de cette montagne.

— Allons, courage, mon très-honoré et très-honorable frère pèlerin, l'épreuve touche à sa fin; et si nous sommes venus aussi loin pour faire honneur à notre communauté, ma foi, nous en sommes bien payés, puisque nous sommes parvenus à nous débarrasser d'une autre !

— Courage, en effet, forgeron mon frère, car nous en serons quittes pour quelques génuflexions et quelques coups de discipline que chacun de nous devra se donner sur le dos, après quoi nous nous en irons plus joyeux et plus dispos que nous ne sommes venus.

Les pieux personnages continuèrent à avancer, en s'encourageant l'un l'autre ; mais ils traînaient le pied, et à chaque pas leurs membres lourds et massifs semblaient s'affaisser, semblables en cela à deux bêtes de somme surchargées de graisse. Après eux défilèrent les quatre pèlerins parmi lesquels se trouvaient Gisela et Gottlob. Dans ce groupe la conversation était légère et futile, car la fatigue du corps avait peu d'influence sur la joyeuse insouciance de pareils esprits, surtout dans un moment où ils touchaient de si près au terme de leurs peines. Il n'en était pas de même du groupe qui suivait. Il était composé d'Ulrike et de son amie, et à leur démarche lente et pénible, on voyait que les peines du cœur aggravaient encore chez elles la fatigue de la route.

— Dieu est au milieu de ces montagnes comme il est au milieu de nos plaines, Lottchen ! dit la première, continuant sans doute la conversation. Cette église est son temple, comme l'était celle de Limbourg, et les efforts que l'homme ferait pour l'oublier sur la terre ne seraient pas moins vains que ceux qu'il tenterait pour le détrôner dans le ciel ! Ce qu'il fait est sage, et nous devons nous soumettre à sa volonté !

Les paroles d'Ulrike étaient peut-être plus empreintes de résignation que son accent et ses manières, car sa voix était tremblante, et ses yeux humides gardaient encore les traces de larmes récentes. Cependant sa douleur, bien qu'amère et profonde, n'annonçait pas l'anéantissement de toute espérance, tandis que les traits abattus de sa compagne, son regard éteint, toute sa personne, en un mot, portaient l'empreinte profonde et fatale d'un éternel désespoir.

— Dieu est au milieu de ces montagnes ! répéta machinalement Lottchen sans paraître attacher de sens à ces paroles qu'elle avait à peine entendues ; Dieu est au milieu de ces montagnes !

— Nous approchons d'une chapelle bien vénérée, ma chère Lottchen; celui en l'honneur de qui elle a été construite ne nous laissera pas partir sans nous donner sa bénédiction.

— Il nous donnera sa bénédiction, Ulrike!

— Tu t'appesantis trop amèrement sur la perte que tu as faite, ma Lottchen! tâche de songer moins au passé et plus à l'avenir.

Un sourire dont l'expression était déchirante se peignit sur les traits de la pauvre veuve.

— L'avenir, Ulrike! je n'en ai d'autre que le tombeau!

— Chère Lottchen! — parlons de cette sainte chapelle!

L'émotion étouffa sa voix.

— Amie, parle de ce que tu voudras, répondit la veuve sans enfants avec un calme effrayant; tous les sujets me sont indifférents!

— Lottchen! — excepté lorsque nous parlons du ciel!

La veuve baissa vers la terre ses yeux éteints, et elles s'éloignèrent. Après elles, arrivèrent Ilse sur sa monture, et la défaillante Meta.

— Ah! voilà l'église de Notre-Dame-des-Ermites! dit la première, c'est une église d'une vertu toute particulière! après tout, le ciel n'est ni dans les temples ni dans les chapelles, et nous pouvons bien nous passer de celle de Limbourg; d'autant plus que la vie des moines était loin d'y être exemplaire. Allons, Meta, du courage; ne te laisse pas aller au découragement. Songe donc que tu ne souffres pas une seule peine dont il ne doive t'être tenu compte quelque jour, en joie ou en quelque autre don précieux. C'est la justice du ciel qui tient compte de tout, du bien comme du mal. — Bien certainement c'est cette assurance qui console le juste, et qui donne du courage au faible!

Meta ne l'écoutait pas. Sa physionomie, comme celle de Lottchen, exprimait une douleur sans espoir, quoique peut-être moins caractérisée. Son regard était morne, ses joues pâles, sa démarche languissante; un mouvement convulsif agitait ses lèvres; enfin tout semblait annoncer que cette jeune et innocente fleur allait se flétrir avant le temps. Elle regardait le couvent avec indifférence, quoique la fatigue dût lui faire désirer vivement d'y arriver. Les montagnes s'élevaient escarpées près d'elle, ou brillaient dans l'éloignement comme des blocs d'albâtre, sans qu'il lui échappât une seule de ces exclamations de joie qu'un pareil spectacle excite ordinairement dans de jeunes cœurs ; et l'azur même du firmament, qui semblait inviter à une existence plus tranquille, frappait vaguement ses yeux, sans faire diversion à son abattement.

— Ah ! c'est fait de moi ! continua Ilse, dont les sentiments se concentraient généralement sur elle-même, et dont la langue restait rarement en repos ; — c'est fait de moi, Meta ! Oh ! quel méchant monde que celui qui a besoin de tous ces pèlerinages et de toutes ces flammes dévorantes ! Mais après tout, mon enfant, ce ne sont que des types du passé et du futur. D'abord, la vie est un pèlerinage et une pénitence ; sans doute, il en est bien peu parmi nous qui pensent ainsi en la parcourant ; mais ce que je dis n'en est pas moins vrai ; oui, c'est une pénitence, déguisée sous la forme de peines et d'infirmités de toute espèce, surtout dans la vieillesse ; aussi je la supporte avec joie, comme il faut supporter toutes les pénitences. — Et les flammes des couvents et des villages sont l'emblème de celles qui dévoreront les méchants. Tu ne réponds rien, mon enfant ?

— Pensez-vous, nourrice, que ceux qui meurent par le feu soient bénis ?

— De quoi vas-tu parler, Meta ! — Le pauvre Berchthold Hintermayer est mort, tu le sais, dans l'incendie de Limbourg ; il en est de même du père Johan, ainsi que d'une autre personne bien pire que tous deux ! — Oh ! que de secrets je pourrais révéler, si la prudence n'enchaînait ma langue ! — Mais la sagesse consiste dans la prudence ; aussi ne dis-je rien. Fais comme moi, Meta.

— Je vous obéirai, nourrice.

La voix de la jeune fille était tremblante, et le sourire dont elle accompagna sa réponse ressemblait à celui que le pauvre malade adresse à sa garde attentive.

— Tu es bien soumise, et c'est un mérite. Je ne t'ai jamais vue plus obéissante, ni moins portée aux folles joies et aux bruyantes exclamations de ton âge, que pendant ce pèlerinage ; ce qui prouve que ton esprit est dans la situation la plus heureuse pour accomplir les saintes cérémonies qui nous sont prescrites. — Ah ! le pieux Arnolph s'est arrêté, et nous allons enfin recueillir le fruit de toutes nos peines. Si j'avais été moine, tu aurais eu un chef !

Ilse frappa les flancs du patient animal qu'elle montait, et Meta la suivit aussi vite que ses jambes tremblantes le lui permettaient. Le chevalier et M. Latouche arrivèrent les derniers.

— Vous avez accompli un grand nombre de ces pieuses expiations, révérend prêtre? dit le premier, lorsqu'ils furent en vue du couvent.

—Pas une seule. Si le hasard ne m'avait pas rendu le complice innocent de la destruction de Limbourg, cette indignité m'aurait été épargnée.

—Comment! vous appelez un pèlerinage et une prière devant une sainte châsse, une indignité, vous, homme d'église?

— Brave chevalier, je vous parle comme à un camarade avec qui j'ai passé par bien des épreuves, et aussi comme à une personne éclairée. Vous connaissez la constitution de la terre, et les divers matériaux qui composent la société. Nous avons des doctrines communes à tous les hommes; mais la pratique doit être mitigée suivant les personnes, de même que les potions qu'on administre aux malades. Vos pèlerinages sont excellents pour les paysans, les bourgeois, ou même pour les seigneurs de province; mais le mérite en est fort contesté dans nos grandes villes; — à moins toutefois qu'il ne s'y mêle quelques espérances pour l'avenir; mais une pénitence pour un fait accompli nous semble tout à fait surérogatoire.

—Par ma rapière! tels n'étaient pas les principes qui régnaient à Rhodes! Tous les préceptes de la religion y étaient respectés, et généralement suivis.

—Et vous-même les observiez-vous journellement, sire chevalier?

—Ils étaient sacrés pour moi, sans que je dusse les pratiquer. Vous connaissez mieux que personne la distinction à faire entre la pureté de la doctrine et les formes de la pratique.

—Sans aucun doute. S'il nous fallait astreindre les gens comme il faut à toutes les exigences d'une théorie sévère, il en résulterait des inconvénients sans nombre. Quant à moi, s'il eût été possible d'échapper autrement à l'odieux qui rejaillirait sur mon caractère de cette malencontreuse visite au comte notre hôte, je me serais très-bien dispensé de figurer dans la dernière scène du drame.

—Le bruit court, monsieur Latouche, que mon cousin a pensé que la présence d'un ecclésiastique pourrait servir à masquer ses intentions, et que c'est à une profonde combinaison politique plus qu'au simple hasard que nous devons le plaisir de votre agréable société?

Albrecht de Viederbach se mit à rire en dévoilant cette ruse d'Emich ; et son compagnon, qui s'était aperçu depuis longtemps que son hôte l'avait pris complètement pour dupe, puisque, par le fait, il n'avait rien su d'avance de l'attaque projetée, chercha à tirer le meilleur parti possible de sa position. Il rit à son tour, car les gens sans principes sont toujours prêts à plaisanter de toutes les mésaventures que peut leur attirer leur dépravation ; et ce fut en se harcelant l'un l'autre sur le rôle qu'ils avaient joué dans les derniers événements, qu'ils arrivèrent sans se presser à l'endroit où le prieur et Emich, comme chefs de la troupe, venaient de faire halte. Nous profiterons de cette pause pour donner quelques explications indispensables.

Nous sommes trop habitués, dans ce pays protestant, à croire que la piété de ceux qui professent la religion romaine consiste en grande partie dans des démonstrations extérieures. Si l'on se rappelait la grande antiquité de cette Eglise, et la tendance générale des esprits, dans les premiers siècles, à imiter les usages et les formes précédemment établis, on ne serait pas surpris qu'elle eût conservé quelques cérémonies dont l'établissement ne paraît guère pouvoir s'appuyer ni sur l'autorité apostolique, ni sur la raison. La promulgation de la vérité abstraite n'entraîne pas nécessairement le renoncement à des pratiques que l'habitude a rendues précieuses, quand même elles ne pourraient être d'un grand secours pour assurer son triomphe. Beaucoup de cérémonies qui sont en usage dans les temples protestants nous viennent des prêtres païens ; et il n'y a pas de motif suffisant pour les abandonner, tant qu'elles ajoutent à la pompe du culte sans en affaiblir l'efficacité. Il est probable que les païens eux-mêmes avaient emprunté quelques-unes de ces pratiques à ceux qui, comme notre foi nous enseigne à le croire, avaient des communications directes avec le ciel, et qui devaient le mieux savoir sous quelle forme l'adoration humaine était le plus agréable au maître de l'univers.

Ici[1] le catholicisme, dans son acception restreinte, n'est plus *catholique*[2], puisque c'est la religion d'une minorité si faible qu'il

---

1. L'auteur parle de l'Amérique, son pays.
2. Il n'est peut-être pas inutile de dire à ceux de nos lecteurs qui ne savent pas le grec et qui ont oublié leur catéchisme, que *catholique* veut dire *universel*.

ne peut exercer d'influence palpable sur les opinions ni sur les coutumes du pays. Les symboles extérieurs, les processions, toutes les cérémonies particulières à l'église romaine sont renfermés dans les temples, et il est rare, si même il arrive jamais, que l'œil rencontre hors de leur enceinte quelques traces de son existence ; mais en Europe, c'est tout le contraire, surtout dans les pays où la domination spirituelle du chef de l'Eglise n'a pas été interrompue par suite de révolutions politiques, ou par d'autres causes non moins puissantes. Le crucifix, la lance, le coq, les clous et l'éponge, sont placés à l'entrée des chemins de traverse ; des chapelles dédiées à Marie s'élèvent sur le bord des fontaines ou sur le sommet de montagnes arides ; tandis que les symboles ordinaires de la rédemption sont disséminés le long des grandes routes, à la place où un meurtre a été commis, où quelque malheureux est mort par accident.

Dans aucune partie de l'autre hémisphère ces signes de la foi ne sont plus communs que dans les cantons catholiques de la Suisse. Il se trouve encore beaucoup d'ermitages au milieu des rochers escarpés de ce pays ; et, près de ces retraites solitaires, on voit ordinairement une espèce de petite chapelle qui, dans le langage ordinaire, se nomme une station. Ces stations sont autant de tabernacles placés sur le bord du chemin, et représentant chacun l'une des douze stations du Christ. Il y en a également sur les flancs du Vésuve, au milieu des solitudes des Apennins, ou dans le fond de bosquets touffus, selon que le hasard en a décidé. Dans quelques-unes des vallées de la Suisse, ces petits tabernacles sont échelonnés sur les montagnes, indiquant par leurs murailles blanchâtres, et par leurs contours sinueux, le sentier qui conduit du village voisin à quelque sainte chapelle, qui est peut-être perchée sur le sommet d'un roc aride, ou qui s'élève sur le revers de la chaîne de montagnes que vous allez gravir.

Le monastère d'Einsiedlen possédait le nombre ordinaire de ces tabernacles, qui s'étendaient le long de la route conduisant au lac de Zurich. Chacun d'eux faisait allusion, suivant l'usage, à quelqu'une de ces grandes afflictions personnelles qui précédèrent le crucifiement, et quelques sentences de l'Écriture-Sainte y étaient écrites pour exciter les fidèles à la dévotion. C'était là que les pèlerins commençaient ordinairement leurs prières, suivant le rit particulier du lieu, et c'était là que le prieur attendait alors ses compagnons.

CHAPITRE XXV.

> Si Dieu sondait nos cœurs et nos reins, il trouverait que les meilleurs sont de grands pécheurs; le vicaire du Christ seul ne connaît pas le péché parmi tout le peuple des hommes.
>
> CHATTERTON.

Quand ils furent tous réunis, les pèlerins se divisèrent le long de la route, s'agenouillant, les uns devant un tabernacle, les autres devant un autre. Ulrike et Lottchen, suivies de la pâle Meta, prièrent longtemps devant chaque station. Les autres femmes imitèrent leur exemple, quoique évidemment avec moins de zèle et de ferveur. Le chevalier de Rhodes et M. Latouche se bornèrent à quelques génuflexions et à quelques signes de croix faits rapidement du bout des doigts, comme s'ils pensaient que leurs professions de foi étaient connues et assez méritoires pour rendre superflue toute démonstration extraordinaire de piété.

Heinrich et le forgeron se distinguaient particulièrement par leur scrupule minutieux à suivre toutes les formes prescrites; Dietrich, qui était payé secrètement par ses concitoyens pour ce qu'il faisait, se croyant obligé en honneur à leur en donner pour leur argent; tandis que le bourgmestre, indépendamment des grands avantages temporels qu'il espérait retirer de toute cette affaire, était stimulé encore par sa sollicitude paternelle pour les intérêts de Duerckheim. Quant à Ilse, personne ne priait avec plus d'exactitude qu'elle, ni avec plus d'ostentation.

— As-tu pensé, Dietrich, à dire un bout de prière de plus en faveur des intérêts généraux? demanda Heinrich, tandis qu'il attendait patiemment que le forgeron se retirât de devant le dernier tabernacle, afin de prendre lui-même sa place.

— Mais, vénérable bourgmestre...

— Dis donc frère pèlerin!

— Mais, très-digne frère et excellent pèlerin, il n'a pas été question de cela dans mes conventions.

—*Himmel!* ne faudrait-il pas qu'on te payât pour prier pour toi-même ? Fais ce que tu as promis pour la pénitence et dans l'intérêt des moines ; puis après, en bon et honnête artisan, dis un mot pour la ville dont tu es citoyen. Une fois à genoux, je ne me relève jamais sans compter quelques grains de mon chapelet en faveur de Duerckheim, et quelques autres aussi en faveur de la famille d'Heinrich Frey.

—Merci, excellent frère pèlerin ; ce que vous me dites est plein de sens, et je ne manquerai pas de m'y conformer.

Le forgeron finit alors son rosaire, et il fit place au bourgmestre, dès qu'il se fut acquitté convenablement de sa tâche. Pendant ce temps, Arnolph avait prié avec ferveur et avec une sincère humilité devant chaque station.

Les pèlerins se rangèrent alors sur deux lignes, ordre qui est encore observé tous les ans par des milliers de fidèles, pour approcher de la chapelle d'Einsielden ; les hommes se plaçant sur une seule file à la droite du chemin, et les femmes à la gauche dans un ordre semblable. Arnolph se mit à la tête, et toute la troupe suivit. Alors les prières prescrites furent répétées à haute voix.

Quiconque a souvent parcouru cette contrée sauvage et remarquable, n'a pu manquer de rencontrer des troupes de pèlerins, marchant dans l'ordre indiqué, et exhalant leurs prières à la face du ciel, tandis qu'ils se dirigent vers l'autel de « Notre-Dame-de-la-Neige, » sur le Rhigi, ou vers quelque autre chapelle, à travers des sentiers escarpés et rocailleux. Nous ne connaissons pas de cérémonie religieuse plus touchante et plus propre à produire une profonde impression. Le temple est le plus magnifique qui soit sur la terre ; l'air a cette pureté exquise qui ne se trouve que dans les régions élevées et sur le bord des torrents des montagnes ; tandis que les sons les plus clairs et les plus distincts viennent frapper l'oreille, répétés par les échos de vallées dont l'œil peut à peine sonder la profondeur, et de rochers suspendus qui semblent se perdre dans les cieux. Longtemps avant qu'on ne découvre le pieux cortége, la musique des prières annonce son approche ; car c'est une véritable musique que ces voix d'hommes graves et sonores, ces voix de femmes douces et argentines, qui se répondent alternativement au milieu d'un pareil site.

Tel était alors l'effet produit par l'approche de la petite troupe qui venait du Palatinat. Le père Arnolph donnait le ton, et les vigoureux poumons d'Heinrich et du forgeron, qui pourtant modéraient leurs voix, répétaient les prières de manière à ce qu'elles retentissent au loin. Les femmes répondaient d'un ton de douceur et agitées d'un léger tremblement. Ils avancèrent ainsi pendant un mille, et ils entrèrent alors dans le hameau.

Un exprès avait annoncé à la communauté d'Einsiedlen l'approche des pénitents allemands. Par une étrange perversion des humbles doctrines du fondateur de la religion, on attachait beaucoup plus d'importance aux expiations et aux offrandes des princes et des grands seigneurs, qu'à celles qui venaient d'une source plus modeste. Tous les habitants du hameau, et la plupart de ceux qui étaient venus visiter la chapelle, étaient donc accourus pour voir la procession. Le nom d'Emich se répétait tout bas de bouche en bouche, et les regards curieux cherchaient à reconnaître le puissant baron sous le costume uniforme des pèlerins. Après une foule de conjectures, l'opinion générale parut choisir la personne du forgeron pour celle de l'illustre pénitent ; distinction que Dietrich devait à la vigueur de ses poumons, à sa taille élevée, et surtout à la ferveur qu'en sa qualité de pèlerin soudoyé il croyait de son devoir de manifester sur ses traits et dans toute ses manières.

Entre autres traditions qui contribuent à donner une célébrité populaire à la châsse de « Notre-Dame-des-Ermites, » il en est une qui dit que, dans une occasion qu'il est inutile de rappeler, le fils de Dieu, sous la figure d'un homme, visita cette chapelle privilégiée. On va jusqu'à prétendre qu'il étancha sa soif à la fontaine qui coule, pure et abondante, comme toutes les sources de ce pays, devant la porte du couvent ; et comme l'élément limpide se divise et coule à travers différents tubes de métal, il est d'usage que les pèlerins, en arrivant, en boivent quelques gouttes à chacune de ces ouvertures, pour participer à la vertu qu'ont dû lui donner les lèvres divines. Il y avait aussi un plat d'argent où l'on montrait des empreintes qui y avaient été faites par les doigts de Jésus, et c'était la coutume d'y poser la main ; mais la cupidité moderne a dépouillé le temple de cette preuve évidente de la visite auguste qu'il avait reçue, à cause de la valeur du métal qui la fournissait ; et de ces deux pratiques, la première seule est encore en vigueur.

Arnolph s'arrêta devant la fontaine, et en fit lentement le tour en buvant à chaque ouverture d'où l'eau jaillissait. Il fut suivi par tous ses compagnons. Mais il passa sans s'arrêter devant le plat d'argent, et entra dans l'enceinte vénérée, priant à haute voix jusqu'à ce que ses pieds en eussent touché le seuil. Alors il alla se mettre à genoux sur la pierre froide devant la châsse, les yeux fixés sur l'image de Marie. Les autres pèlerins imitèrent ses mouvements, et en moins de quelques minutes tous étaient agenouillés et en prières.

L'ancienne église d'Einsiedlen, — car elle a été reconstruite depuis lors sur des dimensions encore plus vastes et plus magnifiques,— avait été élevée autour de l'emplacement où se trouvait primitivement la cellule de saint Meinard. C'était dans cette cellule qu'était la chapelle qui, à en croire la tradition, avait été construite par des anges, et le tout se trouvait renfermé dans l'enceinte de l'église. La chapelle était petite en comparaison de l'édifice qui la contenait; mais un prêtre pouvait y dire la messe, et elle était suffisante pour contenir les riches offrandes de la piété. Les murs en étaient revêtus de plaques de marbre, noircies par le temps et par les exhalaisons des lampes; tandis que des ouvertures pratiquées par-devant et sur les côtés, et protégées par des grilles artistement travaillées, permettaient de découvrir l'intérieur.

Dans le fond de cette sainte chapelle étaient les images de la Vierge et de l'Enfant. Elles étaient chargées, comme c'est l'usage dans toutes les chapelles en grand renom, de pierres précieuses et de plaques d'or. Les deux figures avaient une teinte fortement bronzée et tout orientale, sans doute pour rappeler une origine et une destinée qui n'avaient rien d'humain. Des lampes d'argent doré répandaient sur toute la chapelle une vive lumière, et l'esprit le plus sceptique ne pouvait voir ce coup d'œil sans en éprouver la mystérieuse influence. Telle était la châsse de Notre-Dame-des-Ermites, à l'époque de notre histoire, et telle elle est aujourd'hui, sans autres changements que ceux que le temps a pu y apporter.

Nous avons visité ce rendez-vous des fidèles catholiques dans ce pays de montagnes et de frimas; nous nous sommes promené, vers la fin du jour, au milieu de ses nombreuses chapelles si bien décorées; nous avons vu le paysan de la Forêt-Noire, le Hongrois basané, le Piémontais à l'œil étincelant, l'Allemand aux blonds cheveux, et l'habitant du Tyrol et de la Suisse, arriver par groupes, fatigués et le pied traînant ; nous les avons considérés buvant avec une sainte joie à tous les jets de la fontaine ; et les ayant suivis jusqu'au pied de l'autel, nous avons admiré l'immobilité parfaite dans laquelle ils restaient à genoux, sans détourner un instant leurs regards de l'image divine qui semblait absorber leurs pensées. La curiosité seule nous avait amené, et cependant jamais, dans le cours d'un pèlerinage de plusieurs années en pays étrangers, nous ne nous sommes trouvé plus complètement isolé que dans ce moment de toutes les sensations qui nous étaient le plus habituelles. Ils arrivaient par troupes de vingt à trente, et, sans s'arrêter pour échanger un mot entre eux, sans songer à prendre un instant de repos, ils allaient droit à la chapelle, et, tombant à genoux, ils y restaient des heures entières, l'œil fixe, l'air contrit, murmurant les premières prières d'expiation devant Marie. — Mais reprenons notre récit.

Pendant la première heure qui suivit l'arrivée des pèlerins de Duerckheim, rien n'annonça qu'on se fût aperçu de leur présence dans l'intérieur du couvent. Les officiants allaient et venaient comme s'il n'y eût eu que des pécheurs ordinaires à l'entrée de l'église, et la sainte image semblait recevoir ces prières d'expiation avec une tranquillité surnaturelle. A la fin, Arnolph se leva, et, comme si ses mouvements étaient surveillés, une cloche retentit aussitôt au fond du chœur. On vit s'ouvrir une porte latérale qui communiquait au reste des bâtiments, et tous les frères entrèrent dans l'église. Arnolph se remit immédiatement à genoux, et il fit signe à ses compagnons d'en faire autant. Malgré l'extrême fatigue qu'ils éprouvaient dans leur position, les hommes obéirent, mais aucune des femmes n'avait encore bougé de place.

Les bénédictins d'Einsiedlen s'avancèrent dans l'ordre qui a déjà été décrit dans les processions de Limbourg. Les jeunes moines marchaient en tête et les dignitaires fermaient la marche. Dans ce siècle, leur abbé était ordinairement d'une noble et ancienne famille ; car l'Eglise, ne négligeant aucun moyen de maintenir son influence, a toujours cherché à s'appuyer sur les préjugés qui règnent parmi les hommes. Le prélat qui était à la tête de cette communauté privilégiée possédait en outre, par le seul fait de son titre, de grandes distinctions honorifiques, car il était nommé abbé mitré et prince de l'empire le jour de sa consécration.

Pendant la lente marche de la longue ligne de moines qui approchaient alors de la petite chapelle, des chants se faisaient entendre, accompagnés par les sons étouffés de l'orgue. Albrecht lui-même et M. Latouche éprouvaient une vive émotion, et Emich tremblait évidemment comme un homme qui s'était livré sans réflexion entre les mains de ses ennemis.

La tête de la procession passa bientôt d'un pas mesuré devant les pèlerins. Le prieur et les femmes n'en prièrent qu'avec plus de ferveur; mais ni le comte ni le bourgmestre ne purent s'empêcher de jeter un regard furtif sur les mouvements des moines. Dietrich, peu stylé encore à son rôle, se leva tout à fait et se tint debout, faisant de profonds saluts à chaque frère à mesure qu'il passait. Quand presque toute la colonne eut défilé, Emich chercha à rencontrer les regards de l'abbé, espérant échanger avec lui un de ces signes secrets de courtoisie par lesquels les initiés, dans toutes les classes de la société, savent exprimer leurs sympathies. Mais à sa confusion, et en même temps avec un léger sentiment d'inquiétude, ce fut sur les traits bien connus de Boniface que ses yeux s'arrêtèrent. Il était à côté du dignitaire qui dirigeait la communauté d'Einsiedlen. Les regards que se lancèrent ces anciens rivaux, qui semblaient irréconciliables, furent tels qu'on devait s'y attendre. Celui de Boniface exprimait une joie orgueilleuse, quoique à la satisfaction de la vengeance se mêlât aussi le souvenir de la défaite; tandis que sur les traits d'Emich se peignaient tout à la fois la fierté, la mortification et l'inquiétude.

Mais la procession avançait toujours, et bientôt la musique annonça qu'elle était arrivée dans le chœur. Alors Arnolph se leva de nouveau, et, suivi de tous les pèlerins, il s'approcha pour entendre les vêpres. Après les prières, l'hymne d'usage fut chanté.

— *Himmel!* vénérable frère pèlerin, dit tout bas le forgeron au bourgmestre, voilà une voix qui est connue de tout Duerckheim.

— Hem! dit Heinrich, qui cherchait à rencontrer le regard d'Emich. — Les chants de ces bénédictins se ressemblent beaucoup, noble comte, soit qu'ils se fassent entendre dans la chapelle de Limbourg, ou bien ici, dans celle de Notre-Dame-des-Ermites.

— Beaucoup trop, maître Frey, répondit Emich. Par mes pères! vous avez parfaitement raison. Je vous dirai en confidence que cette intimité entre les deux abbés ne me plaît guère, et que ce qui me plaît encore moins, c'est de voir le révérend Boniface se pavaner ici sur son trône, comme s'il était encore dans notre vallée. Je crains, bourgmestre, que nous ne nous soyons embarqués trop légèrement dans cette affaire.

— Si vous pouvez tenir ce langage, vous, noble Emich, que doit donc dire un homme qui non seulement court les mêmes risques pour sa personne, mais qui voit sa femme et son enfant également exposés! Il aurait mieux valu convoiter moins ce qui appartenait au ciel, et nous contenter des avantages que nous avions sur la terre. Remarquez-vous, noble comte, le regard amical que Boniface jette de temps en temps sur nous?

— Oui, oui, je m'en aperçois, Heinrich; mais paix! nous en apprendrons davantage après les vêpres.

Dans ce moment, la voix sonore qui avait déjà produit tant d'effet, se fit entendre de nouveau. C'était un chanteur que Boniface, qui n'avait plus besoin de ses services, avait présenté au couvent d'Einsiedlen, certain qu'on lui en saurait beaucoup de gré; car ces communautés, où les moines passaient leur vie à célébrer les offices de l'Eglise, c'était plus souvent par la perfection de l'exécution musicale, par la richesse des ornements, ou par la pompe des cérémonies, qu'elles cherchaient à l'emporter l'une sur l'autre, que par la ferveur de leur zèle ou par la pratique d'une entière abnégation. A la fin de l'office, un frère s'approcha du père Arnolph, et lui parla tout bas. Celui-ci se rendit à la sacristie, suivi de toute sa troupe; car il était défendu, même à la tremblante Meta, de prendre un instant de repos avant qu'un autre devoir, non moins important, eût été accompli.

La sacristie était vide, et ils attendirent en silence que les sons de l'orgue, en s'éteignant, annonçassent la fin de la procession des moines. Après quelque délai, une porte s'ouvrit, et l'abbé d'Einsiedlen parut, accompagné de Boniface. Il n'y avait avec eux que le trésorier de l'abbaye, et la porte fut fermée pour que nul œil profane ne vît ce qui allait se passer.

Tu es Emich, comte d'Hartenbourg-Leiningen, dit le prélat qui, habitué à discerner ses égaux, avait du premier coup d'œil reconnu le comte sous ses vêtements vulgaires; — tu viens faire pénitence à notre autel du tort fait à l'Eglise et de l'outrage fait à Dieu?

— Je suis Emich de Leiningen, révérend abbé.

— Est-ce que tu aurais déjà oublié ce qui t'amène ici?

— Et bien repentant, reprit le comte; et il ajouta avec amertume par une restriction mentale, « de me trouver ici. »

L'abbé le regarda fixement; car l'hésitation qu'il avait mise à répondre ne lui plaisait pas. Il prit Boniface à part, et ils consultèrent pendant quelques minutes. Puis, se retournant vers le groupe de pèlerins:

— Seigneur d'Hartenbourg, dit-il, tu es maintenant dans une contrée qui n'écoute aucune hérésie, et il serait à propos de te rappeler ton vœu et l'objet de ta visite. N'as-tu rien à dire?

Emich ouvrit lentement sa besace, qui n'avait pas l'air bien pleine, pour y chercher ses offrandes.

— Ce crucifix, dit-il, est échu en partage à un de mes nobles ancêtres, dans une des croisades; il est de jaspe, comme vous voyez, révérend abbé, et de plus il est enrichi d'ornements précieux.

L'abbé inclina la tête, comme un homme qui s'inquiétait peu de la valeur du présent, et il fit signe au trésorier de l'accepter. Il y eut alors une courte pause.

— Cet encensoir fut le don d'un seigneur bien moins riche que toi! dit le gardien du trésor de l'abbaye avec une expression à laquelle il était impossible de se méprendre.

— L'excès de votre zèle ne laisse pas à un homme épuisé de fatigue le temps de reprendre haleine, mon frère. — Voici un diamant qui est dans notre famille depuis plus d'un siècle; il nous vient d'un empereur!

— Il peut être offert à Notre-Dame-des-Ermites, quoique elle ait reçu de bien plus magnifiques présents de gens portant un nom moins connu que le tien.

Emich hésita, mais seulement un instant, puis il déposa une autre offrande.

— Cette coupe, dit-il, convient pour vos cérémonies; elle a été faite pour le service des autels.

— Qu'on la mette de côté! interrompit Boniface d'un ton sévère: elle vient de Limbourg.

Emich rougit, de dépit toutefois plus que de honte; car, dans ce siècle, le pillage était un des moyens les plus commodes et les plus usités de s'enrichir. Il regarda fièrement l'implacable abbé, mais sans lui adresser directement la parole.

— Je n'ai rien de plus, dit-il. Les guerres, les charges de ma maison, l'or donné à la communauté qui a été ravagée, m'ont laissé pauve.

Le trésorier se tourna du côté d'Heinrich avec une expression de physionomie très-éloquente.

— Vous ferez attention, maître trésorier, dit le bourgmestre, qu'il ne s'agit plus d'un haut et puissant baron, mais que le peu que j'ai à donner provient d'une pauvre ville qui a de rudes charges. D'abord, nous offrons nos vœux et nos prières; ensuite nous présentons en toute humilité, et dans l'espoir qu'elles vous seront agréables, ces cuillers qui pourront servir dans l'une ou l'autre de vos nombreuses cérémonies; puis ce petit chandelier que des joailliers de Francfort ont garanti être d'or pur; et enfin cette corde, avec laquelle sept de nos principaux citoyens se sont vertement et loyalement donné la discipline, en expiation du mal fait à vos frères.

Toutes ces offrandes furent gracieusement reçues, et le moine se tourna du côté des autres pèlerins: il n'est pas nécessaire de passer en revue les différentes offrandes qui furent faites par chacun d'eux. Celle de Gottlob se composait, du moins à ce qu'il disait, du cor maudit qui avait retenti si fatalement près de l'autel de Limbourg, — et d'une pièce d'or. Cette pièce était celle qu'il avait reçue de Boniface, dans l'entrevue qui avait amené son arrestation. Quant au cor, c'était un instrument de rebut que le rusé vacher avait essayé souvent au milieu de ses montagnes, sans le moindre succès. Dans la suite, lorsque l'esprit d'opposition religieuse eut pris plus d'audace, il se vantait du tour qu'il avait joué aux bénédictins en leur donnant un instrument dont on ne pouvait tirer aucun parti.

Ulrike offrit son présent dans un esprit de pénitence humble et sincère. C'était une robe pour l'image de la Vierge, qui avait été brodée par elle-même, et que la piété de ses concitoyennes avait contribué à enrichir de pierres de quelque prix. Le don fut accepté avec bienveillance; car la communauté avait reçu des renseignements précis sur le caractère des divers pénitents.

— Avez-vous quelque chose pour Marie? demanda le trésorier à Lottchen.

L'infortunée voulut parler, mais elle n'en eut pas la force. Toutefois elle déposa sur la table un missel enluminé, relié avec soin, un bonnet qui ne semblait avoir aucune valeur, si ce n'est par un gland d'or et de soie verte, et un cor de chasse.

Tous ces objets avaient fait partie de la charge de l'âne, ainsi que la plupart de ceux qui ont déjà été nommés.

— Voilà de singuliers dons pour notre chapelle! murmura le moine.

— Révérend bénédictin, s'écria Ulrike presque hors d'haleine, dans le généreux désir d'éviter de nouvelles peines à sa compagne, celle qui les donne n'a rien de plus précieux, et c'est comme si elle offrait le plus pur de son sang! C'est Lottchen Hintermayer, dont vous avez sans doute entendu parler.

Le nom de Lottchen Hintermayer n'était jamais venu aux oreilles du trésorier; mais la douce voix d'Ulrike le persuada. Il inclina la tête et parut satisfait. Ce fut alors le tour de Meta. Tous les moines parurent frappés de la pâleur de ses joues, et de l'expression vague et déchirante de ses yeux.

— Le voyage a fatigué notre fille, dit l'abbé d'Einsiedlen d'un ton d'intérêt.

— Elle est jeune, révérend père, répondit Ulrike; mais Dieu mesure le vent à la brebis récemment tondue.

L'abbé parut surpris. La voix de la mère ne lui avait pas paru moins touchante que l'air d'abattement de la fille.

— Est-ce ton enfant, bonne pèlerine?

— Oui, mon père; et tous les jours j'en remercie le ciel!

Les yeux du prêtre exprimèrent de nouveau un étonnement mêlé d'intérêt, et il fit place au trésorier, qui s'avança pour recevoir l'offrande. La pauvre Meta tremblait de tous ses membres, et, tirant un papier de son sein, elle le posa simplement devant le moine, qui y jeta les yeux d'un air de surprise.

— Qu'est-ce que cela? demanda-t-il; c'est l'image grossièrement ébauchée d'un jeune homme!

— Cela veut dire, mon père, dit Ulrike à demi-voix, que le cœur qui l'aima appartient maintenant à Dieu!

L'abbé inclina la tête, en faisant aussitôt signe au trésorier d'accepter l'offrande; il se détourna pour cacher une larme qui brillait dans ses yeux. Dans ce moment Méta tomba sur le sein de sa mère, et fut emportée en silence dans la sacristie.

Les hommes suivirent, et, à une seule exception près, les deux abbés et le trésorier restèrent seuls.

— As-tu une offrande, bonne femme? demanda celui-ci à la pèlerine qui n'était pas encore partie.

— Si j'ai une offrande! pensez-vous que je sois venue jusqu'ici les mains vides? Je suis Ilse, la nourrice de la dame Frey, que Duerckheim a envoyée en pèlerinage, comme étant elle-même une offrande de quelque prix, avec ses vieux os et ses soixante ans passés. Nous ne sommes que de pauvres habitants du Palatinat; mais nous savons ce qu'il convient de faire dans certaines circonstances. J'avais bien des raisons pour venir et je vais vous les détailler. D'abord j'étais dans l'église de Limbourg lorsque l'outrage...

— Comment une femme de ton âge faisait-elle partie d'une pareille expédition?

— Oh! j'ai fait partie de bien d'autres expéditions, vraiment! D'abord j'étais avec le vieux bourgmestre, père de la dame Ulrike, quand on envoya du secours à Manheim; ensuite je vis de nos montagnes le combat entre les troupes de l'électeur et les compagnons de...

— Vous êtes au service de la mère de cette jeune fille éplorée? demanda l'abbé, interrompant le récit des campagnes d'Ilse.

— Et au service aussi de la jeune fille, très-révérend, très-saint, très-noble abbé; vous pouvez même dire encore à celui du bourgmestre; car il y a des moments, en vérité, où je sers toute la famille.

— Et pourriez-vous m'apprendre la cause de la profonde douleur où elle paraît plongée?

— Rien de plus facile, monseigneur l'abbé. D'abord elle est jeune, et c'est un âge où nous pleurons comme nous rions pour peu de chose; ensuite elle est fille unique, et l'esprit est porté à s'amollir par un excès d'indulgence; puis elle est jolie, ce qui entraîne le cœur à toutes sortes de vanités, et, par suite, à toutes sortes de chagrins; puis encore, elle a cruellement mal au pied, ce qui n'est pas non plus une peine médiocre; et enfin elle éprouve un profond repentir du péché abominable dont nous ne sommes pas encore absous, et qui, s'il ne nous était pas remis, lui serait transmis par son père avec le reste de son héritage.

— C'est bon. Déposez votre offrande, et mettez-vous à genoux, que je vous donne ma bénédiction.

Ilse fit ce qui lui était ordonné; après quoi elle se retira en faisant force révérences.

Quelques instants après son départ, les deux abbés sortirent ensemble de la sacristie, laissant le moine chargé de ce soin mettre de côté les dons précieux dont le trésor d'Einsiedlen venait de s'enrichir.

CHAPITRE XXVI.

> Israël, ces hommes sont-ils ces braves dont vous m'avez parlé?
> BYRON. *Marino Faliero.*

Il n'y avait guère d'autre ressemblance entre les caractères des deux prélats, que celle qui était la conséquence de leur position. Si Boniface était le plus instruit, s'il avait été le mieux partagé par la nature du côté de l'intelligence et des talents, le prince abbé d'Einsiedlen possédait plus de douceur, et de ces qualités attachantes propres à orner une vie chrétienne. Peut-être ni l'un ni l'autre n'étaient profondément et simplement pieux, car ce n'était pas une chose aisée pour des hommes entourés de tout ce qui pouvait flatter leur faiblesse. Mais tous les deux respectaient les pratiques extérieures de leur Église, et tous les deux, à un degré proportionné à la hardiesse et à la sagacité de leur esprit, croyaient à la vertu de ses fonctions religieuses.

En quittant la sacristie, ils gagnèrent à travers les cloîtres la demeure du chef de la communauté. Lorsqu'ils y furent renfermés, ils se consultèrent sur la conduite qu'ils avaient à tenir.

— Vous étiez proche voisin de ce téméraire baron, frère Boniface? dit l'abbé de Notre-Dame-des-Ermites.

— Comme vous pouvez l'imaginer par les derniers événements. Il n'y avait qu'une portée de flèche entre son château et notre malheureux monastère.

— Etiez-vous bien ensemble autrefois? ou vos malheurs présents viennent-ils d'une ancienne inimitié?

— Que vous êtes heureux, pieux Rudiger, d'être enfermé au milieu de vos neiges et de vos montagnes, hors de l'atteinte du bras des nobles et de leur ambition! Limbourg et l'avide maison de Leiningen n'ont presque jamais connu la paix depuis que notre abbaye est fondée. Ces turbulents barons remplissaient en quelque sorte, par rapport à notre communauté, le rôle que l'esprit de ténèbres joue dans le monde moral.

— Et cependant je crains que le coup le plus fatal que nous sommes destinés à recevoir ne vienne d'un d'entre nous! Si tout ce que le bruit public et les missives des évêques nous révèlent est vrai, ce schisme de Luther nous fera un mal irréparable.

Boniface, dont l'esprit pénétrait plus avant dans l'avenir que celui de la plupart de ses frères, écouta cette remarque d'un air sombre; et il réfléchit pendant un instant au tableau que sa vive imagination lui présentait, tandis que son compagnon examinait avec un profond intérêt le jeu des traits de son large visage.

— Vous avez raison, prince abbé, répondit enfin Boniface. Pour nous, le passé et l'avenir sont remplis de leçons instructives, le tout est de les faire tourner à notre avantage. Tout ce que nous savons de la terre prouve que toute chose physique retourne à ses premiers éléments, lorsque l'objet de sa création a été accompli. L'arbre retombe sur la terre qui a nourri ses racines, le roc s'écroule et devient semblable au sable dont il fut formé, et l'homme lui-même revient à la poussière à laquelle Dieu avait donné la vie. Pouvons-nous espérer alors que nos abbayes, ou même l'Eglise dans sa présente organisation temporelle, dure à jamais?

— Vous avez bien fait, bon Boniface, d'ajouter le mot temporel, car si le corps périt, l'âme reste, et l'essence de notre communion est dans son caractère spirituel.

— Ecoutez, révérend et noble Rudiger: allez demander à Luther toutes les subtilités de sa croyance sur ce point, et il vous dira qu'il croit à la transmigration des âmes, qu'il conserve ce caractère spirituel, mais revêtu d'une forme nouvelle, et que, tandis qu'il condamne l'ancien corps à la tombe, il ôte seulement à la partie impérissable le poids d'un fardeau devenu trop lourd à porter.

— Mais c'est une rébellion ouverte contre l'autorité, et un refus formel de suivre la doctrine !

— Quant à la première accusation, elle n'est que trop fondée, et l'Allemagne me semble préparée à en courir les risques. Relativement à la doctrine, savant Rudiger, vous entamez une thèse qui ressemble aux cloches des tours de notre couvent, desquelles on peut obtenir une grande variété de sons, depuis le simple carillon jusqu'au triple bourdon.

— Révérend Boniface, vous traitez avec légèreté un sujet bien grave : si nous tolérons ces innovations, c'en est fait de la discipline, et je m'étonne qu'un prêtre comme vous puisse faire leur apologie !

— Vous ne me rendez pas justice, mon frère, car je parle sérieusement. L'esprit de l'homme est si subtil, et il est si inquiet dans ses doutes, que, lorsque la barrière de la discipline est enlevée, je ne connais aucune conclusion pour laquelle un homme habile ne puisse trouver une raison. N'avez-vous jamais pensé, révérend Rudiger, qu'une grande erreur avait été commise dès le commencement, en fondant les ordres qui règlent la société, soit relativement à la religion ou aux intérêts personnels ?

— Vous adressez ces questions à un homme qui est habitué à penser avec respect de ses supérieurs.

— Je n'attaque pas nos supérieurs ni leurs qualités personnelles. Je voulais seulement dire que nos théories sont trop souvent fautives, parce qu'elles sont faites pour d'anciennes pratiques, tandis qu'il me semble que, dans un ordre de choses bien constitué, la théorie devrait venir la première, et les usages suivre, comme une conséquence.

— Cela aurait pu être pratiqué par celui qui possédait l'Eden, mais ceux qui vinrent après lui furent obligés de prendre les choses comme elles étaient, et de les tourner tant bien que mal à leur profit.

— Prince abbé, vous êtes aux prises avec le dilemme ! Si nous pouvions obtenir ce bel héritage, dégagés de tous intérêts subséquents, écoutant la vérité, rien ne serait plus facile que de rendre les pratiques conformes à la théorie ; mais étant ce que nous sommes, prêtres et nobles, saints et pécheurs, philosophes et hommes du monde, la théorie est obligée de se conformer aux nécessités de la pratique, et par suite la doctrine n'est plus qu'une autorité sujette à varier. Comme bénédictin et ami de Rome, j'aurais voulu que Luther se fût contenté de simples changements dans les coutumes ; car ces dernières peuvent être modifiées suivant les climats et les préjugés. Mais une fois les écluses de la discussion levées, personne ne peut dire jusqu'à quel point ou dans quelle direction le torrent débordera.

— Vous avez, à ce qu'il paraît, peu de foi dans la raison.

Boniface regarda son compagnon avec un sourire mal déguisé.

— En vérité, pieux Rudiger, répondit-il gravement, vous avez trop longtemps gouverné vos semblables pour m'adresser cette question ! si vous aviez dit passion, nous nous serions bientôt compris. Les corollaires de notre nature animale suivent assez raisonnablement la proposition ; mais lorsque nous quittons les spécialités pour nous lancer sur l'océan de la spéculation, nous nous exposons, comme le marin qui confie son aimant à une cause inconnue. Celui qui a faim mangera, celui qui souffre gémira, celui qui a besoin d'or volera d'une façon ou d'une autre, et celui qui aime ses aises préférera le repos aux fatigues des affaires. Tout cela sera calculé avec d'autres conséquences qui suivront ; mais si vous voulez me dire quelle direction prendra le lammergeyer lorsqu'il s'élève au-dessus des Alpes, je vous dirai celle que prendra l'esprit de l'homme lorsqu'il sera lancé sur la mer des spéculations et des arguments.

— Il n'en est donc que plus nécessaire de le contenir dans les bornes salutaires de la discipline et de la doctrine.

— Si la doctrine ressemblait aux mœurs de notre couvent, tout irait bien ; mais étant ce qu'elle est, les hommes deviennent ce qu'ils sont.

— Et quoi ! comptez-vous la foi pour rien? J'avais entendu dire qu'il y avait à Limbourg des religieux d'une grande piété. Le père Johan, qui mourut pour la défense de ses autels, mériterait d'être canonisé, pour ne rien dire de cet excellent prieur qui est avec les pèlerins.

— Je compte la foi pour beaucoup, excellent frère, et heureux celui qui peut satisfaire des scrupules inquiets par un expédient si agréable.

— Le frère Johan peut être canonisé si notre Saint-Père le trouve convenable, et alors la malheureuse confrérie de Limbourg pourra s'enorgueillir d'un de ses membres. Cependant je ne vois pas que cet infortuné Johan prouve rien contre la nature de la doctrine, car s'il y avait eu moins d'entêtement dans quelques-unes de ses opinions, il eût échappé à sa triste destinée.

— Le martyre est-il un malheur pour un chrétien? Songez à nos prédécesseurs et à leur mort.

— Si Johan avait songé davantage à leur destinée, la sienne eût été différente.

— Révérend abbé, Johan a cessé depuis longtemps d'être une énigme pour moi; je ne nie pas son utilité parmi les paysans et les dévots; mais celui que vous avez nommé en dernier lieu...

Ici, Boniface appuya sa joue sur sa main, et parla comme un homme qui cherche à deviner quelque chose.

— Celui que vous avez nommé en dernier lieu, le sincère, le sage, le simple Arnolph, je n'ai pas encore pu le comprendre! Cet homme paraît aussi satisfait dans sa cellule que dans sa stalle. Il se trouve non moins honoré par son état que par ce fatigant pèlerinage; dans la prospérité ou l'infortune, il est toujours en paix avec lui et avec les autres. C'est un homme enfin qu'aucun de mes raisonnements n'a pu approfondir. Il n'est point ambitieux, car il a refusé trois fois la mitre! Il n'est point soutenu par des illusions et des visions extravagantes, comme ce malheureux Johan; ne négligeant aucune des pratiques même les plus sévères de sa profession, il les observe toutes paisiblement et avec une satisfaction apparente. Il est instruit sans être possédé du désir de la discussion. Doux avec une fermeté inébranlable; pardonnant les injures avec une facilité qui, sans une constance qui n'a jamais cédé à aucune influence de position, d'événements ou d'espérances, pourrait le faire accuser de faiblesse; en vérité, cet homme est une énigme pour moi!

Malgré son expérience, son esprit et sa connaissance des hommes, Boniface ne s'apercevait pas qu'il se faisait tort à lui-même, en exprimant son inhabileté à deviner les motifs du prieur. Cette énigme ne paraissait pas non plus parfaitement intelligible pour son compagnon, qui écoutait avec curiosité le portrait que l'abbé traçait d'un de ses frères, à peu près comme nous écoutons une histoire inexplicable et merveilleuse.

— J'ai beaucoup entendu parler d'Arnolph, dit-il, cependant je n'en avais rien entendu dire d'aussi extraordinaire. — Tout le monde semble l'aimer!

— C'est là qu'est son pouvoir! Quoique nous soyons souvent opposés l'un à l'autre, je ne puis pas dire qu'il me soit indifférent. Par notre saint patron! je crois quelquefois que je l'aime. Il fut des derniers à abandonner nos autels, lorsque nous fûmes attaqués par cet avide baron et ces crédules auxiliaires, et cependant il fut le premier à pardonner l'injure lorsqu'elle fut commise. Sans lui et sa haute influence parmi les évêques, nous aurions rendu le mal pour le mal, en dépit de ce schisme qui nous enlève tant d'appuis en Europe.

— Puisque vous parlez du schisme, à quoi attribuez-vous une innovation aussi hardie dans un pays où les hommes sont en général raisonnables? Il faut qu'il y ait eu relâchement d'autorité; car le meilleur moyen de prévenir les hérésies et les erreurs de doctrine est une Eglise bien établie, et maintenue par une autorité convenable.

Boniface sourit; car, même dans ce siècle ignorant, son esprit pénétrant voyait la fausseté des opinions dont son confrère était la dupe.

— Cela est fort bien lorsqu'on a raison, dit-il; mais lorsqu'il y a erreur, mon frère, notre autorité ne fait que l'entretenir. Les précautions qu'on prend dans votre commode demeure pour chasser l'air froid du dehors sont peut-être un moyen d'entretenir le mauvais air en dedans.

— Avec cette manière de raisonner la vérité n'existe pas. Vous craignez la doctrine, et vous ne voulez pas de discipline!

— Non, pieux Rudiger; dans cette dernière supposition vous vous abusez grandement. Quant à la discipline, j'en voudrais autant que possible; je nie seulement qu'elle soit un gage de vérité. Nous avons l'habitude de dire qu'une Eglise bien établie est le meilleur appui de la vérité, lorsque l'expérience nous montre clairement que cette discipline fait plus de tort à la vérité qu'elle ne la sert, et cela simplement parce que la vérité est une, et qu'il y a plusieurs modes de discipline. Ainsi donc plusieurs établissements soutiennent beaucoup d'erreurs; or, la vérité n'a rien d'identique qu'elle-même.

— Vous me surprenez! tout ce qui sort de cette hérésie ne peut qu'être fatal à notre suprématie; elle vient de l'erreur comme nous venons du bon droit.

— Cela peut être bon pour la chrétienté, mais qu'est-ce que

cela signifie pour les musulmans, pour les adorateurs du feu, les Indous, les païens, et toutes les autres croyances? Chacune de ces sectes est aussi empressée de corriger l'erreur par sa discipline particulière que nous autres par celle de l'église romaine. Jusques aujourd'hui certainement ce malheur n'est pas arrivé souvent parmi les chrétiens, quoique sans doute nous ne soyons pas sans avoir nos dissentiments. Mais, grâces à l'invention de l'imprimerie et à la variété d'opinions qui en est le fruit, je prévois que nous aurons une lutte de doctrines, et toutes seront pesées et raisonnées de manière à prouver la vérité ou à exclure l'erreur. Cette prétention à une haute autorité et à une grande sévérité pour maintenir la pureté de la doctrine et ce que nous jugeons être la vérité, est tout juste ce que les jurisconsultes appellent *quoad hoc* ; mais relativement à la question générale, je ne vois pas quelle est sa vertu. Maintenant que les hommes s'engagent avec passion dans des discussions semblables, nous verrons diverses modifications dans l'Eglise, et toutes seront présentées comme offrant plus ou moins d'appui et de préservatifs à la vérité ; mais lorsque le temps viendra que les contrées et les communions seront divisées par ces subtilités, excellent Rudiger, nous pouvons craindre de renfermer dans nos établissements, grâces à nos lois, autant d'erreurs que nous en exclurons. Je pense que le ciel est un but qui ne peut être atteint que par une médiation générale, laissant à chacun la liberté de donner crédit aux moindres points de doctrine suivant ses habitudes et son intelligence.

— Ce langage convient mieux à un abbé sans abbaye qu'à celui qui était dernièrement à la tête d'une communauté soumise et florissante! répondit Rudiger d'un ton un peu piqué.

Boniface ne fut point ému de cette allusion ; il regarda froidement son compagnon, et comme un homme qui connaissait trop bien sa supériorité pour s'offenser facilement ; toutefois, malgré cette modération apparente, il eût récriminé, si le père Arnolph, après avoir ouvert la porte, ne fût entré dans l'appartement.

La manière dont les deux abbés mitrés reçurent le prieur prouva le profond respect qu'il avait su mériter par ses qualités toutes chrétiennes. Dans la grande lutte de l'égoïsme qui compose, à un haut degré, le principe de la plupart des actions de ce monde, personne ne commande si universellement le respect que ceux qui portent le fardeau de la vie sans jouir de ses bienfaits, et se retirent de l'arène où on les dispute. Dans la masse, ceux qui s'éloignent du combat parce qu'ils ont peu de chances de succès ont peut-être moins de droits à l'intérêt; mais lorsque celui qui pourrait prétendre à tout montre cette abnégation, il obtiendra pleine justice pour toutes les qualités qu'il possède, et peut-être plus qu'il ne mérite relativement au talent qui lui aurait été contesté s'il avait pris une attitude différente avec ses rivaux. Telle était sous quelques rapports la position du père Arnolph ; et Boniface lui-même n'essayait jamais de combattre le penchant qu'il éprouvait pour le pieux moine, ayant la persuasion secrète qu'aucune de ses vertus, quoique publiquement proclamées, ne pouvait devenir contraire à son intérêt personnel.

— Vous êtes bien fatigué, saint prieur, dit l'abbé d'Einsiedlen en offrant un siége à Arnolph avec une flatteuse attention.

— Je ne m'en aperçois pas, prince Rudiger; la route a été adoucie par de bons discours et beaucoup de prières. Mes pèlerins sont affaiblis, mais heureusement arrivés, et je les ai remis à l'hospitalité du couvent.

— Vous avez avec vous, révérend Arnolph, un noble estimé en Allemagne?

— D'une ancienne famille, et possédant un grand crédit, répondit le prieur avec réserve.

— Qu'en pensez-vous, frère Boniface? il ne serait peut-être pas prudent de faire aucune différence entre ceux qui recherchent notre protection ; mais l'hospitalité et la courtoisie qui conviennent à des personnes de haute naissance n'exigent-elles pas quelques politesses particulières à l'égard du comte? Mon opinion vous paraît-elle juste, digne prieur?

— Dieu ne fait aucune distinction parmi les hommes, abbé d'Einsiedlen.

— Personne peut-il le savoir mieux que nous? Mais nous ne prétendons pas à la perfection, et nos jugements ne peuvent pas être regardés comme décisifs sur le mérite des hommes, au-delà de ce qui appartient à notre place. Notre ordre est un ordre hospitalier ; nous sommes privilégiés pour conquérir l'estime ; ainsi donc, il me paraît sinon convenable, du moins politique, de montrer à un seigneur de ce rang, dans un moment où l'hérésie ne garde plus aucune mesure, que nous lui savons gré de ses sacrifices. Vous gardez le silence, frère abbé?

L'abbé de Limbourg écoutait avec une secrète satisfaction, car il avait des vues que cette proposition favorisait ; il allait donner son assentiment lorsque Arnolph l'interrompit :

— Il y a des personnes nobles parmi les pèlerins qui m'ont accompagné, révérends abbés, dit-il, et il s'en trouve aussi qui méritent d'être plus que nobles, si la plus profonde humilité chrétienne peut prétendre à l'estime des hommes. Je ne viens pas vous parler d'Emich d'Hartenbourg, mais de cœurs brisés, et pour vous demander en leur faveur les prières de l'Eglise.

— Nommez-les, mon père, et soyez certain que ces personnes seront bien reçues. Mais il est déjà tard, et les offices de demain ne doivent point interrompre les devoirs de l'hospitalité.

— Ceux dont je parle, dit Arnolph avec un chagrin visible, sont déjà à la porte ; si vous les admettez, ils pourront mieux exprimer leurs désirs.

L'abbé fit signe qu'il consentait à recevoir les visiteurs, et le prieur se hâta de les faire entrer. Lorsqu'il reparut, il était suivi d'Ulrike, de Lottchen et de Meta. Les deux abbés parurent surpris ; car ils n'avaient pas assez de confiance en eux-mêmes pour admettre des personnes du sexe féminin, à une heure aussi indue, dans la partie la plus retirée du couvent ; ils comptaient peu sur la sécurité de l'innocence.

— Ceci est contre nos usages ! s'écria le supérieur d'Einsiedlen. Il est vrai que nous avons nos priviléges, pieux Arnolph, mais on ne doit en user qu'avec discrétion.

— Ne craignez pas, saint abbé, répondit Arnolph avec calme ; cette visite sera aussi innocente que les cœurs de celles que je viens de nommer. Parlez ! vertueuse Ulrike, et faites connaître vos désirs.

Ulrike fit le signe de la croix, après avoir jeté un regard de tristesse sur les pâles visages de sa fille et de son amie :

— Nous sommes venus dans votre sainte demeure, prince abbé, dit-elle avec lenteur comme une personne qui craint l'effet de ses propres paroles, comme des pénitents, des pèlerins, reconnaissant nos fautes, afin d'expier un grand crime et d'implorer le pardon du ciel. Le pardon de ces fautes nous a été promis par l'Eglise, et par un être plus puissant encore, si nous apportions des cœurs contrits. Sous ce rapport, nous avons maintenant peu de choses à offrir, puisque notre pieux guide, le bon et savant

Arnolph, nous a enseigné tout ce qu'il fallait faire; il ne nous a pas non plus laissé ignorer l'état d'esprit qui convenait le mieux à notre entreprise. Mais, révérend abbé.....

— Continuez, ma fille, vous trouverez ici tout le monde prêt à vous écouter, dit Rudiger avec douceur, observant que les paroles d'Ulrike étaient interrompues par des sanglots étouffés, et qu'elle continuait à jeter des regards inquiets sur Lottchen et sur Meta. La voix d'Ulrike devint plus basse, mais elle prit encore plus d'expression lorsqu'elle continua.

— Saint bénédictin, aidée par la bonté du ciel, je veux, en tout ce qui touche notre pèlerinage et ses devoirs, nous confier entièrement aux conseils du pieux Arnolph, et il vous dira que rien d'essentiel n'a été négligé. Nous avons prié, jeûné, reçu le sacrement de pénitence avec un cœur contrit, et accompli toutes les expiations d'usage. Nous venons donc demander un service de cette sainte communauté, et nous espérons qu'elle ne sera pas refusée à des chrétiens.

L'abbé eut l'air surpris; mais il attendit qu'Ulrike continuât.

— Il a plu au ciel de nous ravir une personne qui nous était chère, et presque subitement, ajouta Ulrike non sans jeter un regard inquiet sur ses compagnes, et nous voudrions obtenir les puissantes prières du couvent de Notre-Dame-des-Ermites pour le salut de son âme.

— Quel était l'âge de cette personne?

— Dieu l'a rappelée, révérend abbé, dans la première jeunesse.

— De quelle manière mourut-elle?

— Par une subite manifestation de la volonté de Dieu.

— Mourut-elle en paix avec Dieu et avec l'Eglise?

— Mon père, sa mort fut prompte et malheureuse. Personne ne peut savoir l'état de l'âme dans ce terrible moment.

— Mais vivait-elle dans les pratiques de notre religion? Vous venez d'un pays où l'hérésie a fait des progrès rapides, et c'est un moment où le berger ne doit pas abandonner le troupeau.

Ulrike attendit un instant pour répondre, car la respiration de son amie devenait bruyante et précipitée.

— Prince abbé, dit-elle enfin, c'était un chrétien; je l'ai tenu moi-même sur les fonts baptismaux. Cette humble pénitente et pèlerine lui donna le jour, et il s'est souvent confessé au saint prieur Arnolph.

L'abbé ne semblait pas satisfait de ces réponses; ses sourcils se contractaient, et ses regards mécontents erraient sur Arnolph et les trois femmes.

— Pouvez-vous répondre de votre pénitent? demanda-t-il subitement au prieur.

— Son âme a besoin de prières.

— Etait-il entaché d'hérésie?

Arnolph garda le silence. Une lutte violente agitait son esprit; car s'il soupçonnait les opinions de Berchthold, il ne savait rien de sa conduite qu'un juge scrupuleux et consciencieux pût prendre pour une preuve évidente de son éloignement de l'Eglise.

— Vous ne répondez pas, père prieur?

— Dieu ne m'a pas accordé le don de pénétrer dans le secret des cœurs.

— Ah! cela devient plus clair. Révérend Boniface, que dites-vous de cette réponse?

L'abbé détrôné de Limbourg avait d'abord écouté ce dialogue avec indifférence. Un sourire ironique avait passé sur ses lèvres lorsque Ulrike parlait; mais, lorsque Arnolph fut questionné, ce sourire fit place à une vive curiosité de savoir la manière dont un homme si consciencieux se tirerait de ce dilemme. Interrogé à son tour, il se trouva obligé de prendre part à la conversation.

— Je ne sais que trop, prince abbé, dit-il, que l'hérésie fait de rapides progrès dans notre malheureux Palatinat; sans cela l'abbé de Limbourg ne serait point errant et forcé de chercher un abri à Einsiedlen.

— Vous entendez, ma fille! Le jeune homme est soupçonné d'être mort hors de l'Eglise.

— Si cela est vrai, plus l'erreur est grande et plus son âme a besoin de prières.

— Ce serait en vérité aider Lucifer à renverser nos tabernacles; ce serait aussi une faiblesse indigne de notre état. Je suis fâché de refuser les prières d'une personne aussi zélée, mais nos autels ne peuvent offrir les saints sacrifices en faveur de ceux qui les méprisent. Ce jeune homme a-t-il participé à la chute de Limbourg?

— Mon père, il mourut écrasé sous ses ruines, dit Ulrike d'une voix à peine intelligible, et nous regardons cette mort comme une nouvelle raison de demander des messes particulières en sa faveur.

— Vous demandez l'impossible. Si nous cédions à notre pitié dans ce cas d'hérésie bien reconnue, nous risquerions de décourager les fidèles, et d'enhardir ceux qui ne sont déjà que trop indépendants.

— Mon père! dit une voix basse, tremblante et remplie d'expression.

— Que voulez-vous, ma fille? demanda l'abbé en se tournant vers Lottchen.

— Ecoutez la prière d'une mère : mon fils était né et fut élevé dans le sein de l'Eglise. Par des raisons auxquelles je dois me soumettre, le ciel montra de bonne heure son courroux sur son père et sur moi. Nous étions riches, et nous devînmes pauvres; nous étions estimés des hommes, et nous apprîmes combien il était plus sûr de s'appuyer sur Dieu. Nous nous soumîmes, et lorsque nous vîmes ceux qui nous avaient autrefois considérés avec respect nous regarder avec mépris, nous embrassâmes notre enfant; et, loin de murmurer, nous éprouvions de la reconnaissance. Cette épreuve n'était pas encore suffisante, le père fut enlevé à ses humiliations et à ses souffrances, et mon fils revêtit la livrée d'un baron. Je ne veux pas dire, je ne peux pas dire que mes forces eussent suffi pour supporter tous ces malheurs. Un ange, sous la forme de cette excellente et fidèle amie, fut envoyé pour me soutenir. Jusqu'à la chute de Limbourg, nous avions nos espérances et nos heures de bonheur; mais ce crime a tout détruit : mon fils a péri frappé par la juste colère de Dieu, et je vis pour implorer le ciel en sa faveur. Voudriez-vous refuser les faveurs de l'Eglise à une mère qui n'a plus d'enfant, qui, après avoir obtenu ce qu'elle réclame, n'aura plus qu'à remercier le ciel et à mourir!

— Vous me troublez, ma fille; mais je vous prie de vous rappeler que je ne suis que le gardien d'un dépôt auguste et sacré.

— Mon père! dit une seconde voix plus touchante encore.

— Vous aussi, mon enfant! que voulez-vous d'un homme qui ne serait que trop prêt à accéder à votre prière si son devoir ne le lui défendait?

Meta s'était agenouillée, et, rejetant en arrière le capuchon de son manteau de pèlerine, elle montra un visage que le sang ne colorait plus, et qui avait la blancheur de la neige. La jeune fille semblait faire de violents efforts sur elle-même ; et, trouvant de l'encouragement dans les yeux de sa mère, elle continua :

— Saint et révérend abbé, je sais, dit-elle avec cette phraséologie régulière d'une personne qui a appris comment elle doit s'exprimer, que l'Eglise a besoin d'une grande sévérité, et que sans cela il n'y aurait ni ordre ni durée dans son existence. Ma mère me l'a enseigné, et nous reconnaissons toutes les deux la vérité de ce principe. C'est pour cette raison que nous nous sommes soumises à tout ce que l'Eglise ordonne, n'ayant jamais négligé d'approcher des sacrements, d'assister au service divin, d'observer les jeûnes et les fêtes. Le révérend Boniface lui-même ne pourra nier la vérité de mes paroles.

Meta s'arrêta, comme pour inviter l'abbé à dire un mot en sa faveur ; mais Boniface garda le silence.

— Quant à celui qui est mort, reprit Meta, dont la voix avait le son d'une douce et plaintive musique, voilà la vérité. Il était né chrétien, et jamais il n'a rien dit en ma présence contre l'Eglise. Vous ne pouvez penser, mon père, que celui qui désirait posséder mon estime eût essayé de l'obtenir par des moyens qu'une fille chrétienne ne pouvait approuver. Je sais qu'il fréquenta souvent les confessionnaux de l'abbaye ; il était même favorisé des bonnes grâces du prieur, vous pouvez le demander à ce saint homme. En marchant contre Limbourg, il ne fit qu'obéir à son seigneur, comme beaucoup d'autres l'ont fait avant lui ; et certainement tous ceux qui tombent sur le champ de bataille ne peuvent être condamnés à jamais. Si l'hérésie règne en Allemagne, ne suffit-il pas de courir tant de dangers pendant sa vie ? faut-il encore que nous laissions peser sur les morts le poids de leurs actions passées, sans réclamer les secours de l'Eglise, sans nous souvenir de leurs âmes ? Oh ! vous penserez autrement, révérend Rudiger, et vous reviendrez sur votre cruelle décision. Accordez-nous les prières de l'Eglise pour l'âme du pauvre Berchthold ! J'ignore ce que le révérend Boniface a pu vous dire en secret, relativement à ce jeune homme ; mais je pourrais dire en sa faveur, en présence de toute la terre, qu'on ne verra jamais un fils plus soumis, un serviteur plus fidèle, un guerrier plus brave, un homme plus doux dans les relations sociales, et qu'aucun cœur plus tendre que le sien ne bat maintenant dans le Palatinat !

Peut-être en dis-je plus qu'il ne convient à une jeune fille, ajouta Méta avec ardeur ; et un point rouge brilla sur ses joues au milieu de ses larmes ; mais les morts sont muets, et si ceux qui les aimaient n'expriment avec force leurs besoins, de quelle manière le ciel connaîtra-t-il leur détresse ?

— Ma bonne fille, interrompit l'abbé, qui commençait à se sentir touché, nous penserons à cela. Allez vous reposer, et que Dieu vous bénisse.

— Je ne saurais dormir tant que l'âme de Berchthold sera dans ce cruel danger. Peut-être le ciel demandera-t-il des pénitences en sa faveur : ma mère Lottchen n'est plus ni jeune ni forte, comme elle l'était autrefois ; mais vous voyez, mon père, ce que je suis : dites-moi ce que vous exigez : des pèlerinages, des jeûnes, des macérations, des veilles, tout me sera indifférent. Ne craignez pas que je m'en effraie : vous ne pouvez me procurer un plus grand bonheur que de me donner cette tâche pour le salut de l'âme du pauvre Berchthold. Oh ! si vous l'aviez connu, saint moine ! si bon avec les faibles, si aimable avec nous autres jeunes filles, et si franc, vous consentiriez bien volontiers alors à lui accorder vos prières.

— Boniface, n'y a-t-il aucun moyen de faire cette concession ?

— Je voudrais vous parler, mon frère, répondit l'abbé de Limbourg, qui d'un air pensif entraîna son confrère loin du groupe.

La conférence des deux abbés fut courte, mais elle fut décisive.

— Emmenez cette enfant, dit l'abbé Rudiger à Ulrike, les coupables doivent porter le poids de la colère du ciel.

Le prieur soupira profondément ; mais il invita les femmes à obéir, comme une personne qui voit l'inutilité de nouvelles instances, Montrant le chemin aux pèlerines, il quitta la demeure de l'abbé ; ses compagnes le suivirent, et pas un murmure ne leur échappa lorsqu'elles donnèrent cette preuve d'une patiente soumission. Ce fut seulement lorsque Ulrike et Lottchen furent au grand air, qu'elles s'aperçurent que la jeune fille qu'elles soutenaient était évanouie : comme ces faiblesses étaient habituelles depuis quelque temps, Ulrike ne ressentit pas de trop vives alarmes ; il ne se passa pas non plus beaucoup de temps avant que les trois pèlerines allassent chercher le repos dont elles avaient si grand besoin.

CHAPITRE XXVII.

> Fi ! oncle Beaufort ! je vous ai entendu prêcher;
> cette malice fut un grand, un énorme péché.
> SHAKSPEARE. *Le roi Henri VI.*

LE caractère d'une communauté de bénédictins, sous les rapports sociaux, a déjà été décrit dans les premiers chapitres de cet ouvrage. Les moines d'Einsiedlen, quoique desservant des autels favorisés d'une manière particulière, ne faisaient point exception à la règle générale. Le nombre et la qualité distinguée des pèlerins qui fréquentaient cette enceinte leur donnaient seulement occasion de mettre plus souvent encore en pratique les principes d'hospitalité qui distinguent cet ordre. Lorette elle-même a son palais pour les convenances de ces princes qui descendent de leur trône pour s'agenouiller dans la « *santa casa*, » car la politique, pour ne pas parler d'un motif plus généreux, exige que les sentiers soient adoucis pour ceux qui ne sont pas habitués à rencontrer des difficultés. Conformément aux règles de son ordre, quoique reléguée dans une contrée sauvage, la communauté de Notre-Dame-des-Ermites avait une demeure pour l'abbé, des logements pour les étrangers, ses magasins de provisions, aussi bien que ses cellules et ses cérémonies religieuses.

Nous reprendrons le fil de notre histoire trois heures environ après l'entrevue dont nous avons parlé dans le chapitre précédent, c'est-à-dire presque à la nuit. Le lieu de la scène est une salle de festin, ou, en termes plus convenables, un réfectoire particulier, dans lequel le prince abbé avait l'habitude de recevoir ceux en faveur desquels il voyait des raisons suffisantes d'exercer une plus grande politesse. Il n'y avait pas beaucoup de luxe dans les décorations extérieures du lieu ; car une inutile ostentation de richesses n'entrait point dans le système d'une communauté qui tirait ses principaux moyens d'existence de la libéralité des dévots. Cependant la salle était décorée aussi bien que le permettaient les habitudes grossières du siècle dans la position solitaire du lieu, habitudes qui constituaient davantage la partie substantielle des jouissances humaines que ces inventions efféminées que l'usage a rendues depuis presque indispensables aux générations suivantes. Le plancher de tuiles ou de briques n'était pas très-uni, les murs étaient recouverts de boiseries de chêne, et le plafond avait la prétention de représenter le souper des noces de Cana et le miracle de l'eau changée en vin. Bien qu'on fût au milieu de l'été, un bon feu brillait dans la vaste cheminée. La dimension de l'appartement et l'air vif de la montagne rendaient un tel auxiliaire non seulement agréable, mais nécessaire. La table était large et bien couverte, offrant à l'œil enchanté ces liqueurs saines et généreuses qui augmentent depuis si longtemps l'estime que les voyageurs de bon goût éprouvent pour le Rhin.

Autour de cette table on voyait l'abbé, son confrère Boniface, un ou deux favoris de la communauté d'Einsiedlen, Emich, le chevalier de Rhodes, M. Latouche, Heinrich Frey et le forgeron. Les premiers avaient l'habit de leur ordre, tandis que les autres étaient confondus, quant à l'extérieur du moins, par leur habit de pèlerin. Dietrich devait cet honneur inusité à la circonstance fortuite de se trouver en si bonne compagnie, privée des marques ordinaires de son rang. Si Boniface connaissait la classe à laquelle il appartenait, l'indifférence ou la politique l'empêchait de le laisser voir.

Si un étranger avait été soudainement introduit au milieu de cette scène, il eût à peine reconnu les pénitents fatigués et les sévères religieux, au milieu de ce repas joyeux, et à la bonne harmonie qui régnait entre les convives. L'appétit était déjà plus que satisfait, et plus d'un verre avait été bu en honneur des hôtes et des pèlerins, avant le moment précis où nous reprenons le fil de cette histoire.

Le prince abbé occupait le siège d'honneur, comme il convenait à son rang, tandis que Boniface était assis à un de ses côtés, et le comte d'Hartenbourg de l'autre. La grande considération due au premier, aussi bien que son caractère personnel et la douceur de ses manières, avait conservé la paix et une sorte de politesse entre ses deux voisins, et ils n'avaient encore donné ni l'un ni l'autre la preuve la plus légère qu'ils se connaissaient le moins du monde. Cette duplicité polie, qui, suivant toute apparence, a une bien ancienne origine, et à laquelle participait Albrecht de Viederbach avec un rare talent, aidait à contenir les sentiments de leurs inférieurs, qui, étant moins habitués à dissimuler, auraient pu sans cela parler de leurs fatigues en faisant allusion aux événements qui les avaient causées.

— Vous trouvez nos vins passables, observa courtoisement l'abbé, que nous distinguerons maintenant par le titre d'abbé d'Einsiedlen. — Celui qui est dans cette coupe d'argent vient de la libéralité du dernier électeur, qui envoya des offrandes à Notre-Dame-des-Ermites pour obtenir le retour à la santé d'une personne de sa famille, et qui eut la bonté d'accompagner le don qu'il fit au trésor du couvent d'un petit cadeau particulier. Celui que vous semblez goûter le mieux est un présent de voisinage, provenant de notre frère de Saint-Gall : parmi tous ceux qui portent le capuchon il n'y a pas un plus généreux religieux. Vous savez, mon fils, que le bon vin est depuis longtemps l'objet d'un soin particulier dans cette riche communauté?

— Vous jugez trop favorablement de mes connaissances en histoire, prince abbé, répondit Emich, posant le verre de manière à prouver cependant qu'il pouvait se vanter en toute sûreté d'être familier avec le bon vin. Nous autres habitants des basses contrées nous perdons peu de temps à de semblables études, nous confiant simplement à ceux qui habitent les universités pour la vérité de ce que nous entendons. Si le supérieur de Saint-Gall possède une grande quantité de cette précieuse liqueur, il conviendrait que nos guides spirituels nous envoyassent dans certaines occasions en pèlerinage à son couvent, qui ne peut pas être loin de celui-ci, à moins que mes notions géographiques ne soient en défaut.

— Vous n'auriez pu parler mieux si vous étiez un docteur de Wittemberg ou de Rome même! A cause de nos montagnes, du manque de ponts et autres inconvénients, il faut deux fois vingt-quatre heures pour qu'un cheval conduise des portes de notre couvent à celui de notre frère de Saint-Gall, bien que dans des occasions importantes nous soyons parvenus, grâces à de fidèles domestiques, à lui faire parvenir des nouvelles dans l'espace d'un jour et d'une nuit. Saint-Gall est une riche abbaye dont l'existence est fort ancienne, qui a la réputation méritée d'avoir été l'asile des lettres pendant les époques d'ignorance de notre siècle. Cependant l'augmentation de la ville et la turbulence des temps ne lui a pas permis d'échapper impunément au danger qui menace tous les catholiques romains.

C'était la première allusion faite aux événements qui avaient rassemblé tous les convives d'une manière si singulière; et, sans l'adresse de Boniface et l'empire qu'il avait sur lui-même, elle aurait pu amener une discussion qui n'eût point été agréable.

— Saint-Gall et ses mérites ne sont ignorés d'aucun des religieux qui portent le froc de Saint-Benoît, répondit-il avec un calme admirable. Vous avez raison de dire que ce monastère a été pendant plusieurs siècles le seul protecteur du savoir en Europe; car, sans les veilles et la fidélité de ses abbés et religieux, tout ce que nous possédons maintenant, et ce que nous prisons le plus, aurait été perdu pour la postérité et pour nous-mêmes.

— Je ne doute pas, révérend bénédictin, observa Emich en s'adressant poliment à Boniface, comme un homme bien élevé parle à table à un convive auquel il est étranger; je ne doute pas que ce goût précieux pour le vin dont il était question tout à l'heure ne soit le fruit de ces connaissances que vous admirez.

— C'est une question que je ne déciderai pas trop précipitamment, répondit l'abbé en souriant. Cela pourrait être, car nous avons entendu parler de discorde entre l'abbé de Saint-Gall et d'autres membres de l'Eglise, relativement à l'usage et à la qualité de son vin.

— C'est l'exacte vérité, répondit l'abbé d'Einsiedlen. Il y eut même une guerre entre le prince évêque de Bâle et nos frères de Saint-Gall, qui amena de terribles disputes et de grandes pertes.

— Eh quoi! le désir de participer à une bonne cave fut-il assez fort pour engager nos prélats du Rhin à venir si loin à la recherche de ce vin?

— Vous êtes dans l'erreur, mon fils, sur la nature des vins de Saint-Gall. Nous avons des vignes, il est vrai, dans nos montagnes comme celles qui avoisinent le lac de Zurich, et d'autres qu'on pourrait encore nommer; mais le vin de notre pays n'est bon qu'à échauffer seulement le sang de nos paysans. Celui qui en a goûté de meilleur ne remplit presque jamais sa coupe du vin qui se recueille dans aucun pays de ce côté de la Souabe, de ceux du Rheingau en particulier. Mais le territoire de Saint-Gall est fort étendu, et une partie est plus éloignée des contrées favorisées que nous ne le sommes ici,

— Vous aviez besoin d'expliquer cela, prince abbé, car nous savons parfaitement que le Bâlois vient dans notre pays pour faire ses provisions, au lieu que la guerre dont vous parlez l'eût conduit loin de son but.

— Vous n'êtes pas venu jusqu'ici, mon fils, sans avoir remarqué le cours du Rhin, sur les bords duquel vous avez si longtemps voyagé. Ce beau fleuve, quoique si turbulent et si dangereux, au milieu des montagnes, nous est d'un grand secours pour nos provisions. Par le moyen du lac de Constance et de la rivière basse, des bateaux pesamment chargés parviennent jusque sur le territoire de nos frères de Saint-Gall; et la dispute à laquelle nous avons fait allusion venait de ce que les révérends prélats de Bâle voulaient exiger un droit de péage sur les provisions de l'abbaye. Vous pouvez vous rappeler, ajouta le prince abbé en se tournant vers Boniface, que lorsqu'ils furent les uns et les autres fatigués des coups qu'ils se donnaient, le bon évêque envoya demander ce que la Vierge avait fait pour que les religieux, du haut de la montagne, massacrassent ses enfants? et que pour réponse on lui fit parvenir cette plaisante question : Qu'est-ce que Saint-Gall a fait pour que vous arrêtiez ses vins?

Les auditeurs sourirent, amusés par cette description caractéristique, car ces incidents étaient encore trop récents pour exciter, même parmi les religieux, d'autres réflexions que celles qui étaient naturellement amenées par l'intérêt personnel que chacun prenait à la contestation.

— Par les mages! révérend prince abbé, dit Emich, votre histoire donne au vin une nouvelle saveur; elle sert de plus à éloigner de nos pensées les souffrances de notre corps et la fatigue de nos pieds.

— Votre pèlerinage, mon fils, apportera sa récompense comme il a apporté ses fatigues. S'il ne servait qu'à vous éloigner pour un moment des hérésies de l'Allemagne, et à vous rapprocher de l'Eglise, ainsi que vos amis, vos peines ne seraient pas perdues.

— C'est bien ainsi que je l'entends, dit Emich en vidant son verre après l'avoir regardé un instant à la lueur du feu. — Saint-Gall avait raison dans cette affaire, et celui qui ne voudrait pas prendre les armes pour soutenir sa cause ne serait pas digne de les porter. Eh bien ! digne Frey, tu gardes le silence ?

— J'espère, noble comte Emich, que je ne fais que ce qui est convenable à un pèlerin, à un homme qui a besoin de se rappeler ses devoirs, de crainte que la ville qui l'a envoyé ne lui reproche sa négligence.

— Par la vérité de Dieu, maître bourgmestre! si quelqu'un ici doit se souvenir de Duerckheim, c'est le souverain seigneur de cette ville. Ainsi, égayez-vous, en allégeant notre fardeau, toujours sous la faveur et les bonnes grâces de cette communauté hospitalière.

— Vous êtes un serviteur de la croix ? demanda l'abbé d'Einsiedlen à Albrecht de Viederbach, en faisant signe au chevalier de s'approcher.

— Un indigne serviteur, prince et pieux Rudiger; et je puis ajouter que je suis un serviteur de la croix qui a cédé aux séductions de la bonne chère et de la société, sans parler de la force du sang; sans cela cette expiation m'eût été épargnée.

— Je n'ai point fait mention de votre état pour vous en faire un reproche, répondit le courtois prélat. Une telle licence ne conviendrait pas à l'hospitalité. Dans ces murs nous faisons une grande différence entre la table et le confessionnal.

— Cette distinction est juste et promet un respect éternel à votre doctrine, en dépit de toutes les hérésies. L'écueil contre lequel Luther viendra se briser ainsi que ses adhérents, du moins suivant l'opinion d'un ignorant, est le désir d'obtenir une perfection à laquelle les hommes ne peuvent atteindre. La religion est bonne en elle-même, comme la chevalerie ; mais ni les prêtres ni les chevaliers ne pourraient porter en tout temps une armure. Le schismatique veut faire un moine d'un laïque, tandis que ce qu'il y a de plus beau dans la création c'est l'ordre qui y règne; et celui qui est chargé du salut des âmes suffit pour sa profession sans imposer ce fardeau aux épaules de celui qui a déjà plus d'affaires temporelles qu'il ne peut en supporter.

— Si beaucoup de personnes pensaient comme vous, mon fils, nous aurions moins d'embarras et une meilleure discipline. Nos autels ne sont pas inutiles, et si ceux qui les fréquentent pensaient qu'ils suffisent à leur sûreté, le monde s'épargnerait de grandes disputes, et répandrait moins de sang. Mais avec des opinions aussi respectables, sire chevalier, ajouta l'abbé d'un ton plus confidentiel, m'est-il permis d'exprimer ma surprise de vous voir condamné à un pèlerinage pour crime commis envers un couvent?

Albrecht de Viederbach haussa les épaules et regarda son cousin d'une manière significative.

— Que voulez-vous, noble et révérend prélat! nous sommes les créatures des circonstances. On doit quelque chose à ses amis et à l'hospitalité, sans parler des liens du sang et de la parenté. Le mauvais succès de la guerre de Rhodes, l'envie de revoir encore les champs de notre Allemagne, car le pays de nos pères nous devient bien plus cher dans l'adversité, et les habitudes d'une vie errante, me conduisirent au château d'Hartenbourg; une fois entré, il n'est pas surprenant que le convié prêtât l'appui de son épée à son hôte dans une petite affaire. Ces événements, comme vous le savez, prince abbé, ne sont pas assez rares pour être regardés comme des miracles.

— Ce que vous dites est vrai, répondit l'abbé parlant toujours comme s'il était seul avec le chevalier; et ne marquant pas une grande surprise à cet aveu de principes qui étaient assez communs dans ce siècle, et qui ont passé sous une forme différente jusqu'au nôtre, puisque nous voyons journellement des hommes, dans les affaires les plus graves d'une nation, mettre leur moralité à la disposition d'un parti, plutôt que de s'exposer à l'odieux de manquer à cette espèce de foi sociale. Ce que vous dites est très vrai, et peut vous fournir une excuse auprès de votre grand-maître. Sous beaucoup de rapports vous pourrez trouver aussi que ce pèlerinage vous a été salutaire.

— Sans aucun doute, révérend abbé. Nous avions peu d'occasions pendant le siége de porter une attention convenable aux rites de la religion, et depuis que nous avons été chassés de l'île, la légèreté de notre conduite en général a laissé bien des arrérages qu'il faut payer maintenant : c'est un fait que j'essaie de me rappeler.

— Et votre compagnon, celui qui a l'air si courtois, n'a-t-il pas aussi des rapports avec l'Eglise?

Albrecht se tourna pour murmurer cette réponse:

— C'est simplement un homme qui circule sous le froc, révérend bénédictin, un jeune homme qui a été la dupe du comte Emich; car pour vous parler franchement, mon cousin ne manque pas de la politique nécessaire à un homme de son rang, et aux habitudes d'un sage gouvernement.

L'abbé sourit de manière à prouver une bonne intelligence entre lui et le chevalier. Ils parlèrent ensuite secrètement et avec chaleur pendant quelque temps, faisant signe par leurs regards à M. Latouche de venir prendre part à leur entretien. Pendant ce temps la conversation devint générale entre les autres convives.

— J'ai été fâché d'apprendre, révérend bénédictin, dit Emich en évitant les regards de Boniface, et en s'adressant à un des religieux d'Einsiedlen, que vous ayez refusé des messes pour le salut de l'âme d'un homme qui a péri dans cette malheureuse dispute qui nous a procuré le plaisir de vous voir. J'aimais le jeune homme, et j'agirais libéralement avec ceux qui l'assisteraient dans ce moment terrible.

— Cette affaire a-t-elle été exposée devant ceux qui ont le droit de décider? demanda le moine, montrant par la direction de ses yeux qu'il voulait parler de son supérieur.

— On m'a dit qu'on l'avait fait, et d'une manière touchante, mais sans succès ; j'espère qu'il n'y a point eu d'interposition hostile dans cette affaire ; le salut d'une âme en dépend, c'est une matière bien délicate.

— Je ne connais que le père du mal lui-même qui puisse être ennemi des âmes ! répondit le moine avec une honnête surprise. Quant à nous, notre plus grand bonheur est d'être utiles dans de semblables occasions, et particulièrement lorsque la demande est faite par un ami du défunt digne d'une aussi haute faveur.

— Appelez-vous dignes de ses faveurs ceux qui défient l'Eglise, qui renversent les autels, et qui viennent dans le temple à main armée? dit Boniface d'une voix sombre et ferme.

— Révérend abbé !

— Laissez-le donner carrière à son humeur, dit Emich avec fierté. Celui qui n'a plus d'abri peut bien sentir de temps en temps sa bile s'émouvoir. J'aurais voulu que nous fussions amis, Boniface, et cela devrait être ainsi après notre traité solennel, et toutes les réparations auxquelles nous avons consenti ; mais le désir de dominer ne vous abandonne pas, il me semble, même dans l'exil.

— Vous vous trompez, en pensant que j'oublierai ma dignité

et ma position, Emich. Cette question était adressée au bénédictin, et non pas à vous.

— Alors, que le bénédictin réponde. Je vous demande, mon frère, s'il est convenable et juste que l'âme d'un jeune homme d'une bonne réputation, dont les mœurs étaient pures, qui avait des espérances raisonnables sur la terre, soit exposée à un refus sur le simple souvenir d'anciennes hostilités, ou bien encore parce qu'il existait au moment de sa mort des incidents qu'on aurait mieux fait d'éviter.

— L'Eglise doit juger pour elle-même, noble pèlerin, et se décider par les règles qui guident sa conduite.

— Par les onze mille vierges ! vous oubliez que tous les usages ont été respectés, et que ces messes ne sont point demandées comme un pauvre implore la charité, mais que nous compterons de bon or en faveur du jeune homme ; si nous n'en avons pas fait assez, je vous jure, Boniface, puisque votre influence semble être si forte, qu'à mon retour de nouvelles offrandes seront remises. Berchthold m'était cher, et je ne voudrais pas qu'il fût dit que tout souvenir de sa personne fut enterré sous les cendres de Limbourg.

Bien que, chacun à leur manière, Emich et Boniface fussent irascibles, violents, et peu habitués à être contrariés, ils ne manquaient cependant ni l'un ni l'autre de cet empire sur soi-même, si nécessaire aux hommes qui ont le soin d'intérêts importants. Ils avaient appris de bonne heure à soumettre plus ou moins leurs sentiments à leur politique, et, bien qu'il leur fût impossible de manifester une complète indifférence sur des sujets qui contrariaient trop ouvertement leurs vues, il fallait une colère bien forte pour les exciter à trahir, sans nécessité, leurs véritables émotions. Leur entrevue, grâces à cette modération affectée, avait été moins violente qu'on n'aurait pu le penser ; car il n'arrivait pas souvent que l'un et l'autre fussent amenés au point d'éclater de colère précisément au même instant, et celui qui restait le plus froid tenait en échec celui qui s'était momentanément oublié.

Dans cette circonstance, la question intempestive et remplie de fierté du comte aurait pu produire une rupture immédiate, contrairement aux intérêts des pèlerins et au grand scandale de la communauté d'Einsiedlen ; néanmoins Boniface écouta avec une apparente politesse, et répondit comme un homme qui se rappelle ses devoirs de prêtre plutôt que ses injures particulières.

— Si j'avais eu le bonheur, seigneur pèlerin, dit-il avec calme, de conserver des autels auxquels vous trouvez tant de mérites, votre demande en faveur du jeune homme eût été considérée avec attention; mais maintenant vous vous adressez à un prélat qui, comme vous, doit tout à l'hospitalité de ces excellents frères, et qui n'a pas même de toit pour abriter sa tête.

— Je ne le sais que trop., répliqua le comte un peu confus de cette humilité subite; mais plutôt que d'abandonner l'âme d'un jeune homme dans une position si pénible, l'âme d'un serviteur que j'ai tant aimé, je crois que je serais capable de fonder quelque chapelle dont l'étendue et la beauté seraient en rapport avec sa situation lorsqu'il vivait.

— Sur la montagne de Limbourg, seigneur Emich ?

— Non, excellent Boniface : vous oubliez notre traité amical, ce pèlerinage et autres conditions honorablement remplies. On ne peut plus élever d'autels sur la montagne de Limbourg; ce serait oublier nos serments et nos promesses, et ce serait pécher des deux côtés; mais des autels et des chapelles peuvent exister autre part. Accordez-nous cette grâce, et comptez sur notre gratitude et notre justice pour en obtenir la récompense.

Boniface sourit; il sentait son pouvoir, et il en jouissait, car il se rappelait que, peu de temps auparavant, il avait été à la merci du même baron qui maintenant implorait ses faveurs. Il n'est pas facile de nos jours de comprendre cette singulière contradiction qui portait Emich d'Hartenbourg, le destructeur du monastère de Limbourg, à supplier un moine; mais celui qui comprend parfaitement le caractère du baron doit se rappeler la durée des impressions reçues dans la jeunesse, l'effrayant mystère qui est attaché à l'avenir, et par-dessus tout l'instabilité qui est toujours le fruit d'un combat entre les principes et les intérêts, entre la force de la raison et les désirs de l'égoïsme.

— Vous m'accusez injustement lorsque vous dites que j'ai oublié mes serments et notre traité amical, pieux pèlerin, répondit Boniface; je me les rappelle, et je les respecte, comme vous verrez dans la suite; mais dans votre requête, vous avez négligé un incident qui a apparemment échappé involontairement à votre justice bien connue et à votre impartialité. On sait que votre forestier était grandement entaché de l'hérésie qui s'élève maintenant en Allemagne.

— Boniface, il faut qu'il y ait erreur dans ceci, interrompit le comte ; nous avons sa mère parmi nous autres pèlerins, et croyez-vous qu'une prosélyte de Luther entreprendrait un voyage si fatigant pour satisfaire Rome ?

— Nous parlons de l'enfant, et non pas de la mère, seigneur pèlerin. Si tous ceux qui ont été élevés dans de meilleurs principes observaient les préceptes de leurs pères, cette hérésie aurait été épargnée à notre siècle. Je ne puis douter de l'irrévérence de ce jeune garçon, puisque nos propres oreilles peuvent rendre témoignage de ses paroles.

— Comment ? avez-vous jamais confessé ce jeune homme, révérend abbé ? demanda Emich avec surprise. Je ne vous croyais pas une si grande condescendance pour une personne de son état. Par la messe ! je ne croyais pas non plus ce jeune homme assez faible pour toucher à ces points contestés au confessionnal.

— On peut faire des observations autre part que dans l'église ou sous le voile de ses mystères, seigneur pèlerin. Il y eut autrefois une question entre nous, noble comte, résolue à l'amiable, et d'une manière fort gaie, qu'il n'est pas nécessaire d'expliquer maintenant.

— Relativement à certaines vignes, répondit Emich en riant ; ce fait n'est pas assez éloigné pour qu'il soit sorti de ma mémoire, quoique mon cousin et ce bon abbé français n'aient pas montré dans cette affaire tout le courage qu'on aurait pu attendre d'eux.

— Votre forestier vous rendit un meilleur service. Vous pouvez aussi vous rappeler qu'il y eut une certaine discussion, et que le hardi jeune homme hasarda une comparaison sur l'arbre dépouillé de ses branches inutiles, et l'arbre qu'on laisse croître dans sa difformité.

— Abandonnerez-vous une âme au danger qu'elle court, pour des propos aussi légers, révérend Boniface ? Par la justice de Dieu ! ceci ne promet pas beaucoup en ma faveur dans les temps à venir. Berchthold, excité par les intérêts de son maître, avoua quelques principes qu'il aurait pu ne pas mettre au jour ; mais, en tous cas, mon père, plus les fautes ont été graves, plus l'âme du pécheur a besoin de messes.

— Je ne veux pas vous le disputer ; tout ce que je veux dire, c'est que ceux qui prétendent vivre par les conseils de Luther doivent aussi avoir recours à lui pour le salut de leur âme.

— Amis, dit l'abbé d'Einsiedlen en approchant de la table dont il s'était retiré un peu pour converser plus à son aise avec l'abbé français et le chevalier de Rhodes, voici l'heure à laquelle on doit célébrer une première messe en faveur de ce pèlerinage. La cloche fait entendre le premier son, et il est convenable que nous nous retirions, pour nous préparer à ce devoir.

A cette interruption, Boniface, qui voyait se former l'orage, se leva gaiement et disparut aussitôt; le reste des convives s'écoula, chacun suivant sa condition. Emich et son cousin se retirèrent avec le loisir d'hommes plutôt habitués à faire attendre les autres qu'à hâter leurs mouvements plus qu'il ne leur convient de le faire.

Après avoir parcouru cette scène, nous conseillons à notre lecteur de retenir ses remarques, jusqu'à ce qu'il ait bien pesé le sujet dans son esprit. En traçant ce qui s'est passé dans le réfectoire particulier du couvent de Notre-Dame-des-Ermites, nous ne voulons nous livrer à aucune censure, ni blesser aucune croyance ou secte de chrétiens, mais montrer simplement les habitudes et les opinions du siècle dans lequel vivaient les personnages de cette légende. Que ceux qui ont eu l'intention de s'ériger en critiques et en censeurs examinent froidement autour d'eux, et puis, faisant les concessions nécessaires sur le nouvel aspect de la société, se demandent si des contradictions aussi apparentes, des inconséquences aussi éloignées de la vérité, un égoïsme presque aussi grossier et aussi injuste, ne se manifestent pas encore aujourd'hui également parmi les partisans de Rome et les prosélytes de Luther, comme nous l'avons représenté ici. Nous pouvons montrer la prétention d'avoir amélioré les opinions et les pratiques de nos prédécesseurs; mais nous sommes encore loin d'être les créatures conséquentes et équitables que nous deviendrons un jour, il faut l'espérer.

CHAPITRE XXVIII.

>Gardez-vous de juger, nous sommes tous pécheurs !
>SHAKSPEARE. *Le roi Henri VI.*

Parmi les expiations prescrites aux pèlerins de Duerckheim et d'Hartenbourg, on avait spécifié une espèce de service matinal : c'était celui où ils étaient appelés. Il avait été accordé aux plus faibles un temps de repos nécessaire, et les plus robustes s'étaient occupés de la manière que nous venons de décrire. On admettait comme certain que plusieurs pénitences personnelles avaient été accomplies à différentes époques pendant le long voyage.

Une heure après que les convives eurent quitté la table de l'abbé, une procession de bénédictins traversait les cloîtres et entrait dans l'intérieur de l'église. Quoique la communauté d'Einsiedlen ne fût pas remarquable par son austérité, cependant il n'était pas extraordinaire que les moines de tous les ordres quittassent leurs cellules dans certaines occasions, et interrompissent la tranquillité de la nuit par leurs chants et le service divin. Lorsque les sens viennent d'être rafraîchis par le sommeil, et que l'esprit, se trouvant dans une situation convenable à la prière, est transporté ainsi en la présence immédiate de la Divinité, l'encens doit être plus pur, et la louange dégagée de tous sentiments humains ; elle doit participer à cette pureté qui distingue l'adoration des anges, bien plus qu'aucune autre prière qui sort de la bouche des hommes, puisque c'est dans un tel moment qu'on ressent le moins le fardeau des liens corporels.

Jusque dans l'observance journalière de leurs devoirs de paroisse, les bons catholiques obéissent avec une rigidité de pratique inconnue même dans les pays d'origine puritaine. On entend la cloche dans chaque village aux premières lueurs du jour ; à des heures indiquées, tous ceux qui l'entendent sont avertis de rentrer en eux-mêmes, de chasser les pensées terrestres et de s'adresser à Dieu. A la chute du jour, les fidèles sont de nouveau appelés à l'office de vêpres. Ce sont de beaux et touchants souvenirs de nos devoirs, et lorsqu'on les pratique avec sincérité, ils ne peuvent manquer d'entretenir l'esprit dans une soumission convenable au grand pouvoir qui dirige toutes nos destinées. Dans les pays où les laboureurs sont réunis dans les villages, cette pratique est facile. Il n'en peut être ainsi en Amérique, et nous l'attribuons au grand désavantage de la distribution éparse de notre population rurale ; c'est aussi par la même raison que nous manquerons à jamais de ces communications sociales qui donnent à la vie plus ou moins de ses charmes poétiques. Heureusement il y a d'un autre côté des compensations plus que suffisantes de ces désavantages, ainsi que des autres anomalies de nos usages.

La distribution d'une église de bénédictins, les décorations de ses autels, la manière dont les moines occupent leurs stalles dans le chœur, ont été trop souvent mentionnées dans ces pages pour qu'une description nouvelle soit nécessaire. Depuis longtemps habitués à ces exercices, les moines se rendirent promptement dans leurs stalles, quoique ceux pour qui le saint sacrifice était offert ne fussent pas aussi exacts.

Ulrike, Lottchen et les autres femmes entrèrent en corps dans l'église, tandis que les hommes, comme c'est l'ordinaire dans toutes les matières qui touchent les sentiments spirituels, arrivèrent les derniers. Emich et le bourgmestre firent enfin leur entrée, suivis de leurs compagnons, trahissant tous, par leur air endormi, qu'ils avaient cherché à remédier, par le sommeil, aux effets du dernier repas, et à se reposer de leurs fatigues.

Pendant la messe, les compagnes de Lottchen et d'Ulrike montrèrent une dévotion exemplaire et une grande attention au service ; mais les bâillements du comte et ceux de sa troupe, les yeux errants de côté et d'autre, et finalement le profond sommeil de plusieurs, prouvaient assez que la partie éthérée de leur nature était dominée par la partie matérielle.

Il y eut une procession du chœur à la châsse, et l'on y récita des prières comme le jour précédent, les yeux fixés sur le visage de Marie, qui n'avait rien de terrestre. Comme chacun était libre de pratiquer à sa manière ses devoirs particuliers, il y avait une grande différence dans le temps employé à les accomplir. Les femmes paraissaient faire partie de la pierre sur laquelle elles étaient agenouillées, et il y avait des instants pendant lesquels leurs corps, sans mouvement, eussent paru aussi inanimés que l'image qu'elles imploraient, sans les profonds soupirs qui s'échappaient quelquefois de leur poitrine, ou un frisson qui parcourait tous leurs membres, signe visible d'un chagrin intérieur. Meta était à genoux entre sa mère et Lottchen; son âme paraissait absorbée dans la dévotion; ses regards étaient attachés sur l'œil animé qui brillait dans les profondeurs de la chapelle mystérieuse, éclairée par des lampes splendides et bien disposées; son imagination transformait l'image en une sainte réelle et bénie par le choix de Dieu, et son esprit s'attachait à cette illusion comme un malheureux cherche à distraire sa douleur. Elle songeait à l'avenir et à la tombe, aux récompenses qui attendent le juste dans le ciel, à cette éternité sans fin dans laquelle elle avait foi; et les liens de la terre se détachaient peu à peu. Elle éprouvait un saint désir de goûter ce repos; mais, malgré la nature religieuse de cette occupation, Berchthold, dans son habit vert de forestier, avec son air riant, son pas léger, sa voix joyeuse, se mêlait à tous les tableaux de son imagination. Quelquefois il lui apparaissait comme un saint, couvert d'une robe flottante, et barbu, car c'était ainsi qu'elle avait l'habitude de voir les saints hommes représentés dans les ouvrages de l'art; et cependant, par une contradiction qui prenait naissance dans son cœur, elle le voyait toujours jeune et beau; alors elle lui donnait des ailes, et l'unissait aux anges qui semblaient voltiger au-dessus du chœur, et dont un si grand nombre étaient suspendus entre les voûtes et le pavé de l'édifice. Quoique cela puisse paraître singulier à quelques uns de nos lecteurs, son imagination était si pleine de ces illusions, que cette pauvre et tendre jeune fille avait rarement passé une heure aussi heureuse que celle qui s'écoula pour elle dans cette sainte joie au pied de la châsse de Notre-Dame-des-Ermites.

Les sensations de Lottchen étaient bien différentes; son chagrin était de ceux auxquels l'imagination n'a point de part. Elle pleurait l'enfant auquel elle avait donné le jour, et qui était l'appui de sa vieillesse et l'orgueil de sa vie. Aucune illusion ne pouvait égarer l'imagination d'une mère, ni aucun travail de l'esprit ne pouvait changer la triste réalité en autre chose qu'une vérité amère. Cependant Lottchen trouvait de la consolation dans ses prières. La foi religieuse était active en elle, bien que l'imagination sommeillât; car rien ne pouvait être plus différent que les illusions de l'une et les profondes convictions de l'autre, et il lui était possible de trouver des consolations à son chagrin en se reportant, avec une calme et chrétienne espérance, au-delà des intérêts de la vie.

Les sentiments et les émotions d'Ulrike ne différaient de ceux de son amie que dans leur degré d'énergie et dans cette circonstance que toute sa sollicitude maternelle était dirigée sur un objet vivant. Mais Ulrike, bonne, sincère et d'une grande sensibilité, éprouvait une vive douleur de la mort de Berchthold; n'eût-il été que l'enfant de Lottchen, elle n'aurait pu être indifférente pour lui; mais habituée, comme elle l'était depuis des années, à songer à son union avec Meta, elle ressentait sa perte presque autant que s'il eût été son propre fils.

Il n'en était pas ainsi d'Heinrich. Le secours qu'il avait reçu de Berchthold pendant l'assaut avait gagné son estime, car la sympathie que les braves éprouvent les uns pour les autres est des plus fortes. Mais le bourgmestre ne s'était pas complu toute sa vie dans l'amour des biens de ce monde pour renoncer subitement à cette passion incurable, grâces à la seule impulsion d'un sentiment généreux. Il eût volontiers donné une faible part de ces biens si chéris au jeune homme, mais lui accorder Meta était à ses yeux lui abandonner le tout; et, pour nous servir d'une comparaison en harmonie avec ses idées habituelles, il lui semblait que c'était prêter de l'or sans intérêts que de donner Meta à un mari sans fortune. Il y a des hommes qui accumulent pour des avantages accidentels à la richesse, d'autres amassent poussés par l'aiguillon d'une passion abstraite et presque inexplicable, tandis que d'autres encore entassent des monceaux les uns sur les autres, absolument comme les enfants font des boules de neige; et leur jouissance consiste à admirer la masse énorme qui s'est réunie par leurs soins. Heinrich appartenait à cette dernière classe; il n'en avait pas moins de goût pour les résultats généraux de la richesse: semblable aux hommes qui considèrent l'argent comme une fin et non comme un moyen, il avait formé le plan de doubler la masse de ses capitaux par le mariage de sa fille, et il regardait la réussite de ce projet comme le coup le plus heureux et le plus grand d'une existence fortunée. Cependant Heinrich Frey avait ses moments où il était naturellement sensible, et la douleur qu'éprouvait Meta de la mort de Berchthold le touchait au point qu'il aurait été porté à dire qu'il regrettait le sort de son jeune lieutenant autant pour elle que pour lui. Il est plus que probable néanmoins que si Berchthold avait pu subitement être rendu à la vie, le bourgmestre serait revenu à sa première manière de penser, et aurait trouvé que la résurrection du jeune forestier suffisait seule pour consoler toute la famille.

Heinrich et le comte furent des premiers à quitter leur attitude de suppliants devant la châsse. Ils avaient répété l'un et l'autre le nombre de prières exigées, et, essuyant leurs genoux, les deux pèlerins s'éloignèrent et s'enfoncèrent sous les ailes de l'église comme des hommes très-satisfaits d'eux-mêmes. Mais en même temps qu'il était si prompt à donner du repos à ses membres, le bourgmestre arrêtait un œil vigilant sur Dietrich, qui, étant un pénitent payé, devait, selon lui, en donner à Duerckheim pour son argent en fait de mortifications et d'*Ave*. Presque toutes les lumières du chœur avaient été éteintes, et les ailes de l'édifice n'étaient visibles qu'à la lueur de quelques bougies éparses qui brûlaient presque constamment devant les autels de différentes petites chapelles. En se dirigeant vers la nef, Emich posa lentement la main sur l'épaule de son compagnon, semblant l'inviter par la gravité de son geste à lui prêter toute son attention.

— Je voudrais de tout mon cœur, dit le comte, obtenir de ces serviteurs de Notre-Dame-des-Ermites des messes pour l'âme de notre pauvre Berchthold. Si les prières ont quelque pouvoir, il me semble que c'est parmi des hommes qui possèdent un trésor comme cette châsse dont on raconte tant de miracles.

— Votre vœu, noble frère pèlerin et ami, est aussi le mien; pour avouer la vérité, je n'ai guère pensé à autre chose pendant que je débitais mes *Ave*, qu'à trouver les moyens de persuader le saint abbé, moyennant un prix raisonnable, de changer ses opinions, afinque l'âme du jeune homme profite de ses prières.

— Tu ne t'es pas trop occupé, l'ami Heinrich, de ce que tu as à faire ici, à ce qu'il paraît!

— *Saperment!* qu'attendez-vous donc, seigneur Emich, d'un homme de mon âge et de mon état? A force de répéter les mots, on finit par les savoir par cœur; et lorsque je dis mon chapelet, mes doigts roulent simplement sur les grains et mes yeux sont occupés ailleurs. Mais pour revenir au jeune homme, si nous payions davantage pour les messes, cela élèverait le prix courant et nous y perdrions inutilement; car, si je comprends bien la question, la somme donnée ne change en rien la véritable valeur des prières à l'égard du défunt.

— Heinrich, répondit le comte d'un air pensif, on dit que le frère Luther dénonce ces prières *post mortem*, comme n'ayant aucune utilité.

— Cela changerait grandement la question, seigneur comte et frère pèlerin. On voudrait être certain dans une affaire si délicate; car si la raison est du côté du moine de Wittemberg, nous perdons notre or; et, s'il a tort, l'âme de Berchthold ne se trouvera pas mieux de nos doutes !

— Nous autres laïques, nous sommes cruellement tourmentés entre ces deux opinions, digne bourgmestre, et je désire que ces réformateurs amènent la question à une conclusion quelconque le plus promptement possible. Par la messe! il y a des moments où je suis prêt à jeter le rosaire et à me mettre du côté du duc Frédéric de Saxe, comme étant le parti le plus raisonnable et le plus digne d'un homme; mais, cependant, s'il avait tort : tu sais, Heinrich, que nous perdrions le profit de l'érection des chapelles que nous avons promises, des *Ave* que nous avons dits, de l'or que nous avons payé, et la protection de Rome ! Tu vois le malheur du pauvre Berchthold, pour quelques paroles dites légèrement.

Heinrich soupira, car il sentait la force de ce dilemme, et il réfléchit avant de parler, comme un homme qui sent qu'il va exprimer des sentiments dangereux dans une situation délicate; il répondit à voix basse :

— Seigneur Emich ! nous ne sommes que poussière, et encore pas d'une très bonne qualité. La poterie a son utilité lorsqu'elle est bien cuite et bien préparée, mais de quelle utilité est l'homme lorsque le souffle l'a abandonné? On dit que l'âme reste, et qu'il faut en prendre soin; je ne veux point disputer là-dessus, mais est-il raisonnable d'acheter une patente de salut avec la monnaie courante pour une chose qui, par sa nature impalpable, échappe à nos sens? Regardez ce coquin de forgeron, pardon de l'expression, noble comte, mais notre ville a loué ce fripon pour faire pénitence en faveur de ses habitants, et mes yeux ne s'éloignent pas plus tôt de sa personne, que ses lèvres deviennent aussi stationnaires que deux ailes de moulin pendant un calme plat. Mes devoirs envers Duerckheim demandent que j'aille le ranimer, après quoi, avec votre permission, je reviendrai pénétrer plus avant dans la philosophie qui nous occupe en ce moment.

Après avoir prononcé ces mots, Heinrich se hâta d'aller rejoindre son pénitent de louage avec un zèle fort louable pour les intérêts de ses concitoyens. Il trouva le forgeron dans une immobilité parfaite, et ce ne fut que par des secousses vigoureuses et répétées qu'il parvint à tirer d'un profond sommeil son auxiliaire salarié.

Pendant ce temps Emich se promenait, toujours occupé de ses réflexions. En atteignant la grille du chœur il allait retourner sur ses pas, lorsque quelqu'un qui parut à une des portes de côté de l'église lui fit signe de s'approcher. Emich obéit, et trouva son ancien rival, Boniface, qui l'attendait.

Le salut que se firent ces deux ennemis fut poli, mais échangé avec une certaine retenue. Néanmoins, après un court entretien ils se retirèrent ensemble, et ce ne fut qu'à la chute du jour que le comte d'Hartenbourg reparut parmi les pèlerins. Les détails de ce qui se passa dans cette secrète entrevue ne furent jamais connus du public, bien que les événements qui eurent lieu dans la suite donnèrent à penser qu'elle eut rapport à l'arrangement final de l'existence, longtemps contestée, du monastère dans le Jaegerthal. On sut, dans le couvent d'Einsiedlen, que l'abbé Rudiger avait fait partie du conseil, qui se termina à l'amiable. Ceux qui étaient disposés à la censure dirent, quelque temps après, que dans cette dispute, comme dans toutes celles où les faibles et les humbles se prêtent aux vues des forts et des puissants, ceux par qui la bataille fut livrée, et dont l'inimitié implacable avait semé la discorde parmi leurs serviteurs, trouvèrent subitement les moyens d'apaiser leur colère, et de calmer la tempête qu'ils avaient soulevée, de manière à en faire retomber presque toutes les conséquences sur la tête de leurs alliés. Ce résultat, qui paraît être universel pour tous ceux qui ont l'imprudence de se lier d'une manière indissoluble avec des amis qui peuvent disposer de leur destinée, devait être prévu, puisque l'homme ou la communauté qui est assez faible pour se confier avec trop d'abandon à la bonne foi du puissant, soit que nous considérions ici les individus ou les nations, doit se regarder comme un instrument propre à favoriser des vues qui ont peu de rapports avec ses propres intérêts. Dans les cas de cette nature, les hommes partagent le sort de l'orange, qu'on jette au loin après en avoir exprimé le jus; et les sociétés elles-mêmes sont sujettes à subir les changements qui marquent l'existence du coursier; d'abord choyé et caressé, on le conduit ensuite au brancard, puis il termine sa carrière à la charrue.

Pendant qu'Emich et Boniface concluaient leur traité secret d'une manière aussi avantageuse que le second pouvait l'espérer, vu l'état de l'Allemagne, et à l'entière satisfaction du premier, les cérémonies expiatoires suivaient leur cours. Tiré de son sommeil, Dietrich essaya de compenser le temps perdu par une nouvelle ardeur, et le bourgmestre lui-même, craignant que la négligence du mercenaire n'attirât quelque calamité sur la ville, se joignit à lui comme s'il n'avait encore rien fait pour accomplir le but de leur pèlerinage.

Le soleil s'était retiré vers l'occident, lorsque les pèlerins songèrent à retourner dans le Palatinat : le père Arnolph était encore à leur tête. Bénie par l'abbé, et en grande faveur auprès de l'Eglise, toute la troupe se mit en route, sinon avec le cœur plus léger, du moins avec le corps reposé, les espérances ranimées, et des sacs beaucoup moins lourds.

Ulrike et Lottchen s'arrêtèrent lorsqu'elles atteignirent les limites de la plaine d'où elles pouvaient avoir la vue d'une partie de l'abbaye. Là, ainsi que Meta, et la plus grande partie des pèlerins, elles prièrent longtemps avec ardeur, ou du moins semblèrent prier. Lorsqu'elles se levèrent, le prieur, qui pendant tout le temps passé au couvent avait été profondément occupé par des exercices religieux, et dont l'esprit s'était reposé à un degré proportionné à la sincérité de sa foi, vint près du principal groupe de femmes, avec des regards remplis d'une sainte espérance, et un visage sur lequel on pouvait lire la paix de son cœur.

— Mes filles, dit-il, nous sommes sur le point de prendre congé à jamais de la châsse de Notre-Dame-des-Ermites. Si vous n'avez point trouvé ce soulagement que les âmes pieuses espèrent de cet autel sacré, attribuez-le à cette fragilité qui est inhérente à la nature humaine; et si vous avez obtenu des consolations et de l'encouragement par vos offrandes et vos prières, vous pouvez en toute sécurité l'imputer à la bonté de Dieu. Et toi, mon enfant, ajouta-t-il avec une tendresse paternelle en s'adressant à Meta, tu as été péniblement éprouvée dans ta jeune existence. Mais Dieu est avec toi, comme il est dans ce nuage bleu, dans ce soleil d'or, dans cette masse glacée qui est là-bas s'élevant jusqu'au ciel, dans tous ses ouvrages qui sont si brillants à nos faibles regards! Tourne-toi avec moi vers cette montagne qui, à cause de sa forme, est appelée la Mitre. Regarde bien; ne vois-tu rien de particulier?

— C'est une masse de rochers sauvages, mon père, répondit Meta.

— Ne vois-tu rien de plus sur le sommet?

Meta regarda attentivement, car il paraissait sur le pic le plus élevé un objet si petit et si semblable à une ligne tracée à l'horizon, que d'abord elle passa la main sur ses yeux, pensant que c'était un cheveu qui était devant sa vue.

— Mon père, s'écria enfin la jeune fille en joignant les mains avec ferveur, je vois une croix!

— Ce rocher est le symbole de la justice éternelle de Dieu, ma fille; cette croix, le gage de ses faveurs et de son amour. Va, mon enfant, et conserve l'espérance.

Les pèlerins se retournèrent et descendirent la montagne dans un silence contemplatif. Dès cette soirée ils traversèrent le lac, et couchèrent dans l'ancienne et romantique ville de Rapperschwyl. Le jour suivant, le pèlerinage étant heureusement accompli, ils se dirigèrent vers leur habitation lointaine en descendant le Rhin en bateau.

CHAPITRE XXIX.

> Mais tu es fait d'argile, tu ne peux donc comprendre que ce qui fut d'argile comme toi : tu ne verras pas autre chose.
>
> Lord Byron. *Caïn.*

Le retour des pèlerins fut un jour de joie pour tous ceux qui habitaient Duerckheim. Bien des prières avaient été dites à leur intention pendant leur longue absence, et divers rapports vagues sur leur arrivée et leurs succès avaient été écoutés avec plaisir par leurs amis et compatriotes. Mais lorsqu'on vit le bourgmestre et ses compagnons aux portes de la ville, les bons citoyens coururent çà et là dans leur accès de joie, et les embrassements, surtout parmi les femmes, furent mêlés de larmes. Emich et ses gens ne parurent pas, ayant pris le sentier qui conduisait au château d'Hartenbourg.

Les bourgeois, toujours catholiques quoique chancelants, avaient conçu bien des doutes sur les fruits de leur politique hardie, tandis qu'on délibérait sur leur expiation. La ville était située au milieu d'un pays qui est peut-être plus occupé de légendes extraordinaires, même de nos jours, qu'aucun autre pays de l'Europe; et l'on peut facilement concevoir que dans de telles circonstances l'imagination d'un peuple nourri dans la superstition ne pouvait s'endormir. En effet, bien des bruits étranges circulaient dans la vallée et dans la plaine. Quelques uns parlaient de croix de feu brillant la nuit au-dessus des murs de l'ancienne abbaye; d'autres assuraient que des chants se faisaient entendre à minuit, et qu'on avait vu des processions de spectres parmi les tours en ruines. Un paysan, en particulier, certifiait qu'il avait eu un entretien avec l'esprit du père Johan. Ces contes trouvaient des auditeurs plus ou moins crédules, suivant leur intelligence; et à ceux-là on peut en ajouter un autre qui était accompagné de circonstances si positives qu'elles donnaient des doutes à ceux-là même qui étaient le moins disposés à prêter leur attention aux incidents d'une nature miraculeuse.

Un paysan, en traversant la forêt par un sentier solitaire, prétendait avoir rencontré Berchthold revêtu de son habit vert, sa toque sur sa tête et son cor en bandoulière, et ayant son couteau de chasse à la ceinture; enfin, tel qu'il fut représenté au lecteur dans les premières pages de cet ouvrage. On ajoutait que le jeune homme était occupé à chasser un chevreuil, et fort animé par cet exercice. De temps en temps il soufflait dans son cor. Les chiens étaient près de lui, obéissant à son moindre signal. Enfin, on décrivait le fantôme comme participant à toutes les habitudes journalières du forestier.

Si le récit s'était arrêté là, il se serait confondu avec les mille histoires de visions semblables et effrayantes qui avaient été faites dans ce pays avide de merveilleux, et qui avaient été oubliées;

mais il était accompagné, comme nous l'avons dit, de circonstances positives qui s'adressaient aux sens d'une manière incontestable. Les deux chiens favoris du forestier manquaient depuis quelques semaines; des cris ressemblant aux leurs avaient été entendus au milieu de la forêt, et remplissaient les échos des montagnes.

Cette confirmation extraordinaire du conte du paysan eut lieu pendant la semaine qui précéda le retour des pèlerins. Ces derniers trouvèrent leurs compatriotes exaltés par ces récits, car le jour même presque la moitié de la population de Duerckheim s'était rendue dans le défilé de Haart, que nous avons décrit dans le premier chapitre de cet ouvrage, et avait entendu de ses propres oreilles les bruyants aboiements des chiens. Ce fut seulement après les premières félicitations sur le retour des pèlerins et pendant la nuit qui suivit ce retour, que les voyageurs connurent cette circonstance extraordinaire. Emich l'apprit néanmoins avant d'avoir atteint les portes de son château.

Le jour suivant, Duerckheim présentait un tableau aussi animé que confus. La population était heureuse du retour de ses plus chers et plus notables citoyens, mais troublée de la circonstance merveilleuse relative aux chiens, et des bruits étranges qui l'accompagnaient, bruits qui à chaque heure prenaient une plus grande consistance par des détails qui les fortifiaient davantage, et qui arrivaient de différentes sources. De bonne heure dans la matinée un nouvel incident vint augmenter l'exaltation.

Depuis le moment où l'abbaye avait été détruite, pas un individu n'avait osé pénétrer dans ses murs chancelants. Deux paysans du Jaegerthal, excités par la cupidité, le tentèrent secrètement, mais ils revinrent avec d'étranges nouvelles sur les gémissements qu'ils avaient entendus dans l'enceinte consacrée. Le bruit que fit cette histoire, joint au sentiment de vénération qu'on avait depuis si longtemps pour les autels de l'abbaye, avait garanti ce lieu de nouvelles invasions. L'alarme s'étendait jusqu'à l'Heidenmauer, car par une confusion d'accidents qui ne sont pas extraordinaires dans les rumeurs populaires, un récit d'Ilse, concernant le passage de troupes armées à travers les cèdres pendant la nuit de l'assaut, se mêlait à l'effroi général que causait ce lieu, et avait été tellement altéré et embelli, que l'ancien Camp avait été abandonné à sa solitude. Quelques-uns disaient que les esprits des païens eux-mêmes s'étaient réveillés, par ce sacrilége, du sommeil des siècles; et d'autres ajoutaient que, comme l'ermite avait péri dans l'incendie, ce lieu était un lieu maudit. Le secret du véritable nom et de l'histoire de l'anachorète n'était plus un mystère, et l'on mêlait les derniers événements aux premières offenses, de manière à créer une théorie qui satisfaisait le goût de tous pour le merveilleux; quoique, comme c'est l'ordinaire dans toutes les histoires où se mêle un pouvoir surnaturel, elle n'eût pu supporter l'examen de la philosophie ou d'une sévère logique.

Pendant la nuit qui suivit le retour des pèlerins, il y avait eu une grave consultation entre les autorités civiles, au sujet de ces bruits et de ces apparitions extraordinaires. L'alarme commençait à gagner de proche en proche; elle était inquiétante, et l'on délibéra gravement sur la meilleure manière de l'apaiser. Il n'y eut pas un bourgeois présent à la discussion qui se sentît entièrement exempt d'un certain malaise; mais les hommes, et principalement ceux qui sont investis du pouvoir, affectent ordinairement une confiance qu'ils sont souvent loin de ressentir. C'est dans cette disposition que l'affaire fut discutée et décidée. Les événements qui vont succéder en donneront l'explication.

Au moment où le soleil commençait à répandre sa chaleur sur la vallée, les habitants de Duerckheim, à peu d'exceptions près, se réunirent à cette même porte de la ville que le comte Emich avait forcée naguère avec si peu de cérémonie. Là ils furent placés, par ceux qui avaient été chargés de ce devoir, dans l'ordre d'une procession religieuse. Les pèlerins marchaient en tête, car on attachait à leur personne une espèce de vertu, grâces à leur récent voyage. Puis venait le clergé avec les emblèmes ordinaires de la foi catholique. Les bourgeois suivaient, puis, en dernier lieu, les femmes et les enfants, sans beaucoup d'attention à suivre l'ordre. Lorsque tout fut réglé, la procession se mit en marche, accompagnée par le chant des choristes, et prit la direction de Limbourg.

— C'est ici un court pèlerinage, frère Dietrich, dit le bourgmestre, qui, en sa qualité de chrétien en odeur particulière de sainteté depuis son retour d'Einsiedlen, était encore associé avec le forgeron; il n'est pas probable qu'il nous fatigue beaucoup. Cependant, si la ville avait été aussi active et aussi courageuse que nous autres qui avons visité les montagnes, cette petite affaire d'aboiements de chiens et de gémissements à minuit au milieu des ruines aurait été terminée avant notre arrivée. Mais une ville sans chefs est comme un homme sans raison.

— Vous pensez alors que nous serons quittes à bon marché, honorable Heinrich, de ces fantômes et de ces cris diaboliques? Pour ma part, je le déclare, bien que mes pieds soient suffisamment endoloris, grâces à ce que nous avons déjà fait, je désirerais que le voyage fût plus long, et les ennemis plus semblables à des humains.

— Va, l'ami, il ne faut pas croire la moitié de ce que l'on raconte. La promptitude avec laquelle on ajoute foi à des bruits insignifiants forme la distinction principale entre le vagabond et l'homme établi. Si cela était convenable entre un magistrat et un artisan, je te parierais quelque menue monnaie que cette affaire tournera tout différemment qu'on ne le suppose; et je ne crois pas, Dietrich, que tu ajoutes foi à tous les mensonges qu'on se plaît à inventer.

— Si Votre Seigneurie voulait seulement me dire ce qu'un homme bien pensant doit croire?

— Mon ami, voilà tout ce que j'attends de nos recherches : quand nous nous promènerions et que nous exorciserions pendant un mois, nous trouverions qu'il n'y a pas de meute, soit en liberté, soit en laisse, mais peut-être un chien ou deux que nous attraperons, à moins qu'ils ne lassent notre adresse. Vous verrez ensuite que cette histoire du père Johan qui poursuit le jeune Berchthold, tandis que celui-ci poursuit un chevreuil, n'est qu'un conte, car ce moine était le dernier homme qui pût avoir la fantaisie de se livrer à cette course bruyante. Quant au forestier, je gagerais, sur ma vie, que son apparition se bornera simplement à quelques traces de ses pas, modeste signe que son âme désire les messes qui lui ont été refusées par les bénédictins; car je ne connais pas de jeune homme moins capable de troubler inutilement tout un pays que Berchthold Hintermayer, vivant ou mort.

Un bruit général et un murmure confus qui s'éleva parmi ses compagnons engagea Henrich à terminer son explication. La tête de la procession avait atteint le défilé; et comme elle allait tourner dans la vallée, un bruit de chevaux se fit entendre. L'exaltation de toute la troupe se changea promptement en un sentiment d'effroi, et l'on s'attendit généralement à quelque apparition surnaturelle. Un nuage de poussière s'éleva sur la montagne, et le comte Emich, suivi d'une troupe de serviteurs bien montés, sortit de ce nuage. Il était si ordinaire de rencontrer des processions de cette nature, que le comte n'aurait manifesté aucune surprise s'il eût ignoré le motif qui engageait la population de Duerckheim à quitter ses murailles; mais connaissant déjà ses intentions, il descendit promptement de cheval, et s'approcha du bourgmestre, la toque à la main.

— Tu vas exorciser, digne Heinrich, dit-il, et l'amour que je porte à ma ville de Duerckheim a conduit rapidement mes pas, afin de prêter honneur et secours, s'il en est besoin, à ceux que j'aime. As-tu une place parmi tes pèlerins pour un pauvre baron et pour ses amis?

L'offre d'Emich fut joyeusement acceptée: le courage se ranime par toute apparence de secours. Emich, quoique équipé en cavalier, fut reçu parmi ses anciens compagnons. Le délai causé par cette interruption étant terminé, la procession, ou plutôt la foule, car l'inquiétude, l'ardeur et la curiosité avaient presque rompu tout ordre, se dirigea vers la montagne.

Les ruines de Limbourg, encore noircies par la fumée, étaient entourées de silence et de solitude. A en juger sur les apparences, nul pied d'homme ne les avait foulées depuis le moment où les assaillants s'étaient précipités à travers les portes extérieures de l'abbaye, après un tumultueux triomphe dont la joie avait été arrêtée par la terrible catastrophe qui l'avait terminé, la chute des murs du couvent. Si ces premiers s'étaient avancés vers ces portes avec toute l'ardeur que donne l'attente d'un assaut furieux, ceux-ci s'avançaient lentement, troublés par la crainte de quelques visions effrayantes et surnaturelles. Des deux côtés il y eut désappointement. Le succès des assaillants sans avoir eu de résistance à repousser est connu, et la procession avança de même avec une égale impunité. Quoique plusieurs voix faillirent lorsqu'elle entra dans l'église déserte et désolée, il n'arriva rien qui pût justifier les alarmes.

Encouragés par ce calme pacifique, et désirant donner des preuves de leur supériorité sur les terreurs populaires, le comte et Heinrich commandèrent à la foule de rester dans la nef tandis qu'ils s'avanceraient vers le chœur. Ils trouvèrent à chaque pas les preuves d'un affreux incendie, mais rien qui pût leur occasionner aucune surprise, jusqu'à ce qu'ils fussent arrivés au grand autel réduit en cendre.

— *Himmel!* s'écria le bourgmestre en arrêtant rapidement son noble ami par ses vêtements ; votre pied était sur le point d'outrager les os d'un chrétien, monseigneur comte ! car le père Johan en était un sans aucun doute, quoiqu'il ne fût guère porté à la charité et que dans ses sermons il nous condamnât aux flammes éternelles.

Emich recula, car il s'aperçut en effet que par inattention il avait été sur le point de briser ces restes hideux de la mort.

— C'est là que périt un grand fanatique, dit-il en remuant le squelette avec le bout du fourreau de son épée.

— Et il est encore ici, noble comte ! voilà qui résout la question du moine poursuivant le jeune Berchthold à travers la forêt et parmi les cèdres de l'Heidenmauer ; il serait bon et utile de montrer ces restes au peuple.

Ce conseil fut approuvé, et la foule fut appelée pour être témoin que les os du père Johan étaient toujours restés à la place où ce religieux était mort. Tandis que les curieux et les timides exprimaient à voix basse leurs opinions sur cette découverte, les deux chefs descendirent dans la chapelle souterraine.

Cette partie de l'édifice avait moins souffert des flammes. Protégée par le pavé supérieur et entièrement construite en pierre, elle n'avait éprouvé d'injures matérielles que celles qui lui avaient été infligées par le marteau des assaillants. Des fragments de tombes étaient épars de tous côtés, et çà et là on apercevait sur les murs des traces onduleuses de fumée. Emich voyait avec regret qu'il devait à sa précipitation la démolition de l'autel et des autres monuments élevés en mémoire de sa famille.

— Je ferai transporter ailleurs les ossements de mes pères, dit-il d'un air pensif. Ceci n'est point un sépulcre convenable pour une noble famille.

— Ah! ils reposent honorablement dans ce lieu depuis longtemps, seigneur Emich, et c'est bien dommage qu'ils n'aient pas été laissés sous leurs couvercles de marbre. Mais nos artisans montrèrent une agilité inaccoutumée dans cette partie de leur travail, afin de faire honneur, sans aucun doute, à votre illustre maison.

— Personne de ma race ne dormira à l'abri de ces murailles maudites par les bénédictins ! Ecoute : quel est le bruit que nous entendons au-dessus de nous, bon Heinrich ?

— Nos compagnons ont probablement trouvé les ossements de l'ermite et du jeune Berchthold. Remonterons-nous, seigneur comte, pour faire rendre un respect convenable à leurs restes ? Le forestier a des droits sur nous tous, et quant à Odo von Ritterstein, son crime eût été jugé moins sévèrement de nos jours ; d'ailleurs il fut le fiancé d'Ulrike dans sa jeunesse.

— Heinrich, ta femme était fort belle ; elle avait beaucoup d'adorateurs !

— J'implore votre merci, noble comte. Je n'ai jamais entendu parler que du pauvre Odo et de moi-même. Le premier fut éconduit par sa propre folie ; et quant au second, il est ce qu'il a plu au ciel de le faire : un amant et un mari assez indigne, si vous voulez, mais un homme qui possède assez de crédit et assez de considération parmi ses égaux.

Le comte ne contesta point ces qualités à son ami, et ils quittèrent la chapelle souterraine avec le projet d'aller porter leur tribut de respect aux cendres de Berchthold. A leur grande surprise ils trouvèrent l'église déserte. Cependant, au bruit des voix du dehors, il était facile d'apercevoir que quelque incident extraordinaire avait attiré en plein air toute la procession. Curieux de se faire expliquer une interruption si contraire aux règles qu'ils avaient prescrites, les deux chefs, car Heinrich possédait encore ce titre, se hâtèrent de sortir de l'église, et se frayèrent un chemin vers la grande porte au milieu des ruines. Avant d'arriver, leur vue fut encore choquée par le squelette décharné du frère Johan, qui probablement avait été entraîné là dans le tumulte d'une confusion subite.

— *Himmel!* murmura le bourgmestre, tandis qu'il suivait le comte, ils ont abandonné les ossements du bénédictin ! Croyez-vous, seigneur Emich, que, malgré notre incrédulité, quelque miracle leur aurait occasionné cette grande frayeur ?

Emich ne fit aucune réponse, mais entra dans la cour avec l'air d'un maître offensé. Néanmoins le premier regard qu'il jeta sur le groupe qui se pressait vers les murs en ruines, d'où l'on avait une vue du pays environnant et d'une partie de la montagne d'Heidenmauer, le convainquit que ce n'était pas le moment de montrer son mécontentement. Montant sur un ouvrage en pierre à demi renversé, il se trouva entouré d'une cinquantaine de personnes silencieuses, aux regards effarés, parmi lesquelles il reconnut plusieurs de ses plus fidèles serviteurs.

— Que veut dire ce manque de respect à vos devoirs et un abandon si subit des ossements du moine? demanda-t-il. Mais il regarda vainement autour de lui dans l'espérance de voir par ses propres yeux ce qui était arrivé.

— Mon seigneur comte n'a-t-il pas vu et entendu? murmura le vassal le plus proche.

— Quoi, coquin? Je n'ai rien vu que des fous pâles et effrayés, et je n'ai entendu que les battements de leurs cœurs. Veux-tu m'expliquer ce que cela veut dire, varlet? car si tu as quelque chose d'un coquin, du moins tu n'es pas un poltron.

Emich s'adressait à Gottlob.

— Cela n'est pas aussi facile à expliquer que vous le pensez, seigneur comte, reprit le vacher avec gravité. Ces gens sont venus ici avec tant de rapidité, parce que l'on a entendu des cris de chiens surnaturels; d'autres disent qu'on a vu aussi le pauvre Berchthold en personne.

Emich sourit avec mépris, bien qu'il connût assez celui auquel il s'était adressé pour être surpris de la frayeur qui était peinte sur son visage.

— Tu étais attaché à mon forestier?

— Seigneur Emich, nous étions amis, si un homme, dans une position aussi humble que la mienne, peut se servir de ce terme en parlant d'un jeune homme qui approchait de si près la personne de notre maître. Ma famille, comme la sienne, a connu de meilleurs jours, et nous nous rencontrions souvent dans la forêt que j'avais l'habitude de traverser en allant au pâturage ou en en revenant. J'aimais le pauvre Berchthold, noble comte, et j'aime encore sa mémoire.

— Je crois qu'il y a plus d'étoffe en toi que quelques sottes actions ne pourraient le faire croire; j'ai remarqué ta bonne volonté dans différentes occasions, et particulièrement ton adresse en donnant le signal, la nuit où cette abbaye fut renversée. Tu seras nommé à l'emploi laissé vacant par la fin malheureuse de mon forestier.

Gottlob essaya de remercier son maître; mais il était si troublé par le chagrin réel que lui causait la perte de son ami, qu'il ne pouvait trouver de consolation dans son avancement.

—Mes services sont à mon seigneur comte, répondit-il; mais quoique je sois prêt à faire ce qui m'est commandé, je souhaiterais de tout mon cœur que Berchthold fût ici pour reprendre le service à ma place.

—Ecoutez! écoutez! crièrent cent voix différentes.

Emich tressaillit et avança la tête d'un air attentif. Le jour était clair et sans nuages, et l'air des montagnes aussi pur qu'une douce brise et un soleil brillant pouvaient le faire supposer. Au milieu de ce silence éloquent et favorisé par de telles circonstances, on entendit à travers la vallée les cris bien connus d'une meute à la piste. Dans ce pays et dans ce siècle personne n'osait chasser, et personne en effet n'en possédait les moyens, si ce n'était le seigneur féodal. Depuis les derniers événements les forêts avaient été abandonnées; et à la mort de Berchthold, qui jouissait du privilége spécial des chasses, personne n'avait osé suivre ses habitudes.

—Ceci est au moins hardi dit Emich lorsque les cris eurent cessé. Quelqu'un a-t-il des chiens de cette noble race?

— Nous n'en avons jamais entendu parler. Personne n'oserait s'en servir. — Telles furent les réponses qu'il reçut.

—Je connais ces voix, ce sont certainement les chiens favoris de mon pauvre forestier; les chiens n'ont-ils pas rompu leur laisse pour s'amuser au milieu des forêts parmi les cerfs?

— Dans ce cas, seigneur comte, des chiens fatigués resteraient-ils dehors pendant des semaines entières? répondit Gottlob. Voilà quinze jours que ces cris ont été entendus pour la première fois, et cependant personne n'a revu les chiens depuis ce moment jusqu'à présent, à moins que, comme le disent quelques paysans, ils n'aient été vus poursuivant le gibier.

—On ajoute, mon seigneur comte, dit un autre, qu'on a vu Berchthold lui-même dans leur compagnie. Ses vêtements flottaient au gré des vents tandis qu'il courait; il suivait le pas des chiens comme si ses membres avaient été aussi agiles que les leurs.

— Et le père Johan à ses talons, le capuchon sur les épaules et sa robe voltigeant comme un drapeau, par forme d'amusement religieux, ajouta le comte en riant. N'as-tu pas vu, radoteur, que les ossements décharnés du moine sont encore dans les ruines ?

Le paysan fut réduit au silence par le ton impérieux de son maître, mais il ne fut nullement convaincu. Un long silence s'ensuivit ; car cette petite comédie, jouée près du comte, n'avait pas le moins du monde distrait l'attention solennelle de la masse. Enfin, le gosier des chiens mystérieux s'ouvrit de nouveau, et les cris parurent être ceux d'une meute qui se précipite d'une forêt touffue dans une plaine. Au bout de quelques moments les cris se répétèrent, et l'on ne pouvait contester qu'ils vinssent de la bruyère découverte qui entourait le Teufelstein. La crise devenant alarmante, grâces aux superstitions attachées à un tel lieu dans le commencement du seizième siècle, Emich lui-même chancelait, quoiqu'il eût une vague assurance de la folie qui portait à croire que des chiens vivants fussent conduits par le fantôme d'un forestier ; il y avait cependant tant de moyens de trancher cette difficulté lorsque le grand point de la chasse surnaturelle était admis, qu'il trouvait peu de soulagement dans cette objection. Descendant de la pierre sur laquelle il était monté, il était sur le point d'appeler les prêtres et Heinrich à ses côtés, quand un cri général s'éleva parmi les hommes, tandis que les femmes se précipitaient en troupe autour d'Ulrike, qui s'agenouillait, ainsi que Lottchen et Meta, devant le grand crucifix de l'ancienne cour du couvent. En moins d'une minute Emich reprit sa première place sur la muraille en ruines, qui s'ébranla de ce choc impétueux.

— Que signifie ce tumulte irrespectueux ? demanda le comte en colère.

— La meute ! mon seigneur comte, la meute ! répondirent cinquante paysans qui respiraient à peine.

— Expliquez-moi ce que cela veut dire, Gottlob.

— Mon seigneur comte, nous avons vu les chiens sautant là-bas sur les limites de la montagne ; là, juste sur la même ligne que le Teufelstein. Je connais bien ces chers animaux, seigneur Emich, et, croyez-moi, ce sont bien les vieux favoris de Berchthold.

— Et Berchthold ! continuèrent un ou deux des plus amateurs du merveilleux. Nous avons vu le défunt forestier, noble Emich, bondir à la suite des chiens, comme s'il avait des ailes !

L'affaire devenait sérieuse, et le comte descendit lentement dans la cour, déterminé à l'examiner à fond.

CHAPITRE XXX.

> Par l'apôtre saint Paul ! des ombres, cette nuit, ont jeté plus de terreur dans l'âme de Richard que n'auraient pu le faire dix mille soldats en corps et en âme.
>
> SHAKSPEARE. *Richard III.*

La conférence qui suivit eut lieu entre les principaux laïques ; car les rapports que l'Eglise avait entretenus si longtemps avec les pouvoirs surnaturels déterminèrent Emich, qui était jaloux de reconquérir l'ascendant qu'il avait perdu dans le pays, à exclure les prêtres de la décision qu'il était sur le point de prendre. Si nous disions que le comte d'Hartenbourg donnait pleine confiance aux rumeurs qui assuraient qu'on avait vu l'ombre de son forestier occupée de la chasse comme lorsqu'il était en chair et en os, nous ne rendrions probablement pas une entière justice à son intelligence et à sa manière de penser ; mais si nous disions aussi qu'il était entièrement exempt de superstition et de crainte dans cette affaire difficile, nous lui attribuerions un degré de philosophie et d'indépendance d'esprit qui, dans ce siècle, n'appartenait qu'aux savants réfléchis, et que même tous ne possédaient pas. L'astrologie judiciaire avait un grand pouvoir sur les imaginations même de ceux qui prétendaient à la science universelle ; et lorsque l'esprit admet une fois des théories si peu en rapport avec la saine raison, il ouvre la porte à une multitude de faiblesses de la même nature qui en dérivent, et qui semblent une conséquence nécessaire de la première erreur.

La nécessité de résoudre promptement la question fut admise par tous ceux que le comte consulta ; en effet on avait commencé à dire tout bas que ces visions extraordinaires étaient la conséquence du sacrilége, et qu'on ne pouvait espérer aucune tranquillité relativement à ces opérations surnaturelles, jusqu'à ce que les bénédictins fussent rétablis dans leur abbaye et dans leurs anciens droits. Bien qu'Emich fût convaincu que cette opinion venait originairement des moines, par l'entremise de quelques uns de leurs agents secrets, il ne vit d'autre manière de la détruire efficacement qu'en démontrant la fausseté des bruits populaires. De notre temps et dans notre pays [1], une arme de ce genre, forgée par un miracle, serait d'elle-même devenue inutile; mais, dans l'ancien hémisphère, il existe encore, de nos jours, des contrées austères qui sont gouvernées en partie par des opinions de ce genre. A l'époque de notre histoire, la masse était si ignorante et dans une si grande dépendance, que les hommes même qui étaient le plus intéressés à détruire les erreurs populaires avaient les plus grandes difficultés à vaincre leurs propres doutes. On a vu qu'Emich, quoique disposé à secouer le joug de l'Eglise, tenait assez à ses anciens préjugés pour craindre secrètement l'autorité même qu'il était sur le point de braver, et conserver de graves scrupules, non seulement sur la politique, mais sur la légalité du plan que l'ambition le pressait d'adopter. C'est de cette manière que l'homme devient l'instrument des différentes passions et des projets qui l'assiégent, tantôt cédant, tantôt combattant pour résister, suivant la force des raisonnements qui se présentent à son esprit; proclamant qu'il est gouverné par la raison et contenu par des principes, tandis qu'en réalité il consulte rarement l'une ou respecte les autres, à moins que tous ensemble ne s'offrent sous la forme d'un puissant intérêt qui exige une attention active et immédiate. Alors ses facultés sont soudain éclairées, et il s'empare de tous les arguments qui se présentent, de ceux qui ne sont que plausibles comme de ceux qui sont vrais; et il arrive, ainsi que nous le voyons fréquemment, qu'une société entière fait une évolution morale d'un seul trait, adoptant cette année une masse de principes qui sont tout à fait en opposition avec ceux qu'elle professait auparavant. Heureusement tout ce qui est ainsi gagné par les bons principes a de la durée, puisque, quelle que soit la conduite de ceux qui les professent, les principes eux-mêmes sont immuables; et lorsqu'ils sont une fois admis sincèrement, ils ne sont pas facilement détruits par les doctrines bâtardes de l'erreur ou de la convenance personnelle. Ces changements sont graduels relativement à ces *avant-coureurs* de pensées qui préparent la route pour les progrès des nations, mais qui, en général, précè-

1. L'Amérique.

dent de si loin leurs contemporains qu'ils sont entièrement hors de vue au moment de la réformation ou révolution, quelque nom que l'on donne à ces secousses subites; mais, relativement à la masse, elles ont lieu souvent par un *coup de main;* un peuple entier s'éveillant comme par magie, imbu de nouvelles maximes, aussi promptement que l'œil quitte la représentation d'une scène pour en contempler une autre.

Notre but dans cet ouvrage est de représenter la société sous ses points de vue ordinaires, et son passage de l'influence d'un principe dominant à un autre. Si nos efforts s'étaient bornés à représenter le travail d'un seul esprit supérieur, le tableau, quoique vrai par rapport à l'individu, aurait été faux relativement à une société, puisqu'une telle étude se serait réduite à suivre les conséquences de la philosophie et de la raison, — qui n'en valent pas mieux peut-être lorsqu'elles sont liées à l'humanité; tandis que celui qui voudrait représenter le monde, ou une partie matérielle du monde, doit peindre les passions et les intérêts vulgaires avec les couleurs les plus hardies, et se contenter de tracer la partie intellectuelle comme un arrière-plan sacrifié. Nous ignorons si quelqu'un sera disposé à faire la réflexion que nos travaux doivent suggérer, et sans laquelle ils n'ont aucune utilité; mais en même temps que nous admettons leur imperfection, nous sentons aussi que ceux qui les examineront avec calme et candeur conviendront que notre tableau ne manque pas de vérité.

Nous aurions écrit en vain s'il était nécessaire de nous arrêter sur la nature des pressentiments qui obsédaient l'esprit du comte et celui d'Heinrich, pendant qu'ils descendaient la montagne de Limbourg à la tête de la procession. La politique et le dessein de conserver les avantages qu'ils avaient payés si cher les occupaient, tandis que le doute et tous leurs anciens préjugés contribuaient à leur donner de la crainte.

Le peuple avançait à peu près dans le même ordre qu'il avait observé en montant aux ruines de l'abbaye. Les pèlerins étaient en tête, suivis des prêtres de la paroisse et des enfants de chœur; puis venait le reste du peuple, tremblant, curieux et plein de dévotion. Les changements religieux existaient déjà cependant, mais plutôt dans les doctrines et chez le petit nombre, que dans les pratiques et parmi la foule; et on se rappellera que tous les rites étaient ceux qui sont habituellement observés par l'église de Rome, à l'occasion d'un exorcisme, ou d'une supplication particulière pour être délivré des signes mystérieux de la colère céleste. Le comte et Heinrich, comme il convenait à leur rang, marchaient hardiment en avant, car quelle que pût être l'étendue et la nature de leurs craintes, ils les cachaient avec autant de sagesse que de succès. Le digne bourgmestre éprouvait une admiration respectueuse pour la fermeté du noble, et celui-ci s'étonnait qu'un homme comme Heinrich, dont l'éducation avait été si peu soignée, fût capable de montrer une résolution qu'il croyait être le partage de la seule philosophie. Ils se dirigèrent vers la plaine élevée de l'Heidenmauer, par le chemin creux que nous avons déjà mentionné dans ces pages comme celui que suivit Ulrike en descendant à l'abbaye la nuit de l'assaut. Jusqu'à ce qu'ils eussent atteint le sommet, il ne se passa rien qui pût causer de nouvelles alarmes ; et comme les choristes augmentèrent la force de leurs chants, les chefs commencèrent à éprouver une vague espérance d'échapper à de nouvelles interruptions. A mesure que le temps s'écoulait, le comte respirait plus librement, et il s'imaginait déjà qu'il avait prouvé au peuple que l'Heidenmauer n'était pas un lieu plus dangereux qu'un autre dans le Palatinat.

— Vous avez souvent parcouru à cheval cette sauvage habitation du diable, noble et vaillant comte, dit Heinrich lorsqu'ils eurent atteint les limites de la plaine supérieure; une personne si accoutumée à la voir ne peut pas être aisément troublée par les cris et les aboiements d'une meute de chiens, quand ils auraient placé leur chenil sous le Teufelstein lui-même.

— Tu fais bien de dire *souvent*, bon Heinrich ; lorsque j'étais encore enfant, mon excellent père avait l'habitude d'amener ses coursiers sur cette hauteur, et j'avais souvent le plaisir d'être de la partie. Alors nous chassions fréquemment le cerf de dessous la forêt jusqu'à cette terre découverte.

Le comte s'arrêta, car un piétinement rapide, semblable à celui que produisent les pattes des chiens battant la terre, se faisait entendre au-dessus de leur tête, quoique la montagne fût toujours en apparence aussi tranquille qu'auparavant. En dépit de leur résolution, les deux chefs s'arrêtèrent subitement, et ceux qui marchaient derrière furent forcés de les imiter.

—La demeure a ses habitants, maître Frey, dit Emich gravement, mais du ton d'un homme résolu à combattre pour ses droits ; nous allons voir bientôt s'ils sont disposés à reconnaître la souveraineté de leur seigneur féodal.

Sans attendre une réponse, le comte, en dépit de lui-même, murmura un *Ave* et monta d'un pas brusque jusqu'au sommet. Son premier regard fut rapide, inquiet et méfiant, mais il ne vit rien de surnaturel. Le roc nu du Teufelstein reposait dans l'ancien lit où il avait probablement été jeté par quelque révolution de la terre quelque mille ans auparavant, gris, solitaire, usé par le temps comme il l'est aujourd'hui. La terre gazonnée ne laissait pas apercevoir la trace d'un pied ou d'un sabot sur toute sa surface, et les cèdres du camp abandonné soupiraient à la brise, sombres, mélancoliques et en harmonie avec les traditions qui leur prêtaient tant d'intérêt.

—Il n'y a rien ici, dit le comte en respirant péniblement, ce qu'il eût voulu attribuer à la difficulté de la montée.

—Seigneur d'Hartenbourg ! Dieu est ici et il est au milieu des montagnes que nous avons quittées dernièrement ; il est sur cette immense et belle plaine qui est au-dessous de nous, ainsi que dans votre forteresse !...

—Je vous en prie, bonne Ulrike, gardons ces maximes pour une autre fois ; nous sommes sur le point de détruire une sotte légende et des alarmes récentes.

Le comte fit un signe de la main, et la procession se remit en marche, se dirigeant vers l'ancienne porte du Camp. Les enfants de chœur recommencèrent leurs chants, et les chefs se remirent à la tête du cortége.

Il n'est pas nécessaire de dire qu'en approchant de l'Heidenmauer, dans cette occasion solennelle, tous les cœurs battirent : un homme réfléchi et sensible ne peut visiter un lieu comme celui-là sans y trouver un tableau de douce mélancolie. La certitude qu'il a devant les yeux les restes d'un ouvrage élevé par les mains d'êtres qui existaient tant de siècles avant lui, dans cette grande chaîne d'événements qui unit le passé au présent, et que son pied foule une terre qui a été également foulée par les Romains et par les Huns, suffit pour faire naître en lui une suite de pensées mêlées de merveilleux et de grandiose. Mais à ces sensations il fallait ajouter alors, pour ceux qui se rendaient dans ce lieu redouté, un sentiment de crainte et d'effroi de voir paraître quelque objet surnaturel.

Pas un mot ne fut prononcé jusqu'à ce qu'Emich et le bourgmestre dépassant la masse de pierres qui marque la position de l'ancien mur au moyen de la porte dont nous avons déjà parlé, le premier, encouragé par la tranquillité, prit la parole :

— L'oreille est souvent un traître compagnon, ami bourgmestre, dit-il ; et comme la langue, à moins qu'elle ne soit surveillée avec attention, elle peut créer bien des méprises. Nous pensions tout à l'heure, l'un et l'autre, que nous avions entendu les pattes de chiens battant la terre comme pendant une chasse, et vous voyez maintenant, à l'aide de vos yeux, que nos oreilles nous ont trompés ; mais nous approchons du terme de notre court pèlerinage, et nous nous arrêterons afin que j'explique à ces gens nos opinions et nos intentions.

Heinrich donna le signal, les enfants de chœur cessèrent leurs chants, et la foule s'approcha pour écouter. Le comte voyait et sentait qu'il touchait à la crise réelle pour l'accomplissement de ses vues opposées à celles de l'ancienne confrérie, et il prit la résolution, par un violent effort, non seulement de vaincre ses ennemis, mais de se vaincre lui-même ; c'est dans cette disposition d'esprit qu'il prit la parole :

— Vous êtes ici, mes honnêtes amis et vassaux, comme des fidèles qui respectent l'utilité de l'autel, lorsqu'il est desservi avec sainteté comme il doit l'être, et comme des hommes qui sont disposés à juger par eux-mêmes. Ce Camp, comme ces ruines vous l'attestent, fut jadis occupé par une armée de guerriers qui, dans leur temps, combattirent, souffrirent et furent heureux, versèrent leur sang, moururent, conquirent et furent vaincus, de même que vous voyez tous ceux qui portent les armes à notre époque être soumis à ces diverses vicissitudes et à ces différents malheurs. La tradition qui vous assure que leurs esprits fréquentent ce lieu n'est pas plus vraie, qu'il n'est vrai que les esprits de tous ceux qui sont morts les armes à la main restent près du lieu qui fut arrosé de leur sang. Si cette croyance était vraie, il n'y aurait pas un pouce de terrain dans notre beau Palatinat qui n'eût ses fantômes. Quant à cette dernière alarme concernant mon forestier, le pauvre Berchthold Hintermayer, elle est moins probable encore, vu le caractère du jeune homme, qui savait bien, lorsqu'il vivait, le dégoût que m'inspiraient de pareils contes et mon désir de les bannir du Jaegerthal. Vous connaissez aussi quelles étaient sa modestie et son obéissance ; enfin vous voyez clairement qu'il n'y a point de chiens...

Dans cet instant Emich reçut une bruyante contradiction. Au moment où ses lèvres, qui devenaient éloquentes par l'impunité qui avait accompagné sa déclaration, proféraient ces dernières paroles, on entendit un cri prolongé de chiens de chasse. Cinquante exclamations énergiques partirent en même temps de la foule, qui s'agita comme une mer soulevée par le vent. Les sons venaient d'entre les arbres, au milieu même du redouté Heidenmauer, et ils semblaient d'autant plus surnaturels qu'ils sortaient de dessous l'ombrage touffu des cèdres.

—Allons en avant! s'écria le comte excité presque jusqu'au délire, et saisissant la poignée de son épée avec une main de fer. Ce n'est qu'une meute! quelque misérable aura lâché les chiens de leur laisse, et ils sentent la trace des pas de leur ancien maître qui avait l'habitude d'aller rendre visite à l'ermite demeurant dans ces lieux.

—Ecoutez! interrompit Lottchen sortant du groupe des femmes et s'avançant avec précipitation et d'un air égaré, Dieu est sur le point de révéler son pouvoir pour quelque fin glorieuse ! Je connais ce pas.

Elle fut interrompue d'une manière effrayante, car, tandis qu'elle parlait, les chiens sortirent du couvert avec la vivacité et l'étourderie ordinaires à ces animaux, et ils entourèrent cette femme éperdue. Au même moment un mur chancelant donna passage au bond précipité d'un être humain ; et Lottchen tomba évanouie sur le sein de son fils !

Nous tirons un voile sur la terreur subite, la surprise générale, les larmes, le délire, et la joie plus raisonnée qui survint ensuite.

En un moment la scène changea totalement : les chants cessèrent, l'ordre de la procession fut interrompu, car une ardente curiosité avait succédé aux craintes superstitieuses. Mais Emich, par son autorité, renvoya la foule sur le plateau du Teufelstein, où il lui fut ordonné de se contenter pour le moment de conjectures et d'histoires de changements semblables et subits de morts rendus à la vie qui avaient pris place dans les histoires merveilleuses des bords du Rhin.

Le principal groupe d'acteurs s'était retiré un peu à l'écart, à l'abri des cèdres, où, abrité par les murailles en ruines et les arbres, il ne pouvait être vu de ceux qui étaient en dehors. Le jeune Berchthold était assis sur un fragment de muraille, soutenant dans ses bras sa mère à demi incrédule, position qu'il avait prise par les ordres formels du comte ; Meta était agenouillée devant Lottchen, tenant une de ses mains dans les siennes, et l'œil brillant de la jeune fille ravie suivait avec un intérêt ingénu, et qu'elle ne songeait point à déguiser, chaque regard et chaque mouvement de Berchthold. Les émotions de cet instant étaient trop puissantes pour être cachées ; et si ses sentiments eussent été secrets, la surprise et l'accès de sensibilité qui en fut la conséquence eussent trahi les mystères de son cœur. Ulrike était aussi à genoux, soutenant la tête de son amie, mais souriant et heureuse. Le chevalier de Rhodes, l'abbé français, Heinrich et le forgeron allaient et venaient comme des sentinelles pour retenir les curieux à une certaine distance, quoiqu'ils s'arrêtassent de temps en temps pour écouter la conversation. Emich, appuyé sur son épée, se réjouissait de ce que ses craintes étaient sans fondement, et nous ferions injure à son caractère farouche, mais non dépouillé de toute générosité, si nous ne disions qu'il était heureux de retrouver Berchthold vivant. Lorsque nous aurons ajouté que les chiens couraient et sautaient sur la montagne autour de la foule qui pouvait à peine croire à leur caractère terrestre, notre tableau sera terminé.

Les méritants de ce monde peuvent être divisés en deux grandes classes, ceux qui sont activement et ceux qui sont passivement bons. Ulrike appartenait à la première classe, car, bien qu'elle sentît aussi fortement que toute autre personne, une rectitude instinctive ne manquait jamais de lui suggérer un devoir dans chaque crise qui avait lieu. Ce fut donc elle (et nous demandons ici la permission d'avertir le lecteur qu'elle est notre héroïne) qui donna à la conversation une direction favorable pour expliquer ce qui était inconnu, sans fatiguer de nouveau une sensibilité qui était depuis si longtemps éprouvée.

— Et tu es maintenant absous de ton vœu, Berchthold ? demanda-t-elle après une de ces courtes interruptions pendant lesquelles le bonheur ravissant d'une telle rencontre était mieux exprimé par une silencieuse sympathie que par des paroles. Les bénédictins n'ont plus de droits à ton silence?

— Ils avaient marqué le retour des pèlerins comme le terme de mon vœu, et je n'ai appris l'heureuse nouvelle de votre arrivée qu'en apercevant cette procession. J'avais appelé les chiens qui parcouraient la forêt, et j'allais à votre rencontre lorsque je vous vis à la porte du Camp. Notre entrevue aurait eu lieu dans la vallée, si le devoir n'eût pas exigé que ma première visite fût pour le seigneur Odo von Ritterstein.

— Odo von Ritterstein! s'écria Ulrike en pâlissant.

— Quoi! mon ancien camarade Odo? demanda Emich. Voilà la première nouvelle que nous ayons eue de lui depuis la chute de l'abbaye.

— J'ai mal raconté mon histoire, répondit Berchthold en riant et en rougissant, car il n'était ni trop vieux ni trop exercé à son rôle pour rougir seulement, puisque j'ai oublié de parler du seigneur Odo.

— Tu nous as parlé d'un compagnon, répondit sa mère en jetant un regard sur Ulrike, et abandonnant les bras de son fils pour venir au secours de l'embarras de son amie, mais tu as dit simplement que c'était un religieux.

— J'aurais dû dire le saint ermite que tout le monde reconnaît maintenant comme le baron von Ritterstein. Lorsque je fus obligé de quitter l'église enflammée, je le trouvai à genoux devant un autel. Reconnaissant une personne qui m'avait montré tant de bonté, je l'entraînai avec moi dans la chapelle souterraine. Je vous ai parlé certainement de nos blessures et de notre détresse.

— Cela est vrai, mais sans nommer ton compagnon.

— C'était le baron Odo, le ciel en soit loué! Lorsque les moines nous trouvèrent, le jour suivant, incapables de résistance et affaiblis par la faim et par la perte de notre sang, ils nous emmenèrent l'un et l'autre secrètement, comme nous l'avons entendu dire, et nous soignèrent de manière à rétablir promptement nos forces. J'ignore si les bénédictins avaient l'intention de cacher mystérieusement notre existence, mais ces histoires de chasseurs surnaturels et de chiens qui ont rompu leur laisse prouveraient qu'ils avaient l'intention d'augmenter les superstitions du pays.

— Wilhelm de Venloo n'avait rien à démêler avec tout cela! s'écria Emich, qui avait réfléchi profondément. Ses inférieurs ont continué ce jeu lorsqu'il était abandonné par leur chef.

— Cela peut être ainsi, mon bon seigneur, car je pensais que le père Boniface était très-disposé à nous laisser partir; mais nous fûmes gardés à vue jusqu'à ce que les arrangements et les conditions du pèlerinage fussent terminés. Ils nous trouvèrent facilement complices de leur complot, s'ils avaient réellement le projet d'augmenter les craintes de Duerckheim; car, lorsqu'ils m'eurent juré que mes deux mères et ma chère Meta connaissaient le secret de notre existence, je ne fus nullement pressé de quitter des médecins si habiles, et qui pouvaient si promptement guérir nos blessures.

— Boniface affirma-t-il ce mensonge?

— Je n'en jurerais pas, seigneur comte, mais bien certainement les pères Cuno et Siegfried nous l'affirmèrent. Qu'ils aient la malédiction d'un malheureux fils, et d'une mère plus malheureuse encore!...

La jolie main de Meta vint lui fermer la bouche.

— Nous oublierons tous les chagrins passés dans la joie présente, murmura-t-elle en pleurant.

La colère de Berchthold se calma, et la conversation prit une teinte plus douce.

Emich alla rejoindre le bourgmestre, et ils tâchèrent de pénétrer l'un et l'autre les motifs qui avaient engagé les moines à cette déception. En possession d'une semblable clé, la solution de ce problème ne fut pas difficile. L'entrevue de Boniface et du comte à Einsiedlen avait été mûrement combinée, et l'état incertain de l'esprit public dans la vallée et dans la ville était encouragé comme propre à influer sur l'arrangement définitif avec le couvent, car dans ce siècle les habitants des cloîtres savaient tirer parti des faiblesses humaines en tout ce qui avait rapport à leurs intérêts.

CHAPITRE XXXI.

> Tout est fini, et sa charmante tête est maintenant
> sur son dur oreiller.
>
> ROGERS.

Le jour suivant, le comte d'Hartenbourg monta à cheval de bonne heure dans la matinée. Néanmoins, son équipement prouvait que le voyage serait court; mais M. Latouche, qui était de la partie, portait le costume de voyageur. C'était le moment où Emich, après s'être servi pour ses projets de ce quasi-homme d'Eglise, était sur le point de lui adresser ses adieux avec autant de courtoisie et de grâce que les circonstances semblaient l'exiger. Peut-être un tableau des différentes faces sous lesquelles s'est présentée une Eglise qui avait joui pendant si longtemps d'un monopole non contesté dans la chrétienté, et qui, par une conséquence naturelle, trahissait un si grand penchant à en abuser, n'aurait pas été complet sans y joindre deux caractères tels que ceux du chevalier de Rhodes et de l'abbé français; et il était de notre devoir, comme fidèle chroniqueur, de parler des choses telles qu'elles existaient, bien que les accessoires n'eussent pas un très-grand rapport avec l'intérêt du sujet principal.

Nos légères relations avec l'abbé français s'arrêteront ici, son hôte l'ayant traité comme la plupart des chefs politiques traitent les personnes de sa profession, c'est-à-dire comme un instrument pour parvenir à leur but. Albrecht de Viederbach se préparait à accompagner son joyeux compagnon jusqu'à Manheim, mais avec l'intention de revenir, la situation précaire de son ordre et sa parenté avec le comte rendant son séjour au château d'Hartenbourg aussi commode qu'agréable. Le jeune Berchthold était aussi à cheval, le comte lui ayant ordonné par une faveur spéciale de faire partie de sa suite.

La cavalcade descendait lentement, à l'amble, le Jaegerthal;

le comte essayait avec politesse de prouver à l'abbé, par cette espèce de logique vaporeuse qui paraît être l'atmosphère poétique de la diplomatie, que les circonstances le justifiaient parfaitement de tout ce qu'il avait fait; et l'abbé acquiesçait volontiers à tout ce que disait le comte, comme s'il ne sentait pas qu'il avait été une insigne dupe.

—Vous aurez soin de présenter cette action d'une manière convenable parmi vos amis, monsieur Latouche, conclut le baron, s'il en était question à la cour du monarque français. Que le ciel puisse le rendre bientôt aux vœux de son peuple! c'est un prince juste, vaillant, loyal, et un bon gentilhomme.

— Je prendrai sur moi, noble et ingénieux Emich, de vous justifier pleinement, s'il est jamais question à la cour de France de vos talents militaires et de votre adroite politique. De plus, par la messe! si nos jurisconsultes et nos hommes d'Etat veulent tenter de prouver à la société que vous avez eu tort dans cette immortelle entreprise, je vous promets de répondre à leurs raisons par une logique et une politique si saines, que je les couvrirai d'une éternelle honte et d'une éternelle confusion.

Comme M. Latouche prononça ces paroles avec un sourire équivoque, il se crut vengé amplement du rôle un peu niais qu'il avait joué dans les intrigues du comte. A une époque plus reculée, il racontait souvent cette histoire, et terminait toujours le récit par une allusion ironique et hardie au petit événement du Jaegerthal; et c'était non seulement lui, mais encore une partie de ses auditeurs, qui en concluaient qu'il avait joué le meilleur rôle dans cette affaire. Satisfait de son succès, l'abbé prit les devants pour le raconter au chevalier, qui riait sous cape, tout en s'extasiant sur l'esprit de son ami; ils marchèrent tous les deux en tête, de manière à laisser à Emich l'occasion de parler confidentiellement à son forestier.

— As-tu traité de l'affaire en question avec Heinrich, comme je te l'avais ordonné, mon enfant? demanda le comte avec un air où se mêlaient l'autorité et l'affection, et dont il avait coutume de se servir avec Berchthold.

— Oui, Monseigneur, je l'ai fait vivement, comme mon cœur me le dictait, mais sans espoir de succès.

— Comment! est-ce que ce sot bourgeois songe encore à sa fortune après ce qui s'est passé? Lui as-tu dit l'intérêt que je prends à ce mariage, et que mon intention est de te nommer à quelque place honorable dans les villages?

— Je n'ai oublié aucune de ces faveurs, rien non plus de ce qu'un vif désir peut suggérer ou qu'une bonne mémoire peut rappeler.

— Quelle a été la réponse du bourgeois? Berchthold rougit et hésita à répondre; ce ne fut que lorsque Emich eut répété la question d'un air sévère qu'il parvint à tirer de lui la vérité, car un jeune homme aussi loyal que Berchthold ne pouvait dire que la vérité.

— Il a répondu, seigneur comte, que si c'était votre bon plaisir de choisir un mari pour sa fille, vous ayez la bonté de ne pas désigner un mendiant. Je rapporte seulement les propres paroles du bourgmestre, et je prie Monseigneur de me pardonner cette liberté.

— Misérable avare! ces chiens de Duerckheim apprendront à connaître leur maître. Mais ne te désole pas, enfant; nos larmes et nos pèlerinages n'auront pas été vains, et tu te marieras avec une fille plus belle et mieux née, comme il convient à quelqu'un que j'aime.

— Oh! seigneur Emich, je vous supplie, je vous implore...

— Ah! voici le radoteur d'Heinrich assis sur un roc de ce ravin comme une vedette guettant les maraudeurs! Pique des deux, Berchthold, et prie mes nobles amis de s'arrêter à l'Hôtel-de-Ville pour se faire leurs adieux. Quant à toi, tu peux encourager ta folie, et te représenter la jolie figure de Meta pendant ce temps-là.

Le forestier partit comme une flèche, tandis que le comte dirigea son cheval de côté, et tourna dans le ravin par lequel le sentier conduisait à l'Heidenmauer lorsqu'on montait du côté de la vallée. Emich fut promptement près du bourgmestre, et jeta la bride de son cheval à un serviteur qui le suivait.

— Eh bien! frère Heinrich, cria-t-il, le mécontentement s'effaçant de son visage, grâce à la politique et à l'habitude du monde, es-tu encore en train d'exorciser, ou as-tu oublié quelques prières de notre grand pèlerinage?

— Que saint Benoît ou le frère Luther en soient loués! car je ne sais pas précisément auquel des deux le principal mérite en est dû. Notre ville de Duerckheim est dans les plus heureuses dispositions relativement à la sorcellerie, aux diableries et même aux miracles de l'Eglise. Le mystère de la meute s'étant aussi heureusement expliqué, l'esprit public semble avoir changé subitement, et après avoir eu peur en plein jour au bruit d'une souris ou au saut d'un grillon, nos vieilles femmes elles-mêmes défieraient la démonologie et Lucifer en personne.

— Une difficulté aussi heureusement tranchée fera en effet beaucoup d'honneur aux opinions du Saxon, et elle établira d'une manière plus ferme sur ses pieds, dans notre pays, le moine de Wittemberg. Tu vois, Heinrich, qu'un dilemme ainsi expliqué vaut une bibliothèque de maximes latines.

— Cela est vrai, seigneur Emich, et surtout parce que notre ville raisonne bien. Une fois que nos esprits sont éclairés, il n'est pas facile de les faire rentrer de nouveau dans les ténèbres. On a vu combien les meilleurs d'entre nous furent troublés, pas plus tard que hier, pour deux ou trois chiens vagabonds, et maintenant je ne crois pas que la meute tout entière pût parvenir à élever un doute. Nous nous en sommes tirés heureusement, seigneur comte, car un jour de plus d'incertitude aurait presque rétabli l'église de Limbourg et sans que le diable vînt à l'aide. Il n'y a rien d'aussi puissant dans un argument que des menaces de pertes et de fléaux jetées dans la balance. La sagesse pèse très-peu contre le profit ou la crainte.

— Nous devons être satisfaits, et les toits de Limbourg ne couvriront plus les murailles de Limbourg, ami Henrich, tant qu'Emich gouvernera à Hartenbourg et à Duerckheim. Le comte vit un nuage assombrir le front du bourgmestre lorsqu'il prononça le dernier mot, et, lui frappant familièrement sur l'épaule, il ajouta assez promptement pour prévenir toute reflexion : — Mais comment se fait-il, maître Frey, que tu sois là en vedette dans ce ravin solitaire?

Henrich se trouva flatté de la condescendance du noble baron, et ne fut pas fâché d'avoir un auditeur pour son histoire. Il regarda d'abord autour de lui pour s'assurer que personne ne pouvait l'entendre; puis il répondit d'une voix basse, à la manière dont on fait ordinairement une confidence qui exige un certain mystère.

— Vous savez, seigneur Emich, la faiblesse d'Ulrike concernant les moines et les ermitages, les autels et les jours de fête, et toutes les autres pratiques dont nous pouvons raisonnablement espérer d'être bientôt quittes, depuis que les dernières nouvelles nous ont appris les succès de Luther : eh bien ! la bonne dévote a eu la fantaisie de venir sur l'Heidenmauer ce matin ; et comme il y a eu une discussion un peu chaude entre nous, et que la femme a beaucoup pleuré relativement au mariage de notre fille avec le jeune Berchthold, projet hors de toute prudence et raison, comme vous pouvez le penser, seigneur comte, j'ai été obligé de l'accompagner jusqu'ici, afin qu'elle donnât carrière à son chagrin dans de saints discours avec l'ermite.

— Et Ulrike est sur la montagne avec l'anachorète ?

— Aussi vrai que je suis ici attendant son retour, seigneur comte.

— Vous êtes un galant mari, maître Frey ! Tu n'avais pas l'habitude de fréquenter autrefois Odo von Ritterstein, celui qui a joué cette mascarade de pénitent et d'ermite ?

—*Saperment !* je n'ai jamais pu supporter l'insolent ! mais Ulrike pense qu'il a des qualités, et le goût d'une femme est comme le caprice des enfants, il passe lorsqu'on le satisfait.

Emich posa ses deux mains sur les épaules de son compagnon et l'examina attentivement en face. Les regards qui furent échangés dans cette attitude étaient éloquents. Ceux du comte exprimaient la défiance, le mépris et l'étonnement d'un homme dont les mœurs avaient toujours été relâchées ; tandis que ceux du bourgmestre semblaient réfléchir le caractère de la femme qu'il connaissait depuis si long-temps, et parler avec feu en sa faveur. Aucun langage n'aurait pu en dire autant sur les principes et la pureté d'Ulrike, que la simple et inaltérable confiance d'un homme qui avait eu tant d'occasions de la juger. Aucun des deux n'interrompit ce colloque muet, jusqu'à ce que le comte, ôtant ses mains de dessus les épaules d'Heinrich, monta lentement la montagne, en disant d'une voix qui prouvait combien il était fortement affecté :

— J'aurais voulu que ta femme fût noble, Heinrich !

— Oh ! mon bon seigneur, répondit le naïf bourgmestre, ce souhait n'est pas très-aimable pour un ami ! Si cela eût été, je n'aurais pas pu épouser Ulrike.

— Dis-moi, bon Heinrich, car je n'ai jamais su l'histoire de tes amours, tes propositions furent-elles bien reçues, ainsi que ta personne, lorsque tu offris le tout au cœur virginal de la fille d'Haitzenger ?

Le bourgmestre ne fut pas fâché d'une occasion qui lui permettait de parler d'un succès qui lui avait attiré l'envie de tous ses égaux.

— La réussite doit parler en faveur des moyens que j'ai employés, dit-il en souriant d'un air coquet. Ulrike n'était pas de ces jeunes filles capables de sauter par une fenêtre, et de faire plus de la moité du chemin pour venir au-devant d'un jeune homme ; mais elle me donna les encouragements qu'il convient à une jeune fille : sans cela ma modeste opinion de mon mérite m'aurait fait rester garçon jusqu'à présent.

Emich sentait sa bile s'allumer en entendant un homme dont il faisait si peu de cas parler ainsi de lui-même, et appliquer un tel langage à une femme que lui-même avait aimée. L'effort qu'il fit pour réprimer son mécontentement produisit un nouveau silence, pendant lequel nous nous permettrons de transporter la scène à la hutte de l'ermite, où se passait une entrevue décisive pour le bonheur futur de quelques personnages de cette histoire.

Le jour qui avait suivi la résurrection de Berchthold avait été consacré aux joies et aux félicitations à Duerckheim. Les timides et les superstitieux voyaient un terme à leurs doutes concernant la colère du ciel et ses fléaux comme un châtiment mérité pour le renversement des autels de l'abbaye, et peu d'habitants étaient assez dépourvus de sensibilité pour ne pas sympathiser au bonheur de ceux qui avaient si amèrement pleuré la mort de Berchthold. Comme dans tous les cas d'une transition rapide, la réaction aida à diminuer l'influence des moines, et même ceux qui étaient le plus disposés à douter étaient encouragés à croire que le changement religieux qui s'approchait à grands pas serait loin de produire l'horrible révolution qu'on avait redoutée d'abord.

Heinrich nous a révélé la nature de la discussion qui avait eu lieu entre lui et sa femme. Cette dernière avait en vain essayé de saisir un moment favorable pour intéresser le bourgmestre en faveur des deux amants. Mais quoique sincèrement heureux que le jeune homme qui avait montré tant de courage dans le danger n'eût pas été victime de son zèle, Heinrich n'était pas homme à laisser l'admiration ou un sentiment généreux l'emporter sur la politique de toute sa vie. Lorsque cette inutile et pénible conférence était sur le point de se terminer, Ulrike demanda tout à coup à son mari la permission d'aller rendre visite à l'ermite, qui avait été laissé, comme avant les derniers événements, en possession du redoutable Heidenmauer.

Un autre homme autrement constitué que Heinrich aurait pu, dans un pareil moment, écouter cette requête avec défiance. Mais, fort de sa bonne opinion de lui-même, et habitué à se fier à sa femme, l'obstiné bourgmestre envisagea cette demande comme un moyen d'échapper à la discussion; car, quoiqu'il ne sût trop comment défendre son opinion d'une manière plausible, il était résolu à ne pas céder. La manière dont il consentit à accompagner sa femme, et à attendre patiemment son retour, ainsi que le commencement de sa conversation avec Emich, sont connus du lecteur. Cette explication terminée, nous pénétrons dans la hutte de l'anachorète.

Odo de Ritterstein était pâle par suite de la perte de son sang et des blessures que lui avait faites la chute d'un fragment de toit enflammé, mais plus pâle encore par la force du feu intérieur qui le consumait. Les traits de la belle et douce Ulrike n'étaient pas aussi animés qu'à l'ordinaire, quoique rien ne pût lui ravir cette beauté séduisante qui puisait son plus grand charme dans son expression. Tous les deux paraissaient agités de ce qui s'était déjà passé entre eux, et peut-être plus encore par les sentiments qu'ils avaient essayé de cacher.

— Il y a eu en effet bien des moments intéressants dans votre vie, Odo, dit Ulrike, qui écoutait probablement un récit que lui faisait l'ermite; et dernièrement, avoir échappé si miraculeusement à la mort, ce n'est pas un des incidents les moins frappants de votre existence.

— Si j'avais péri sous le toit de Limbourg, la nuit anniversaire de mon crime, écrasé sous la chute de ces autels que j'ai violés, c'eût été une si juste manifestation du courroux du ciel, Ulrike, que je m'étonne aujourd'hui que ce ciel m'ait permis de vivre! Vous croyiez alors comme tout le monde que j'avais été délivré de cette vie de misère?

— Vous vous montrez peu reconnaissant de ce que vous pouvez encore espérer, en vous servant d'un terme si peu convenable pour exprimer vos douleurs. Souvenez-vous, Odo, que nos joies dans ce monde sont corrompues par la pensée de la mort, et que votre malheur n'est pas plus grand que celui de mille autres qui combattent avec leur devoir.

— C'est la différence qui existe entre l'Océan troublé et les eaux tranquilles, entre le chêne et le roseau ; le courant de votre calme existence peut être agité par l'interruption accidentelle que lui apporte quelque léger obstacle, mais il ne tarde pas à reprendre sa surface unie et sa limpidité. Votre vie ressemble au courant d'une source pure, tandis que la mienne est le torrent furieux et débordé. Vous l'avez bien dit, Ulrike, le ciel ne nous avait pas créés l'un pour l'autre !

— Tout ce que la nature a fait pour favoriser nos dispositions et nos désirs, Odo, la Providence et les usages du monde semblent concourir à le détruire.

L'ermite regarda le doux visage d'Ulrike d'un œil si fixe et si brillant, que la compagne du bourgmestre baissa les siens et les arrêta sur la terre.

— Non, murmura-t-il rapidement, le ciel et la terre ont des destinées différentes ; le lion et l'agneau, des instincts opposés.

— Je ne puis vous entendre vous déprécier ainsi vous-même, pauvre Odo. On ne peut nier que vous n'ayez commis une faute, car qui de nous est sans reproche ? mais méritez-vous ces dures épithètes ? vous seul pouvez l'affirmer.

— J'ai trouvé bien des énigmes dans le cours d'une vie occupée et remplie d'événements : j'ai vu des hommes faisant à la fois le bien et le mal, j'en ai rencontré qui détruisaient leur destinée par leur propre folie ; mais je n'ai jamais connu une personne si dévouée à la justice et si disposée à excuser les fautes du pécheur !

— Alors vous n'avez jamais vu quelqu'un qui aimât Dieu sincèrement, ou vous n'avez jamais connu de chrétiens. Il importe peu, Odo, que nous adoptions telle ou telle forme de foi. Le fruit de l'arbre véritable est la charité et l'abnégation de soi-même ; et ces deux vertus nous enseignent à penser humblement de nous et charitablement des autres.

— Vous avez commencé de bonne heure à pratiquer ces précieuses vertus, ou certainement vous n'eussiez jamais oublié votre perfection, pour la sacrifier au bonheur d'un mari si peu fait pour vous comprendre.

Les yeux d'Ulrike brillèrent un instant, mais c'était simplement parce qu'une teinte plus rosée colorait ses joues.

— J'ignore dans quelle intention, seigneur von Ritterstein,

vous faites allusion à ce qui s'est passé jadis. Vous savez que je suis venue faire un dernier effort pour assurer le bonheur de Meta. Berchthold m'a parlé du dessein où vous étiez de le récompenser du service qu'il vous a rendu en vous sauvant la vie, et je viens vous dire que si réellement vous pouvez rendre service à ce jeune homme, le moment est venu ou jamais, car Lottchen a été trop cruellement frappée pour supporter de nouveaux chagrins.

L'ermite écouta en silence ce reproche, puis, se tournant lentement vers l'endroit où il serrait ses papiers, il en tira un paquet; le bruit que fit ce paquet dans les mains de l'ermite avertit Ulrike que c'était un rouleau de parchemin : elle attendit le résultat avec un intérêt mêlé de curiosité.

— Je ne dirai point, répondit l'ermite, que ce don est le prix d'une vie qui ne valait pas la peine d'être sauvée. Peu de temps après que j'eus fait connaissance avec Berchthold et Meta, je devinai leur secret, et depuis ce moment mon plus grand plaisir fut de chercher les moyens d'assurer le bonheur de personnes qui vous étaient aussi chères. Je trouvai dans la fille la foi simple, ingénue, si admirable dans la mère, et ajouterai-je que le respect que je vous portais augmenta mon désir de servir votre enfant?

— Je vous dois certainement des remerciements, seigneur von Ritterstein, pour votre persévérance dans la bonne opinion que vous avez de moi, répondit Ulrike avec une grande expression de sensibilité.

— Ne me remerciez pas, mais pensez plutôt que le désir que j'éprouve de servir votre fille est un tribut que le repentir paie à la vertu. Je sais que je suis le dernier de ma race, et tout ce que je puis faire de mes biens, c'est d'en doter quelque maison religieuse, de les laisser passer au prince féodal, ou d'accomplir le projet que j'ai formé.

— Je ne pensais pas qu'il fût facile d'adopter un parti qui s'opposât aux intérêts de l'électeur.

— J'ai pris toutes mes précautions. Une amende considérable a aplani la route, et ces parchemins contiennent tout ce qui est nécessaire pour installer le jeune Berchthold comme mon substitut et mon héritier.

— Ami! cher et généreux ami! s'écria la mère touchée jusqu'aux larmes, car dans ce moment Ulrike ne songeait qu'au bonheur futur de son enfant et à celui de Berchthold, replacé dans une position plus belle encore que celle qui avait été autrefois le partage de ses parents. Généreux et noble Odo!

L'ermite se leva, et plaça le parchemin entre les mains d'Ulrike comme un homme qui est préparé depuis longtemps à cet abandon.

— Maintenant que ce devoir solennel et impérieux est accompli, Ulrike, il ne me reste plus qu'à vous faire mes adieux, dit-il avec un calme forcé.

— Vos adieux! vous vivrez avec Meta et Berchthold ; le château de Ritterstein sera votre lieu de repos après tant de chagrins et de souffrances!

— Cela ne peut pas être. Mon vœu, mes devoirs, — Ulrike, je crains de le dire, — la prudence, s'y opposent.

— La prudence! vous n'êtes plus jeune, cher Odo, les privations et les mortifications auxquelles vous vous êtes livré accableront prématurément votre vieillesse, et nous ne pourrons être heureux en pensant que vous êtes privé de toutes ces aises de la vie dont votre propre générosité aura doté les autres.

— L'habitude est devenue une seconde nature, et les ermitages et les camps me sont familiers. Si vous voulez assurer non-seulement ma tranquillité, mais mon salut, Ulrike, laissez-moi partir. Je ne me suis déjà arrêté que trop longtemps dans un lieu plein de souvenirs qui sont les plus grands ennemis d'un pénitent.

Ulrike recula, et ses joues se couvrirent d'une subite pâleur; tous ses membres tremblèrent, car cette sensibilité que ni le temps ni la volonté ne peuvent entièrement éteindre, lui révélait mystérieusement ce que signifiaient ces paroles. Il y avait aussi dans la voix de l'ermite une émotion qui, en dépit de tous les efforts d'Ulrike, rappelait à son imagination les beaux jours de sa jeunesse ; car, dans aucune condition de la vie, une femme ne peut entièrement oublier les sons chéris qu'un véritable amour fit parvenir à son oreille de vierge.

— Odo! dit une voix si douce que l'anachorète en tressaillit, quand pensez-vous partir?

— Aujourd'hui, à cette heure, à cette minute.

— Je crois... oui... vous avez raison de partir.

— Ulrike, Dieu se souviendra de vous : priez souvent pour un pécheur.

— Adieu, cher Odo!

— Que Dieu vous bénisse, et veuille avoir pitié de moi!

Un court silence succéda à ces paroles. L'ermite s'approcha, et leva ses mains dans l'attitude d'un homme qui veut donner sa bénédiction. Deux fois il fut sur le point de serrer Ulrike sans résistance contre son sein; mais son visage couvert de larmes, la chasteté de son maintien, le retinrent, et, murmurant une prière, il sortit précipitamment de la hutte. Restée seule, Ulrike tomba sur un banc, les larmes coulant le long de ses joues, véritable image de la douleur.

Quelques minutes s'écoulèrent avant que la femme d'Heinrich sortit de sa rêverie. Le bruit de quelqu'un qui marchait près d'elle l'avertit qu'elle n'était plus seule. Pour la première fois de sa vie, Ulrike essaya de cacher son émotion avec un sentiment de honte; mais avant de pouvoir y parvenir elle vit entrer le comte et Heinrich.

— Qu'as-tu fait du pauvre Odo von Ritterstein, l'homme de péché et de douleur? demanda le bourgmestre avec ses manières franches et sans soupçons.

— Il nous a quittés, Heinrich.

— Pour son château. Eh bien! le malheureux a eu sa part de chagrins, et le bonheur ne viendra pas encore trop tard. La vie d'Odo, seigneur comte, ne ressemble point à ce qui nous est arrivé; il n'a pas lieu d'en être satisfait. Si son affaire concernant les vases sacrés, quoique ce fût de toute manière un acte condamnable, avait eu lieu de nos jours, on ne l'aurait pas puni si sévèrement; et puis (le bourgmestre frappa légèrement la joue de sa femme), perdre les faveurs d'Ulrike n'était pas la moindre de ses infortunes. Mais que tiens-tu dans ta main?

— C'est un acte par lequel Odo von Ritterstein lègue à Berchthold ce qui lui reste de biens.

Le bourgmestre déroula rapidement le parchemin. D'un regard, bien qu'il ne sût pas le latin, son œil exercé vit qu'il était revêtu de toutes les formalités ordinaires. Alors se tournant vers Emich, car il ne fut pas long à comprendre la cause et le but de ce don, il s'écria :

— Voilà la manne dans le désert! Nos différends sont heureusement terminés, seigneur comte; et quant à accorder la main de Meta au propriétaire des terres de Ritterstein, ce sera un plaisir pour moi, puisque cela oblige mon illustre ami et patron. Ainsi, seigneur Emich, qu'il ne soit plus question de rien entre nous.

Depuis qu'il était entré dans l'ermitage, le comte n'avait pas parlé. Il observait les yeux remplis de larmes d'Ulrike et les joues pâles, et il s'expliquait la scène qui venait d'avoir lieu. Cependant il rendit justice à la belle compagne du bourgmestre, car, quoique moins crédule qu'Heinrich sur les objets des affections des femmes, il connaissait trop la pureté sans tache de son esprit pour changer l'opinion que sa vertu avait établie depuis sa jeunesse. Il accepta les conditions de son ami avec autant de franchise apparente qu'il y en avait eu dans les offres de Heinrich, et, après quelques courtes explications, ils quittèrent tous trois l'Heidenmauer.

———

Notre tâche est finie. Le jour suivant Berchthold et Meta furent unis. Le château et la ville s'assemblèrent pour faire honneur à ce mariage, et Ulrike et Lottchen tâchèrent d'oublier leurs chagrins particuliers dans le bonheur de leurs enfants.

Berchthold prit possession de ses terres, et se rendit avec sa femme et sa mère au château de Ritterstein, qu'il regarda toujours comme un dépôt qui lui était confié en l'absence de son propriétaire. Gottlob obtint de l'avancement, et ayant réussi à persuader à Gisela d'oublier l'aimable cavalier qui avait habité Hartenbourg, ces deux fantasques personnes formèrent un couple à moitié uni, à moitié querelleur pour le reste de sa vie.

Duerckheim, comme c'est ordinairement le cas parmi les acteurs secondaires dans les grands changements, partagea le sort des grenouilles de la fable; cette ville ne se débarrassa des bénédictins que pour avoir un nouveau maître; et, quoique le bourgmestre et Dietrich eussent dans la suite plus d'un sage entretien relativement à la nature de la révolution de Limbourg, c'est ainsi que le premier affectait de nommer la destruction de l'abbaye, il ne put jamais expliquer clairement à l'intelligence de ce dernier en quoi elle fut profitable. Cependant le forgeron n'en était pas moins un grand admirateur du comte, et jusqu'à ce jour ses descendants montrent la figure d'un chérubin en marbre comme un trophée dont s'était emparé leur ancêtre dans cette occasion.

Boniface et ses moines trouvèrent un asile dans d'autres couvents, essayant chacun en particulier de réparer ses pertes par les expédients qui convenaient le mieux à son caractère et à ses goûts. Le pieux Arnolph persévéra jusqu'à la fin : croyant que la charité était le plus bel attribut du chrétien, il ne cessa jamais de prier pour les ennemis de l'Eglise, ou de travailler pour qu'ils profitassent par son intercession.

Quant à Odo von Ritterstein, il courut pendant longtemps dans le pays différentes histoires sur son sort. Une de celles qui eurent le plus de succès prétendait qu'il avait été guerroyer de compagnie avec Albrecht de Viederbach, qui avait rejoint les chevaliers de son ordre, et qu'il mourut au milieu des sables de l'Afrique; mais il y a dans le Jaegerthal une autre tradition sur sa mort. Trente ans plus tard, lorsque Emich, Heinrich et la plupart des personnages de cette légende eurent été appelés devant Dieu, un vieillard errant vint à la porte du château de Ritterstein demander un abri pour la nuit. On dit qu'il fut bien reçu de Meta, son mari et son fils étant à la guerre, et qu'il intéressa beaucoup la châtelaine par des histoires sur les coutumes de divers pays, et des événements passés dans des contrées éloignées. Charmée de son convive, la dame von Ritterstein (car Berchthold avait gagné ce titre par son courage) le pressa de rester un second jour dans son château. Après avoir raconté, l'étranger interrogea, et il savait si bien placer ses questions qu'il connut bientôt l'histoire de toute la famille. Ulrike fut la dernière personne qu'il nomma, et la plus jeune femme du château s'imagina qu'il changea de visage en entendant raconter sa mort pieuse et paisible. L'étranger partit peu de temps après, et l'on ne se serait probablement pas rappelé sa visite, si son corps, glacé par la mort, n'eût été trouvé, au bout d'un court espace de temps, dans la hutte de l'Heidenmauer. Ceux qui aiment à répandre une teinte de romanesque sur les affections se plaisent à dire que c'était l'ermite, qui avait trouvé une satisfaction secrète, même au terme d'une si longue vie, à rendre son dernier soupir dans le lieu où il avait été séparé pour toujours de la femme qu'il avait si constamment aimée.

Que cette tradition soit vraie ou fausse, nous n'y attachons aucune importance. Notre but a été de montrer dans un tableau peint rapidement la répugnance avec laquelle l'esprit humain abandonne ses anciennes impressions pour en recevoir de nouvelles, les contradictions qui se trouvent entre professer une théorie et la mettre en pratique, l'erreur qui confond le bien avec le mal dans toutes les sectes possibles, l'égoïste de toutes classes honni par la voix publique, et les hautes et immuables qualités de l'être bon, vertueux et vraiment noble.

FIN DE L'HEIDENMAUER.

www.ingramcontent.com/pod-product-compliance
Lightning Source LLC
Chambersburg PA
CBHW060556170426
43201CB00009B/796